U0516079

权威·前沿·原创

皮书系列为
"十二五""十三五""十四五"时期国家重点出版物出版专项规划项目

BLUE BOOK

智 库 成 果 出 版 与 传 播 平 台

法治蓝皮书

BLUE BOOK OF RULE OF LAW

中国法院信息化发展报告 *No.7*（2023）

ANNUAL REPORT ON INFORMATIZATION OF CHINESE COURTS No.7 (2023)

主　　编／陈国平　田　禾
执行主编／吕艳滨
副 主 编／胡昌明

社会科学文献出版社
SOCIAL SCIENCES ACADEMIC PRESS（CHINA）

图书在版编目（CIP）数据

中国法院信息化发展报告. No. 7，2023／陈国平，
田禾主编；吕艳滨执行主编；胡昌明副主编. --北京：
社会科学文献出版社，2023.4
（法治蓝皮书）
ISBN 978-7-5228-1556-5

Ⅰ.①中…　Ⅱ.①陈…②田…③吕…④胡…　Ⅲ.
①法院-信息管理-研究报告-中国-2023　Ⅳ.
①D926.2

中国国家版本馆 CIP 数据核字（2023）第 048194 号

法治蓝皮书
中国法院信息化发展报告 No.7（2023）

主　　编／陈国平　田　禾
执行主编／吕艳滨
副 主 编／胡昌明

出 版 人／王利民
组稿编辑／曹长香
责任编辑／郑凤云　单远举
责任印制／王京美

出　　版／社会科学文献出版社（010）59367162
　　　　　　地址：北京市北三环中路甲 29 号院华龙大厦　邮编：100029
　　　　　　网址：www.ssap.com.cn
发　　行／社会科学文献出版社（010）59367028
印　　装／天津千鹤文化传播有限公司

规　　格／开 本：787mm×1092mm　1/16
　　　　　　印 张：25.5　字 数：383 千字
版　　次／2023 年 4 月第 1 版　2023 年 4 月第 1 次印刷
书　　号／ISBN 978-7-5228-1556-5
定　　价／139.00 元

读者服务电话：4008918866

法治蓝皮书·法院信息化
编 委 会

主　　编　　陈国平　田　禾

执 行 主 编　　吕艳滨

副 主 编　　胡昌明

工作室主任　　吕艳滨

工作室成员　　（按姓氏笔画排序）

王小梅　王祎茗　刘雁鹏　陈欣新　胡昌明

徐　卉　栗燕杰

撰 稿 人　　（按姓氏笔画排序）

万海峰　王　波　王小梅　王会波　王祎茗

王晓东　王家盛　王诺兰　尹　雪　卢　雅

卢义军　田　禾　田　岚　田桔光　白秋晗

匡　华　成　杰　吕艳滨　朱明忠　朱战利

朱燕红　伍南希　刘　坤　刘志力　刘建章

刘冠华　刘晓健　刘铁峰　刘雁鹏　汤艳飞

祁崇捷　许春桂　孙车宁　苏卓君　杜开林

杜生涛　杜慧俭　李　丹　李　锦　李　熹

官方微信　法治蓝皮书（lawbluebook）　法治指数（lawindex）

官方小程序　法治指数（lawindex）

主要编撰者简介

主　编　陈国平

中国社会科学院法学研究所、国际法研究所联合党委书记。

主要研究领域：中国法制史。

主　编　田　禾

中国社会科学院国家法治指数研究中心主任，法学研究所研究员，中国社会科学院大学法学院特聘教授。

主要研究领域：刑法学、司法制度。

执行主编　吕艳滨

中国社会科学院国家法治指数研究中心副主任，法学研究所法治国情调研室主任、研究员，中国社会科学院大学法学院宪法与行政法教研室主任、教授。

主要研究领域：行政法、信息法、司法制度。

副 主 编　胡昌明

中国社会科学院法学研究所副研究员。

主要研究领域：法理学、法社会学、司法制度。

摘　要

2022 年人民法院信息化建设稳步推进，在智能应用的辅助下，诉讼服务更加便利，审判执行工作更加高效，司法管理活动更加精准，司法大数据在提升社会治理能力和水平方面发挥了更大作用，适应互联网司法的规则体系不断健全完善，人民法院信息化 4.0 版总体框架基本建成。智慧法院建设从技术层面逐渐向应用层面拓展，从单一领域向多元面向延伸。过去五年，中国智慧法院建设在服务审判执行、提升诉讼服务水平、加强大数据应用等方面都取得了显著成就。本书通过对 2018 年以来"智慧审判""智慧诉讼服务""智慧执行""司法大数据"建设情况的评估，总结了五年来智慧法院建设各个方面取得的成就，并提出了未来发展建议。此外，本书分别从智慧法院建设实践、智慧审判、智慧执行、司法大数据应用等方面，对 2022 年中国智慧法院建设创新探索、成效进展进行了分析。

关键词： 智慧法院　人工智能司法应用　司法大数据　人民法院信息化 4.0 版　数字法治

目 录 ⤷

Ⅰ 总报告

Ⅱ 专题报告

Ⅲ　智慧法院建设实践

Ⅳ　智慧审判

Ⅴ 智慧执行

Ⅵ 司法大数据应用

皮书数据库阅读**使用指南**

总 报 告
General Report

B.1

2022年中国法院信息化发展
与2023年展望

中国社会科学院国家法治指数研究中心项目组 *

摘　要： 2022 年是落实国家"十四五"规划要求和执行《人民法院信息化建设五年发展规划（2021~2025）》既定步骤的关键一年，也是继续建设"以知识为中心、智慧法院大脑为内核、司法数据中台为驱动的人民法院信息化 4.0 版"的重要年份。2022 年的人民法院信息化建设稳步推进，人民群众获得诉讼服务更加便利，审判执行工作在智能应用的辅助下更加高效，建立在海量数

* 项目组负责人：田禾，中国社会科学院国家法治指数研究中心主任、法学研究所研究员，中国社会科学院大学法学院特聘教授；吕艳滨，中国社会科学院法学研究所法治国情调研室主任、研究员，中国社会科学院大学法学院宪法与行政法教研室主任、教授。项目组成员：王小梅、王祎茗、刘雁鹏、胡昌明、栗燕杰等（按姓氏笔画排序）。执笔人：王祎茗，中国社会科学院法学研究所助理研究员；田禾。感谢上海市高级人民法院、广东省高级人民法院、山东省高级人民法院、江苏省高级人民法院、吉林省高级人民法院、辽宁省高级人民法院、山西省高级人民法院、广州市中级人民法院、成都市中级人民法院、珠海市中级人民法院、南通市中级人民法院、常州市中级人民法院、保定市中级人民法院等对法院信息化调研工作的大力支持！本报告为中国社会科学院法学研究所"国家法治指数"创新工程项目成果。

据和智能分析基础上的司法管理活动更加精准，司法大数据全方位提升社会治理能力和水平，探索构建与互联网时代相适应、保障司法有序在线运行的程序规则体系，人民法院信息化 4.0 版总体框架基本建成。尽管不断取得新的突破与成就，人民法院信息化建设依然面临一些问题。创新与守成在成本有限的条件下存在一定矛盾，群体利益分化使智慧司法众口难调，数据质量、合理使用与信息安全问题仍然突出，追求价值的多元性和效果评价标准的多元性都是当下应当反思的问题。未来的人民法院信息化建设应继续坚持以人民为中心，找准问题导向，顺应司法规律，推广应用更多信息技术创新的同时，注重提升司法数据治理能力，协调处理业务创新与地区间均衡发展的关系，培育既懂业务又懂技术的法院信息化专门人才队伍。

关键词： 法院信息化 智慧法院 互联网司法

信息技术深刻影响着人们的生活，改变着人类社会的历史并创造新的历史，为经济社会发展注入新动能。习近平总书记在致 2022 年世界互联网大会乌镇峰会的贺信中指出，当今时代，数字技术作为世界科技革命和产业变革的先导力量，日益融入经济社会发展各领域全过程，深刻改变着生产方式、生活方式和社会治理方式①。中国法院很早就认识到发展信息技术与建设法治现代化的紧密关系。十余年来，中国法院坚持以习近平新时代中国特色社会主义思想为指导，深入贯彻习近平法治思想和习近平总书记关于网络强国的重要思想，紧抓人工智能发展机遇，推动人工智能技术在司法领域深度应用，建成支持全国四级法院"全业务网上办理、全流程依法公开、全方位智能服务"的智慧法院信息系统，创新纠纷解决和诉讼服务模

———————————

① 《人民日报》2022 年 11 月 10 日，第 1 版。

式，促进审判执行工作高质量发展，构建互联网司法新模式，有力推进了审判体系和审判能力现代化，中国法院信息化在诸多领域已处于世界领先地位。

世界百年未有之大变局加速演进，中国步入全面建设社会主义现代化国家新征程。深入推进全面依法治国赋予人民法院更加崇高的使命职责，坚持以人民为中心的发展思想对司法为民、公正司法提出新的更高要求，政法领域全面深化改革必将进一步推动人民法院各项工作，以信息化和智能化为主要特征的新一轮科技革命为多元解纷、诉讼服务、审判执行、司法管理、司法决策方式继续实现突破和创新提供新的支撑。《国民经济和社会发展第十四个五年规划和 2035 年远景目标纲要》明确提出，要"加强智慧法院建设"。2022 年是落实国家"十四五"规划要求和完成《人民法院信息化建设五年发展规划（2021～2025）》既定步骤的关键一年，也是继续建设"以知识为中心、智慧法院大脑为内核、司法数据中台为驱动的人民法院信息化 4.0 版"的重要年份。

2022 年 10 月召开了中国共产党第二十次全国代表大会，党的二十大报告指出，要"完善科技创新体系，坚持创新在中国现代化建设全局中的核心地位"[①]。未来中国法院将坚持以习近平新时代中国特色社会主义思想为指导，深入学习贯彻党的二十大精神，深入贯彻习近平法治思想，全面深化智慧法院建设，加快完善中国特色互联网司法模式，更好服务以中国式现代化全面推进中华民族伟大复兴。

一　2022年法院信息化建设成效

（一）智慧集成让司法服务触手可及

党的二十大报告提出，"坚持以人民为中心的发展思想。维护人民根本

[①] 中国政府网：http：//www.gov.cn/xinwen/2022-10/25/content_ 5721685.htm，最后访问日期：2022 年 11 月 18 日。

利益，增进民生福祉，不断实现发展为了人民、发展依靠人民、发展成果由人民共享，让现代化建设成果更多更公平惠及全体人民"①。司法为民理念在司法活动中的贯彻是对以人民为中心发展思想的生动诠释。近年来人民法院致力于为人民群众提供集约集成、线上线下融合的司法服务，让有司法需求的群众随时随地触手可及。司法便民最突出的体现就是构建起多重司法服务渠道。四级法院全面建设以信息化为依托的现代化诉讼服务大厅，有效集成立案、咨询、调解等服务项目。最传统但也最为便捷的12368诉讼服务热线，以电话、语音和短信等方式提供诉讼服务，不断创新服务形式，提高联通率和到达率。最高人民法院在各地法院建设基础上搭建了全国法院12368统一调度中心、全国法院统一短信平台，实现诉讼服务"一号"全国通办。作为近年来最受瞩目的便民服务措施，中国移动微法院于2022年3月1日完成向人民法院在线服务的转型升级。人民法院在线服务与各诉讼服务平台用户体系打通，实现互联网用户账户的统一认证；人民法院在线服务与各诉讼服务平台消息通知充分融合，实现人民群众集中、统一接收各诉讼服务事项消息。在微信小程序基础上，研发完成人民法院在线服务PC版本。

社会发展使得人们的社会需求也发生了全方位转变，日益加快的生活节奏对公共服务的提供场景和响应时间提出了更高的要求，尤其是在"八小时"之外，群众对公权力机关能够提供相应服务的需求越来越旺盛。信息技术的进步使满足公众期待的方式无须一味投入人力，法院在线服务的全面推开就是技术拓展服务边界、有效回应公众需求的典范。面对新型冠状病毒疫情，人民法院提出了实现疫情期间"审判执行不停摆、公平正义不止步"这一超乎寻常的要求，同时在客观上也加速了线上诉讼服务建设进程，线上线下相结合做到了诉讼服务全天候。以地方法院创新为起点研发的"人民法院在线服务平台"已覆盖四级法院，在线提供立案、开庭、送达等服务，

---

① 中国政府网：http://www.gov.cn/xinwen/2022-10/25/content_5721685.htm，最后访问日期：2022年11月21日。

当事人、律师等办理诉讼事务基本实现全流程、全天候"掌上办"。通过在线方式开展诉讼，当事人参与诉讼平均往返法院从近6次减少到只需要1~2次，甚至一次也不用跑。辽宁法院建成覆盖全省的全地域、全事项、全通道、全时间、一网办理的全域诉讼服务体系，打通服务群众"最后一公里"，实现让人民群众"只进一扇门""最多跑一次"，让人民群众办事更方便、更快捷、更有效率，最大程度便民利民，尤其在疫情防控常态化条件下，诉讼服务信息化成果作用得到充分发挥。

各级法院着力解决群众参与在线诉讼过程中遇到的具体问题。例如，江苏省常州市法院设立"龙城e诉中心"，面向线下办理法院业务不便或智能设备操作能力较弱的当事人和案件代理数量较多且有大量在线诉讼需求的律师两类群体，在偏远地区电信运营商营业厅和法律服务中心、律师事务所设立服务网点，依托电信运营商的区位优势突破诉讼服务的时空壁垒与服务局限，通过优化功能设计对上级法院的诉讼服务平台进行良性补充。再如，广东省广州市中级人民法院研发区块链授权见证通平台，将港澳当事人授权见证由"线下"拓展至"线上"，实现线上线下同质化服务，并为数据安全提供切实保障。

建设人民法院调解平台，支撑构建在线多元纠纷解决新格局。发挥平台集成主渠道功能，打破部门、区域和层级信息壁垒，构建"法院+"多元纠纷解决体系，广泛汇聚人民调解、行业专业调解、行政调解、基层干部/网格员等解纷力量，推动建立自上而下、全面覆盖的"总对总"多元解纷机制，为当事人提供菜单式、集约式、一站式解纷服务。2022年，最高人民法院信息中心落实"进乡村、进社区、进网格"工作总体要求，配合立案庭开展全国法院"三进"功能演练，实现全国人民法庭演练100%达标；扩大"总对总"调解资源，推动完成人社部、退役军人事务部入驻人民法院调解平台；推进保险行业人民调解前置、损害赔偿标准统一，保障人民群众合法权益。对照《人民法院在线调解规则》，完成人民法院调解平台整体调解流程的功能优化升级。

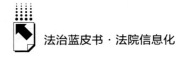

（二）智能应用让审判执行智能高效

人民法院建成智慧审判系统，持续推进大数据、区块链、人工智能等信息技术在审判执行工作中的深度应用，助力法官认定事实、适用法律。

办案智能化首先是基于电子卷宗的全流程网上办案。2016年起全面推行的人民法院电子卷宗随案同步生成和深度应用工作，至2022年已基本实现各级法院随案制作电子卷宗，法官基于电子卷宗开展阅卷、合议、执行等业务，有力保障了审理过程全程留痕。后续的电子卷宗网上流转架构，使以往平均耗时十余天的上诉案件卷宗移送工作仅需几分钟即可完成。2022年，各级法院着重提升电子卷宗自动分类编目、文书自动生成、类案智能推荐、电子卷宗在线归档等智能化辅助应用能力和信访、执行系统的一体化集成应用水平，持续完善审判办案系统功能。吉林省延边朝鲜族自治州中级人民法院率先运用"AI+RPA"优化事务性工作，即通过一套模拟人工操作进行自动流程执行处理的软件，代替工作人员操作电脑，自动完成各类软件系统的业务处理，准确高效实现业务流程自动化。吉林省和龙市人民法院被吉林省高级人民法院确定为"机器人流程自动化"（RPA）试点单位，积极探索建设"机器人流程自动化"多场景应用，目前已覆盖司法公开、审判管理、刑事政法协同、执行四大领域，涉及审判管理数据统计、文书笔录公开、政法协同系统文书上传、执行文书制作、节点点击等8项工作19个节点。

各类智能辅助系统切实大幅减少了法官的事务性工作。依托人工智能先进技术，目前已实现案件卷宗信息自动回填、庭审语音自动转录、文书辅助制作、法律知识服务、类案自动推送等服务，减轻法官事务性工作、提升庭审效率。2022年，法院信息化建设实现特定案由裁判文书内容100%高准确率全自动生成目标，以全链条要素式审判技术攻关试点为抓手，全力推进审判智能化应用；强化最高人民法院与各高级人民法院办案系统上下级协同能力，满足四级法院审级职能定位改革要求；以刑事案件原审卷宗调阅为抓手，推进刑事审判信息化工作；为提升生态环境治理智能化水平，建设中国环境资源审判信息平台；升级中国海事审判网，助力海事审判工作智能化水平提升。山东法院深化"为法官服务"理念，以九大常用民事案由为基础，构建覆盖立案、证据交换、庭审、裁判文书生成等环节的智能化诉讼审判系统。

2022年，智慧法院大脑服务能力继续提升。一是个性化数据智能推荐功能优化。依托统一工作桌面，数据推荐系统增加实时动态数据34个，线上数据项达到134个。同步完成数据推荐分发系统方案优化设计，最高人民法院24个业务庭室完成基于标签的个性化智能推荐功能优化。二是完善司法知识库知识体系构建。梳理4000多万条规律型知识，完成规律型知识存储接口开发工作，完成规则型知识存储和知识查询标准接口设计研发，完成案由生成、要素提取和文书生成所需内外网资源的申请部署。完成8类涉诉主体库及12类关联关系库构建，推动当事人画像、案件画像纳入知识服务目录，推进律师律所画像开展知识服务试用，累计上线当事人画像、立案辅助、庭审语音识别等28项智能化服务。三是针对应用场景拓展通用智能化能力。完成人工智能平台基础AI模块设计规划，实现语音合成、语音识别、卷宗数字化、人脸识别等13项智能化能力上线。面向全国法院提供法信智推、当事人画像、图文识别等43项智能化服务。

执行工作是实现公平正义的"最后一公里"，人民法院持续开展执行信息化建设，日益智能化的现代化执行工作体系为"切实解决执行难"长效机制助力。实现执行案件电子卷宗随案同步生成和深度应用，构建执行案件要素公共服务功能，实现执行立案智能辅助、执行案件繁简分流、智能辅助网络查控、智能辅助传统查控、执行事项集约化办理、终本案件智能核查、应用效能监管等核心功能，切实提升了执行办案系统能力。已臻成熟的网络执行查控体系继续发挥破解查人找物难题的作用，多部门联动的联合信用惩戒系统能有效震慑失信被执行人。例如，江苏法院着眼于现代科技与执行工作的深度融合，以执行指挥中心实体化运行"854模式"迭代升级为契机，以全面推行执行办案"无纸化"为依托，持续以科技赋能智慧执行提档升级。苏州法院全面推进无纸化办案在执行领域的深度应用，建立健全"可视化"监管、"三统一"案管和"网络化"查控的"两管一控"数字化执行平台，实现执行模式"第二次跨越"。南通中院依托智慧法院（南通）实验室进行执行全流程无纸化办案系统试点建设，构建完成"节点互通、数据共享、智能辅助、精准管控"的全流程执行无纸化办案系统，初步实现"执行业务全流程网上办理、执行节点全方位智能监管、执行事务跨区域协同联动"的功能效果。

网络司法拍卖有效化解变现难题，提高财产处置效率。广东省深圳市中级人民法院着力打造全国首个个人破产一体化办理平台，搭建"一网三平台"架构，提供"一体化综合应用"服务。通过集合个人破产案件信息网、破产诉讼服务平台、破产管理人工作平台、破产法官工作平台，深圳法院实现了人民法院、破产管理人、债权人、债务人等相关方全流程在线交互、无纸化办理，同时推动利用区块链技术联通有关部门和机构，逐步实现破产事务一网通办。截至 2022 年底，全国法院网络拍卖成交额超过 2 万亿元，为当事人节约佣金超过 600 亿元。

作为政法机关的重要组成部分，法院在日常司法工作中还涉及与其他部门的协调配合。信息化平台搭建和持续的数据打通工作推动了跨部门信息共享和多业务在线协同。政法机关办理刑事、减刑假释等案件实现网上协同，可以统一证据标准，强化相互监督，保障司法公正。道路交通事故纠纷网上一体化处理平台可以与交通管理部门、保险机构、鉴定机构等进行集约化处置，优质高效化解道路交通事故纠纷。珠海市中级人民法院在公安部、广东省公安厅、广东省政务服务数据管理局的大力支持下，获取相关数据接口的使用权限，开发了人口信息核准系统，解决当事人因无法提供明确的被告信息引发的立案难问题。浙江省推动全域数字法院建设，将智慧司法工作与行政领域最先提出的"一件事改革"相关联，深化"执行一件事"改革，推动切实解决执行难。将"智慧执行"系统横向对接自然资源、税务等 20 余个部门的业务系统，纵向贯通省、市、县、乡、村、网格 6 个层级，实现不动产司法处置"一门联审、一窗办理、一次办结"，司法拍卖用时缩短 40%以上，最快当天即可办理产权证。

（三）智能分析让审判管理精准可控

建立在海量数据和智能分析基础上的司法管理活动更加精准。审判态势实时分析每年自动生成各级法院各类统计报表 750 余万张，人民法院全面告别人工司法统计时代。实时开展不同地区、不同层级、不同时间审判态势分析和业务研判预警，为司法改革和司法资源调配提供翔实依据。2022 年，智慧法院建设以跨网系、跨层级无纸化办公服务能力拓展、数字档案室建设等为契机，多途径提升智慧管理水平。上线机关办公平台互联网手机 App，支持办公平台三端并用，有效提升了法院干警互联网办公效率；系统集成应用水平和办公智能化辅助能力显著提升，支持全国四级法院行政公文在线流转；建设数字档案室系统，实现办公办案一键归档；在总结地方法院探索经验的基础上，出台《人民法院执行案件流程信息管理系统智能化升级及电子卷宗深度应用建设业务规范》和《人民法院执行案件流程信息管理系统智能化升级及电子卷宗深度应用建设技术规范》，升级人民法院执行案件流程信息管理系统。

审判管理层面最为突出的成效是加强智慧法院安全体系建设。首先，加强裁判文书网数据安全和个人信息保护。加强个人信息脱敏处理，优化个人信息保护等 11 条技术屏蔽规则。优化裁判文书上网、下载的质量控制机制，加强中国庭审公开网安全防护措施。其次，根据《数据安全法》《个人信息保护法》，结合人民法院工作实际，出台《人民法院数据安全管理办法》，规范人民法院数据处理活动，加强司法数据安全管理，保障司法数据安全，促进司法数据安全开发利用，保护个人、组织的合法权益，维护国家安全和发展利益。最后，加强信息系统安全防护工作。开展分级保护和等级保护测评工作、全国法院网络安全和保密专项检查工作，增强全国法院专网违规外联监测发现能力；启动全国法院常态化安全渗透工作，发现、挖掘网络安全风险漏洞，初步建立主动安全机制。

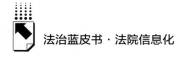

（四）司法大数据智能辅助社会治理

各级法院构建开放、动态、透明、便民的阳光司法机制，借助信息技术推动司法信息主动公开，提升了司法工作透明度。已建成的审判流程、庭审活动、裁判文书、执行信息四大公开平台支持案件信息依法公开，提升了司法公信力。针对司法公开过程中存在的信息安全问题，最高人民法院高度重视并及时作出处理，查漏补缺，反爬虫机制等安全防御措施不断升级。截至2022年12月，中国庭审公开网累计直播庭审2000余万场，访问量超过550亿次；中国裁判文书网累计公开裁判文书1.3亿余篇，访问量超过980亿次。

司法大数据是经济社会活动的晴雨表，人民法院建成大数据管理和服务平台，服务经济社会治理。覆盖审判执行、司法人事、司法研究、司法政务、信息化管理和外部数据等六大类数据的国家司法审判信息资源库已成为全球最大的司法审判信息资源库。全国法院所有案件信息实时、自动汇聚，每5分钟自动更新。截至2022年底，已累计汇聚案件信息2.9亿件，数据可信度长期稳定在99%以上，为进一步的数据分析奠定基础。

海量的数据使司法大数据分析成为可能，分析结果正广泛服务社会治理。聚焦热点社会问题的司法大数据专题分析和尝试面向社会治理的司法指数体系，意在分析经济社会运行过程中的主要矛盾纠纷类型及其发展趋势。截至2022年底，已累计形成1200余份专题报告，有力服务于国家立法和社会治理。为发挥司法大数据的经济社会发展"晴雨表"作用，山西省高级人民法院建设了市场主体金融风险防控平台。平台集共享交换、数据汇集、展示分析为一体，汇聚了法院各业务系统的司法大数据资源，应用人工智能、大数据、云计算等技术，为山西省各金融单位、国有企业和民营企业等多种市场主体提供涉诉风险实时监控和预警功能，并重点监控市场主体涉金融风险案件。平台上线以来，累计预警案件超4.7万件，涉及标的额7476亿元，为山西市场主体金融风险防控发挥了重要作用。

信息技术与司法工作深度融合，服务数字化、网络化、智能化带来的新技术、新业态、新模式创新，促进营造开放、公平、公正、非歧视的科技发展环境，支持引导网络文明建设和数字经济健康发展。中国法院着力构建更加公平、公正、高效、便捷的国际商事争端解决机制，扎实推进国际商事法庭建设，首倡国际商事专家委员会制度，充分利用智慧法院建设优势，构建"一站式"多元化纠纷解决机制，促进国际商事争端及时高效解决和民商事判决、仲裁裁决的相互承认和执行，为中外当事人提供便利高效、低成本的纠纷解决服务，营造稳定公平透明、可预期的法治化营商环境。

（五）各项制度在信息时代跨越式发展

人民法院依托现代科技，重塑传统线下审理模式和诉讼流程，构建完善互联网司法规则体系，推进中国智慧法院由技术领先迈向规则引领。2022年发布的《人民法院在线运行规则》，内容涵盖人民法院在线运行的基本原则、适用范围，确定了人民法院支持在线司法活动的信息系统建设、应用、运行和管理要求，与《人民法院在线诉讼规则》《人民法院在线调解规则》有机衔接，在世界范围内首次构建起了全方位、系统化的互联网司法规则体系，有助于推进构建互联网司法新模式。《最高人民法院关于加强区块链司法应用的意见》明确了人民法院加强区块链司法应用的总体要求及人民法院区块链平台的建设要求，将进一步推进区块链技术在提升司法公信力、提高司法效率、增强司法协同能力、服务经济社会治理等四个方面的典型场景落地应用。《最高人民法院关于规范和加强人工智能司法应用的意见》明确了人工智能应用于司法领域的基本原则、范围、系统建设等内容，将进一步加快人工智能技术与诉讼服务、审判执行、司法管理和服务社会治理等工作深度融合，规范司法人工智能技术应用，提升司法人工智能应用实效。与智慧法院密切相关的十余份指导文件涉及多方面内容，覆盖智慧法院规划、建设、应用、管理全周期，促进智慧法院顶层设计工作进一步完善。

总之，2022年中国智慧法院建设取得了显著成效，未来人民法院将继续深化智慧法院建设，完善互联网司法模式，着力建设以知识为中心、智慧法院大脑为内核、司法数据中台为驱动的人民法院信息化4.0版，继续推进审判体系和审判能力实现跨越式发展，努力创造更高水平的数字正义。

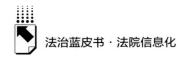

二 法院信息化建设存在的问题

（一）创新与守成兼顾的取与舍

中国的法院信息化建设起步晚但发展迅速，十余年间已建立起集成诸多系统、平台的综合体系，各个环节还在不断推陈出新。信息技术永远处于发展中，技术进步没有止境，但对司法工作而言，这些新技术是否都有必要为我所用，是否必须将最新技术成果超前纳入已经非常庞大的法院信息化体系，是法院信息化建设者必须厘清的问题。

在法院体系内，技术人员与司法工作业务人员两条线的情况是客观存在的现实，这不能称之为问题，是由司法机关内部相对固化的体制机制决定的。简言之，不同岗位的工作者各通其道、各司其职，尤其是培养熟悉信息技术和法学的跨专业、跨学科人才群体需经历漫长的过程。技术人员可以为新技术的出现欢欣鼓舞，迫不及待地希望应用在工作中，是为科技成果转化；司法人员对可能超出其知识体系的新名词、新技术更多是疑惑和拒斥，对于他们而言，解决每天都在使用的现有系统的卡顿、重复录入等障碍的需求更为迫切。此外，审判执行中可能还有一部分工作仍有科技分担的空间，但这些唯有基于切身实践方可感知的需求很难经干警之口准确地传达至技术人员并得到其有效的帮助。

应用法院信息化技术的不只是法院干警，还有律师、当事人等，这些群体在法院信息化方面的需求与意见则更难传导至技术研发者群体。信息不对称、话语体系各异和需求沟通不畅造成技术与业务"两张皮"的矛盾如果得不到有效缓解，就有可能随法院信息化系统应用的持续深入推进而日显激化。法院信息化建设的投入和技术人员精力都是有限的，现阶段在创新与守成之间如何分配各类资源值得仔细研究。

（二）多层次、多元化需求使智慧司法众口难调

法院信息化作为一种数字红利，本意是普惠至所有诉讼活动的参与者，但在实践中，受众群体所追求的利益不同导致对法院信息化态度的分化。

例如，对庭审方式线上线下的选择，不同群体有不同倾向。从提升效率角度而言，大部分律师和法官更愿意采取线上方式。但在实际的线上司法活动实践中，经常遇到带宽不足、系统卡顿等现象，削减了线上开庭在提升工作效率方面的优势，再加上语音识别、笔录自动生成、电子签名等技术尚不够完善，特别是内外网数据传输不便，使得部分律师和法官排斥线上开庭方式。多数当事人和一部分法官、律师不太认可线上开庭的交互性与仪式感，认为线下面对面方式更适合沟通和查清案件事实。如果这三类最为主要的诉讼活动主体人群的不同倾向集中在同一个案件中出现矛盾，潜在影响三类主体的相互关系乃至引发诉讼构造的细微变化，对由谁决定庭审方式的程序性规定和法官、律师的职业道德要求都提出了挑战。此外，数字鸿沟问题已经在律师行业中越来越突出，不擅长使用信息化系统或者排斥线上诉讼方式的律师因单位时间内能够办理的案件数量少，不仅收入明显少于选择线上工作的律师，在人民法院大力推广线上诉讼方式的背景下，这部分律师甚至面临被行业淘汰的风险，这样的淘汰并非基于律师的职业素养和职业操守，相反，很大一部分对信息化相对保守的律师却不乏是办案认真、极具责任感的"好律师"，这种基于形式要件的淘汰机制可能是不公平的。

再如，对待司法公开的态度。司法公开的范围是由其自身的规律和法理学基础决定的，信息化只是作为辅助手段迎合了司法公开范围扩展的需求。一方面，有人以裁判文书网登录流程复杂、检索困难为由指责司法公开不到位；另一方面，庭审直播、文书公开过程中个人信息的展示又被质疑过度公开侵犯个人信息权，甚至为保障信息安全所设计的反爬虫机制等措施也得不到充分理解。舆论主体往往从过于个性化的角度通过司法公开这一实质性的焦点对法院信息化这一技术手段进行评论、批评，鲜有客观的声音出现。

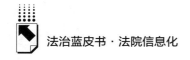

（三）数据质量、合理使用与信息安全问题仍然突出

经由法院信息化各个平台收集的数据数量较多，但数据质量一直是制约其实际应用效果的核心问题。其一，各平台的数据收集能力参差不齐。一些平台收集、沉淀司法数据能力还有薄弱之处，对文书数据采集仍处于非结构化阶段，且后续数据加工模块缺失。其二，各类数据没有有效关联，可利用性差。例如，案件数据、文书数据之间的逻辑关系尚未被发掘，后续难以提供知识服务。其三，错误数据的识别机制薄弱，从案件中而非从实验中获取的数据如何进行机器校验是现实困难，"错误进"必然导致"错误出"的结果。其四，大数据计算存在短板，应警惕"算法黑箱"。相对粗放的数据收集和加工方式不能满足社会治理对大数据应用的要求，"算法黑箱"可能造成的认识偏差需要在设计阶段予以避免，防止误导决策。

合理使用数据是法律和技术层面都需要解决的当务之急。以《个人信息保护法》为核心展开的法院对个人信息的收集和合理使用的讨论方兴未艾，法院信息化建设应从法律、学理的讨论中持续性地找准方向，并从技术上跟进。虽然《人民法院在线运行规则》第 36 条规定，"各级人民法院应当指导、监督智慧法院信息系统建设、运行和管理中的个人信息保护工作"，但具体规则的缺失导致技术手段跟进的迟滞；现有对个人信息进行保护性处理的技术手段仍欠完善，直接表现就是在司法公开过程中产生的种种争议；在大数据计算直至计算成果发布过程中，对个人信息使用的边界在何处则始终不明确，加工并不意味着脱敏或合法化，无论制度还是实践对个人信息的保护都不够完善。

国家层面的信息安全也在不断经受考验。主动安全防御体系的建立构筑起司法信息安全护卫的防线，但信息技术的本质决定了不存在毫无漏洞的"铜墙铁壁"。司法信息是反映经济社会发展动态的"晴雨表"，对其进行周全保护事关社会稳定乃至国家安全，不能松懈。

（四）效率与其他：公平正义的多元价值

智慧化的法院信息化体系大幅提高了司法工作效率，这一点毋庸置疑。

一名法官年办案量上千件，这在没有信息技术支持的年代是不可想象的。法院信息化建设在缓解当今案多人少矛盾方面功不可没，让公平正义不会"迟到"。但效率也只是公平正义多元价值之一端，在一种平衡达到稳定的综合性构造中，过分突出某一种价值也许会带来其他方面的损失。

提升司法工作效率是辅助性工具最主要的设计目标，但它们之间的竞争与失衡反而会带来新的障碍。例如，很多法院借助信息化手段实现了全天候可立案的诉讼服务，但立案审核还是依托立案庭人工完成的。据某基层法院统计，该院立案庭法官在正常工作时间内人均每天要重复打开两三千个立案材料的文件夹，这一过程没有任何技术手段能够辅助，全靠法官的瞬间记忆实现分类、分析和汇总。庭审和执行过程中虽然有信息技术手段的多重支持，但所需"刚性"时间要长于立案阶段，在仅设"上线"审限的严格规定和案件结收比指标内部考核压力下，"案多人少"的形势似乎更加严峻。仓促处理的案件即使高效，恐怕也不太经受得起是否真正达到实质性公平正义的质疑。

另外，信息化建设周期过长，尤其是涉及全省实施的项目，往往一个项目在业务部门、行政部门提出需求后无法及时完成，制订技术方案、造价、审批、采购、签订合同、支付保证金、实施、自适应完善等每个工作流程节点都耗费较长时间。

（五）法院信息化建设成效评价标准当适时反思

对法院信息化的评价，无论是人民法院内部的考核评价机制还是第三方评估工作均已开展多年，但内外评价的指标体系设计越来越呈现同质化趋势。当用大量的建设数据、业务数据来衡量时，它永远呈现高速发展势头，这些指标的性质都是正面的，由此而来的得分高低也仅仅是每年取得进步的程度不同而已，很难发现法院信息化建设过程中的问题。无论内部评价还是外部评价，最本质的先决性问题是，这是一种技术评价还是一种法治评价？现在的评价标准几乎都是技术标准，法治评价需要法学和社会学的理论和方法予以支撑，占支配性地位的应该是法院信息化支持下的司法工作的社会效果评估。

显然，当下的内外评价机制皆忽略了这一点。

法的社会效果如何评估始终处于摸索中，现今以此为主要内容的法治评估指数、指标体系都不完善，许多世界范围内影响重大的法治评估项目同时在经受来自各方的质疑。对于法院信息化社会效果的评估是一项面临重大挑战的工作，但也应该看到，这个领域天然具有数据优势，相比其他类型的法治评估更有优势。

三　法院信息化建设展望

党的二十大报告指出，"必须坚持人民至上，……站稳人民立场、把握人民愿望、尊重人民创造、集中人民智慧"①。人民法院信息化建设是严格公正司法、加快建设公正高效权威的社会主义司法制度的重要路径，是落实党中央加快建设网络强国、数字中国重大部署，助力全面推进中国式现代化的重要方面。未来，中国法院信息化建设有必要沿着以下路径逐步优化完善。

（一）全面感知和回应各方主体的业务需求

随着社会进步、信息化发展以及人民法院信息化各类应用的推广，各方主体面临的问题、实际需求都在发生变化。人民法院信息化多年的发展基本解决了智慧法院从无到有的问题，今后则要解决从有到好的问题。因此，仍需立足各项业务应用，全面感知法院干警、案件当事人、一般社会公众、法院管理者等各方主体不断涌现的新需求，科学分析需求的合理性及科技手段回应的可行性。不断优化系统应用，引导各类用户正视智慧法院建设的新形势，重视数字鸿沟问题，解决面临的实际困难、适应信息化新要求。

（二）努力寻求信息化与司法规律相互适应

信息化是手段，不是目的。人民法院信息化建设要立足服务审判执行工

---

① 共产党员网：https://www.12371.cn/2022/10/16/ARTI1665901576200482.shtml，最后访问日期：2022年11月18日。

作。针对智慧法院和互联网司法的发展，应关注境内外司法审判现状，立足保障司法公正、维护公平正义，重点关注传统司法活动的调适空间以及互联网司法面临的新情况新需求，探索与人民法院信息化相适应的新规律新方向，并及时完善诉讼规则。

（三）注重提升人民法院司法数据治理能力

建设以知识为中心、智慧法院大脑为内核、司法数据中台为驱动的人民法院信息化4.0版，关键是不断优化信息化功能，提升各级法院司法数据治理能力。在现有电子卷宗随案同步生成、深度应用基础上，继续加强信息化辅助，强化对各类司法数据的抓取、整合、筛选，提升司法数据质量。立足服务办案办公和参与社会治理、服务党政决策需求，从相对成熟的领域着手，加快推进司法数据的深度挖掘应用。着眼于智慧法院长远健康有序发展，基于数据安全、个人信息保护要求，提升司法数据使用的合规合法性意识与管理水平。

（四）加强各项应用推广

人民法院信息化建设已经从建设和填补空白阶段推进到优化完善阶段，工作重点从推进各项系统建设转移到加快系统应用推广。在此过程中，应当重视审判执行各业务部门的主导地位，在新功能研发、原有功能优化、开放与需求对接方面发挥其特有优势，切实加强业务导向型信息化发展模式。与此相呼应，应积极探索构建更为科学有效的人民法院信息化评价标准，发挥指挥棒、风向标的关键作用。

（五）协调处理业务创新与地区均衡发展

随着人民法院信息化建设发展，各类系统逐步完备、各项应用逐步优化，业务创新空间压缩。但面对建设中国式现代化的新要求和各行各业蓬勃发展的新需求，应鼓励各级法院和各业务部门基于业务需求探索创新，为近期实现智慧法院建设目标和确保未来一个时期的持续发展共享经验和智慧。

同时，针对不同经济发展水平和业务发展阶段造成的局部性发展不均衡问题，应在国家层面、省级层面加大对后进地区和部门的扶持、引导力度，实现智慧法院和互联网司法的均衡发展。

（六）继续高度重视信息化人才的选拔培养

人是改革创新的关键。人民法院信息化不断进步依靠的是各级法院优秀的熟悉信息化、了解审判执行业务的人才。国家层面应当加强信息化与数字法治相关领域跨学科人才的培养，为人民法院信息化及相关法治建设领域源源不断输送专业人才。人民法院内部应探索畅通遴选机制，从基层法院、兄弟单位遴选经验丰富的技术人员到上级法院参与人民法院信息化建设和规划制定。同时，完善优化信息化专业人才的培训、考核和晋升机制，不断提升信息技术人员的技术水平，稳定人员队伍。人才选拔和培养还要适当向中西部法院和经济不够发达地区法院倾斜，并通过轮岗、挂职管理等方式培养信息化专业人才。

专题报告
Special Report

B.2

中国法院"智慧审判"第三方
评估报告（2018~2022）

中国社会科学院国家法治指数研究中心项目组*

摘　要： 受最高人民法院委托，中国社会科学院国家法治指数研究中心项目组对2018~2022年全国法院智慧审判建设情况进行了第三方评估。五年来，人民法院信息化建设重点从以数据为中心的3.0版转向以知识为中心、智慧法院大脑为内核、司法数据中台为驱动的4.0版，法院的智慧审判水平不断提升。智慧审判的重点逐渐从科技法庭、远程视频、电子签章等电子工具，向5G、互联网审判、大数据应用、区块链以及人工智能辅助审判等信息化应用转移，人民法院的审理裁判更加方便快捷，具有网络化、电子化、自动化、智能

* 项目组负责人：田禾，中国社会科学院国家法治指数研究中心主任、法学研究所研究员，中国社会科学院大学法学院特聘教授；吕艳滨，中国社会科学院法学研究所法治国情调研室主任、研究员，中国社会科学院大学法学院宪法与行政法教研室主任、教授。项目组成员：王小梅、王祎茗、刘雁鹏、胡昌明、栗燕杰等（按姓氏笔画排序）。执笔人：胡昌明，中国社会科学院法学研究所副研究员。本报告为中国社会科学院法学研究所"国家法治指数"创新工程项目成果。

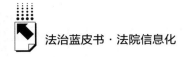

化的特征。法官的审理和裁判已经越来越离不开智慧审判的最新成果。但是，智慧审判的系统整合不足、便利程度不够、数据质量不高的问题仍然存在，部分干警思想认识不足，智慧审判人才培养机制尚未建立。未来智慧审判建设应当继续加强组织保障，拥抱最新科技，推动创新，循序渐进推动应用更加便于审判人员和弱势群体当事人使用，加快平台数据融合。

关键词： 智慧审判　电子诉讼　无纸化办案　第三方评估

2018~2022 年是中国法院信息化高速发展的五年，也是中国法院"智慧审判"不断创新突破的五年。五年来，人民法院信息化顺利完成了 3.0 版建设。2021 年，《人民法院信息化建设五年发展规划（2021~2025）》提出人民法院信息化 4.0 版建设方案，4.0 版以知识为中心、智慧法院大脑为内核、司法数据中台为驱动，推动人民法院信息化不断升级完善。其间，"智慧审判"的重点也从科技法庭、远程视频、电子签章等为代表的法院信息化，向以 5G、互联网审判、大数据应用、区块链以及人工智能辅助审判为代表的智慧法院迈进，人民法院的审理裁判更加方便快捷，具有网络化、电子化、自动化、智能化的特征。

中国社会科学院国家法治指数研究中心项目组（以下简称"项目组"）对 2018~2022 年中国法院的"智慧审判"建设情况进行评估。本次评估总结了这一时期中国"智慧审判"取得的新进展和新突破，分析了"智慧审判"仍然存在的问题与不足。

一　近五年"智慧审判"发展特点和成效

（一）诉讼网络化

五年来，诉讼网络化是人民法院信息化最重要的成绩之一。一是开互联网司法之先河，在全世界率先成立了三大互联网法院。为适应互联网时代发展需要，各地法院因地制宜，推动"互联网+司法"审判机制创新①。根据中央全面深化改革领导小组审议的方案，在充分总结试点经验基础上，2017年、2018年，中国先后在杭州、北京、广州设立互联网法院，主要审理网上购物、借款等合同纠纷和互联网侵权纠纷等。据《中国法院的互联网司法》白皮书统计，三家互联网法院共设置8个互联网专业审判庭，配备84名法官，法官平均从事审判工作年限10年以上②。五年来，三家互联网法院90%以上的案件实现了全程网上立案、网上送达、网上审理，诉讼效率、审判质量都显著提升。以广州互联网法院为例，从成立之日起至2022年12月17日，该院网上立案155493件，在线立案率99.93%，在线缴费适用率100%，电子送达1070997件次，电子送达覆盖率99.97%，电子送达成功率93%，庭审平均时长23分钟，案件平均审理周期63天，一审服判息诉率98.49%，案件自动履行率89.04%，实现了网上诉讼网上审的目标。

二是制定并完善网上诉讼规则。推动诉讼网络化更加规范化和系统化，五年来，三家互联网法院以及各地法院陆续出台了一系列规范性文件，人民法院网上送达、开庭、调解以及诉讼规则逐步确定并不断完善。2018年起，最高人民法院陆续出台了一系列规范性文件。2021年修正的《民事诉讼法》明确，民事诉讼可以通过网络平台在线进行，并规定在线诉讼与线下诉讼活动具有同等法律效力，使得网上诉讼有了法律依据。这些立法活动推动在线诉讼规则体系逐步完善，实现了互联网司法实践成果有效转化为程序规则和长效制度。

三是构建网上电子诉讼平台。《法治社会建设实施纲要（2020~2025年）》提出，要推动大数据、人工智能等科技创新成果同司法工作深度融合，完善"互联网+诉讼"模式，加强诉讼服务设施建设，全面建设集约高效、多元解纷、便民利民、智慧精准、开放互动、交融共享的现代化诉讼服

---

① 中华人民共和国最高人民法院编《中国法院的互联网司法》，人民法院出版社，2019，第6页。
② 中华人民共和国最高人民法院编《中国法院的互联网司法》，人民法院出版社，2019，第6页。

务体系①。"互联网+诉讼"模式的提出，要求人民法院加快构建完整、便利的电子诉讼平台。五年来，各级人民法院积极构建以 App、微信小程序等为载体的网上诉讼平台，推动电子诉讼不断升级完善。随着微信的广泛普及，"移动微法院"在各类网上电子诉讼平台中脱颖而出，在全国法院推广应用。"移动微法院"诉讼平台于 2017 年 10 月由浙江宁波法院推出，2019 年 3 月开始在全国 12 个省份试点。2020 年移动微法院在全国四级法院全面铺开，试点领域扩大至所有民商事案件、执行案件。2021 年 5 月，为统一移动微法院标准，中国移动微法院标准版正式上线。2022 年 3 月 1 日，中国移动微法院转型升级为"人民法院在线服务"，打通了人民法院在线服务与各诉讼服务平台用户体系，实现了互联网用户账户的统一认证，实现了人民法院在线服务与各诉讼服务平台之间消息通知的融合，有助于人民群众集中统一接收各诉讼服务事项消息。移动微法院具有法规查询、权威发布、法院导航、跨域立案、多元化解、智能回答、审判公开以及在线立案、缴费、送达、在线调解、在线庭审等 20 余项功能，让在线诉讼更便捷、更智能，为当事人提供了无差别同质化的服务，方便人民群众参与诉讼，也有效推动了法院的数字化转型。

评估发现，电子诉讼在司法审判中的应用范围越来越广，电子诉讼的比例越来越高。网上立案率从 2018 年的 17.4% 升至 2022 年的 39.1%，五年内提升了 21.7 个百分点；网上调解率从 2018 年的 9.1% 升至 2022 年的 93.9%，提升了 84.8 个百分点；网上开庭率从 1.1% 升至 37.3%，提升了 36.2 个百分点。网上证据交换从功能建设阶段发展到实际应用阶段，使用率逐渐提升（见表 1）。

移动电子诉讼已经成为人民群众打官司的重要途径。截至 2022 年 12 月 31 日，全国共有 3438 家法院使用统建的中国移动微法院，使用成效明显。

---

① 《法治社会建设实施纲要（2020~2025 年）》，《人民日报》2020 年 12 月 8 日，第 1 版。

表1 2018~2022年人民法院电子诉讼情况对比

单位：%

年份	网上立案率	网上开庭率	网上证据交换率	网上调解率	移动微法院使用率
2018	17.4	1.1	<20	9.1	40.5*
2019	33.2	1.5	<20	24.8	93.7
2020	34.3	13.3	<20	48.1	98.7
2021	40.8	16.2	23.4	49.9	99.1
2022	39.1	37.3	32.2	93.9	99.7

*2018年移动微法院尚未在全国推广，2018年数据为各地法院移动电子诉讼的支持率。

（二）办案无纸化

利用电子卷宗实现"无纸化办案"，才能建成打通全流程、覆盖所有案件、服务全体法官的网上办案系统，继而推动智能辅助办案、提升审判质效，真正实现了审判方式的转变。因此，无纸化办案成为近年来人民法院智慧审判建设的重点工程。近五年，法院的办案无纸化进程从易至难，从电子签章、电子送达逐步发展到自动编目、电子归档以及电子卷宗随案同步生成和深度应用。

1. 电子签章

目前，全国有人民法庭一万余个，每年人民法庭收结案约占基层法院收结案总数的四分之一。但大部分法庭距离法院路途遥远，法律文书面临"盖章难"的问题。电子签章技术有效解决了这个难题，人民法庭的签章实现"立等可取"。

2017年，全国只有近半数的法院建立了电子签章系统，之后几年，电子签章在法院内部得到更广泛应用。2018年到2022年，电子签章支持率从88.6%上升至95.9%；电子签章案件占比从29.8%升至92.0%，相比2018年提升了62.2个百分点。2022年全国法院通过电子签章签发案件共计

3093.6 万件，占年度受理案件数的 92%。

除此之外，电子签章功能还在公文签发、电子送达、电子卷宗深度应用中发挥着更加广泛的作用，大幅提高了诉讼效率（见表2）。

表2　2018～2022 年人民法院电子签章情况对比

单位：%

年度	电子签章支持率	电子签章案件占比
2018	88.6	29.8
2019	92.5	56.6
2020	97.2	74.6
2021	—	74.8
2022	95.9	92.0

2. 电子送达

在司法实践中，"送达难"问题十分突出，司法送达占用了法官和司法辅助人员大量的时间与精力[①]。2012 年，《民事诉讼法》首次将电子送达纳入法院送达方式，2021 年，修改后的《民事诉讼法》又将判决书、裁定书、调解书纳入电子送达范围，使得所有民事文书适用电子送达都有了法律依据。近年来，部分法院结合自身特征，自主开发了电子司法送达系统，提高送达的效率和准确率。例如，为解决法院送达工作"人难找"困境，江苏苏州相城法院打造"集中送达中心"，实现场地、软硬件设备、人员管理高度集约化，打造集中送达"相城模式"，实现司法文书电子送达的"零距离、零等待"。吉林德惠市人民法院通过优化送达资源配置，改变电子送达单一模式，推进集中送达工作，保障当事人诉讼权利，减轻法官的事务性负担。此外，广东、浙江、福建、江苏等地法院也都建立了自己的电子送达平台。

---

① 胡昌明：《破解"送达难"困局：从住址送达到电子送达》，《中国社会科学院研究生院学报》2021 年第 5 期。

2022 年，电子送达已经在全国法院普及。支持电子送达的法院 3474 家，占法院总数的 99.8%。电子送达率从 2018 年的 8.4%，逐步增长至 2022 年的 63.8%，五年内电子送达率提升 55.4 个百分点（见表 3）。2022 年全年通过电子方式送达文书的案件有 2487.4 万件。

表 3　2018~2022 年人民法院电子送达情况对比

单位：%

年度	电子送达支持率	电子送达率
2018	77.3	8.4
2019	88.2	16.9
2020	98.8	38.8
2021	98.9	51.5
2022	99.8	63.8
五年提高百分比	22.5	55.4

3. 电子卷宗

最高人民法院"五五改革纲要"明确提出，要"完善电子卷宗生成和归档机制。健全电子卷宗随案同步生成技术，保障和运行管理机制，实现电子卷宗随案同步上传办案系统、电子卷宗自动编目、原审卷宗远程调阅、诉讼文书辅助生成和类案智能推送应用覆盖全国法院。逐步推动实行电子档案为主、纸质档案为辅的案件归档方式。建立全国统一的电子档案管理系统"。电子卷宗随案同步生成是实现全国法院无纸化办案的基础性工作，也是全业务网上办理的前提，对法院信息化 4.0 版建设具有至关重要的作用。

依据《最高人民法院关于全面推进人民法院电子卷宗随案同步生成和深度应用的指导意见》《关于加快推进电子卷宗随案同步生成和深度应用工作的通知》等规范性文件的明确要求，山东、浙江、广州等各地法院积极开展电子卷宗随案同步生成，全面推进"无纸化办案"改革工作。2018 年，全国支持电子卷宗随案同步生成法院占比为 84.8%，部分中西部省份法院电子卷宗随案同步生成率不高，有的省份甚至不到10%；2022年全国支持电子卷宗随案同步生成的法院占比为98.7%，电子卷宗随案同步生成率达到了83.4%，全国近52.7%的法院实现了电子卷宗随案同步生成100%覆盖。此外，电子卷宗自动编目功能从50.3%上升到93.1%，网上阅卷功能从69.4%上升到98.7%，五年间分别提升42.8个和29.3个百分点（见表4）。

表4   2018~2022年全国法院电子卷宗随案同步生成情况对比

单位：%

年度	电子卷宗随案同步生成功能	电子卷宗随案同步生成率	自动编目	自动编目率	数据化电子文件	网上阅卷	电子卷宗自动归档
2018	84.8	—	50.3	—	60.3	69.4	64.7
2019	95.6	—	76.0	—	80.8	85.4	75.1
2020	95.0	—	86.8	—	87.4	92.7	84.4
2021	97.9	73.8	90.1	62.4	—	97.5	—
2022	98.7	83.4	93.1	73.9	—	98.7	—

2021年以来，办案无纸化更加侧重于电子卷宗的深度应用，这是智慧审判建设的关键之一，对于提升法官审判效率、减轻事务性工作至关重要。通过案件信息回填、外部材料规范化扫描、精细化编目、要素化管理，完成数字化加工的一系列流程并生成电子卷宗。电子卷宗深度应用能够实现网上阅卷、主动识别材料、自动保全事项、上下级法院调卷等功能，提高审判工作效率，提升全方位智能办案水平。评估显示，2022年97.4%的受评估法院支持电子卷宗案件信息自动回填功能，支持电子卷宗质量检查的法院占比为94.1%，支持上下级法院调卷功能的法院占比为97.7%，分别比2021年提升2.5个、4.4个和3个百分点。

（三）监督自动化

公正和效率都是司法追求的重要价值。人民法院之所以对信息化始终抱着包容和积极的态度，与信息化建设能够提升司法的这两项价值不无关系。通过信息化手段加强审判管理有助于加强案件的静默化管理，提高案件审理质量和效率，为实现司法公平正义提供保障。

从全国层面看，最高人民法院数据集中管理平台已经实现从 31 家高级人民法院自动提取案件数据，频率为每 5 分钟自动提取一次，可动态展现收案情况①，汇聚上亿件案件信息数据。从地方实践来看，目前，31 家高级法院能够运用信息化手段实现对辖区法院庭审活动规范性的自动巡查。全国各地均建成统一的审判流程信息公开平台，并实现与中国审判流程信息公开网的联通。全国所有地方法院均建成或接入上级法院政务网站等互联网发布、公开平台②。

历年《中国法院信息化发展报告》③（以下简称"法院信息化蓝皮书"）中各地法院提供的智慧法院建设案例也显示，审判监督始终是中国法院信息化建设的重点内容之一。法院信息化蓝皮书共刊登各地法院信息化建设案例 100个，项目类型偏重审判管理信息化建设的项目达到了 30 个。

遵循司法体制改革要求，各地法院全面梳理确定院庭长监督指导职责，通过动态监督机制，从事后监督拓展为全程管理、动态跟踪，实现监督指导有依据、权力行使有监督，确保管理到位但不越权。天津法院案件监督管理系统全面展现信息化案件监督管理权责清单，系统按照规定的院庭长审判监督管理权责流程，全面实现线上办理的案件流程管理、案件审限管理、重点案件监督管理等流程节点的监管，院庭长可充分运用信息化手段开展全方位的审判监督管理。四川宜宾的审判监督管理一体化平台包括审判态势、热点分析、司法统计、审判质效、案件评查、绩效考核、监督管理、制度规范等八大功能模块，整合了多个业务系统数据，对法院整体审判质效及个人审判质效进行有效评估，审判数据获取及时准确，采集效率高，助力院庭长和审

---

① 胡昌明：《中国智慧法院建设的成就与展望——以审判管理的信息化建设为视角》，《中国应用法学》2018 年第 2 期。

② 胡昌明：《中国智慧法院建设的成就与展望——以审判管理的信息化建设为视角》，《中国应用法学》2018 年第 2 期。

③ 见李林、田禾主编《中国法院信息化发展报告 No. 1（2017）》（社会科学文献出版社，2017）及陈甦、陈国平、田禾等主编的 5 本《中国法院信息化发展报告》。

判管理部门科学管理审判监督工作。深圳前海合作区人民法院"建立了审判监督权行使的全程留痕制度,实行案件审理、审判监督管理行为全部网上流转,以及建立院长、副院长依法行使审判监督权的登记备案制度,实现责权明确,全程留痕"①。

五年来,自动化审判管理系统的完备程度不断提升。智能审判监督从自动巡查庭审活动规范性、庭审音视频故障自动巡查、案件评查网上办理、辅助评查人员自动评查等功能,拓展到案件监管全程留痕、定期进行审判运行态势分析、"四类案件"实现网上监督、部署应用"三个规定"记录报告系统等更加具体和实用的功能。2022 年,能够支持自动巡查庭审活动规范性的法院占比为 98.2%,比 2018 年提升 26.3 个百分点;支持案件评查网上办理的法院占比为 89.6%,比 2018 年提升 8.5 个百分点;支持辅助评查人员自动评查功能的法院占比为 70.6%,比 2018 年提升 0.2 个百分点。此外,2022 年,全国已有 99.3%的法院实现案件监管全程留痕,与 2021 年同比上升 2.3 个百分点。能够定期进行审判运行态势分析、"四类案件"实现网上监督的法院占比为 97.6%、97.0%,同比分别提升 0.9 个、3.5 个百分点(见表 5、表 6)。

表 5　2018～2022 年全国法院自动化审判管理情况对比

单位:%

年度	自动巡查庭审活动规范性	庭审音视频故障自动巡查	案件评查网上办理	辅助评查人员自动评查
2018	71.9	75.0	81.1	70.4
2019	87.5	87.5	86.3	75.1
2020	90.6	90.6	87.6	77.3
2021	93.6	—	93.8	75.2
2022	98.2	—	89.6	70.6

① 杨阳腾:《深圳前海法院正式开始审理案件　审判监督权行使将全程留痕》,《经济日报》2015 年 2 月 3 日。

表 6　2021~2022 年全国法院自动化审判管理情况对比

单位：%

年度	案件监管 全程留痕	定期进行审判 运行态势分析	"四类案件"了 实现网上监督	部署应用"三个规定" 记录报告系统
2021	97.0	96.7	93.5	99.8
2022	99.3	97.6	97.0	99.9

（四）审判智能化

1. 司法资源智能推送

"同案同判"是司法公正的基本要求。2021 年颁布的《最高人民法院统一法律适用工作实施办法》规定，重大、疑难、复杂、敏感等九类案件的承办法官应当进行类案检索，类案检索成为法官作出裁判的规定动作。在传统办案模式下，法官对九类案件进行检索要花费大量的时间成本，借助信息化手段向法官自动推送相关法条和类似判决有助于减少法官的类案检索时间，最大限度提高裁判效率，实现"同案同判"。目前，最高人民法院已经开发了"法信"等一系列类案检索平台。截至 2022 年底，法信平台拥有文献总数达 11689 万余篇，总字数达 935 余亿字，法信平台注册用户 117.8 万余人，平台总访客量 2573 万人，总浏览量 2.99 亿人次，实现与全国 3200家法院内外网同步，是目前中国容量最大的法律应用知识资源库。

此外，各地法院也纷纷依托司法大数据开发关联案件查询系统，提供案件关联查询功能，包括上海法院 C2J 法官办案智能辅助系统、河北"智审1.0 系统"、北京法院服务统一裁判尺度的大数据研究平台、宁波海事法院打造的"海事司法案例库"等，这些司法案例查询平台为办案法官快速提供个案相关、相近的法条与案例，提供关联案件、实用计算工具等信息的主动推送服务，并整合智能搜索工具，全方位收集办案相关信息，降低了法官的办案强度，提升了办案质效。

评估显示，2022 年全国支持类案自动推送的法院，占法院总数的

97.3%；支持法律条文自动关联推送的法院，占比为97.6%；97.1%的法院能够辅助制作类案检索报告，与2021年相比，提升7.3个百分点（见表7）。

表7　2018~2022年全国法院智能资源推送情况对比

单位：%

年度	简单类案推送	要素匹配类案 自动推送 *	法条自动推送	辅助制作类 案检索报告
2018	81.2	67.9	75.8	—
2019	89.5	81.1	86.9	—
2020	94.4	92.4	93.5	—
2021	—	92.1	92.8	89.8
2022	—	97.3	97.6	97.1

＊2021、2022年为法院类案自动推送功能的实现比例。

2. 智能语音辅助庭审

庭审是法官审理办案必不可少的中心环节。然而，与裁判相比，审理案件，包括主持庭审、主持调解或者证据交换等与当事人沟通环节对信息化建设的挑战更大。在传统审判模式中，庭审笔录主要依赖书记员，书记员记录快慢或者准确与否对庭审效率有较大影响。目前，全国各地大量法庭配备了先进的庭审及办公语音识别系统，不仅能将书记员从繁重的手动记录方式中解放出来，而且提升了庭审笔录的准确性。

广州、苏州等地研发的智能语音识别系统，可以自动区分庭审发言对象及发言内容，将语音自动转化为文字，还能采用人工智能辅助、批量修订等技术，书记员只需进行少量修改即可实现庭审的完整记录。此外，庭审语音识别系统功能也越来越强大，不仅适用于庭审笔录，还可以运用于案件评议、裁判文书制作、日常办公等场景，极大提高了法院合议、办公的效率。在四川遂宁，由中院统一建设语音识别中心平台，各基层法院共用"集中转写中心"，各法庭或者基层法院将录制的音频统一传送至"集中转写中心"进行语音转写，转写后进行统一入卷。江苏、天津、江西、上海等地法院将智能语音运用在法官语音书写文字、当事人语音写诉状、庭审中语音实时调取电子证据、智能合议、全景语音审委会等多个场景，扩大智能语音识别在辅助审判、提高审判效率中的应用。

在此基础上，各级人民法院积极升级改造科技法庭，不断提升法庭科技含量。科技法庭利用音频、视频采集系统实现同步庭审录音录像；借助语音识别等新技术改造证据展示平台，在法庭上直接通过语音就可以找到需要展示的电子卷宗内容，实现了电子证据随讲随翻，极大方便了法官当庭比对印证，查明案件事实。有的法院庭审中法官可全流程对电子卷宗进行查阅、批注、质证等，通过语音识别自动生成笔录信息，与法官和当事人实时共享笔录信息，便于随时对笔录内容进行批注。在质证阶段，还可通过共享书记员电脑、原被告电脑、手机等方式进行质证。庭审结束后，通过签名板对笔录进行电子签名，按压电子指纹生成电子签名笔录，笔录自动回传到办案系统。

评估显示，科技法庭比例五年内提升了8.1个百分点。目前全国已有98.2%的法院实现了科技法庭与办案系统对接，较五年前提升了6.5个百分点。截至2022年底，全国有91.3%的法院科技法庭支持庭审过程中调阅电子卷宗和庭审语音转写等功能，比2018年提升47.5个百分点（见表8）。

表8 2018~2022年智能庭审发展情况对比

单位：%

年度	科技法庭比例	科技法庭与办案系统对接	庭审语音转写
2018	86.1	91.7	43.8
2019	89.8	93.9	43.8
2020	92.4	94.2	76.4
2021	93.5	92.5	78.2
2022	94.2	98.2	91.3
五年提高百分比	8.1	6.5	47.5

3. 法律文书智能生成

法律文书是法官处理审判事务的重要载体和表现形式，也是法官办案过程的真实体现。撰写裁判文书是法官的核心工作，制作裁判文书的过程需要花费法官大量的时间和精力，因此，法律文书智能生成也是智慧审判建设的重点和难点工程。对此，一些法院几年前就开始了尝试。早在 2017 年，北京法院就研发了"睿法官系统"。该系统通过自动从电子案卷中提取文书的首部、当事人基本情况、案由、诉讼请求和审理查明部分和部分简单案件的裁判说理，大幅压缩了法官制作裁判文书的时间，有效提升了裁判文书制作效率。2022 年文书智能生成功能已经在全国大部分地区的法院普及。评估显示，2022 年全国支持裁判文书自动生成的法院，占法院总数的 98.8%；支持裁判文书自动纠错的法院，占法院总数的 99.5%；支持裁判文书上网前敏感信息自动屏蔽的法院，占法院总数的 99.7%，比 2018 年分别提升 11.1 个、5.4 个和 7.0 个百分点。2021 年以来，部分法院增加了裁判文书自动上网功能，2022 年有 95.9% 的法院具备了裁判文书自动上网功能（见表 9）。

表 9　2018~2022 年法律文书智能生成情况对比

单位：%

年度	法律文书 自动生成	裁判文书 自动纠错	裁判文书上网前 敏感信息自动屏蔽	裁判文书 自动上网	辅助生成 法律文书
2018	87.7	94.1	92.7	—	85.2
2019	94.1	97.1	96.1	—	82.4
2020	95.6	98.7	98.8	—	93.1
2021	96.0	97.4	97.8	89.8	—
2022	98.8	99.5	99.7	95.9	—
五年提高百分比	11.1	5.4	7.0	—	—

4. 刑事智能辅助办案

量刑是刑法中的重要问题，也始终是智慧审判建设的难点问题。判决书确定的量刑尺度，而不是被告人被判处的罪名最终决定了其所受处罚的轻重程度①。2017 年 7 月，中央政法委提出，要把理念思路提升、体制机制创新、现代科技应用和法律制度完善结合起来，深入推进以审判为中心的刑事诉讼制度改革。此后，上海、海南等地创造性地运用大数据、人工智能对证据进行分析，构建跨部门大数据办案平台，帮助司法人员依法、全面、规范收集和审查证据。其中，上海刑事案件智能辅助办案系统（简称"206"工程）以刑事案件大数据分析为基础，构建量刑深度神经网络模型，为检察院提供量刑建议，为法官提供量刑参考。海南法院的量刑规范化智能辅助办案系统涵盖了 23 个量刑规范化罪名和 2 个刑种："具有智能识别提取犯罪事实和量刑情节，自动推送关联法条和类案，自动依据历史量刑数据推荐量刑，自动生成程序性法律文书和框架性裁判文书，以及多维数据统计等功能。系统还能通过深度学习技术，不断提高提取案件事实情节、推荐法条及类案的准确性，提高裁判文书生成的质量。"②

过去五年间，中国法院的刑事案件智能辅助办案从自动提取刑事案件法定和酌定量刑情节、自动推送量刑规范化司法解释、大数据分析提供量刑参考等简单功能，逐步向更为复杂的支持案由、情节等多维度质效统计分析等功能拓展。评估发现，2022 年，全国支持自动提取刑事案件法定和酌定量刑情节的法院，占法院总数的 91.7%，比 2018 年提升 36.9 个百分点；2022 年，全国支持案由、情节等多维度质效统计分析的法院，占法院总数的 91.6%（见表 10）。北京、江西、青海、安徽、广东等 20 个省份的辖区法院已经普遍具备了上述两项功能。

二 "智慧审判"存在的不足

近五年来，"智慧审判"确实取得了长足进步，但仍然存在一些不足掣肘智慧审判在审判现代化过程中进一步发挥作用。

---

① 胡昌明、马铁丰、赵荀：《量刑确定性的实证研究》，《山东大学学报》2023 年第 1 期。
② 方茜：《海南法院大数据人工智能助力司法改革》，《人民法院报》2017 年 7 月 27 日。

表 10　2018～2022 年刑事案件辅助办案情况对比

单位：%

年度	提取刑事案件法定和酌定量刑情节	自动推送量刑规范化司法解释	大数据分析提供量刑参考	支持案由、情节等多维度质效统计分析
2018	54.8	54.9	53.9	—
2019	76.3	76.5	73.7	—
2020	82.3	82.69	78.7	—
2021	79.6	—	—	78.7
2022	91.7	—	—	91.6

（一）思想观念需要提升

从 1996 年最高人民法院"全国法院通信及计算机工作会议"部署全国法院计算机网络建设工作起算，中国法院信息化建设已近 30 年。其间，多数司法人员对信息化从不熟悉到熟悉，从不认可到接受，但仍有个别司法人员存在思想保守、不愿意使用信息化手段的现象。有人对线上诉讼、文书辅助生成等智慧审判功能弃之不用，不能根据新时代的新要求及时调整办案方式；有人存在先入为主的"路径依赖"，相信个人经验胜于信息技术，纸质信息比电脑信息可靠，仍然喜欢采用传统的低效手段办案；也有人认为信息化建设是"花架子"，增加了工作负担，因而缺乏使用系统、准确录入数据的动力。部分司法人员认识出现偏差，影响了智慧审判的落地。

（二）系统仍需整合

目前，随着法院信息化3.0版的建成，智慧审判的主体架构已经搭建完成。但是，智慧审判的系统整合还有待进一步完善，特别是系统数据互通尚存在一些欠缺和不足。各地法院在内网、外部专网和互联网三大网系搭建了较多平台，但网络和平台不是越多越好，平台太多给法院之间、法院和其他部门之间系统互通互联带来困难。从内部看，法院内部的审判系统、执行管理系统、办公系统以及绩效考核人事管理等系统之间的信息互通仍然不畅；

从法院外部看，法院与其他政法机关以及与其他办案相关的社保、银行等部门之间的数据共享和业务协同尚未完全畅通，有待进一步打通。

（三）便利程度还需提高

从最高人民法院到各地各级法院的智慧审判应用普及程度还需强化。智慧审判应用重建设轻应用的状况在一定程度上仍然存在，这与一些系统的便利性不够有密切关系。近五年来，法院虽然开发了大量的审判管理系统，但有的系统和应用前期调研不够，与审判脱节，有的还处于不断开发、调试过程中，出现了系统设计缺陷或操作不便等问题，导致系统"看上去很美"、实际应用起来差强人意，法官的使用体验感差，自动化水平不高，辅助功能不强，导致使用率低。

（四）数据质量有待提高

审判管理的基础数据质量有待提高。人民法院审判中产生的数据量级很大，但个别基础审判信息还无法自动提取，需要法官手动上传。手动上传审判信息会增加法官的工作量，使得原本就捉襟见肘的审判资源更加紧张，甚至引发法官对信息化工作的抵触情绪；如果法官责任心不强，各类数据的录入准确性会受到很大影响。此外，数据统计口径也存在不统一的问题，导致数据不准确。对于以大数据为支撑的信息化而言，案件信息不完整、不准确，无异于"釜底抽薪"，将影响提供参考信息的准确性。

（五）人才培养存在短板

在人才培养方面，信息化人才队伍建设仍然存在短板，特别是具备大数据分析、调研能力的人才匮乏，不能满足信息时代法院的发展需求。一方面，懂法律的专业化研发人员力量不足。信息技术人员由于缺乏足够的审判执行工作经验，对法官需求的理解不够深入，研发的系统与干警的实际需求有一定差距。另一方面，信息化系统日常运维人员缺乏。缺少既懂技术又懂业务的复合型人才，这对智慧审判的日常平稳运行构成一定的不利影响。

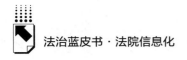

三　"智慧审判"发展与展望

（一）加强组织保障力度

加强法院信息化建设的组织保障。实践证明，提高思想认识和组织保障对于统领法院信息化工作、加强智慧法院建设至关重要。因此建议：一方面，"智慧法院"要加强组织机构建设，中级及以上人民法院应当设立专门负责信息化工作的领导机构，加强上下级法院信息化建设工作的统筹协调和督促，确保各项任务落到实处；另一方面，提升信息化保障的思想认识。提高全体司法人员对智慧法院建设重要性的思想认识，从法官、司法辅助人员到院长、庭长都要认识到信息化是人民法院现代化建设的一项战略性、基础性和全局性工程，推动信息化工作与审判执行工作同部署、同安排、同落实、同检查。

（二）加大科技对信息化的支持

科学技术在不断升级迭代过程中，也将对智慧审判提供更多的智力支持。今后要进一步加大对前沿技术研究的支持，重点解决促进审判质效提升和审判能力现代化发展中关键应用的研发和普及问题。其一，研究5G、人脸识别、元宇宙等最新科技应用在法院业务中的前景，拓展5G、元宇宙等在电子诉讼业务中应用的深度和广度。其二，加快推进人工智能辅助法官办案。2022年12月8日，《最高人民法院关于规范和加强人工智能司法应用的意见》正式颁布出台。该意见一方面要求在审判执行等工作中加快推进人工智能技术，"为减轻法官事务性工作负担提供全方位智能辅助支持"；另一方面，则要求规范司法人工智能技术应用。其三，促进区块链技术在办案中的应用。区块链在司法中的运用可以有效解决传统司法审判过程中的取证难、存证难、认证难等问题，大幅提高电子证据的可信度和真实性。除了区块链存证技术，区块链还可广泛应用于无纸化办案、电子合同以及智能合约等领域。

（三）充分关注弱势群体

中国虽然拥有世界上最多的网民，但仍有大量普通群众不善于运用互联网。不少需要司法保护的人群属于弱势群体，由于文化程度低、生存技能差，他们对智能社会、电子诉讼可望而不可即。因此，智慧审判平台运用应充分关注这部分人群如何得到平等的司法保护，保证线下司法渠道畅通，避免技术进步引发新的不公平。

（四）打通平台数据壁垒

法院内外部系统融合、数据联通，才能发挥智慧审判的最大功效。法院应在内部实现立案、审判、执行、鉴拍等部门的信息实时共享、互联互通。在法院外部，推进司法机关之间以及司法机关和社会其他部门之间的数据信息资源互联共享。比如，打通减刑假释、道路交通事故一体化、刑事案件、金融案件等业务协同接口，打通与公安部门道路交通事故数据共享渠道，推广道路交通事故纠纷一体化处理平台等，在更大范围内实现法院内外部大数据互联互通。

（五）培养法律和信息化双栖人才

法律和信息化双栖人才培养是做好法院信息化工作的人才基础。一是重视信息技术队伍建设。借司法改革加强审判辅助人员管理的契机，将信息技术人员的身份认定、工资待遇、晋升机制与《最高人民法院关于全面深化人民法院改革的意见——人民法院第四个五年改革纲要（2014~2018）》第48条规定的三类审判辅助人员统一，以调动其积极性。二是培养一支对信息化和司法业务都精通的队伍，使大数据、信息技术和司法业务最大限度地实现融合，保障系统运转畅通。三是引进和使用购买服务，借助外脑，建立专家咨询队伍，利用社会力量为法院的大数据分析、整理提供技术支持，不

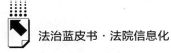
断提高法院信息化技术和大数据分析水平。四是加强信息化专门培训。法院信息化建设能否跟得上信息化发展潮流是决定法院信息化水平的关键，有必要加强信息化技术专门培训，用最前沿的理念、最尖端的知识武装法院信息化队伍。

B.3

中国法院"智慧诉讼服务"
第三方评估报告（2018~2022）

中国社会科学院国家法治指数研究中心项目组*

摘　要： 2018 年以来，智慧诉讼服务快速推进，线上服务从探索到成熟，线上线下迈向无缝对接融合，逐步成为人民法院诉讼服务的主流样态。"互联网+"诉讼服务深入优化，各地诉讼服务大厅完成信息化改造，"庭网线巡"四位一体诉讼服务形态无缝对接，一站式多元解纷和诉讼服务信息化架构体系不断健全，创新纠纷解决和诉讼服务模式，为当事人、律师和普通群众提供集约集成、在线融合的司法服务。智慧诉讼服务在专业性、贴合性、易用性和实效性方面还有提升空间。未来，应依托信息化提升诉讼服务与司法活动各环节、司法外部的融合贯通，为当事人、代理人和社会各界提供更优质高效的诉讼服务，更好地服务大局，助力民生保障和营商环境优化，助力实现更高水平的数字正义。

关键词： 智慧诉讼服务　第三方评估　多元解纷　社会治理

　　法治推进与现代技术的深度融合，是中国特色法治现代化的必由之路。

---

* 项目组负责人：田禾，中国社会科学院国家法治指数研究中心主任、法学研究所研究员，中国社会科学院大学法学院特聘教授；吕艳滨，中国社会科学院法学研究所法治国情调研室主任、研究员，中国社会科学院大学法学院教授、宪法行政法教研室主任。项目组成员：王小梅、王祎茗、刘雁鹏、胡昌明、栗燕杰等（按姓氏笔画排序）。执笔人：栗燕杰，中国社会科学院法学研究所副研究员；田禾。本报告为中国社会科学院法学研究所"国家法治指数"创新工程项目成果之一。

2018年以来，中国法院信息化迅猛发展，诉讼服务依托现代科技增强规范化，从技术导向迈向规则导向，推进数据化和智能化。回顾和梳理这五年中国法院智慧诉讼服务的发展历程和路径，深入总结经验并推广拓展，推动智慧诉讼服务惠及当事人和普通群众，助力实现更高水平的公平正义。

一　顶层设计：制度驱动规则引领逐步健全

五年来，最高人民法院全面推进智慧法院建设，统筹兼顾技术驱动、制度驱动与规则引领，顶层设计不断完善。人民法院智慧诉讼服务标准规范体系基本建成，全面明确了规则规范，在线诉讼服务各项场景应用有规可依、效力清晰。2017年出台的《最高人民法院关于加快建设智慧法院的意见》（法发〔2017〕12号）以专门板块提出，打造"互联网+"诉讼服务体系，提供更加优质、高效、便捷的诉讼服务。具体要求包括：支持实现所有诉讼服务业务网上办理，为诉讼参与人提供一体化、全方位、高效率的诉讼服务，构建支持全业务流程的互联网诉讼平台，建设完善电子送达系统破解送达难题等。2022年1月，最高人民法院印发《人民法院在线运行规则》，明确了法院在线运行的基本原则、适用范围，以及支持在线司法活动的信息系统建设、应用、运行、管理等要求，与之前出台的《人民法院在线诉讼规则》（法释〔2021〕12号）和《人民法院在线调解规则》（法释〔2021〕23号）相衔接，为互联网空间的诉讼服务与司法审判提供了规则指引。2022年5月，最高人民法院修订印发《人民法院信息化建设五年发展规划（2021~2025）（2022年修订版）》。《最高人民法院关于加强区块链司法应用的意见》明确了法院加强区块链司法应用及区块链平台建设的要求，推进人民法院与社会各行各业互通共享的区块链联盟相关典型场景落地应用。

为提升诉讼服务质效，提高数据质量，最高人民法院建立诉讼服务指导中心信息平台，继2021年发布《诉讼服务指导中心信息平台质效评估指标体系2.0+版》之后，2022年更新出台《诉讼服务指导中心信息平台质效评估指标体系3.0版》，通过建机制、定规则、搭平台、推应用，对关键质效评估指标进行考核打分。最高人民法院下发《关于诉讼服务相关信息系统升级改造和数据汇聚工作的通知》，推动司法数据汇聚工作更加准确、及时、高效。

人民法院高度重视科技与业务的融合。最高人民法院推动智慧法院国家重点实验室等科技创新平台的申报和实质化运转，形成全业务全链条的集成试验环境，为探索信息技术与审判执行服务深度融合提供了重要载体。最高人民法院完成人工智能平台基础 AI 模块设计规划，梳理形成 43 项业务系统所需人工智能能力需求清单，实现语音合成、语音识别、卷宗数字化、人脸识别等 13 项智能化能力上线，向全国法院提供法信智推、当事人画像、图文识别等 15 项服务。

二　总体成效：司法为民增势赋能发挥实效

随着科学技术与司法活动融合不断加深，人民法院的智慧诉讼服务，以科技创新为司法服务增势赋能，从探索走向成熟、稳定、规范、可预期。《最高人民法院关于加快建设智慧法院的意见》（法发〔2017〕12 号）提出："整合诉讼服务大厅、诉讼服务网、12368 热线、移动客户端等诉讼服务渠道，构建线上线下打通、内网外网互动的立体式诉讼模式，为诉讼参与人提供一体化、全方位、高效率的诉讼服务。"智慧诉讼服务的新类型新场景应用不断细化、扩展，并逐步成熟，从可用走向好用，服务范围不断扩展，服务能力不断提升。

（一）服务线上线下相融合

考虑到案件自身情形和当事人意愿等情况，诉讼服务的趋势应当是：既可以线上实施，也可以线下实施，还能够以"部分线上、部分线下""线上线下无缝衔接、自由切换"的方式来实施[①]。2019 年《最高人民法院关于

---

① 李占国：《浙江打造"全域数字法院"的实践与思考》，《法治日报》2022 年 9 月 20 日，第 3 版。

建设一站式多元解纷机制 一站式诉讼服务中心的意见》将"一站式多元解纷、一站式诉讼服务"作为工作目标，突出一站、集约、集成、在线、融合，全面推进诉讼服务体系现代化成为主要任务。北京法院突出各平台的融合对接，人民法院在线服务平台、电子诉讼平台、12368诉讼服务热线等平台信息互联互通，支持跨部门协作，应用于"云听证""云勘验""云司法救助"等场景，为群众提供"一账号""多渠道"的一站式诉讼服务。广州法院上线全流程线上电子诉讼服务平台（简称"AOL平台"），将全部诉讼服务搬到线上，提供25类案件结果预测和解纷方式指引，当事人申请律师调查令、申请阅卷等两百余项事务均可以网上办理，网办率超过85%。

经过信息化改造，诉讼服务中心的信息化服务能力不断提升。各地法院的诉讼服务中心不仅可以为来院当事人提供立案、咨询、调解等诉讼服务，还可以提供远程立案、交退费、证据交换、网上调解、电子送达等诉讼服务。当事人、律师可根据自身情况选择线上、线下、窗口、智能机器或数种方式相结合的方式获取诉讼服务。人民法院同时配备诉讼引导、文书打印、自助服务终端等设备设施，支持业务窗口和调解室的高清录音录像，支持律师绿色通道"一码通"身份验证、律师线下身份核验，2021年全国有3010家法院同时具备上述4项功能，占法院总数的86.4%，高级法院已100%实现。值得一提的是，江苏省常州市中级人民法院与中国电信常州分公司合作，利用电信营业网点遍布的区位优势，在人民法庭无法覆盖的区域，分批建设驿站式诉讼服务网点"龙城e诉中心"，打造家门口的"微法院"，律师和附近企业、群众走进中心即可完成起诉、开庭、执行的全流程诉讼事务。

（二）深耕专业领域发挥实效

智慧诉讼服务发展至今，更突出各专业领域深耕细作，降低维权成本、提升司法效率的功能不断显现。在知识产权保护领域，北京互联网法院与北京版权保护中心联合打造"版权链—天平链行政司法协同治理平台"，通过司法标准前置、数据跨链验证，以及国家级行业协会数据上链等技术融合，提升版权纠纷的预防化解效果，兼顾规则引领与科技支撑，形成"e 版权诉源共治体系"。当事人通过北京互联网法院电子诉讼平台进行要素式立案，输入登记证书编号等信息可立即获取上链数字登记证书进行核验，并可跨链调取北京版权保护中心存档的图片版权登记材料，涉案原图、权属说明、作品登记申请表等情况一目了然，既大幅降低权利人举证难度，也显著提升了庭审效率，促成大量纠纷快速调解结案①。杭州互联网法院将电子证据司法区块链与电子存证平台深度嵌合，实现电子证据全流程记录、全链路可信、全节点见证，电子证据全程可信性问题明显缓解。该平台支持网络作家上传作品、保护证据，对于预防和惩治网络抄袭起到积极作用。在金融纠纷化解领域，北京金融法院联合中国人民银行营业管理部、中国银行保险监督管理委员会北京监管局共同建设金融案件多元解纷一体化平台，做到全流程区块链存证、诉前调解、文书自动生成。北京金融法院还建成 5G 专业法庭，满足金融案件诉讼参与人多、举证质证要求高等特殊需求。浙江省于 2019 年上线"凤凰金融智审"1.0，同步 AI 法官助理"小智 1.0"应用，现已升级到"小智 3.0"，实现金融纠纷全流程自动化流传。在破产处置方面，深圳市中级人民法院建立破产事务一体化办理平台，上线破产资产投融资综合服务系统，实现与省市政务数据和信用信息平台对接，实现破产财产查控和事务办理"一网通办"、破产信息"一键查询"。在环境保护方面，中国环境资源审判信息平台上线。其互联网端设置了诉讼服务、以案释法、法律资源等板块，有利于强化公众参与力度，扩大司法保护辐射范围。该平台已在江苏法院使用，并逐步完善推广。

律师调查令应用方面，传统纸质调查令的申请办理不够便捷，也容易丢失、损毁，甚至被篡改和假冒。广州市中级人民法院运用区块链技术，开发全流程线上办理律师调查令服务平台，律师调查令的申请、审批、签发、使用和反馈各环节全部在线完成。律师不仅可以通过电脑端、手机端完成调查令的申请和使用，还可在线向法院反馈调取到的证据材料。北京市高级人民

① 《北京互联网法院：诉源治理有新"招"》，《人民法院报》2022 年 3 月 21 日，第 6 版。

法院、北京市司法局联合推出"电子律师调查令在线查询不动产登记信息"服务，法院指导案件代理律师通过在线律师调查令，登录北京市不动产登记网办事服务平台在线查询不动产登记情况，一般 1 个工作日就会收到反馈①。

（三）助力营商环境优化

法治是最好的营商环境，而优质、高效的智慧诉讼服务，是法治化营商环境的题中应有之义。从 2017 年《最高人民法院关于为改善营商环境提供司法保障的若干意见》到 2020 年《最高人民法院关于进一步做好优化营商环境工作的意见》，越来越凸显"提升人民群众对高效便捷司法服务体验感"。涉港澳台、涉外案件的特殊性、个性化问题，系以往诉讼服务的短板弱项，近年来多地以智慧化手段助力破解，取得诸多成效。

四川以天府中央法务区诉讼服务中心为载体，全省三级法院"共同入驻、一体运行"，打造"非接触式"诉讼服务模式。发展至今，最高人民法院第五巡回法庭成都审判点、成都金融法庭、成都互联网法庭、四川大熊猫国家公园生态法庭、成都知识产权法庭、成都国际商事法庭等专门法庭均入驻挂牌。由此，天府中央法务区已完整汇集从最高人民法院到基层法院的四级审判资源。天府中央法务区综合服务大楼诉讼服务中心设置成都法院"蓉易诉"电子诉讼综合平台，提供线上诉讼服务、阅卷、开庭、文书撰写等 20 余项功能，覆盖一审、二审和执行 16 个环节。

破除涉港澳案件梗阻。以往，涉港澳案件的法人资格认定、委托内地律师程序烦琐。对此，相关法院争取上级支持积极探索，予以破除。比如，涉港澳商事案件中诉讼参与主体有法人资格的，当事人以往需耗时 20 天左右、花费约 8000 港元，在香港或者澳门办理主体资格确认的公证转递手续，方可到法院立案。2022 年 6 月，深圳前海合作区人民法院出台《关于简化港

---

① 《立审执"云上办"，智慧法院不打烊　北京法院强化数字赋能实现全流程网上办案》，《法治日报》2022 年 10 月 13 日，第 4 版。

澳诉讼法人主体资格司法确认的办法》，明确简化港澳诉讼法人主体资格司法确认手续。简化司法确认之后，法院提供香港特别行政区注册署和澳门特别行政区注册署两个网址，当事人仅需从指定网站下载相关法人主体资料提交法院，由法院对主体资料进行核实即可立案，无须再进行跨境"公证转递"。再如，港澳当事人委托内地律师打官司，需要本人到法院当面进行授权。根据最高人民法院授权，横琴粤澳深度合作区人民法院与澳门终审法院建立直接委托送达和调取证据机制。深圳前海合作区人民法院出台《关于域外诉讼主体在线视频见证办法》，引入并规范线上见证授权委托等诉讼程序，实现涉港澳案件授权委托"e见证"。2021年1月至2022年6月，深圳前海合作区人民法院适用在线见证当事人身份与授权行为476人次。深圳前海合作区人民法院引导港澳当事人选择"深圳移动微法院"小程序、短信链接、电子邮件等方式接收诉讼文书，运用全国法院司法协助管理平台与港澳法院在线相互协助送达司法文书。

广州互联网法院先后在香港、澳门等设置终端机"E法亭"，提供自助立案、远程开庭、智能送达、在线调解等功能，推动一体化的互联网司法服务在港澳落地。广州互联网法院上线跨港澳在线纠纷多元化解平台，汇聚66个调解机构、489位调解员，其中包括香港特邀调解员14名、澳门特邀调解员6名。已成功调解纠纷5.8万件，平均调解周期仅29天[①]。2022年，最高人民法院提出，支持横琴粤澳深度合作区人民法院加强智慧法院建设，以"一网通办""一次办好"为目标，完善国际化、标准化、智能化诉讼服务平台建设，着力构建全流程在线诉讼新机制和诉讼服务新模式，加强与港澳诉讼服务对接，为境内外当事人提供便捷、高效、低成本的纠纷解决服务[②]。

（四）区域协作不断加深

跨区域、跨领域的信息共享与应用，多业务在线协同，是诉讼服务延

[①] 《广州互联网法院四年结案18.4万宗，办案质效居全国前列 为在线诉讼模式、数字经济发展、网络空间治理带来系列创新》，《南方都市报》2022年9月28日，第GA08版。

[②] 参见《最高人民法院关于支持和保障横琴粤澳深度合作区建设的意见》（法发〔2022〕4号）。

伸发展的重要面向。多地着力推进跨域诉讼服务，重点解决异地打官司成本高、耗时长、堵点多等难题。2017 年，最高人民法院试点推行跨域诉讼服务模式。2019 年 12 月，全国中级、基层法院和海事法院率先实现跨域立案，开启"家门口起诉"新模式。经过五年努力，全国四级法院已实现跨域立案服务全覆盖，并延伸至 1 万多个人民法庭，当事人可以就近选择法院或者人民法庭申请跨域立案。不同地区的跨域立案、代为送达、异地取证等司法活动开展更加顺畅，产生司法公共服务的同城效应，带动整体司法协作。例如，2020 年 9 月，四川省高级人民法院和重庆市高级人民法院通过远程方式云签约《成渝地区双城经济圈跨域诉讼服务合作协议》，将在矛盾纠纷调解力量共享、诉讼服务协作、诉讼服务队伍培训等方面开展合作。重庆法院公众服务网成功对接四川法院诉讼服务网，实现两地诉讼服务平台互联互通。《最高人民法院关于为成渝地区双城经济圈建设提供司法服务和保障的意见》提出，"加强区域司法协同，切实提高司法服务保障水平"。到重庆打官司的当事人和律师，就近找一家四川基层法院递交材料，最快半小时内即可跨区域立案。长三角沪苏两地法院强强联手，实现"一网通办"和移动微法院双通道跨域立案，为沪苏两地当事人建起一条跨域立案的"高速路"。陕西省高级人民法院通过全省智慧法院建设，运用内外网数据交换技术，打通与全国法院立案信息的传递和交换渠道，制订跨域立案工作规则，建立起跨域立案全自助网上立案和窗口服务两种模式①。

（五）用户本位增进获得感

推进智慧诉讼服务的初衷就是更好地为人民服务。以服务群众诉讼、提升群众诉讼体验的"微改良"绘就司法为民的"宏大叙事"，成为各地智慧诉讼服务的重要发力点。

提升友好性突出好用。平台系统好用、易上手、易用，一直是人民法院

---

① 《加快推动诉讼事项跨区域远程办理》，《人民法院报》2022 年 9 月 27 日，第 1 版。

信息化努力的防线。杭州互联网法院的网上诉讼平台，5分钟即可完成自助起诉。在法官端，打造千人千面的法官工作台，特定功能最多点3次即可实现预期结果。北京市高级人民法院官方微信"京法网事"就智慧诉讼服务的应用上传近百条推文，诸如《真人演示"线上开庭"全流程提示请查收》《轻松get"网立、交退费、发款"》等，图文并茂指导当事人用好电子诉讼平台各项功能。

破解难题确保落地。五年来，智慧诉讼服务的落地实施，解决了以往困扰当事人和普通群众的诸多难题。比如，联系法官难一度受到广泛关注。对此，北京法院打造多元化联系法官智慧体系，当事人和律师通过12368诉讼服务热线、北京法院电子诉讼平台、"智慧执行"App等渠道，可快速联系到办案法官。与此同时，北京还建立督办和回访机制，确保联系法官到位率100%。上海市普陀区人民法院微信公众号上线"云间法官工作室"，成为当事人和法院联络的桥梁。"云间法官工作室"设置"在线联系""工作动态""宣传视频"三个栏目。在"在线联系"之下设置"咨询留言""意见建议""联系法官""判后答疑"等多个分区，有利于精准识别并满足司法需求。山东省临沂市法院上线律师信息库和单位（企业）信息库，一次入库永久使用且实时更新，信息库具备自动回填功能，只需几秒钟即可填充律师、单位信息，减少了律师、法官助理等信息录入、核对工作量，提高了司法效率，且极大提升了信息录入的准确性和完整性。这些信息库的研发和相关技术应用，既减轻了群众诉累，也提升了诉状的规范化水平。又如，文书生效证明电子化减轻了企业负担。裁判文书生效后，承办法官通过电子送达平台将裁判文书生效证明链接推送给当事人，当事人可直接下载使用。与此同时，当事人收到生效法律文书即可申请执行立案，无须再出具法律文书的生效证明，法院内部进行核查即可。

三　各领域进展：深入融合易用好用破解难题

经过五年发展，中国各级法院的智慧诉讼服务"百尺竿头更进一步"。

一网通办、一键直达、一次办好、一站多能的智慧诉讼服务，已在各地全面铺开。司法便民进一步深化，人工服务可替代率不断提高。网上交退费、电子送达等，从制度技术上可行，到实践应用逐步常态化，并通过升级优化和制度建设，更加好用、稳定、可预期。

（一）人民法院在线服务平台集约融合

为当事人、普通群众提供服务的法院集约平台，已从中国移动微法院升级到人民法院在线服务平台。中国移动微法院于2018年2月28日上线后，2020年底全国所有法院全部上线中国移动微法院小程序。2021年，3417家法院利用移动微法院开展网上立案，占法院总数的98.1%。2022年3月，中国移动微法院进一步升级为"人民法院在线服务"平台。平台覆盖四级法院，成为全国法院面向群众、企业提供在线服务的统一入口。平台与各诉讼服务平台系统打通，实现互联网用户账户统一认证，以及人民法院在线服务和各诉讼服务平台信息融合。全国所有法院均可通过"人民法院在线服务"微信小程序进入，使用全国通用诉讼服务功能和当地法院的特色服务功能。平台提供较为翔实的指引说明，便利当事人使用。截至2022年底，人民法院在线服务平台实名注册用户数达1675万人，平台累计接收网上立案申请2400余万件，在线送达文书700余万份①。当事人参与诉讼往返法院的平均数量从近6次减少到1~2次，或者一次也不用跑。

2020年，全国法院接收网上立案1080万件。2021年全国网上成功立案的案件数量达到1286.4万件，占年度新收案件总数的40.8%。其中，基层法院占比最高，达到43.5%；中级法院和高级法院的比例分别为23.0%和13.9%②（见表1）。2022年，人民法院在线服务移动端提供的网上立案达到1071.8万次，同比增长30.6%；山东、浙江、河北试点二审网上立案，

---

① 《"人民法院在线服务"平台诉讼服务实现全天候运行　2021年全国法院网上立案1143.9万件》，《法治日报》2022年10月16日，第4版。
② 数据参见最高人民法院《智慧法院建设评价报告（2021年）》（内部报告）。

二审网上立案平均周期 29 天，较试点前全国法院平均周期缩短三分之二以上，最快可以实现当天立案①。

表1　2021 年全国各级法院受理案件与网上立案情况

单位：件，%

名称	高级法院	中级法院	基层法院	全国法院
法院受理案件数	462835	3351755	27684531	31499121
网上成功立案数	64331	770764	12029125	12863810
网上立案占比	13.9	23.0	43.5	40.8

苏州市中级人民法院上线"全域诉讼服务系统"，分为立案类、申请类、查询类、咨询类四大业务类型，实现内网联动、业务协同，打造"全市域、全通道、全事项、全时间"诉讼服务体系。以诉讼服务指挥中心为核心的"大中台"业务处理监管中枢，联结各法院、各业务部门形成"长后台"机制，通过系统归口管理线上线下各类诉讼服务事项，将各类诉讼服务事项予以归集、办理或转办、跟踪、监督等，克服了相互推诿现象，形成法院之间、部门之间、业务环节之间的整体联动，为群众提供同品质、高效率的司法服务②。

（二）人民法院调解平台全面覆盖顺畅运行

依托网络，人民调解、行业调解、平台调解、律师调解等线下线上相结合。人民法院调解平台于 2018 年 2 月上线，为当事人提供全时空、跨地域、全流程、菜单式、集约化的一站式在线解纷服务。2021 年 12 月，《人民法院在线调解规则》出台，在线调解从实践探索迈向规则完善，填补了程序空白。2018 年，全国只有一半法院支持网上调解功能。发展至今，全国法

---

① 《最高法：2022 年 1071.8 万次的案件实现"掌上立"　同比增长 30.6%》，https://
m.gmw.cn/baijia/2023-02/15/1303284417.html，最后访问日期：2023 年 2 月 24 日。

② 《江苏智慧法院建设白皮书（2018~2022）》，江苏法院网，https://www.jsfy.gov.cn/
article/93441.html，最后访问日期：2022 年 11 月 10 日。

院普遍通过人民法院调解平台或自建调解平台在线调解。截至 2022 年，9677 个人民法庭入驻调解平台，在线对接派出所、司法所、街道办、村委会等基层治理单位 75511 家，对接人民法院的调解组织、调解员达 9.6 万家、37.2 万名，就地预防化解纠纷 33.21 万件，是 2021 年的 32.57 倍①。

北京互联网法院建成集在线立案、电子送达、在线调解、调解协议自动生成、在线司法确认等于一体的多元调解平台，当事人无须注册登录，输入六位数字调解码即可直接网上视频调解；调解员不再要求坐班使用固定电话，通过调解平台"云呼"功能，可在任何具备上网条件的地方，在平台页面上使用"云呼"电话联系当事人进行调解，当事人、调解员的用户体验更加友好。北京互联网法院还吸纳具有异地调解资质的调解组织加入，以及金融纠纷多元调解组织等专门性调解组织加入，跨区域化解纠纷能力、纠纷调解的专业性都显著提升。江苏省高级人民法院建设"江苏微解纷"平台，汇聚全省行政机关、司法机关、仲裁机构的调解、仲裁、诉讼、信访等资源，可通过电脑端、手机端登录，提供一键分流、在线调解、风险评估、特邀调解、案件流转、司法确认、在线立案等解纷服务。广州法院将以往线下的诉讼风险评估等服务搬到线上，既为当事人提供更加明确的预期，也提升了法官与当事人、律师与当事人的沟通效率。

在河南，超过 80% 的案件可网上立案，当事人通过电脑或手机均可在线完成立案受理、提交材料、缴纳费用、接收文书、跨域立案等事项，电子诉讼总量稳居全国前茅。河南法院的云立案、云调解、云庭审，不仅将信息化贯彻诉讼全过程，还将服务关口前移进入网格，延伸到基层治理矛盾化解。山东省龙口市人民法院研发上线"法润芝阳"微信小程序，提供线上法律咨询、在线答疑、风险评估、网上调解等服务，变以往"上法院"为"家里办"和"随时随地指尖办"。

杭州互联网法院上线跨境贸易司法解纷平台，通过一整套多元化的纠纷化解机制，对接调解、仲裁等，比照《亚太经合组织跨境电商（B2B）在

---

① 《人民法院一站式化解纠纷惠及更多群众》，《光明日报》2023 年 2 月 17 日，第 3 版。

线争端解决合作框架》及其《示范程序规则》，实现调解、仲裁、公证、诉讼等多种纠纷在线"一站式"解决。平台中英文互通，做到了在线实时翻译，在视频庭审、异步审理中，实现语音、文字中英转换。平台针对性开发多项功能，解决了涉外诉讼中的当事人身份认定、电子送达、在线举证质证、在线庭审、在线执行等技术问题和法律问题；建立起消费者、跨境电商平台、调解机构、公证机构、仲裁机构的沟通渠道，实现调解、仲裁、公证、诉讼全程在线办理；配置智慧诉讼服务助手"杭小互"，为当事人提供多语种的诉讼引导、立案、审理和执行等服务，有效引导境内外当事人参与诉讼。在技术赋能方面，平台通过智能导诉机器人、司法区块链、电子送达系统、5G智慧视频庭审等技术应用，破解了涉外诉讼的起诉难、取证难、送达难、开庭难等痛点问题，提供了更加顺畅、便捷的新型国际商事争端解决机制。深圳市建立"深圳市涉外商事一站式多元解纷中心"，引入第三方评估、微型审判等机制，实施"线上+线下调解"等模式；横琴粤澳深度合作区人民法院探索实施"内地+港澳"跨境纠纷联合调解模式。

（三）在线立案及立案辅助功能齐备

网上立案是法院坚持司法为民、创新诉讼服务方式的重要举措。2018年《最高人民法院关于互联网法院审理案件若干问题的规定》明确，互联网法院案件的立案受理一般在互联网上完成。2019年《最高人民法院关于建设一站式多元解纷机制 一站式诉讼服务中心的意见》提出，"全面实行网上立案，做到凡是能网上立案的案件，应上尽上"。2022年，最高人民法院出台的《人民法院在线运行规则》（法发〔2022〕8号）明确，"当事人及其代理人可以通过人民法院在线服务、电子诉讼、诉讼服务网等平台在线提交立案申请"。在线立案得到广泛应用，逐步纳入制度轨道，被告查找、立案风险预警提示等辅助功能逐步健全，突出表现在以下方面。

一是破解被告查找难题。立案时找不到被告，一度让当事人头疼不已，损害到立案效率。实践中，往往需先在法院窗口开具查询函，再到公安机关调取资料，再回到法院办理立案。如果被告户籍信息在外省，查询过程可能耗时数月。2021 年，广州法院开设"全国人口信息查询"通道，为当事人及其代理人提供全国人口信息查询服务，无须再为查询被告身份信息往返公安部门与法院，既降低了诉讼成本，也减轻了公安机关的工作负担。广东法院 AOL 平台设立了全智能诉讼服务"e 查询"专窗，提供全国户籍人口查询、三大运营商实名查号、全国法院涉案信息、失信被执行人信息等事项查询服务，实现全国人口信息"一键查"，当事人在线提交相关材料后，即可调取被告人户籍信息，完成立案流程或其他相关诉讼服务事项。

二是立案辅助功能逐步成熟。2021 年 9 月，最高人民法院推动建设人民法院立案辅助系统，对虚假诉讼、滥用诉权、涉众纠纷等可进行风险预警，为法院、法官提供案件异常情况提示服务。2021 年有 3362 家法院具有风险识别、案件关联等立案智能辅助功能，占法院总数的 96.5%，其中高级法院有 31 家，占比 96.9%，中级法院有 400 家，占比 97.1%，基层法院有 2931 家，占比 96.4%；共有 3336 家法院的立案辅助系统与办案系统等相关系统对接，占比 95.8%[①]。2022 年，有 3418 家法院立案辅助系统与办案系统等相关系统对接，占法院总数的 98.2%。其中高级法院有 32 家，占比 100%；中级法院有 410 家，占比 99.3%；基层法院有 2976 家，占比 98%。江苏省高级人民法院研发"套路贷"虚假诉讼智能预警系统，对疑似"套路贷"违法犯罪人员和案件进行自动识别预警，为全省法院"套路贷"虚假诉讼专项治理和江苏非法金融活动专项治理工作提供有效辅助。陕西、山东两地法院全部上线静默式立案辅助检索功能，对新收民事、行政案件进行检索分析，对可能存在异常的起诉行为进行提示、预警，从源头维护正常司法诉讼秩序。

（四）电子卷宗应用更加便利丰富

案件卷宗是智慧法院的重要数据基础，电子卷宗在案件办理、诉讼服务和司法管理中的应用不断拓展，为法官、诉讼参与人等提供越来越丰富、便

---

① 数据参见《智慧法院建设评价报告（2021 年）》。

利的智能服务。2016年，最高人民法院印发《关于全面推进人民法院电子卷宗随案同步生成和深度应用的指导意见》（法〔2016〕264号），全面推进人民法院电子卷宗随案同步生成和深度应用。通过电子卷宗随案同步生成和网上流转，以往平均耗时15天的上诉案件卷宗移送工作，仅需几分钟即可完成①。北京法院推进电子卷宗深度应用，电子卷宗自动编目、OCR图文识别、信息自动回填等技术应用普遍推开。多家法院实现刑事办案平台跨网电子卷宗调阅、上下级法院案卷在线移送。比如，延吉等地法院刑事审判庭为律师提供刻录光盘阅卷服务。辩护律师需要阅卷时，提前与承办法官联系，确定需要查阅的内容，填写申请后，法院工作人员即可将通过政法协同系统传输、依法可以公开的刑事案卷材料刻录在光盘中，律师来到法院就可以直接带走光盘。辩护律师阅卷形式不再局限于纸质案卷，阅卷地点也不限于法院现场，为律师提供了便利。

（五）电子送达破解制约难题

《最高人民法院关于加快建设智慧法院的意见》（法发〔2017〕12号）提出："建设完善电子送达系统，通过与外部单位信息共享，精准定位诉讼参与人，通过信息留痕、数据追溯，实时掌握受送达人收悉情况，提升送达效率，破解送达难题。"经过数年发展，人民法院送达平台进一步优化，与人民法院在线服务电子送达功能融合，实现电子送达数据同步；依托司法链开展存证验证能力应用，实现全国法院电子送达文书在线核验，支持当事人和社会第三方在互联网端司法链平台进行验证。多地法院经当事人同意后，通过综合送达平台一键即时送达起诉状副本、传票、裁判文书。2018年，全国有77.3%的法院支持电子送达，仅8.4%的案件实现了电子送达。2019年，全国法院通过电子方式送达文书的案件数有527.4万件。从技术支持看，高级法院96.9%实现，中级法院和基层法院分别为

---

① 《人民法院智慧法院建设工作成效新闻发布会》，最高人民法院网站，https://www.court.gov.cn/zixun-xiangqing-375071.html，最后访问日期：2022年11月27日。

78.1%和86.6%。2020年，全国98.8%的法院支持电子送达，38.8%的案件实现了电子送达。2021年全国法院通过电子方式送达文书的案件数有1723.4万件，占年度受理案件总数的51.5%，有了较大幅度提升。有3445家法院进行了电子送达，占法院总数的98.9%；从技术支持看，高级法院100%实现，中级法院和基层法院分别为98.5%和98.9%①。2022年全国法院通过电子方式送达文书的案件数有2487.4万件。从技术支持看，高级法院100%应用了电子送达业务，中级法院和基层法院电子送达的应用率分别为99.3%和99.8%。

上海市高级人民法院于2022年3月出台《关于进一步推广适用电子送达的若干规定（试行）》，明确了电子送达的具体操作流程。上海三级法院电子送达方式包括手机短信、电子邮件、中国审判流程公开网、上海法院诉讼服务网、上海一网通办政务平台、"随申办市民云" App、人民法院在线服务小程序、"上海法院12368"微信公众号等。上海市普陀区人民法院与园区合作，借助园区影响力扩大电子送达适用范围。园区企业签署《企业电子送达地址承诺书》，确认手机号码、电子邮箱等电子地址，并常态化承诺同意在上海普陀法院审理的涉诉案件适用电子送达。由此，逐步带动企业电子送达承诺制度全覆盖，诉讼效率显著提升。广西壮族自治区柳州市中级人民法院以全国法院统一电子送达平台为主要途径，短信、传真、电子邮件、微信等方式为补充，推动电子送达常态化。2022年上半年，全市法院共创建网上送达任务26377人次，案件平均送达时长不到5天②。广州法院与当地市场监管局联合建立并推广企业送达地址登记承诺制，法院可实时获取、核对企业的送达地址，除实体地址外还包括邮箱、微信、短信等电子送达渠道。2022年上半年，广州法院系统完成电子送达488.7万次，电子送

---

① 数据参见《智慧法院建设评价报告（2018年）》《智慧法院建设评价报告（2020年）》《智慧法院建设评价报告（2021年）》，最高人民法院提供，均系内部报告。

② 《打造智慧法院柳州模式 提升智能诉讼服务水平》，网易，https://www.163.com/dy/article/HCLOR8UV0514JN5D.html，最后访问日期：2022年11月10日。

达适用率达 87.9%①。江苏省宿迁市中级人民法院与当地邮政机构深化合作，打造"宿迁智达"系统，设立集约化送达中心，利用执行数据存储处理中心、全市 EMS 分拣中心、电子送达数据对接中心的优势，整合诉讼地址信息，公安户籍地址信息，邮政物流地址信息，移动、电信、联通三大运营商的实名手机号码信息，形成送达地址大数据库，支持电子送达、邮寄送达、直接送达、公告送达等送达方式。用户只需发起送达任务，系统根据预置送达规则，从电子送达开始，自动有序衔接各送达流程，无须重复发起。系统充分利用地址大数据，合理规划送达地址，优先使用电子送达等方式，提高了送达效率。文书送达的发起、实施、结果等流程节点，均在系统中全程留痕，送达过程中形成的现场照片、现场录像、现场笔录、送达回执、送达地址确认书等材料均可通过手机小程序，由送达人员及时推送到送达系统②。云南省曲靖市中级人民法院统一两级法院的电子送达回执标准，实现电子送达回执的快速审查和归档结案。

（六）诉讼缴费退费便捷畅通

五年来，人民法院在"一案一账户"基础上，为当事人提供银行网点、微信支付宝扫码、网上银行转账、诉讼服务智慧终端、人民法院在线服务平台等多种缴费方式。以往，当事人办理诉讼费退费需要到法院提交书面材料，一旦有错漏需要多次跑动；材料提交后还需要法院内部多个机构审核，一个环节延迟或卡顿，整个退费流程则陷入停滞。经过改革，多地法院在裁判文书生效后，无须当事人申请，由承办法官发起退费程序，财务部门审核，自动退费至立案时登记的银行账户。2018 年全国共有 2064 家法院支持网上缴费，占法院总数的 58.8%；全国法院 29.6% 的缴费案件实现了网上

---

① 《24 小时不打烊！广州法院打造诉讼服务新模式》，腾讯，https：//view. inews. qq. com/k/20221014A01CRR00？web_ channel = wap&openApp = false，最后访问日期：2022 年 11 月 21 日。

② 《江苏智慧法院建设白皮书（2018~2022）》，江苏法院网，https：//www. jsfy. gov. cn/article/93441. html，最后访问日期：2022 年 11 月 10 日。

缴费；1299 家法院网上缴费率低于 20%，其中 638 家法院网上成功缴费案件数为 0。2020 年，全国共有 3167 家法院支持网上缴费退费，占法院总数的 90.8%；从实际应用效果看，全国法院网上缴费率仍普遍较低，1678 家法院网上缴费率低于 20%，其中 728 家法院网上成功缴费案件数为 0。2021 年，全国法院网上缴费共 1758.1 万次，占年度缴费总次数的 76.8%；有 3284 家法院支持网上缴费，占法院总数的 94.3%；有 2889 家法院支持网上退费，占法院总数的 82.9%①。2022 年，全国法院网上缴费共 1864.1 万次，占年度新收案件总数的 61.6%。有 3384 家法院支持网上缴费，占法院总数的 94.3%；有 3163 家法院支持网上退费，全国法院网上退费共 461.4 万次，占年度新收案件总数的 15.3%。广州法院 AOL 平台的"诉讼费网上退费"功能，当事人一键提交退费申请，法院核对、审批均线上完成，当事人还可以随时随地在线查询退费进度。

（七）一号通办服务高效

12368 热线提供服务更加务实。2017 年，全国就有 1734 家法院开通 12368 诉讼服务热线②。最高人民法院将 12368 热线作为打造"互联网+"诉讼服务体系的重要一极。在各地法院已有建设基础上，最高人民法院建成全国法院 12368 统一调度中心和全国法院统一短信平台，实现全国通办。最高人民法院 12368 热线扩容增量，热线线路由两条扩大至四条。最高人民法院 12368 热线上线"联系法官"功能，进一步畅通、规范当事人与法官沟通联系渠道，解决"找法官难"问题。全国 3484 家法院实现咨询类、查询类、联系类、预约类、转办类、投诉建议类全部六项服务事项功能，支持热线、网络、视频交互、智能语音任意一种方式。其中，3460 家法院的 12368 热线数据实时汇聚至最高人民法院诉讼服务指导中心信息平台，占法院总数

---

① 《智慧法院建设评价报告（2018 年）》《智慧法院建设评价报告（2020 年）》《智慧法院建设评价报告（2021 年）》，最高人民法院提供，均系内部报告。

② 数据参见《最高人民法院关于人民法院全面深化司法改革情况的报告——2017 年 11 月 1 日在第十二届全国人民代表大会常务委员会第三十次会议上》。

的99.3%。湖南法院12368诉讼服务平台不断延伸业务范围，提供案件查询、诉讼咨询、失信查询、保全送达、联系法官、法院信息查询等服务。湖南突出热线的实质化办理功能，对于需要相关法院、庭室、法官答复的，及时转办、跟进催办。2022年7月至9月，湖南省高级人民法院12368热线接通率保持在99.95%以上，群众满意度为100%①。天津市滨海新区人民法院打造多方位、交互型、立体式的智慧司法服务枢纽"12368滨法智服平台"，平台包含12368来电通办系统、信访平台推送管理系统、诉源治理智能协调系统、社会评价与建议系统四个板块，具备AI智能接听、24小时留言、八项诉讼进度查询、智能诉讼咨询等功能。其智能外呼功能支持场景定制，可以一键拨打、批量外呼，如有大批量通知当事人开庭、应诉等情况，即可使用该功能，解决了批量通知占用大量人力的问题。通过AI机器人批量外呼，一分钟即可呼出数百个电话，且能在非工作时间设定呼叫的时间点、次数，未接听的可自动筛选出来重复外呼，由此达到批量通知、送达目的，大大节约了法院的人力资源，提高了通知和送达效率②。北京12368诉讼服务热线增加了诉源治理专线，法院直接对接各级党委、政府，为基层治理提供法律咨询、调解指导、司法确认、普法宣传等一整套法律服务，逐步探索源头预防为先、非诉解决机制挺在前面、法院裁判终局的诉源治理新模式。

四 存在问题：壁垒堵点痛点不容轻忽

经过五年发展，智慧诉讼服务成效前所未有。同时，也应看到新一轮科技革命、产业变革正在快速推进，法院信息化和智慧诉讼服务面临的机遇和挑战都前所未有。智慧信息技术的司法应用，既存在与司法审判执行专业性

---

① 参见《"一呼即应"解群众难题——湖南法院统建12368诉讼服务平台工作纪实》，中国法院网，https://www.chinacourt.org/article/detail/2022/11/id/6997080.shtml，最后访问日期：2022年11月7日。

② 《"12368"滨法智服平台再添新功能 "智能送达"为司法服务插上科技翅膀》，津滨网，http://tjbh.com/c/2022-06-24/1064874.shtml，最后访问日期：2022年11月7日。

不匹配的问题，也存在算法黑箱、算法歧视、去现场化、仪式感不强、保密性缺失等问题，司法自身的特点规律与信息技术取向存在紧张乃至背离，需加以关注研究，寻求破解之道。

第一，部分壁垒堵点尚未完全打通。在法院内部，诉讼服务信息化在各个业务领域的深耕还有待加强。常规信息化仍在一定程度上存在大而化之的问题，对专业、复杂问题缺乏足够考虑。在法院外部，虽然法院与相关领域的信息共享已取得一些突破，而"信息孤岛""信息烟囱"等问题尚未在法治轨道上得到根本解决。

第二，闲置和失衡问题仍不同程度存在。2021年，虽然全国法院网上成功立案数量占比超过四成，但仍有731家法院网上立案率低于20%，其中34家网上立案数为0。虽然支持网上缴费的法院超过九成，支持网上退费的法院超过八成，但实际应用效果较差，有342家法院网上缴退费率低于20%，占法院总数的9.8%，其中121家法院网上缴费和退费案件数均为0。在电子送达方面，虽然支持电子送达的法院占比超过98%，但仍有671家法院电子送达占比低于20%，其中39家电子送达数量为0[①]。2022年，仍有1184家法院网上立案率低于20%，其中10家网上立案数为0；仍有353家法院网上交退费率低于20%，其中74家法院网上缴费和退费案件数均为0；仍有219家法院电子送达率低于20%，其中8家电子送达的案件量为0。这表明，智慧诉讼服务虽然有技术支持，但利用率不高的问题仍不同程度存在。

第三，卡顿不顺畅等传统问题尚未根本解决。实践中，一些法院干警、当事人和律师对智慧诉讼服务敬而远之应用不多，既有自身观念跟不上的问题，也有系统卡顿造成重重阻碍的问题。传统的系统卡顿、登录困难、签字系统故障等貌似"低级"的问题尚未根本解决。当事人通过系统上传证据后法官和另一方当事人无法看到，网络卡顿导致庭审耗时更多，系统卡顿、信号不稳定还导致当事人及其代理人重复上传材料，庭审和调解时本应庄重

---

① 数据参见最高人民法院《智慧法院建设评价报告（2021年）》（内部报告）。

陈述却沦为相互间重复吆喝，本来对法院、法官充满敬畏感却一扫而空，焦虑、浮躁情绪充斥其间。这些问题，使得智慧诉讼服务的"甜头"不足而"困扰"有余。

第四，司法礼仪纪律遭到威胁。诉讼及服务电子化后，当事人及其代理人固然可以全天候、任何地点参与司法活动，但出现礼仪缺失、随意性强的问题。法院开庭时，一方当事人可能在行驶的车上、吵闹的家中或办公室，当事人受到干扰的现象较为多发，司法庄严性大打折扣。在线庭审和调解过程中，当事人及其代理人可通过截屏工具、录音工具轻松保存，而无须经过法庭准许，甚至完全不被法院所知。这使得本来严格要求执行的司法礼仪、庭审纪律荡然一空。

第五，群众获得感有待加强。智慧诉讼服务存在一头热现象。法院方面热热闹闹，但企业群众和律师反响并不十分强烈。在此，既有宣传不够到位的问题，也有贯彻实施中扭曲变形的情况。人民群众对于网上立案、电子送达等智慧诉讼服务不同程度心存疑虑，不敢用、不愿用的心理仍较常见。部分地区法院故意限制功能的问题值得关注。比如，网上立案技术成熟，本早已成为各地法院的规定动作，但在一些地方法院部分案件类型仍未落地，或者存在倒退。有的法院堂而皇之告知当事人，民事案件可以网上立案而行政纠纷则无法网上立案。这严重损害了群众获得感，也降低了智慧诉讼服务的美誉度。

五　未来已来：智慧服务助力更高水平数字正义

党的二十大报告指出，要"站稳人民立场、把握人民愿望、尊重人民创造、集中人民智慧"。让数字红利更好惠及当事人及普通群众，从平台建设到制度重塑，从内部应用到跨部门多场景，从提供便利到助力正义实现，迈向与信息时代相匹配的互联网司法新模式，是新时代智慧诉讼服务发展的出发点、落脚点和实施路线。纵观世界各国，信息化科技已成为法治现代化的关键驱动引擎。2022年12月，《最高人民法院关于规范和加强人工智能司法应用的意见》（法发〔2022〕33号）出台，要求加快人工智能技术与诉讼服务、司法管理等方面工作深度融合，提高人工智能的司法应用实效。从中国式法治现代化的发展目标出发，应当以智慧法院大脑为内核，司法数据中台为驱动，为企业群众提供更加专业、便捷、高效、低成本的纠纷解决服务，促进智慧服务能力现代化。

第一，服务向前后两端延伸，加强跨部门通盘统筹。借助信息技术应用，加强"总对总"与各部门、行业的数据分析和功能支撑，应用司法链平台与金融、电商、调解、仲裁等建立跨部门诉讼信任体系。将诉讼服务向前后两端延伸。在立案之前，提升源头化解纠纷的能力；在后端，诉讼服务贯穿从立案到诉讼审判的全过程，并将判决之后的服判息诉及相关诉讼服务需求纳入覆盖范围。

第二，加强智慧诉讼服务体系设计，深度整合优化。将重复建设降到最低，梳理总结各类常用高频事项，系统平台深度整合优化，避免平台功能的相互重叠、交叉，减少不必要的跳转，并由此减少因跨平台、跨软件、跨系统导致的对接障碍、卡顿、格式不一致等问题。体系设计需关注安全，着力加强安全体系建设，提高诉讼服务相关系统、平台的安全保障能力和管理水平。

第三，立足客户导向，迈向更加实用、管用、好用。为发挥技术实效，智慧诉讼服务的推进需更加凸显客户导向。一则，应当积极发掘实践中的问题，突出堵点难点破解。将在线调解、在线诉讼、网络安全、个人信息保护的突出问题，作为进一步推进要破解的关键所在。二则，简化统一操作流程。各地平台操作不一，容易影响用户体验。对此，有必要大刀阔斧、化繁为简，将同类业务的流程操作予以简化统一。三则，完善满意度评价机制。借鉴政务服务"好差评"的经验，对法院在线服务引入好差评流程，根据当事人、律师和法院工作人员反馈进行系统优化升级，形成良性循环。

第四，加大宣传推广和培训力度，增强社会认知度和接受度。智慧诉讼服务在技术层面打通后，还需要在实施层面予以落实。智慧诉讼服务的效能取决于使用者。项目组调研发现，在一些基层法院，当事人甚至法院工作人员对智慧平台接受度不高，畏难情绪不同程度存在。对此，法院可倡导当事人和律师更多更充分地通过网上提交材料，接受使用电子送达，提高智慧诉讼服务的实际利用率。与此同时，还应做好相关细节的释明工作，提示当事人送达生效时间，避免产生误解，预防上诉等救济权利遭受损害甚至丧失。法院自身应加强培训，使得法官、法官助理更加认同并熟练使用智慧诉讼服务各项功能。在技术配套方面，应考虑为各个系统、模板添加完善操作手册、指南、培训视频、常见问题问答等，帮助用户快速上手，使得智慧诉讼服务从技术层面、制度层面快速落到实操层面。

B.4
中国法院"智慧执行"
第三方评估报告(2018~2022)

中国社会科学院国家法治指数研究中心项目组*

摘　要： 受最高人民法院委托,中国社会科学院国家法治指数研究中心对全国法院智慧执行建设情况开展第三方评估。2018~2022年,中国法院执行信息化发展先后经历了"网络执行"和"智慧执行"两个阶段。2018年是"基本解决执行难"收官之年,最高人民法院建成了全国四级法院统一办案平台、执行指挥系统、网络执行查控系统、信用惩戒系统、网络司法拍卖系统等,形成了较为完整的执行信息化体系。自2019年始,中国法院的执行工作在巩固"基本解决执行难"成果基础上向"切实解决执行难"迈进,从单一治理走向综合治理,变末端治理为源头治理,并经历新冠疫情的严峻考验,充分显示并证明智慧执行是实现执行现代化的必由之路。未来,须协调内源治理和外源治理,以构建外部社会联动、内部审执破联动以及上下级法院执行联动为导向,加强新信息技术与执行业务深度融合,构建智慧执行4.0版,以数字执行实现数字正义。

关键词： 网络执行　智慧执行　切实解决执行难　数字司法　社会信用体系

---

* 项目组负责人:田禾,中国社会科学院法学研究所研究员、国家法治指数研究中心主任;吕艳滨,中国社会科学院法学研究所研究员、法治国情调研室主任。项目组成员:王小梅、王祎茗、王诺兰、尹雪、白秋晗、伍南希、刘军青、刘雁鹏、孙东宁、苏卓君、张燕、周丹、胡昌明、饶静、姜苗、栗燕杰、彭聪、廖沛仪、廖娅杰等(按姓氏笔画排序)。执笔人:王小梅,中国社会科学院法学研究所副研究员。本报告为"国家法治指数"创新工程项目成果之一。

2022 年，适逢党的二十大胜利召开，也是全国法院实现由"基本解决执行难"向"切实解决执行难"迈进的第五年，回顾和总结这五年中国法院执行信息化建设成就，有助于更好地巩固"基本解决执行难"成果，彰显信息化在实现执行模式变革与重塑以及改善执行生态中所扮演的角色和发挥的作用，也有助于探寻"智慧执行"在新时代的建设思路和路径，形成切实解决执行难的长效机制。

中国法院执行信息化五年（2018~2022 年）发展历程可以分为两个阶段，一是"网络执行"阶段（2018 年），形成了较为完整的中国执行信息化体系；二是"智慧执行"阶段（2019~2022 年），中国执行信息化体系持续优化、融合、赋能和深度应用，并不断应用新信息技术提升系统的智能化水平。党的十九大以后，随着智慧法院 3.0 建设深入推进，尤其是为完成"用两到三年时间基本解决执行难"任务，中国法院的执行信息化建设突飞猛进。至 2018 年"基本解决执行难"收官，中国法院建成了执行指挥中心综合管理平台、全国统一的执行办案系统、网络执行查控系统、网络司法拍卖系统、联合信用惩戒系统等，形成了相对完整的执行信息化体系。自 2019 年始，法院执行工作迎来新的挑战，执行信息化体系不断优化、集成、赋能和深度应用，"智慧执行"成效显现。三年的常态化新冠疫情防控客观上也促进了互联网司法和智慧执行的发展。为巩固"基本解决执行难"成果，为疫情防控提供司法保障，更好地落实网络强国战略，各级法院加大执行信息化投入力度，并不断探索新的应用场景。2021 年，中国开启"十四五"规划和法治中国建设规划，并颁布实施了《数据安全法》，给法院的执行工作带来新的机遇。"十四五"规划纲要明确提出，"加强智慧法院建设"，全面统筹和深化建设更加符合司法规律，更加适应改革要求，更加突出智能化、一体化、协同化、泛在化和自主化特征的智慧法院。《法治中国建设规划（2020~2025 年）》提出，要"深化执行体制改革，加强执行难综合治理、源头治理"。《数据安全法》对国家数据安全与开放提出了具体要求，法院执行数据在其规范的范畴之内。人民法院信息化建设与司法体制改革相辅相成。《关于深化人民法院司法体制综合配套改革的意见——人民法院第五个五年改革纲要（2019~2023）》将全面推进智慧法院建设作为改革的一项重要任务，在所提出的 65 项司法改革举措中，有 43 项关乎人民法院信息化建设。2022 年，最高人民法院修订了《人民法院信息化建设五年发展规划（2021~2025）》，提出"融合区块链等新技术实现执行高效智能"建设目标，具体包括"加强执行办案智能辅助应用""完善执行指挥中心综合管理平台""拓展各项执行业务向移动端延伸""应用司法链平台提升可信执行水平"。

一　"基本解决执行难"收官，信息化助力
执行模式实现根本性变革

党的十八大以来，国家确立了大数据战略，在此时代背景下，法院信息化建设进入黄金发展期。各地法院先行先试，搭建一系列系统平台，缓解了法院"案多人少"的压力，促进了审判执行模式变革。与审判相比，执行涉及的事务性工作多，也更加琐碎，并且通常需要跨地域、跨部门，因此适合通过系统平台办理，以提高执行效率。2016 年初，最高人民法院提出"用两到三年时间基本解决执行难"目标，使法院的执行工作面临前所未有的机遇，各级党政机关高度重视并将执行工作纳入法治工作的大盘子考虑，向执行工作进行资源倾斜。同时，执行工作也成功吸引和聚焦全社会的目光，为切实解决执行难、实现社会共治奠定了基础。经过全国法院的不懈努力，至 2018 年底，人民法院的执行工作在信息化加持下实现跨越式发展，执行模式发生了历史性变革：借助执行办案平台，执行案件全部纳入系统办理，提升了执行办案规范性；借助网络执行查控系统，对被执行人的财产进行雷达式地毯式搜索，极大提高了执行效率；借助网络司法拍卖平台，最大限度祛除权力寻租空间，以实现阳光执行和廉洁执行；借助联合信用惩戒系统，进一步整合社会力量实现执行合力；通过执行智慧系统，在上下级法院之间实现了资源整合和统一执行。

（一）规范执行：执行案件全面纳入统一系统办理

将执行案件纳入全国统一系统办理，是国家大数据战略的必然要求，也

是中国法院信息化取得的历史性成就之一，不仅可以对执行案件进行节点管理，还通过单设模块，实现对终本案件和委托事项的系统管理，从而达到以信息化手段约束执行权、规范执行行为的目的。

1. 对执行案件进行节点管理

执行工作相对于审判具有事务性强、节点繁多、管理难度大等特点，且跨地域、跨部门执行较为常见。在传统模式下，执行案件多为线下办理，即所谓"一人包办"的"抽屉案"，案件办理进度完全由办案人掌控，极易产生消极执行、拖延执行、选择性执行等执行失范现象，同时也出现执行案件办理不规范、执行案件底数不清等现象。为消除执行乱象，最高人民法院出台了一系列司法文件弥补制度漏洞，同时借助信息化手段努力打造执行办案平台，将执行案件纳入系统办理，压缩执行人员的自由裁量空间，将执行权关入制度和数据的双重铁笼。

2016 年 5 月，在地方试点经验的基础上，最高人民法院完成了执行案件流程信息管理系统研发，并于 2016 年底在全国法院投入使用。截至 2018 年 12 月 20 日，全国使用或对接最高人民法院执行案件流程信息管理系统的法院有 3474 家，占 98.97%，且所有执行案件均纳入执行办案系统办理。执行办案模式由线下执行转为线上执行，通过设置流程节点，实现执行环节和流程的标准化，为执行法官行使自由裁量权确立合理的边界和尺度，实现了执行监督管理模式数字化、可视化变革。

2. 对终本案件进行动态管理

终本案件，即以终结本次执行程序结案的执行案件，主要是针对确实无财产可供执行的案件暂时终结本次执行程序，一旦被执行人有财产可供执行，再行恢复执行。然而实践中，滥用终本结案的现象较为普遍，一些案件在未穷尽财产查询手段和未通知申请人的情况下断然进行终本，损害了债权人的合理期待，引发执行信访、损害执行公信。为规范终本结案程序，防止终本制度被滥用，最高人民法院出台《关于严格规范终结本次执行程序的规定（试行）》，明确"最高人民法院将建立终结本次执行程序案件信息库"，将终本案件纳入系统进行单独管理，避免体外循环导致监督不到位。

2017年，最高人民法院开发了终本案件管理系统，在办案系统上单设模块，实现对终本案件的集中和分类管理，每六个月对被执行人的财产进行筛查，视发现财产情况随时恢复执行，实现对执行案件的动态管理和实时监督。

3. 事项委托纳入系统监管

如前所述，执行案件相对于审判案件往往涉及异地执行，为降低执行成本，异地委托执行在所难免。然而实践中，委托事项的落实情况不甚理想，事项搁置、不反馈现象比较普遍。究其原因，一方面，各地法院案多人少是客观事实，法院自身执行案件任务重而无暇顾及受委托事项的执行；另一方面，事项委托通常是点对点的线下委托，是否反馈何时反馈亦不受监督。为激活事项委托制度，最高人民法院于2017年制定出台了《最高人民法院关于严格规范执行事项委托工作的管理办法（试行）》。随后，最高人民法院在执行指挥管理平台设立委托执行办理及督办模块，嵌入人民法院执行案件流程信息管理系统，将事项委托纳入系统统一管理，对反馈情况进行实时监督，并对各地办理委托事项情况进行统计，从而在监督考核上给予激励，进而强化各地法院的互助协作，所谓"全国执行是一家"，实现资源整合，降低执行成本。

（二）提速执行：网络执行查控系统铺就执行"高速路"

对于执行而言，查找和及时控制被执行人的财产是关键，否则执行会成为无源之水。在传统执行模式下，执行人员需要到银行、车辆管理所等机构查询被执行人的存款、车辆等财产信息，耗费大量的人力成本和时间成本，进一步加剧法院"案多人少"矛盾。另外，在网络信息时代，被执行人的财产形式日益分散和多样化，要查找所有形式的财产更加困难，也必将耗费更多的人力物力，传统的人工执行模式难以应对和承受。为解决查人找物难题，一些地方法院勇于创新，构建了点对点网络查控系统，其中以深圳中院的"鹰眼"查控系统最为典型。在地方法院创新经验的基础上，最高人民法院积极作为，与中央部委和机构合作，于2014年12月开通"总对总"网络执行查控系统。随后，最高人民法院不断扩展合作单位类型，丰富查询的财产形式，并积极推动查控一体化功能。2017 年，"总对总"网络执行查控系统实现了全国四级法院全覆盖。另外，不少省市继续使用"点对点"网络执行查控系统，并在扩展财产形式和提升智能化方面不断创新，形成对"总对总"网络执行查控系统的有益补充。2018 年，最高人民法院进一步与银保监会、互联网金融等部门合作，实现信息共享。截至 2018 年底，"总对总"网络执行查控系统能够对 3883 家银行进行财产查询，对其中的 3866 家银行能够进行财产控制，实现对被执行人全国范围内的不动产、存款、金融理财产品、网络资金等 16 类 25 项信息查询的"一网打尽"。2021 年，最高人民法院会同自然资源部提升土地查封处置效率，会同证监会规范上市公司质押股票冻结。借助网络执行查控系统，人民法院的财产查控方式发生了根本性变革，五年来，累计查控案件 8535 万件次，极大提升了执行效率①。

（三）廉洁执行：网络司法拍卖祛除权力寻租空间

在执行案件的办理过程中，被执行人的财产以存款或现金呈现的方式很少，多以车辆、房地产等实物形式存在，因此必须通过评估拍卖进行财产变现才能向申请人支付，顺利实现执行。在传统司法拍卖模式下，经常存在围标串场、暗箱操作、权力寻租等现象，在巨大利益的诱惑下，司法拍卖成为司法腐败滋生场域并形成链条。随着电子商务的发展，司法拍卖有了更为广阔开放的平台，最高人民法院顺势而为，顶住来自社会各方的压力，以壮士断腕的勇气将司法拍卖从线下转移到线上。《人民法院第四个五年改革纲要（2014~2018）》提出，要"加大司法拍卖方式改革力度，重点推行网络司法拍卖模式"。2016 年 8 月，最高人民法院出台《最高人民法院关于人民法院网络司法拍卖若干问题的规定》，确立了网络司法拍卖优先原则，在全国范围内推广网络司法拍卖制度。2016 年 11 月，最高人民法院根据中国社会

---

① 周强：《最高人民法院工作报告——2023 年 3 月 7 日在第十四届全国人民代表大会第一次会议上》。

科学院法学研究所的第三方测评结果，公告并建立了全国性网络服务提供者名单库。相对传统司法拍卖，网络司法拍卖最大的特点是公开透明，避免暗箱操作，有效实现司法廉洁。从 2017 年 3 月网拍系统上线至 2018 年 12 月 31 日，全国法院网络拍卖量 94 万余次，累计拍卖标的物 56.6 万件（含未开拍），成交量 27 万余件，成交额 6049 亿元，标的物成交率 71%，溢价率 64%，为当事人节约佣金 186 亿元①。网络司法拍卖打破时空限制，在全民围观、参与、见证和监督下，祛除权力寻租空间，最大化实现拍品价值。五年来，网络司法拍卖成交额超 2 万亿元，为当事人节约佣金 621.4 亿元。有效缓解财产处置难问题②。

在网络司法拍卖的运行实践中，为确定财产处置参考价，拍品往往要送商业评估公司进行评估，因而会出现迟延评估和评估价格不合理等问题，严重制约司法拍卖的效果。近年来，随着电子商务的发展，商品的市场价格较为透明，不少地方法院研发系统对拍品进行网络询价。2018 年，最高人民法院专门出台了关于财产处置参考价的司法解释，在地方经验基础上研发了全国法院询价评估系统，明确当事人议价、定向询价、网络询价等确定拍品参考价的方式。

（四）合力执行：数据共享实现对失信被执行人的联合惩戒

执行难的解决离不开完善的社会信用体系，对失信被执行人进行联合信用惩戒，压缩其生存空间，是强制执行的题中应有之义。党的十八届四中全会明确要求，"加快建立失信被执行人信用监督、威慑和惩戒法律制度"。在传统执行模式下，由于信息共享不足，对失信被执行人的信用惩戒仅限于事后惩戒，无法对被执行人从事社会经营活动进行一揽子限制。

① 《刘贵祥在世界执行大会作专题发言时表示　希望"中国经验"为各国执行工作提供有益参考》，https://www.chinacourt.org/article/detail/2019/01/id/3712245.shtml，最后访问日期：2023 年 1 月 10 日。

② 周强：《最高人民法院工作报告——2023 年 3 月 7 日在第十四届全国人民代表大会第一次会议上》。

为提升联合信用惩戒效果，最高人民法院和各地法院积极寻求与各单位系统对接，推动失信被执行人的数据共享。2018 年，依靠信息化，执行联动机制得到实质性推动，最高人民法院会同国家发展改革委等 60 家单位推进失信惩戒机制建设，采取 11 类 150 项惩戒措施，让失信被执行人"一处失信、处处受限"。在基本解决执行难期间，有 366 万人迫于惩戒压力自动履行义务①。福建、浙江等地法院与相关惩戒单位合作，将失信被执行人名单信息推送至惩戒单位，由惩戒单位将其嵌入业务系统，实现在业务办理过程中自动比对失信被执行人名单信息，然后进行自动拦截，实现联合惩戒。五年来，918 万人迫于信用惩戒压力主动履行了义务②。

（五）统一执行：执行指挥中心借助信息化实现实体化运行

与审判指导不同，执行工作更为强调统一管理、统一指挥和统一协调。为实现全国执行一盘棋，最高人民法院推动各级法院建立执行指挥中心，并实现实体化运作，进而打造现代化执行管理模式。2014 年 12 月，执行指挥系统实现全国四级法院全覆盖。为改变"重建设轻使用""重硬件轻软件"现象，避免执行指挥中心"空心化"，2017 年 2 月，最高人民法院出台人民法院执行指挥中心建设技术标准，明确要求利用信息技术手段，将数据挖掘及智能分析决策等系统有机整合为一个整体，实现辖区法院信息共享、联动配合和规范管理。浙江、江苏等地法院积极发挥执行指挥中心作用，实现区域内执行资源统筹和整合，纵向实现上下级法院提级执行、指定执行、交叉执行，横向实现地方法院之间工作协调、争议解决、参与分配、协助执行、委托执行等跨区域执行事务。

---

① 最高人民法院：《2019 年最高人民法院工作报告》，http：//gongbao. court. gov. cn/Details/a5a0efa5a6041f6dfec0863c84d538. html，最后访问日期：2023 年 1 月 10 日。

② 周强：《最高人民法院工作报告——2023 年 3 月 7 日在第十四届全国人民代表大会第一次会议上》。

二 迈向"切实解决执行难",智能互联加速执行现代化转型

自 2019 年始,中国法院的执行工作进入一个全新的历史发展时期,在巩固"基本解决执行难"成果的基础上向"切实解决执行难"迈进,从单一治理走向综合治理,变末端治理为源头治理,并经历新冠疫情的严峻考验,充分显示和证明智慧执行是实现执行现代化的必由之路。

2019 年,中国法院开启第五个五年改革(2019~2023 年)大幕,最高人民法院出台"五五改革纲要",提出"构建切实解决执行难长效制度体系"。为落实"五五改革纲要"提出的"构建切实解决执行难长效制度体系"任务,最高人民法院于当年 6 月发布《最高人民法院关于深化执行改革 健全解决执行难长效机制的意见——人民法院执行工作纲要(2019~2023)》,也是首个人民法院执行工作五年纲要,对进一步推进现代信息科技在执行领域的应用作出全面部署,提出"以信息化实现执行模式的现代化"。执行工作主体责任在法院,但要切实解决执行难事关全面依法治国大局,须全社会共同努力,为此,新成立的中央全面依法治国委员会发布一号文件,即《关于加强综合治理 从源头切实解决执行难问题的意见》,提出深化执行联动机制建设,进一步健全完善综合治理执行难工作大格局。该意见亦提出,"推进执行信息化建设",深化以现代信息技术为支撑的执行模式变革。2019 年末 2020 年初发生并持续蔓延的新冠疫情对互联网司法和智慧执行提出了新需求。《最高人民法院关于依法妥善办理涉新冠肺炎疫情执行案件若干问题的指导意见》强调,充分利用信息化手段推动执行工作,尤其是充分利用执行信息化系统,"依法优先采取网络查控、网络询价、网络司法拍卖、网络收发案款等在线执行措施,积极通过线上方式开展立案、询问谈话、执行和解、申诉信访、执行辅助等工作"。2021 年,适逢中国共产党成立 100 周年,随着"十四五"规划开启和首个法治中国建设五年规划起航,中国法院的执行工作处于提速换

挡的关键时期，深度应用新信息技术，智慧执行建设取得实质性进展。2022 年，党的二十大胜利召开，随着《人民法院在线运行规则》《最高人民法院关于加强区块链司法应用的意见》《最高人民法院关于规范和加强人工智能司法应用的意见》的出台，智慧法院制度建设进一步成熟，形成世界领先的互联网司法模式，全面开启"十四五"人民法院科技创新布局，智慧法院建设迈向更高层次。就执行而言，人民法院贯彻善意文明执行理念，以集约和智能为导向不断优化执行系统，加强数据安全建设，基本建成人民法院执行信息化 4.0 版，初步呈现智慧执行样态。

整体而言，自 2019 年始，执行信息化建设致力于执行信息化体系迭代升级，推行"执行事务集约"综合集成改革，推进执行全流程无纸化办案，拓展云计算、区块链、人工智能等新信息技术的应用场景，执行业务向移动终端延伸，逐步发展到以"集成执行""数字执行""智能执行""移动执行"为特征的"智慧执行"阶段，为切实解决执行难、创造更高水平的数字正义奠定了坚实的物质基础。数据显示，2018~2022 年，全国法院的执行到位金额呈现逐年递增趋势，其中 2022 年首次突破 2 万亿元，同比上升16.5%（见表 1）。

表 1　2018~2022 年中国执行案件年度数据

年度	受理执行案件数量（万件）	同比（%）	执结案件数量（万件）	同比（%）	执行到位金额（万亿元）	同比（%）
2018	887.3	—	779.8	—	1.6	—
2019	1041.4	+17.4	954.7	+2.4	1.7	+0.8
2020	1059.2	+1.7	995.8	+4.3	1.9	+8.1
2021	949.3	−10.4	864.2	−13.2	1.94	+2.1
2022	640.1	−32.6	917.6	+6.2	2.26	+16.5

数据均来自最高人民法院年度工作报告。

（一）集成执行：执行信息化体系的深化和完善

信息化发展经历了信息系统从无到有、从分散到集成的过程。中国执行信息化体系的形成，促使执行模式发生深刻变化，从执行案件的全程办理到节点管理，从财产的发现、控制、变现到案款发放，均实现了从人工到智能、由线下到线上模式的转变，执行的规范性和效率大幅度提升。但不可否认，执行信息系统在应用过程中也暴露出操作烦琐、系统碎片化、"信息孤岛"的问题，因此，在系统建成后相当长时期内，方便实用、互联互通、全面智能都是信息系统优化提升的目标。

从2019年开始，最高人民法院不断对执行办案系统进行升级优化，促进执行办案平台与审判办案平台、信访平台、审委会系统、科技法庭系统、机关人事系统等业务系统互联互通、数据对接、信息共享；全面提升办案平台性能，增加全国执行系统日志汇聚展示功能，建立终本案件动态管理库，改造执行案款管理模块，完善执行指挥管理平台功能，建设"异地执行协作"报备系统。2022年，最高人民法院组织各高级人民法院推动人民法院执行案件流程管理系统智能化升级，推动执行案件电子卷宗随案同步生成和深度应用，实现执行立案智能辅助、执行案件繁简分流、智能辅助网络查控、智能传统查控、执行事项集约化办理、终本案件智能核查、应用效能监管等核心功能。目前，24家高级人民法院完成全省或者部分试点法院的系统升级工作。

在最高人民法院对执行办案系统进行整体优化升级的同时，地方法院也尝试进行一体化平台建设。上海法院于2019年开始推进智慧执行系统建设应用，建设以10个自动化为核心的智慧执行系统，以全案信息自动回填为基础，实现200余种执行文书的全程在线制作，支持在线申请电子签章和90%以上的电子材料自动随案生成并一键归档。2019年8月，浙江法院办案办公平台1.0版在全省上线试运行，经过不断调试、整合，最终建成"浙江法院一体化办案办公平台"，实现从"碎片化应用"到"一平台通办"。江苏高院构建执行案件要素库，实现执行立案信息自动回填、执行案件繁简智能识别、执行事项集约化办理、传统查控信息自动回填、网络查控结果智能过滤和控制自动发起、终本案件卷宗信息智能核查等核心功能，上线关联执行案件智能查询系统，上线保全到期提醒模块①。北京法院推出在线执行模式，当事人只要在电子诉讼平台录入执行信息、填写收款账号一键申请执行，便可实现审判执行无缝衔接。2021年11月，江苏省徐州市新沂法院上线执行终本案件"可视化管理平台"，与执行案件系统自动关联，终本案件全部自动导入平台进行可视化管理。2022年，内蒙古鄂尔多斯康巴什区法院在内蒙古法院系统首发上线"执行工作智能自动化平台"；贵州高院建设"集约化、智能化、可视化"的执行实体化办案平台，以平台为牵引推动贵州三级法院执行办案体系全面升级。

在执行集成化建设方面，浙江法院的"执行一件事"综合集成改革最为典型。2021年，浙江法院将数字化改革成果延伸和应用到司法领域，全面推进"全域数字法院"改革，并推行"执行一件事"综合集成改革，推动更多高频执行事项网上办理。自2021年启动以来，浙江法院已经涌现出了"不动产司法处置""司法拍卖辅助事务""打击拒执犯罪"等22个多跨协同子场景应用，大大提升了执行质效。例如，浙江推出"不动产司法处置"子场景后，拍卖用时减少40%，买受人办理房产证平均用时由原来的20天缩短至2天，最短为1小时；杭州中院应用涉众案款发放平台"一键操作"，仅用一天时间便向某诈骗案遍布全国的17万名当事人准确发放案款17亿元；湖州法院开展打击拒执犯罪"一件事"改革，公安机关的立案反馈平均用时由近30天降至5个工作日；台州黄岩法院试点的"执行办案辅助事务集约"子场景，执行办案从"一人包案到底"转变为"数人同时办一案"，结案平均用时同比缩短36.6天②。

（二）数字执行：执行案件全流程无纸化

近年来，在最高人民法院的推动下，各地法院推进执行全流程无纸化办案，推进电子卷宗在执行案件办理全流程的深度应用，避免电子和纸质卷宗

① 《江苏智慧法院建设白皮书（2018～2022）》，https：//mp. weixin. qq. com/s/Qui0op3Oe1f xRrYlB8Z5ew，最后访问日期：2022年11月30日。
② 《浙江法院执行"一件事"改革乘风破浪 平台+智能释放强大效能带来三大转变》，《法治日报》2022年9月5日头版头条。

档案同时流转加重法官负担。全流程无纸化智慧执行以电子卷宗随案同步生成深度应用为抓手，大力推进电子签章的应用，推动实现执行全流程集约化办案。

2019年，江苏高院在基层法院试点基础上向全省推广"854模式①+执行无纸化"。苏州中院依托"无纸化"办案模式，在全国率先打造以"可视化"监管、"三统一"案管、"网络化"查控为核心的"两管一控"数字化执行系统。"两管一控"数字化执行系统实现了案件全程网上流转、网上留痕、网上监管，推动执行模式从"办案"向"办事"转变，形成了"横向协同、纵向贯通、市域一体"的执行工作格局。2021年4月，南通中院探索研发执行全流程无纸化办案系统，经过一年的试点运行，最终在全市两级法院推广使用执行全流程无纸化"365"运行体系，打造无纸化执行办案南通模式，提升执行效率。2022年1~10月，南通法院执行案件结案用时、执行完毕案件结案平均用时，分别缩短了15天和14.3天。为提升人民群众满意度，南通法院还将执行全流程无纸化办案系统与支云执行公开系统深度融合，实现重要执行节点信息自动生成即时推送当事人，确保执行公开透明。2022年1~10月，支云执行公开系统发送短信数累计269901条，解决了当事人和法院之间信息不对称的难题，全市法院涉执信访数量同比下降42.63%。

2020年9月，浙江法院开展无纸化办案改革，借助办案办公一体化平台，实现从"传统线下办案"到"全流程网上办案"的全方位转变。浙江法院依托"一体化办案办公平台"，以全流程"电子卷宗单轨制"为核心，全面加强卷宗治理、流程治理、行为治理，截至2022年11月，无纸化办案率达99%，办案效率提升14.1%。

2022年，执行无纸化改革延伸到部分中西部法院。2022年4月14日，

---

① 854模式具体包括集中办理执行当事人初次接待、制发法律文书、线上线下查控、办理委托执行事项、录入强制措施信息、网络拍卖辅助、接待执行来访、接处举报电话等8类事务性工作，提供视频会商、执行过程记录、执行公开、舆情监测、决策分析等5类技术服务；承担繁简分流、案件质效、执行案款、终本案件等4项管理职责。

郑州上街区法院上线"执行无纸化办案系统"，纸质卷宗材料经过文档化、数据化、结构化处理不再流转，从执行立案到财产查控，从文书审批到结案归档，均实现全流程网上办理。为提升执行质效，广西南宁横州市人民法院对执行系统进行升级，与"桂法智能卷宗系统"成功对接，全面实行执行无纸化办案新模式，成为广西第一家实现民商事、刑事、执行案件全流程无纸化办案的法院。

（三）智能执行：拓展新信息技术的应用场景

近年来，随着新信息技术的勃兴，越来越多的行业和领域探索应用大数据、"云计算"、物联网、人工智能、区块链等，人民法院也逐步拓展新信息技术在执行领域的应用场景。

地方法院利用大数据对被执行人的履行能力和信用状况进行智能分析，开启精准执行模式。早在 2017 年，无锡中院就推出国内首个"被执行人履行能力大数据智能分析系统"，主动对接公安、信用办、大数据中心等单位，通过对被执行人财产数据的汇聚、分析，对被执行人进行精准画像，辅助执行法官科学决策、精准执行。2020 年，广州互联网法院应用"E 链云镜"智能执行分析系统，通过数据智能分析，准确判断被执行人的履行能力，从而作出准确的执行决策。徐州铜山区法院率先在全省基层法院研发并上线运行"被执行人履行能力大数据分析系统"，并于 2021 年4 月上线运行智慧执行分析系统升级版，对被执行人的基础信息、资产持有信息、相关案件信息进行汇总分析，依托省信用办、芝麻信用等海量数据，生成执行案件动态智慧分析报告。为优化地方法治化营商环境，2021年，漳州中院联合漳州市发展改革委将社会信用体系建设与司法工作相结合，在全国首创"两库融合"司法诚信码，并入驻"漳州通"App，面向漳州市民提供信用查询服务。无锡中院于 2021 年底上线全市法院被执行人信用码查询系统，依托执行大数据，自动生成被执行人专属信用二维码和电子信用证明，以"红黄绿"三色标识码形式，实现被执行人信用情况可视化，为个人社会交往、企业商业交易等活动提供参考。2022 年，江苏省淮安市两级法院与营商办、信用办等部门联合开展"暖企"行动，为532家主动履行义务的民营企业发放"绿码"，帮助415家企业被执行人复工复产，失信企业数占注册企业比例明显下降。

探索"物联网技术"赋能"智慧执行"的新路径。针对执行"找人难""不规则动产处置难""查封工作影响企业经营"等问题，2020年9月，江苏省无锡中院积极探索"物联网+执行"，研发物联网"查封财产监管系统""电子封条""称重系统"，实现对被执行财产的"智"监管、"活"查封和"快"处置。目前，"物联网+执行"在江苏全省法院得到推广应用，全省法院通过物联网系统"活封""活扣"41.3亿元财产，实现溢价11.5亿元。

利用区块链存证固证的基础能力和智能合约技术，为执行工作提供更多智慧支撑。区块链作为新一代科技革命的关键技术，核心特征是保证存储数据不被篡改，逐步被应用到司法、金融、知识产权、工业制造等诸多领域。2019年，最高人民法院建成内外网一体化的司法区块链"司法链"平台。"十四五"规划明确提出，要培育壮大区块链等新兴数字产业，推动智能合约等区块链技术创新。《人民法院信息化建设五年发展规划（2021～2025）》明确，将"融合区块链等新技术实现执行高效智能"作为一项任务。2022年5月，《最高人民法院关于加强区块链司法应用的意见》出台，开启区块链司法应用的新篇章，人民法院区块链平台的建设要求更加明确。江苏高院以法律文书真伪验证为切入点，构建贯穿诉讼服务、审判执行全流程法律文书安全和一致性的区块链保障体系，将案件办理全过程相关业务节点生成的法律文书签章后上链存证，完成"司法链"存证验证与业务流程紧密闭环。南京中院将律师调查令、执行案件立案材料上链，为不动产登记、金融、社保等机构提供立案文书、调查令等法律文书在线核验功能，降低机构间信息交互成本。无锡中院为降低案款发放过程中可能存在的风险隐患，防范人为的前后端修改，将区块链技术与案款发放业务相结合，通过将申请人账户信息、案款到账信息、案款发放审批信息等关键流程节点的案款数据对接最高人民法院"司法链"平台，对案款进行全程追溯。该项目自上线以来，上链案件共计 22960 件，上链数据达 267471 条。为支持审判与执行联动，打造"立审执"一体化工作格局，吉林省珲春市人民法院探索依托区块链智能合约技术，以调解案件作为切入点试点审执工作的自动衔接，约定履行期限届满并得到当事人说明未履行后，自动进行执行立案程序。为贯彻落实《最高人民法院关于加强区块链司法应用的意见》，杭州互联网法院以司法区块链平台为依托，开发运用终本案件智能合约系统，对"终本案件库"进行动态管理，不断为胜诉当事人查找财产线索，智能化恢复执行。自 2021 年 12 月起试行以来，终本案件智能合约系统共对杭州互联网法院终本库中的 5035 件终本案件发起 16859 次查询，反馈财产线索 136592 条，发现财产线索案件 88 件，恢复并执行完毕 21 件，执行到位 56.23 万元。

综合利用大数据、人工智能、区块链等技术谋求智慧执行较为典型的还有上海。2021 年，上海高院在电子卷宗深度应用、被执行人智能画像和财产线索与行踪线索智能挖掘等方面取得突破，其中电子卷宗深度应用是基于图文识别功能，综合运用图文识别、自然语言理解、知识图谱等人工智能技术，被执行人智能画像和执行线索智能挖掘是基于数据统计、数据治理、数据清洗等大数据技术。此外，上海高院还利用区块链技术成功实现执行办案全过程上链存证、刑事案件案款智能核发功能以及终本案件智能审查功能。以终本案件审查为例，上海法院制定了七大类 70 个校验点的终本案件智能自动审查模块，运用区块链固定办案过程关键操作数据，运用智能合约自动审查判断合规性。

（四）移动执行：执行业务向移动终端延伸

相较于审判，执行案件经常涉及工作人员外出办理的情形，PC 端的执行办案系统无法满足外出办案需求，为提升执行工作效率，执行办案系统不断向移动终端延伸，催生了"微执行"或者"移动执行"。

2017 年，浙江省宁波市余姚法院借助微信小程序研发移动微法院，2019 年经最高人民法院推广在全国得到应用。2020 年，为应对新冠疫情，方便法官办案和当事人办事，最高人民法院建设全国移动执行平台，覆盖全国四级法院执行指挥中心和执行干警，实现移动端、PC端、平板端均可办理执行案件。2022年，最高人民法院将中国移动微法院转型升级为"人民法院在线服务"，与各诉讼服务平台用户体系打通，实现互联网用户账户的统一认证，完成人民法院在线服务与各诉讼服务平台信息的融合，实现人民群众集中、统一接收各诉讼服务事项消息。2022年1~9月，在线服务注册用户数为494.86万，访问量超11亿次，较2021年同期增长45%，使用成效明显。针对涉众案件执行难问题，广州法院上线"广州法院微案款"小程序，涉众刑事、民事案件申请执行人通过该程序可以网上申领执行款。2022年11月，南通中院上线支云线上执行谈话系统升级版，将院内和庭内的办公办案模式，无缝延伸到移动办公网，在保障网络安全和数据安全的前提下，与办案系统对接，实现执行谈话录像自动入卷，提升法院专网、互联网和移动办公网的跨多网协同工作能力。执行法官使用办公PAD，通过5G专网安全接入，可随时随地进行在线谈话、案件在线合议、网上阅卷、办公会议等，真正实现"移动办公""居家办公"。

三 全新打造数字执行，建立解决执行难长效机制

没有信息化，就没有现代化。要切实解决执行难，必须建立执行长效机制，一方面需要建立较为完善的执行制度体系，另一方面则要完善执行信息化体系。目前来看，中国执行信息化体系虽然在智能互联方面有所加强，但集成化和智能化程度还有较大提升空间，各地法院的执行信息化发展水平也参差不齐，要支撑建立现代化执行体制还须付出更大的努力。未来，需要协调内源治理和外源治理，以构建外部社会联动、内部审执破联动以及上下级法院执行联动为导向，加强新信息技术与执行业务深度融合，构建智慧执行4.0，以数字执行实现数字正义。

（一）中国执行信息化存在的问题

目前，中国建立了较为完整的执行信息化体系，并朝着融合和智能方向发展，但仍然存在信息化系统的集成化和智能化程度不高、执行信息化体系不足以支撑全社会执行联动、全国总体发展不平衡等问题，进而影响信息系统的全面应用和执行数据质量，不仅会造成信息资源的浪费，还在一定程度上制约执行长效机制的建立。

1. 执行信息系统不够智能

尽管一些地方法院对执行办案系统进行了改进，提升系统的自动化功能，但是总体而言，智能化水平还有局限性，大量的重复性事务类工作本应该由系统进行智能化一键式操作，但在实际运行中仍需要较多的人工干预。自动化、批量处理能力不足，不仅降低了执行效率，还在一定程度上降低了执行案件办理的规范性。

2. 信息化不足以支撑执行联动

要建立执行长效机制，必须加强全社会执行联动，目前由于社会各行业各单位的信息化发展水平各异，不同体系的信息化系统融合不佳、互联互通不够，造成数据割裂，因此影响建立有效的执行联动机制，未能形成健全的社会信用体系。

3. 全国执行信息化发展不平衡

尽管最高人民法院建立了全国统一的执行信息化体系，但是各地法院在具体应用和系统功能提升方面存在差异，福建、广东、浙江、江苏、上海等地法院早在2018年、2019年业已持续进行系统自动化和智能化提升，而中西部地区部分基层法院于2022年才开始引入诸如"易判"智慧执行系统。

（二）建立长效机制的信息化路径

要构建解决执行难的长效机制，须深化执行的外源治理和内源治理的社会共治大格局。执行长效机制的建立分几个层次：一是在全社会建立执行联动，完善社会信用体系；二是在法院内部建立审执破协调配合机制；三是规范执行案件办理，提升查人找物能力，加大对拒执的制裁力度；四是加强上下级法院协同联动。要在这四个层次上建立执行长效机制，除了要进行制度规范之外，关键是发挥信息化的保障和支撑作用，建立现代化协同执行工作模式，达到对执行的多元治理效果。

1. 外源治理，健全执行信息化联动机制

（1）健全执行查控机制

在中国法院执行信息化体系中，网络执行查控系统居于关键地位，是执行模式从线下执行到线上执行转变的开始和标志，也是法院与银行、证券等金融机构以及车辆、房产管理部门建立联动机制的重要平台。目前，通过执行查控系统，已经实现了对被执行人不动产、车辆、证券、股权、存款及其他金融产品等主要财产形式的查控，未来还要进一步整合完善现有信息化系统，拓展联网的财产类型，建成覆盖全国的土地、房产、证券、股权、车辆、存款、金融理财产品等主要财产形式的网络化、自动化执行查控体系。另外，升级全国法院网络执行查控系统，提升批量化处理能力和智能动态监管能力，确保网络执行查控系统的自身数据安全，信息调取、使用等要严格设置权限、程序、责任，防止公民、企业信息外泄。

除了建立对被执行人财产的网络查控系统之外，最高人民法院还应该加强与公安部的合作，重点建立法院与公安机关的信息化协作联动机制，建立网络化查人、扣车、限制出境协作新机制。

（2）完善信用联合惩戒机制

信用惩戒机制是监管主体通过共享的失信企业或个人信息，对不良主体予以处罚、限制或禁止的制度。建立信用惩戒机制是构建诚信社会的必然要求，也是破解执行难的有效途径之一。党的十八届三中全会决定明确提出，推进部门信息共享、建立健全社会征信体系，褒扬诚信，惩戒失信。

不履行法院裁决是最严重的失信行为，对失信被执行人进行联合信用惩戒是社会信用体系建设的重要一环。未来，最高人民法院应加快推进失信被执行人信息共享工作，完善包括身份证、护照在内的法定有效证件关联捆绑机制；将失信被执行人名单信息嵌入联动单位业务系统；扩大信用惩戒系统联合惩戒范围，细化信用惩戒分级机制，实现失信惩戒级别智能判别；以执行失信为核心完善社会信用档案。

对公权力机关和公职人员失信实施"零容忍"机制。失信被执行人挑战的是司法乃至法律的权威，在全面依法治国和建设法治政府的时代背景下，政府或公职人员应该带头遵守法律、履行生效法律文书确定的义务，因此，应建立对公权力机关和公职人员失信的"零容忍"机制，对公权力机关和公职人员作为失信被执行人进行单独公示，并通过网络实时将名单推送给组织人事部门、监察部门采取相应的惩戒措施。

2. 内源治理，打造法院一体化办案平台

执行联动不仅体现在法院与社会其他行业、部门之间的外部联动，还体现在打通法院系统内部立案、审判、执行环节，建立审执破一体化机制，发挥民事执行由人民法院负责实施的制度优势，强化执行难的内源治理。加强内源治理，建立审执破一体化机制，可以借鉴浙江等地的经验，打造法院一体化办案办公平台，所有审判执行活动全流程、全方位在一个平台通办。

在"一个平台通办"模式下，能够最大限度地实现资源和信息共享。在执行立案环节，自动对重复案件进行检测，自动引入原审判案件文书，关联保全案件、相关诉讼案件；在执行办案环节，执行人员可查阅所有与执行有关的电子卷宗。

在"一个平台通办"模式下，"执转破"机制会更加顺畅。对被执行人有多个案件在法院执行阶段，经网络查控、现场调查和被执行人财产申报明显资不抵债的，可顺利导入"执转破"程序，并根据被执行人的发展潜力和经营价值，或进行重整或退出市场。

在"一个平台通办"模式下，通过模块优化，可强化立案法官、审判法官的执行思维。其一，优化立案模块，强化立案法官的执行思维，即在立案登记阶段注重诉讼引导和财产保全，并注重当事人信息采集。立案法官对每位起诉的当事人均进行诉讼、执行风险提示，尤其是执行不能的风险，便于当事人谨慎选择诉讼手段，降低诉讼成本，减轻执行风险。对于有给付请求的案件，提醒当事人进行财产保全，立"执保"案号，由执行局充分利用原告所提供财产线索、执行平台查控系统等手段查找保全被告财产。其二，在审判模块设置担保提示、增设当事人财产信息采集、细化裁判文书模板的履行条款。通过审判系统的提醒，法官在裁判过程中根据被告的实际履行能力，可要求被告提供担保、增加限制条款或判决分期履行；高度重视对当事人经济来源、财产状况信息的收集，为执行工作提供便利；在裁判文书明确履行事项、严格履行期限、减少向执行程序流转的同时保证裁判文书的可执行性。

3. **本源治理，实现全面数字化智慧执行**

无论是外源治理还是内源治理，均是在发动法院内外部力量形成执行联动机制达到执行的多元治理效果，但要切实解决执行难，还要充分发挥法院执行部门居于主体地位的能动性，做到应为尽为、应为必为，以信息化为依托实现执行的全面数字化转型。

一方面，做好数据归集，实现对系列关联案件的集中管理。充分发挥执行指挥中心的作用，强化对系列案件、关联案件的统一调度指挥，将系列案件、关联案件并案执行，实现关联案件协同化解。

另一方面，继续探索新信息技术深度应用场景。在执行中加强区块链与人工智能的深度融合和应用，流程利用区块链技术实现安全可靠的数据共享，推动执行案件数据和操作节点的上链存证；利用人工智能技术提升分析数据和辅助决策的能力，实现司法执行智能化、透明化、公开化。探索建立符合条件的执行案件自动发起查询、冻结、扣除及案款发放的智能合约机制，在合规前提下简化审批流程，减少重复工作，提升执行质效。

B.5

中国法院"大数据"第三方评估报告
（2018~2022）

中国社会科学院国家法治指数研究中心项目组 *

摘　要： 中国司法大数据经历了数据平台建设阶段、数据汇聚整理阶段、大数据应用推广阶段。三个阶段相辅相成，平台建设为数据汇聚提供了基础，数据汇聚为大数据应用提供了前提，大数据应用则催生了新的平台。近五年来，中国司法大数据取得了辉煌的成绩，包括但不限于建成了基于大数据智能服务的审判支持系统和数据共享交换系统，完善了司法审判信息资源库，各级法院大数据分析系统广泛应用。总的来说，司法大数据发展方向遵循顶层设计，司法大数据发展的初衷是服务审判管理，出发点和落脚点是为人民服务。未来，中国司法大数据向纵深迈进应当进一步加强理论研究、建立大数据思维模式、注重大数据用户体验、提升大数据服务能力。

关键词： 司法大数据　智慧法院　法院信息化　数字法治

一　中国司法大数据应用建设内容

党的十九大以来，智慧法院建设实现了质的飞跃，中国司法大数据的发

---

* 项目组负责人：田禾，中国社会科学院国家法治指数研究中心主任、法学研究所研究员，中国社会科学院大学法学院特聘教授；吕艳滨，中国社会科学院法学研究所法治国情调研室主任、研究员，中国社会科学院大学法学院教授、宪法与行政法教研室主任。项目组成员：王小梅、王祎茗、刘雁鹏、胡昌明、栗燕杰等（按姓氏笔画排序）。执笔人：刘雁鹏，中国社会科学院法学研究所助理研究员。本报告为中国社会科学院法学研究所"国家法治指数"创新工程项目成果。

展更是一日千里。2018 年 4 月印发《人民法院信息化建设五年发展规划
（2018~2022）》，2019 年又对其加以修订完善，并发布了《人民法院信息
化建设五年发展规划（2019~2023）》，对司法大数据发展提出了新要求。
2021 年，最高人民法院发布《人民法院信息化建设五年发展规划（2021~
2025）》，要求基于大数据管理和服务平台，构建司法数据中台、智慧法院
大脑和司法链综合平台。在发展规划的指引下，近五年来，中国司法大数据
建设主要集中在数据平台建设、数据汇聚整理、大数据应用推广三个方面。
三方面相辅相成，平台建设为数据汇聚提供了基础，数据汇聚为大数据应用
提供了前提，大数据应用则催生了新的平台。

（一）数据平台建设

　　司法大数据首先要从平台建设开始，平台是司法大数据应用的前提，
也是司法大数据应用的基础。最初，最高人民法院以信息化为手段，以司
法公开为目标，开展了审判流程信息公开平台、执行信息公开平台、裁判
文书公开平台、庭审公开平台这四大平台建设。上述平台建设固然是为了
满足司法公开的需求，但同时也为法院信息化建设奠定了基础，为司法大
数据的发展提供了契机。平台建设丰富的数据来源，也为科研院所研究分
析司法大数据提供了源源不断的素材，产出了大量高质量研究成果。除了
四大公开平台之外，最高人民法院还开发了司法审判信息资源库、数据共
享交换系统、大数据分析系统等数据汇总、交换、分析平台。此外，在最
高人民法院的指导下，各级法院结合自身工作情况，纷纷开发了数据平台
和应用系统，方便法院开展审判管理工作。例如，海南研发了量刑规范化
智能辅助办案系统，该系统能够依据案件情节，智能推送关联法条和类
案，并依据历史量刑数据自动推荐量刑建议，辅助法官裁判；广东法院依
托大数据平台汇聚 1304 万件案件数据，存储诉讼文书 5894 万份，建设法
官档案系统、审务督查系统，借助大数据对审判人员进行全方位评价。上
述系统平台建设尽管名称各异，但实现的主要功能大致相同。其一，整理
案卷材料，生成各类文书。其二，评价法官绩效，强化法官考核。其三，

实现类案推送，提供量刑建议（见表1）。平台建设在展现司法大数据应用的同时，也为司法大数据应用进一步完善提供了方向。例如，《人民法院信息化建设五年发展规划（2019~2023）》提出，未来要"以大数据管理和服务平台为基础建设完善数据共享交换系统"，也表明平台建设过程中数据共享和交换依然存在障碍，为提升大数据应用效果，未来应进一步完善数据共享交换系统。

表1　地方司法大数据平台功能①

法院	平台名称	功能
贵州省高级人民法院	法镜大数据系统	该系统通过比对大量类案,将即将判决的案件与之前类案进行比对,若判决结果偏离类案范围,则提醒法官并给予警示
广东省高级人民法院	广东法官考核系统	通过大数据对法官进行评价,包括法官的审判、绩效、法纪等内容
海南省高级人民法院	量刑规范化智能辅助系统	根据案件类型,推送与案件相关的法律、司法解释、类案判决等内容,根据历史类案判决结果推送量刑建议
上海市高级人民法院	智能辅助办案系统（206工程）	通过语义识别、人工打标签等方式强化人工智能,构建量刑网络神经学习模型,以大数据分析为基础,结合办案事实和案件情节,为法官提供量刑参考
江苏省高级人民法院	同案不同判预警系统	若案件判决出现偏离,能够根据大数据分析结果进行预警,可以自动分析庭审记录和各类文书
北京市高级人民法院	睿法官智能研判系统	基于大数据分析产生知识图谱,根据知识图谱对裁判规律进行分析,自动生成裁判文书;运用语言处理、神经网络学习等技术分析法官的行为,评价法官行为

（二）数据汇聚整理

如果说打造一流的平台是大数据发展的应用前提基础，那么数据汇聚整

① 参见刘雁鹏《智慧司法中的忧虑：想象、剖析与展望》，《理论与改革》2020年第3期。

理则是大数据应用发展的必由之路。数据汇聚要解决的是数据的全面、准确、安全问题，数据不全面、不准确、不安全不仅威胁大数据应用的发展，还影响大数据存在的根基。数据不全面可能造成大数据分析结果片面，数据不准确可能导致大数据分析结论出错，数据不安全直接威胁国家信息安全利益。

从数据全面性看，最高人民法院通过法院全覆盖、案件数据全覆盖、统计信息全覆盖保障数据全面性。在法院全覆盖方面，最高人民法院统一部署，推动全国3500多家法院、1万多个人民法庭实现信息全面互联互通；31家高级法院建成非涉密数据隔离交换设备或系统，实现法院专网与外部专网、互联网之间的跨网数据交换。在案件数据全覆盖方面，最高人民法院与各级法院建立了数据动态更新机制，有效支持了案件、文书数据的及时、自动汇聚。在统计信息全面覆盖方面，除了审判执行信息外，司法人事信息、司法政务信息、司法研究信息、外部数据等其他数据均是司法大数据的重要来源，各级法院逐步完善各类信息的归类和数据上传，实现统计信息全覆盖。

从数据准确性看，为保障不同法院数据汇聚整合标准统一，最高人民法院陆续发布《人民法院信息系统技术系列标准（2015）》《人民法院数据集中管理工作规范》《人民法院数据管理和服务技术规范》《人民法院案件数据动态更新机制技术规范》等制度规范和技术标准，各级法院严格依照技术标准，对数据准确性进行把关，保障各级法院能够提供稳定、可靠的基础数据。

从数据安全性看，各级法院制定了数据备份的各种安全规范，切实保障数据的安全性。一方面，最高人民法院组织完成了36个法院内网信息系统和16个互联网信息系统数据备份以及相应的恢复测试工作，实现重要信息系统数据的全备份，全面提升各级法院的数据安全性；另一方面，各级法院根据自身特点，制定了符合自身需求的大数据安全技术标准和测评标准，完善大数据平台及大数据服务安全评估体系，不断增强关键信息基础设施、核心技术以及安全保障能力。例如，江苏高院持续将非涉密类司法统计报表、案件结案信息、诉讼文书等司法数据上链，确保司法数据不可篡改和可溯源。支持法官和当事人在线核验上链电子证据，提升电子证据认定的效率和质量。

（三）大数据应用推广

中国司法大数据的应用和推广主要体现在以下几个方面：其一，辅助审判执行；其二，转变工作模式；其三，输出司法建议。在辅助审判执行方面，司法大数据能够针对案件性质、类型推动相应的法律、法规、司法解释以及类案判决，对于裁判结果亦可与类案既往判决进行比对，防止出现案件判决畸轻畸重。从全国法院实践来看，司法大数据辅助审判执行取得了良好效果。例如，贵阳政法大数据办案系统运行 5 个月以来，办案效率大幅提升，同类案件办案时间缩短了 30%，因证据不足而导致的退回补充侦查率、不批准逮捕率同比下降了 25.7% 和 28.8%，同时服判率同比上升了 8.6%，因证据不足而作出无罪判决的案件"零发生"①。在转变工作模式方面，司法大数据的出现，令法官绩效考核更加科学化、精细化，通过司法大数据可以精确划分案件的难易程度、精准衡量法官的工作量，如此系统便能科学合理地分配案件及统计绩效，在不大量增加法官的前提下有效提高法官的工作效率。在输出司法建议方面，包括中国司法大数据研究院在内的司法大数据分析机构每年产生上百篇司法大数据分析报告（见表 2），涉及刑事犯罪、社会管理、民商事纠纷、环境保护等诸多领域，为党委政府决策提供了重要参考。

表 2　部分司法大数据研究报告

类型	报告名称	数据跨度
刑事犯罪	中国金融机构从业人员犯罪问题研究白皮书	2021 年 1 月 1 日至 2021 年 12 月 31 日

---

① 李勇坚、桂宁：《人工智能在司法行政中的伦理考量》，《人工智能》2019 年第 4 期。

续表

类型	报告名称	数据跨度
刑事犯罪	司法大数据专题报告之涉信息网络犯罪特点和趋势	2017 年 1 月 1 日至 2021 年 12 月 31 日
刑事犯罪	司法大数据专题报告之性侵类犯罪	2014 年 1 月 1 日至 2016 年 9 月 30 日
社会管理	司法大数据专题报告之校园暴力	2015 年 1 月 1 日至 2017 年 12 月 31 日
刑事犯罪	司法大数据专题报告之未成年人犯罪	2015 年 1 月 1 日至 2016 年 12 月 31 日
刑事犯罪	司法大数据专题报告之网络约车与传统出租车服务过程中犯罪情况	2017 年 1 月 1 日至 2017 年 12 月 31 日
刑事犯罪	司法大数据专题报告之网络犯罪特点和趋势	2016 年 1 月 1 日至 2018 年 12 月 31 日
民事纠纷	司法大数据专题报告之离婚纠纷	2014 年 1 月 1 日至 2016 年 9 月 30 日
民事纠纷	司法大数据专题报告之赡养纠纷	2016 年 1 月 1 日至 2017 年 12 月 31 日
民商事纠纷	司法大数据专题报告之网购合同纠纷	2017 年 1 月 1 日至 2020 年 6 月 30 日
知识产权	司法大数据专题报告之知识产权侵权	2015 年 1 月 1 日至 2016 年 12 月 31 日
民商事纠纷	司法大数据专题报告之中小型股份制商业银行涉诉纠纷	2015 年 1 月 1 日至 2016 年 12 月 31 日
环境保护	司法大数据专题报告之环境污染责任纠纷	2015 年 1 月 1 日至 2016 年 12 月 31 日

司法大数据的广泛应用为法院高效审判管理提供模板，为党政机关决策提供参照，为法律、司法解释的修改和制定提供依据。例如，海安法院从司法大数据角度出发，对 2019 年上半年司法案件进行分析，得出本市经济社会运行情况评估报告，及时发现了经济社会运行中存在的风险和隐患，对市委市政府做好风险防范和化解、促进经济社会健康发展具有现实意义。

二 五年来中国司法大数据成绩

近五年来中国司法大数据取得的成就，主要表现在以下五个方面：其一，数据覆盖率大幅提升；其二，数据质量大幅提高；其三，数据交换稳步推进；其四，大数据智能辅助系统广泛应用；其五，大数据分析系统普遍建立（见表3）。

表 3　中国司法大数据成就

重点任务	任务目标	是否实现
以数据全覆盖为目标建设司法审判信息资源库	审判执行信息、司法人事信息覆盖率达到100%	是
	信息化管理信息覆盖率达到100%	是
	司法研究信息和司法政务信息覆盖率达到100%	是
	文书信息覆盖率稳定在98%以上	是
	近三年高级法院案件电子卷宗（档案）覆盖率达到90%以上，辖区法院当年电子卷宗（档案）覆盖率达到90%以上	否
	高级以上法院以各应用系统、六大类数据库和各种渠道的数据资源为基础，逐步构建智慧司法知识中心，形成司法大数据知识库	是
	大部分法院实现对智慧司法知识中心的应用	是
以提升数据质量为核心完善大数据管理系统	案件置信度达到99%以上	是
	司法人事数据准确度达到99%以上	是
	司法政务数据准确度达到80%以上	是
	司法研究、信息化管理数据准确度达到95%以上	是
	高级以上法院建立司法领域统一元数据库、公共数据模型及目录体系；全面提升数据质量，提升各类数据准确度	是
以大数据管理和服务平台为基础建设完善数据共享交换系统	有需要的中基层法院全面实现法院之间和法院内外的数据共享和交换	是
	支持各级法院内部及其与外部应用系统之间的业务协同	是
	高级以上法院增加对涉密网的信息交换支持能力	是
建设基于大数据智能服务的审判支持系统	实现类案检索	是
	实现量刑规范	是
	实现文书智能生成	是
	裁判文书自动生成	是
建立大数据分析系统	持续开展司法大数据专题协作研究	是
	高级以上人民法院充分利用人工智能等信息技术手段，构建司法领域的知识图谱，支持面向社会公众、法官和司法管理人员更为丰富的智能化服务内容	是
	90%以上的法院具备通过大数据提供服务的能力，为法治国家建设、民众关注、司法制度改革等提供有力支撑	否

第一，覆盖核心数据的司法审判信息资源库全面建成。司法审判信息资源库包括审判执行信息、司法人事信息、信息化管理信息、司法研究信息和司法政务信息等内容。上述信息构成了司法大数据的框架，从上述数据可以一窥案件数量、收结案比例、执行到位率、人案比等关键指标，为判断司法效率、评价司法公正、分配司法资源提供切实可行的数据支撑。近年来，审判执行信息覆盖率常年接近100%；文书信息覆盖率从2018年的94.67%增长至2022年的99.23%；司法政务信息覆盖率从2017年的75%增长至2020年的93.8%；司法研究信息覆盖率从2017年的68.8%增长至2020年的87.5%（见表4）。截至2022年底，最高人民法院已经建成覆盖审判执行、司法人事、司法研究、司法政务、信息化管理、外部数据等六大类数据的国家司法审判信息资源库，实现人民法院案件信息与裁判文书汇聚管理，案件信息超过2.18亿件，裁判文书达到5.59亿份，有效支撑司法统计、案件与裁判规律等大数据分析需要，93%以上的高级人民法院建成本辖区司法审判信息资源库。

表4 部分核心数据覆盖情况

单位：%

年份\项目	2017	2018	2019	2020	2021	2022
审判执行信息覆盖率	100.0	100.0	100.0	100.0	100.0	100.0
文书信息覆盖率	76.29	94.67	98.51	96.77	98.47	99.23
电子卷宗（档案）覆盖率	59.00	87.22	91.58	95.64	95.03	84.63
司法人事信息覆盖率	90.6	87.5	93.8	96.9	—	—
司法政务信息覆盖率	75.0	81.3	87.5	93.8	—	—
司法研究信息覆盖率	68.8	68.8	78.1	87.5	—	—

第二，贯通全国的数据质量管理体系已经形成。人民法院数据统计经历过卡片人工统计、计算机统计、信息系统统计三个阶段[①]。1985年，最高人

---

① 参见《最高人民法院关于人民法院司法统计工作的若干规定》《关于收、结案件登记卡片的使用与管理办法》《关于人民法院应用计算机进行司法统计工作的暂行规定》《关于进一步加强司法统计工作的意见》。

民法院下发了《关于加强人民法院司法统计工作的通知》，要求"填好收结案件登记卡片，保证统计数字有根有据"。卡片人工统计费时费力，事后通过邮寄报送等方式汇总信息，信息归集具有一定滞后性。1994年，最高人民法院出台《关于人民法院应用计算机进行司法统计工作的暂行规定》，开始尝试运用计算机进行统计。此时司法数据存储于计算机中，但缺少网络和系统，这种统计方式更多的是人工卡片统计的一种补充。随着法院信息化建设的深入，数据质量管理体系的建立，最高人民法院建设形成了贯通全国的大数据管理和服务平台，高级法院纷纷建立司法数据质量管控机制或数据治理管控应用系统。在平台和系统的加持下，各级法院的案件结构化数据置信度长期稳定在99%以上。

第三，覆盖全国的两级数据共享交换体系实质运转。数据交换共享有利于提升数据利用质效，将信息化建设红利发挥至极致。在法院内部，最高人民法院与高级人民法院建立了数据共享交换平台，保障信息和数据在法院内部畅行无阻；高级以上法院增加了对涉密网的信息交换支持能力，维护司法数据和网络安全；中基层法院强化了法院之间的数据共享和交换能力，让法院能够实现跨层级、跨网系、跨区域、跨应用的数据共享。在法院外部，最高人民法院与其他部门以刑事案件网上协同办理、减刑假释案件协同办理、道交一体化为试点，推动司法部门之间的信息共享交换。2017~2021年，能够实现刑事案件网上协同办案的高院数量由15家增长至32家，占比由46.9%增长至100%；能够实现减刑假释案件协同办理的高院数量由28家增长至32家，占比由87.5%增长至100%；能够实现道交一体化案件协同办理的高院数量由16家增长至32家，占比由50%增长至100%[1]（见表5）。

---

[1] 以上数据来源于《智慧法院建设评价报告（2017）》《智慧法院建设评价报告（2018）》《智慧法院建设评价报告（2019）》《智慧法院建设评价报告（2020）》《智慧法院建设评价报告（2021）》。

表5　2017～2021年高院跨部门共享案件信息功能实现情况

单位：家，%

年度＼项目	实现刑事案件网上协同办案的高院数量	占比	实现减刑假释案件协同办理的高院数量	占比	实现道交一体化案件协同办理的高院数量	占比
2017	15	46.9	28	87.5	16	50.0
2018	23	71.9	29	90.6	17	53.1
2019	24	75.0	31	96.9	22	68.8
2020	31	96.9	32	100.0	32	100.0
2021	32	100.0	32	100.0	32	100.0

第四，基于大数据智能服务的审判支持系统已经建成。目前，人民法院通过智能服务审判系统可以实现文书辅助、类案推送、结果预判、调解建议等多项功能。其中文书辅助能够将法官从繁杂的事务性工作中解脱出来，极大提高了工作效率。例如，河北法院自适用裁判文书辅助系统5年来，辅助生成裁判文书270余万份，减少了法官30%的工作量①。类案推送、结果预判、调解建议等功能则能够提供诉讼风险分析，引导诉讼参与人通过调解方式解决纠纷，化解"案多人少"矛盾。近年来，能够实现裁判文书辅助的法院数量由2830家增长到3345家，能够实现案例推送的法院由1786家增长到3208家，能够实现结果预判的法院数量由1218家增长至2824家；能够实现调解建议功能的法院数量由1615家增长至2943家（见表6）。

表6　2017～2021年基于大数据智能服务的审判系统实现情况

单位：家，%

年份＼项目	实现文书辅助的法院数量	占比	实现类案推送的法院数量	占比	实现结果预判的法院数量	占比	实现调解建议功能的法院数量	占比
2017	2830	80.8	1786	51	1218	34.8	1615	41.6
2018	2869	81.9	1884	53.7	1563	44.6	1924	54.8
2019	3116	89.8	2388	68.8	2221	64.0	2493	71.8
2020	3278	94.0	2885	82.8	2824	81.0	2943	84.5
2021	3345	96.0	3208	92.1	—	—	—	—

① 孙晓勇：《司法大数据在中国法院的应用与前景展望》，《中国法学》2021年第4期。

此外，针对刑事案件，信息化系统开发了提取刑事案件法定和酌定量刑情节、自动推送量刑规范化司法解释、大数据分析提供量刑参考等功能，帮助法官规范量刑，统一法律适用，避免出现"类案异判"。近年来，能够实现提取刑事案件法定和酌定量刑情节的法院数量从 1981 家增长至 2869 家，能够实现自动推送量刑规范化司法解释的法院数量从 1956 家增长至 2888 家，能够实现大数据分析提供量刑参考的法院数量从 1935 家增长至 2743 家（见表 7）。

表 7 2017~2020 年基于大数据量刑辅助系统实现情况

单位：家，%

年份＼项目	实现提取刑事案件法定和酌定量刑情节法院数	实现比例	实现自动推送量刑规范化司法解释法院数	实现比例	实现大数据分析提供量刑参考法院数	实现比例
2017	1981	56.6	1956	55.9	1935	55.3
2018	1921	54.8	1926	54.9	1892	53.9
2019	2648	76.3	2656	76.5	2556	73.7
2020	2869	82.3	2888	82.69	2743	78.7

第五，司法大数据分析与知识服务初见成效。包括最高人民法院在内的四级法院以数据汇聚为基础，初步实现人民法院人事、案件、涉案财物等数据的"人、案、物"关联，提供立案辅助、类案检索、诉讼风险评估、文书质检、当事人画像等知识服务，每年制作形成上百篇专题分析报告（见表 8）。未来，随着司法大数据的广泛应用，90%以上的法院将具备大数据能力，为法治国家建设、民众关注、司法制度改革等提供有力支撑。

表 8 2017~2021 年高级法院及辖区法院大数据专题分析篇数情况

单位：篇

年份＼项目	最大值	最小值	总计	平均值
2017	53	0	308	9.6
2018	28	0	173	5.4
2019	25	0	175	5.5
2020	65	0	312	9.8
2021	744	0	1313	41.0

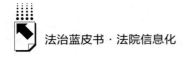

三 中国司法大数据应用发展的逻辑

中国司法大数据发展并非无序进行，而是属于自上而下的构建型秩序与自下而上的自发型秩序的结合。自上而下的构建型秩序意味着司法大数据的发展符合顶层设计要求，严格遵循党中央关于司法改革的要求，切合国家信息化战略；自下而上的自发型秩序意味着司法大数据的发展是以人民为中心，服务审判管理，结合各级法院自身特点，不断推动司法大数据向纵深迈进。

（一）逻辑之一：司法大数据发展方向遵循顶层设计

截至目前，中国司法大数据的主要发展方向，均与顶层设计息息相关，不存在脱离顶层设计的发展方向和路径。在此过程中，技术对于司法大数据发展的影响微乎其微，尽管可能会影响司法大数据的细枝末节，却无法左右甚至决定司法大数据发展的路径和方向。

首先，法院司法大数据发展严格遵照信息化发展规划纲要。《人民法院信息化建设五年发展规划（2013～2017）》《人民法院信息化建设五年发展规划（2019～2023）》是法院信息化建设的总纲，亦为司法大数据发展规划了蓝图。司法大数据目前所取得的成绩，无论是辅助审判智能化，还是司法审判数据库的建立，抑或是数据共享实质运转，都是蓝图所描述的规定动作。从各级法院的司法大数据建设实践来看，不存在跳脱规划纲要之外的尝试，不存在背离规划纲要之外的创新，一切都是严格依照规划的路线图步步为营、稳扎稳打、从无到有、从有到精。

其次，法院信息化发展规划纲要严格遵循国家发展规划。第一个信息化建设五年规划依据的是《国家电子政务十二五规划》《"十二五"国家政务信息化工程建设规划》《国家"十二五"期间人民法院司法行政工作发展规划纲要》，第二个信息化建设五年规划依据是《中共中央关于制定国民经济和社会发展第十三个五年规划的建议》《"十三五"国家政务信息化工程建设规划》等文件，《最高人民法院关于加快建设智慧法院的意见》的依据是《国家信息化发展战略纲要》和《"十三五"国家信息化规划》。可见，法院信息化建设是国家信息化发展的重要组成部分，发展方向与国家整体信息化规划一脉相承，其发展轨迹与国家整体信息化步伐息息相关，不存在超出国家整体顶层设计之外的发展方向和发展轨迹。

最后，技术对于司法大数据发展影响较小。在顶层设计框定的范围之内，各级法院充分利用自身特点，开发了大数据平台、系统和软件。这些平台、系统和软件均出自技术公司之手，但技术对司法大数据发展的影响不大。诚然，技术进步可能会影响司法大数据内部运转模式，但不会影响司法大数据整体方向。即便法院信息化建设过程中引入了算法工程师设计系统架构，引入大量软件工程师撰写代码，引入技术工程师负责系统运行和维护，但并不意味着司法活动中的立案、审判、执行、管理会被工程师左右。司法大数据的各项技术需求是由法院提出，司法大数据的运行维护是为了方便审判管理，司法大数据的升级取舍取决于法院和法官的选择。可以说，在整个司法大数据的产生、运行、维护、升级过程中，法院均占据主导地位，技术及资本对于司法大数据发展的影响微乎其微。

（二）逻辑之二：司法大数据发展的初衷是服务审判管理

司法大数据建设的目的是让审判管理更加方便、更加便捷、更加高效。一方面，司法大数据为法官办案提供支持。司法大数据能够为法官查询、参考同类案件提供支撑，确保准确查明事实、正确适用法律，减少司法裁判过程中的不确定性和主观性，促进裁判标准的统一；另一方面，司法大数据能够有效提高审判管理质效。司法大数据将法院人事信息和审判信息相融合，对法官进行个性化绩效考核，提高司法人事的管理效能，促进法官实现自我管理、自我评价、自我约束。此外，法院通过大数据分析，能够纠正可能出现的冤假错案，有效监督法官，预防司法腐败，促进司法廉洁。总之，司法大数据发展的初衷是服务审判管理，把法官从繁重的司法行政和文书工作中解脱出来，让司法管理更加科学合理，而不是让司法活动更加烦琐、让审判管理更加复杂、让执行工作更加杂乱。故凡是可能减损司法权威、影响司法公信的方向和路径都背离了司法大数据建设的初衷。从这个角度来说，司法大数据未来发展应当尽量避免出现以下情况。

一是尽量避免出现资本主导的"法官画像"。所谓"法官画像"，即针对个别法官判决形成司法大数据，借以预测某法官可能作出的判决结果，或者评价该法官判决是否公正。对法官判决结果进行预测破坏了诉讼双方的平等地位，评价法官判决是否公正则为法官套上了无形的枷锁，并最终可能破坏司法公正①。从域外经验来看，法国通过"司法大数据禁令"直接禁止基于"法官画像"的司法裁判预测②；美国则将司法大数据智能辅助系统的适用限定于特定领域，并对其应用发展采取"渐进式"监管③。未来中国应当尽量避免出现资本主导的"法官画像"，防止"数字权贵"与"数字穷人"的差距影响司法判决的公正性和权威性。故针对司法大数据应用范围应当有所限定，未来应当允许法院发布司法禁令，禁止公司、企业、律所针对法官本身进行大数据画像。

二是尽量避免出现"择地诉讼"。中国地域广阔，即便是相似案件，不同法院判决结果依然可能存在差异。部分当事人利用司法大数据技术，为获得对自己有利的判决结果而有意识地选择特定的法院进行诉讼，即为"择地诉讼"④。"择地诉讼"是一种诉讼投机行为，大规模的诉讼投机无疑将损害司法权威和司法公信，甚至影响案件的公正审理。司法大数据的发展应当对"择地诉讼"进行限制，禁止公司、企业、律所以特定法院和特定类型案件为对象进行比较研究，否则会得出同样类型的案件在 A 法院裁判尺度

① 刘雁鹏：《算法对司法的冲击与应对》，《重庆理工大学学报》（社会科学版）2022 年第 7 期。
② 王禄生：《司法大数据应用的法理冲突与价值平衡——从法国司法大数据禁令展开》，《比较法研究》2020 年第 2 期。
③ 在美国，如刑事案件智能辅助系统的适用仅局限于警情预测、人脸识别、取保候审和量刑风险评估等特定领域，美国法院和州立法机构分别通过判例和法案的形式对其应用进行规制。See Artificial Intelligence: Emerging Opportunities, Challenges, and Implications for Policy and Research, https://www.gao.gov/products/gao-18-644t.
④ 参见薛波主编《元照英美法律词典》（缩印版），北京大学出版社，2013，第 575 页。

较松，在 B 法院裁判尺度较的结论。诉讼当事人会特意选择于己有利的法院进行诉讼，使自己立于不败之地，这会极大损害对方当事人的利益，破坏诉讼公正。

（三）逻辑之三：司法大数据建设的出发点和落脚点是人民

以人民为中心，"努力让人民群众在每一个司法案件中感受到公平正义"是司法改革的要求，人民群众在司法改革过程中真切获利是评价司法改革是否成功的重要标准，也是法院信息化建设的出发点和落脚点之一。司法大数据建设除了满足法院日常管理、辅助法官审判执行、提高工作效率、缓解"案多人少"矛盾之外，最重要的功能便是服务人民群众。

一方面，通过大数据统一裁判尺度，让人民群众感受到公平正义。司法裁判适用法律是否正确、法律事实认定是否客观、司法程序是否合法等内容并不是普通群众关注的重点，最终判决与其他案件是否一致、与公民朴素的正义观是否相似才是公众关心的内容。司法大数据能够帮助法官正确适用法律、统一裁判尺度、做到类案类判，并最终实现法律效果与社会效果的有机统一。为此，2020 年最高人民法院下发了《关于完善统一法律适用标准工作机制的意见》《关于统一法律适用 加强类案检索的指导意见（试行）》等文件①，要求各级法院加强以司法大数据平台为基础的智慧数据中心建设，为法官办案提供裁判规则和参考案例，保障统一法律适用，提升司法公信力。在此过程中，普通人民群众感受到的是同案同判、类案类判，判决结果与其他相似案件并无不同，公平正义在审判过程中得到了彰显。

另一方面，通过司法大数据稳定预期，打消当事人不合理的期盼。司法

---

① 《关于完善统一法律适用标准工作机制的意见》要求：最高人民法院加快建设以司法大数据管理和服务平台为基础的智慧数据中台，完善类案智能化推送和审判支持系统，加强类案同判规则数据库和优秀案例分析数据库建设，为审判人员办案提供裁判规则和参考案例，为庭长监督管理提供同类案件大数据报告，为审判委员会讨论决定案件提供决策参考。《关于统一法律适用 加强类案检索的指导意见（试行）》要求：各高级人民法院应当充分运用现代信息技术，建立审判案例数据库，为全国统一、权威的审判案例数据库建设奠定坚实基础。

大数据的发展构建了一种可能，即涉案双方在进入诉讼之前就有可能知晓案件的大致走向，就能够决定是否通过调解处理矛盾，是否继续通过诉讼解决纠纷。同时，在诉讼前已经了解到可能出现的结果，就会打消部分不合理的期盼，从而提高对判决结果的接受程度。此外，在立案之初司法大数据便会给出调解建议，为诉讼参与人提供更多的纠纷解决选择方案，提升人民群众的获得感、幸福感、安全感。

四　中国司法大数据应用展望

2021年1月，中共中央印发《法治中国建设规划（2020～2025年）》，明确提出充分运用大数据、云计算、人工智能等现代科技手段，全面建设"智慧法治"，推进法治中国建设的数据化、网络化、智能化。2021年5月，最高人民法院发布《人民法院信息化建设五年发展规划（2021～2025）》对司法大数据的进一步发展提出了新的要求，即数据集约化、精准化、数据共享和深度应用①。为此，中国司法大数据未来应当进一步加强理论研究，建立大数据思维模式，推动数据高质量发展，不断提升数据和知识的服务能力。

（一）进一步加强理论研究

司法大数据发展取得了显著成效，但需要指出的是，当下依然面临基础理论研究不足、立法滞后、制度建设缺少根基等问题。司法大数据涉及数据的所有权、使用权、处置权等问题依然有深入研究的空间，各种不同权利延伸出来的其他权属直接影响司法大数据的进一步发展。目前全国各地数据共

---

① 要建设人民法院司法数据中台；支持数据资源共享和数据精准推送，实现知识产权等不同领域司法大数据的数据共享和深度应用；以法检司互联为切入点，全面推进与政法各部门的数据和知识共享与业务协同，并逐步覆盖其他政务部门及其协同业务场景，实现跨层级、跨地域、跨系统、跨部门、跨业务统一共享交换；稳步推进司法大数据部门共享应用，加强司法大数据与行政管理大数据的互联互通，支撑与行政机关、监管部门协同防范化解重大风险。

享条例均有类似"数据共享为原则，不共享为例外"的规定①，而司法大数据不仅涉及当事人的人格权、商业秘密、个人隐私等信息，还涉及司法审判执行中的信息安全问题，在实践中，数据保护、数据共享、数据应用依然存在顾虑。有的地方以《个人信息保护法》《数据安全法》为依据，以保护个人隐私以及数据安全为由，阻断了部门之间的信息共享，为司法大数据发展设置了障碍。为此，未来应当进一步加强数据相关问题的研究，并将相关成果融入顶层设计中、体现在"公共数据法"的制定中。只有将公共数据上升到法律，才能彻底破除大数据发展的阻碍，提高数据作为一种生产要素的效能。

（二）建立大数据思维模式

如果说数据平台决定了大数据发展的下限，那么大数据思维模式就决定了司法大数据发展的上限。尽管目前司法大数据发展一日千里，但部分法院依然按照数据统计思维看待司法大数据，不主动分析数据背后深层次的内容，没有将司法大数据的全部效用都发挥出来。缺少大数据思维，案件审判执行情况只不过是表格中的数字，只能反映年度案件数量增减情况、法官平均办案数量情况、执行金额到位率情况等。运用大数据思维，则可以通过民商事案件的胜诉情况一窥经济运行态势；通过民生案件审理情况，反映地区社会发展新面貌；通过刑事案件梳理区域社会治安新动态。未来，应当加强各级法院大数据思维培训，将大数据思维应用于审判管理的各个方面，帮助各级法院透过枯燥、繁杂的数据得出有助于提高审判管理水平、有益于促进民生稳定、有利于推动经济发展的分析报告。

（三）注重大数据用户体验

大数据发展过程中，要始终维护好两个用户体验，一个是法官的用户体

---

① 《政务信息资源共享管理暂行办法》第 5 条、《浙江省公共数据条例》第 22 条、《上海市数据条例》第 38 条、《贵州省政府数据共享开放条例》第 14 条等。

验，让大数据系统更好地为法官服务；另一个是提升普通群众的用户体验，让普通群众在诉讼过程中真正感受到大数据的便利与好处。这就要求法官与技术人员加强沟通交流，法官要多提需求，不断完善各种平台、系统和软件。以法官的思维设计并运行大数据系统，让每一个平台、系统、软件能用、实用、好用。对于普通群众，大数据应用要减少操作的复杂度，降低操作门槛，让各种操作模式与普通群众常用的软件兼容。例如，厦门法院在文书识别码的研发、改进过程中始终考虑如何减轻法官的工作量，始终考虑如何降低当事人的诉讼成本，因此选择了数据编码快、解码快的"二维码"形式编写文书识别码，仅需简单"扫一扫"即可使用，方便人民群众使用。

（四）提升大数据服务能力

司法大数据对于社会治理的助力不言而喻，各级法院运用丰富的司法审判资源，通过多维数据关联分析和深度挖掘反映社会运行态势，推进提升国家治理效能，不断增强人民群众的获得感、幸福感及安全感。未来，建议加强对大数据拓展、应用和分析的考核，进一步健全数据共享交换体系，尤其是法院系统外的数据共享和交换，实现政法信息数据一体化推进、一体部署、一体落实。不断拓展大数据分析的广度和深度，提高动态分析水平，提升知识服务能力。在法院内部，未来要形成智能泛在的信息主动精准推荐、精准比对能力，面向智慧服务、智慧审判、智慧执行、智慧管理等应用提供智能辅助支持，面向知识产权、海事海商、互联网等专门审判业务提供专业数据资源和服务。在法院外部，通过对司法、政务和互联网数据的整合分析，司法大数据可以为法治政府建设提供意见、为企业合规提供建议、为金融风控提供参照。

B.6
数字经济背景下区块链技术的
司法应用调研报告

江苏省高级人民法院课题组*

摘　要： 随着数字经济的蓬勃发展和数字政府建设的不断推进，区块链技术在司法中的应用场景不断扩大。以江苏法院为例，司法区块链平台提升了数据核验、可信操作、智能合约、跨链协同等基础技术能力，拓展了区块链的应用领域。当前，司法实践中区块链应用还存在底层能力相对薄弱、应用场景相对单一、数据监管相对不足、跨链融合有待探索、区块链法律风险防范相对缺失等问题，需要发挥立法、司法、执法的联动作用，不断拓展区块链存证验证应用、推进智能合约应用建设、加大跨链业务协同应用、强化区块链配套保障，发挥区块链"不信之信"的应用价值，实现更高水平的数字正义。

关键词： 数字经济　区块链　司法应用　智能合约

区块链是利用链式数据结构存储与验证数据，利用密码学方式保证数据传输和安全访问的一种具有普适性的底层技术框架，被誉为新一代科技革命的关键技术。区块链核心特征是保证存储数据不被篡改，在司法、金融、知识产权、工业制造等诸多领域都实现落地应用，如司法链、合同

---

* 课题组成员：李玉柱，江苏省高级人民法院审判委员会专职委员；潘军锋，江苏省高级人民法院审管信息处处长；吴伟懿，江苏省高级人民法院审管信息处规划科科长；蔡宁宁，江苏省高级人民法院审管信息处科员。执笔人：潘军锋、吴伟懿、蔡宁宁。

链、版权链、金融链等。《国民经济和社会发展第十四个五年规划和 2035 年远景目标纲要》① 提出，要加快推动数字产业化，培育壮大区块链等新兴数字产业，打造数字经济新优势。推动智能合约、共识算法、加密算法、分布式系统等区块链技术创新，以联盟链为重点发展区块链服务平台和金融科技、供应链管理、政务服务等领域应用方案，完善监管机制。最高人民法院《人民法院信息化建设五年发展规划（2021～2025）》② 指出，区块链技术应用是新时代人民法院信息化建设的技术发展需求之一，明确将"融合区块链等新技术实现执行高效智能"作为一项任务。2022 年 5 月，最高人民法院下发《关于加强区块链司法应用的意见》③，开启了区块链司法应用的新篇章。

十八大以来，中央高度重视发展数字经济，将其上升为国家战略。国务院《"十四五"数字经济发展规划》提出，不断做强做优做大中国数字经济，为构建数字中国提供有力支撑。区块链技术作为数字经济的重要组成部分，是推动数字产业化、增强政府数字化治理能力的重要手段。全国各级法院把增进人民福祉作为信息化发展的出发点和落脚点，把保障数字经济、数字政府发展作为信息化建设的着力点，积极推进区块链在司法领域的应用试点，探索区块链技术与司法管理、诉讼服务、多元解纷、审判执行等工作深度融合，运用区块链技术助力人民法院高质量发展，不断推进审判体系和审判能力现代化，有效助力数字经济和数字政府健康发展。

一　区块链司法应用的基本情况

2021 年 9 月，中央网信办会同中宣部、最高人民法院、最高人民检察院等 18 个单位联合开展区块链创新应用试点，结合法院工作实际，围绕

---

① 《国民经济和社会发展第十四个五年规划和 2035 年远景目标纲要》第五篇"加快数字化发展　建设数字中国"。
② 《人民法院信息化建设五年发展规划（2021～2025）》重点任务三。
③ 《最高人民法院关于加强区块链司法应用的意见》，《人民法院报》2022 年 5 月 26 日。

"完善存证验证服务、探索智能合约应用、推进跨链融合制度、建立可信操作体系"等方面,江苏三级法院积极参与区块链创新应用试点申报工作。

在数字经济背景下,人民法院不断发掘区块链等高新技术在司法领域的应用,利用区块链存证固证的基础能力,实现电子证据全流程记录、全链路可信、全节点见证,利用智能合约技术为立案、审判和执行工作提供更多智慧支撑。江苏法院立足审判业务痛点,结合区块链技术特性,以诉讼材料上链、知识产权确权、案款可信管理、法律文书验证等场景为试点工作探索江苏特色的"区块链+审判"应用,其他地区亦在探索极具地区特色的创新应用试点。

一是构建区块链底层能力。最高人民法院开发了全国法院司法区块链平台,构建数据核验、可信操作、智能合约、跨链协同的基础技术能力。江苏省高级人民法院积极建设"司法链"内外网节点,开发部署区块链管理中台,实现区块链存证、验证信息可视化展示。截至2022年12月,江苏法院区块链平台已上链电子材料、业务信息等数据1300万份,提供核验服务1160次、上链法院83家、上链业务系统6个。杭州互联网法院搭建区块链,首批链上节点包含法院、公证处、CA/RA机构、司法鉴定中心等十余个。北京、上海、广东、浙江等地法院均构建了区块链基础能力平台,探索地区特色的区块链审判应用。

二是支持法律文书存证核验。在现实生活中,不法分子伪造法律文书非法过户房产、进行保险诈骗、蒙骗合作企业等现象时有发生,伪造文书扰乱社会秩序,更损害司法公信力。江苏省高级人民法院以法律文书真伪验证为切入点,构建贯穿诉讼服务、审判执行全流程法律文书安全和一致性的区块链保障体系,将案件办理全流程业务节点生成的法律文书签章后存证,使"司法链"存证验证与业务流程紧密闭环。江苏省南京市中级人民法院将律师调查令、执行案件立案材料上链,为不动产登记、金融、社保等机构提供立案文书、调查令等法律文书在线核验功能,降低机构间信息交互成本。在线诉讼中,当事人在诉讼服务网上申请立案并提交电子材料,对于当事人、律师、法官而言，需要花费大量精力验证电子材料是否可靠。江苏省南通市中级人民法院为回应在线诉讼新需求，保障诉讼服务安全可信，将网上立案申请和材料转接申请环节的电子材料自动上链并绑定司法链存证凭据，为诉讼当事人、代理人或相关政府职能部门提供法律文书真伪验证服务，申请人可以在网上进行核验。另外，在线诉讼服务立案申请、材料转接应用场景均集成文书真伪验证服务，立案庭法官在审核时可先进行材料核验，保证外网提交材料的真实性，提升司法流程的可信度。

三是保障电子证据可信。电子证据具有修改难留痕、易篡改、难收集等特点，为司法审判执行各环节带来难题。通过区块链加密技术，确保电子证据传输和存储安全可控，不断提升电子证据认定的效率和质量。江苏省南通市通州湾江海联动示范区法院已上线物证管理系统，该系统将实物证据通过拍摄、建模等手段电子化，并通过与区块链系统的对接实现实物证据的电子固化，使电子证据具备了不可篡改的属性。广东省广州市中级人民法院上线区块链电子质证系统，全程记录质证过程中当事人对证据的所有操作，并自动保存提交的证据，满足办案人员随时查阅和校验证据的需求。浙江省杭州市互联网法院上线电子证据平台，对接多个入口，支持从公证处、第三方证据平台等导入电子证据，通过校验确保证据未被篡改，通过记录数据的时间、地点、人物、事前、事中、事后等维度，实现电子证据的全流程记录、全链路可信、全节点见证。

四是提升案件审理质效。区块链在助力金融一体化案件办理、知识产权案件办理等方面发挥了积极作用。在小额金融借贷、信用卡纠纷等案件办理中，交易流水、欠款、催收记录等信息需要和银行进行对接获取，实践中取证流程慢、对接时间长、人工成本高。江苏省南京市中级人民法院在江苏银行"苏银链"系统基础上，研发金融一体化办案平台。江苏银行将客户办卡材料、交易流水、欠款、催收记录等电子数据全部存储至"苏银链"。当发生纠纷涉诉时，通过系统采集原被告信息、证据等诉讼材料并进行自动立案，有效提升金融案件审理效率。广东省深圳市福田区人民法院上线运行"深圳法院金融类案智审系统"，增加区块链存证核验功能，与多家金融机构对接，金融机构可批量提交诉讼材料，实现批量立案、智能分案、高效审理、快速裁判，有力提升金融类案审判质效。在知识产权案件审理中，技术方案、作品、标识等知识产权电子证据具有无形性、可复制性、易删改性、使用比例高、表现形式复杂、高度依赖公证机构的特点，造成取证效率低、维权成本高以及电子证据书证化等现实困境，给知识产权侵权举证带来诸多困难。江苏省南京市中级人民法院以知识产权法庭审判工作实践为切入点，提出在电子证据存证、验证等流程节点引入区块链技术为电子证据的真实性背书。依托网上诉讼服务平台，开发具有区块链技术支撑的"我要存证"和"我要核验"功能，为当事人、律师、法官等用户提供权威、可靠的电子证据存证、核验渠道，提升知识产权案件审理效果。浙江省杭州市互联网法院将中国网络作家村上区块链，维权者可在线完成从创作到维权的全流程记录、全链路可信、全节点见证，有效解决作者身份确定难、作品形成时间、内容固定难和侵权证据取证难等一系列难题，显著降低当事人在知识产权案件中的确权、取证和维权成本。

五是优化案件审理执行流程。为支持立案与审判联动，上海市高级人民法院将智能合约与法院立案业务深度融合，符合条件的"待立案"案件满足设定条件，系统将自行分配案号，有效提升立案效率，节约立案法官人力成本，杜绝"久调不立"等问题，保障当事人诉权。为支持审判与执行联动，优化审判执行流程，打造"立审执"一体化工作格局，吉林省珲春市人民法院探索依托区块链智能合约技术，以调解案件作为切入点，试点审判和执行工作的自动衔接，约定履行期限届满并得到当事人说明未履行后，自动进行执行立案程序。审判执行过程中存在被执行人难找、执行财产难查、协助执行人难求、执行案款监管不够智能等问题，执行难问题依然困扰着法院。江苏省无锡市中级人民法院为降低案款发放过程中可能存在的风险隐患，防范人为的前后端修改，结合教育整顿中"执行款发放把关不严，存在承办法官手动更改发放审批表"等问题，将区块链技术与案款发放业务相结合，通过将申请人账户信息、案款到账信息、案款发放审批信息等关键流程节点的案款数据对接最高人民法院"司法链"平台，对案款进行全程追溯。通过对区块链存证案款信息的比对，掌握案款真实流转情况，充分利用信息化手段筑牢依法执行的"制度铁笼"，助推完善法院系统司法权监督制约体系建设。该项目自上线以来，上链案件共计22960件，上链数据达267471条。

二 区块链司法应用面临的多元挑战

各地区法院系统对区块链作了较多积极探索，取得了一定成效。从江苏三级法院区块链应用试点情况来看，客观上存在一些需要改进的地方。

一是底层能力相对薄弱。区块链底层能力是支撑上层应用的基础，底层能力薄弱直接影响上层业务应用。江苏法院区块链一期项目主要实现对数据的存证、核验及追溯，目前的区块链管理平台缺乏签章互认、可信电子合约、跨链互认网关等能力，制约区块链司法应用的深度探索。

二是应用场景相对单一。区块链是一项新技术、新事物，区块链建设试点成果还存在使用范围不广、使用频率不高、社会公众接受度不高等现实问题。目前区块链试点主要集中在法律文书、电子证据、案款执行、保函等信息的存证和验证，仅利用区块链的存证、验证和数据追溯能力，上链存证信息多，信息核验应用场景少，区块链在某些场景的深度应用以及智能合约等方面的应用还没有充分展开。

三是数据监管相对不足。区块链的去中心化特性，一定程度上有助于解决信任危机，但是由于没有统一监管机构，缺少中心主体保护数据信息安全和承担法律责任。在此情况下，加强监管尤为重要。目前，多数法院尚未建立完善的区块链平台数据监管系统，尚未实现对上链数据及时、有效的监管。

四是跨链融合有待探索。很多法院区块链平台仅向职能机构和社会公众提供验证能力，尚未与当地政务、保险、工业等区块链应用跨链融合，"链级孤岛""信息烟囱"等情况依然存在。江苏省南京市中级人民法院开发的金融一体化办案平台也仅依托"苏银链"建设，未与其他金融机构和"司法链"进行对接互信。

五是区块链法律风险防范相对缺失。区块链相关立法法律位阶较低，相关程序性规则、技术性操作规范尚不完善，由区块链引发的新情况新问题逐年增加，立法供给不足。比如：跨境交易监管不明，司法管辖难以确定；用户匿名化，责任追究困难；数据不可篡改，权利难以救济等。

三　区块链司法应用的探索空间

当前，中国正在加快数字政府建设步伐，数字经济快速发展，传统产业加速数字化转型。作为数字经济、数字政府建设的重要组成部分，人民法院在积极推进区块链技术的司法应用方面责无旁贷，将区块链技术与审判执行实践紧密融合，为全面深化智慧法院建设、推进审判体系和审判能力现代化提供更加有力的信息化保障。江苏法院将重点围绕以下几个方面展开。

（一）加强区块链基础能力建设

完善基础技术能力。积极打造开放共享的法院区块链平台，提高数据核验、智能合约、跨链协同等基础能力，支持三级法院在统一平台上进行业务创新，支持自主可控区块链平台的优先接入。建设区块链签名、签章互认计算引擎及可信电子合约平台，实现异构电子签章在线互认。建设跨链互认网关，实现不同网络环境下同构或异构链上资源的互认互信操作。建设区块链BaaS（区块链即服务）平台，实现对底层链和多种跨链接入的统一管理，构建司法生态数据融合与业务协同体系。扩建区块链节点，新增多套区块链节点及管理中台，推进个性化区块链司法应用探索。

强化区块链与人工智能深度融合。区块链技术可以实现安全可靠的数据共享，人工智能技术有高效分析数据和辅助决策的能力。利用区块链与人工智能技术，探索打造网上"未履行—自愿签约—智能立案—智能执行"闭环式执行工作流程，将链上数据与链下司法信息系统深度融合，减少人工干预，助力解决选择性立案、工作衔接不畅、智能化程度不高等弊端，切实让人民群众感受到司法执行的温度。

建设可视化监管平台。在区块链管理平台上新增可视化监管模块，针对法院管理用户提供链上数据可视化展示服务，有效缓解数据统计难、数据统计不准的问题，提升对相关业务和数据的治理能力，助推审判执行工作高质量发展。同时，便于在发生故障时快速定位问题和解决问题，提升系统运行的稳定性。

（二）拓展区块链存证验证应用

构建互联网端可信操作体系。将当事人在诉讼服务平台的网上立案、网上缴费、网上调解、网上开庭、证据交换、电子送达等诉讼活动的登记信息、电子材料、操作行为全部固化存证，支持随时随地验证，提升追溯能力，消除当事人对于提交电子证据被篡改的疑虑，增强在线诉讼服务的可靠性。在现有功能不断完善优化基础上，研究网络侵权电子证据的一键取证、验证功能，力求为社会公众提供更便捷的司法服务。

保障司法数据安全可靠。持续将非涉密类司法统计报表、案件结案信息等司法数据上链，保障司法数据安全可靠和可溯源。支持法官和当事人在线核验上链电子证据，提升电子证据认定的效率和质量。支持针对当事人诉讼材料、法律文书和互联网操作行为等的验证服务，实现诉讼服务全生命周期上链的服务目标，实现法院判决记录实时同步，保障在线庭审顺利进行。建立事先审核机制，确保上链数据的合规性、合理性、真实性、准确性。以英美法院为例[①]，法院无法确保有关判决信息及时在全网同步更新，第三方可能获得不完整、滞后的法院案件信息，对当事人就业、个人财务等方面可能产生不利影响，将判决信息上链，各行业、机构能获取最新信息，打破信息壁垒。英国司法部探索将电子证据存储在区块链上，创建全流程审计溯源流程，完整记录证据的创建、修改和调阅情况，加强对电子证据的有效管理并防止被篡改。

促进智慧诉讼服务提质增效。将个人身份信息、电子材料、诉讼行为等与案件相关的资料在在线申请立案、线上缴纳费用、网上开庭、在线证据交

---

① 玄璇编译《区块链技术在美国法院的应用场景》，载《中国审判》2020年第2期。

换等诉讼服务过程中上链存储，通过智慧诉讼服务平台和司法区块链核验证据材料，发挥区块链技术"防篡改、可校验、可追溯"的特性，促进审判方式改革，提升诉讼服务质量。

保障执行操作合规。推动执行案件信息、当事人信息、组织机构信息、执行通知、财产查控、财产处置、案款收发、信用惩戒、信用修复、执行互动、案件报结等数据和操作的上链存证，进一步规范执行操作行为，为切实解决执行难提质增效，筑牢制度数据铁笼。

（三）推进智能合约应用建设

支持诉前调解、多元解纷与立案联动。探索建立诉前调解协议不履行自动触发审判立案等业务规则，增强诉前调解与审判流程的自动衔接，提升调解质效。实现多元解纷数据上链，对解纷全流程提供证据、文书材料存证验证功能，并与后续立案审判环节自动衔接。通过链上节点的传递进行司法确认，转为可自动执行的智能合约，实现矛盾纠纷的一站式化解[1]。

支持审判与执行联动。探索建立裁判文书不履行自动触发执行立案等业务规则。探索建立符合条件的执行案件自动发起查询、冻结、扣除及案款发放等操作的智能合约机制，在合规合理前提下简化审批流程，减少重复工作，提升执行质效。拓展数字人民币应用场景，探索数字人民币智能合约技术在诉讼保全、执行中的应用。

支持智能电子送达。探索打造区块链保障电子送达项目，实现电子送达数据全程上链存证。探索建立符合条件的案件审结后自动发起文书电子送达的智能合约机制，提升送达时效，提高送达的透明度与可靠性，增强人民群众获得感。

（四）加强跨链业务协同应用

增强区块链司法互通联动。针对律师资质验证需求，探索与司法行政部

---

[1] 颜卉：《抓好区块链司法应用的着力点》，《人民法院报》2022年7月18日。

门跨链协同，支持参与诉讼活动的律师资质及信用报告查询核验。针对公民身份认证、减刑假释等案件跨部门办理需求，探索构建公检法司跨链协同机制，提高案件流转效率。以美国法院为例，美国法院、检察院等机构协同合作，通过更新区块链记录其执法行为，减少重复性数据录入、数据转化、持续审计和案件质量监控，提高审判质效。针对被执行人财产查封、失信被执行人联合惩戒等需求，探索构建与不动产登记、金融、联合信用惩戒等单位的协同，建立自动化执行查控和信用惩戒机制。针对判决书验真需求，支持民政、住建等部门接入"司法链"，防止当事人利用伪造的判决书进行财产分割、房产交易等行为。针对涉未成年人案件中的未成年人关怀需求，通过智能合约主动通知民政等部门，提前对未成年人进行关怀和抚慰，形成对未成年人保护的"事先预防""事中关怀""事后矫正"。

打造区块链联盟互信体系。区块链技术在跨部门业务协同和信息安全交互共享等方面，有重要的应用价值①。探索利用区块链数据共享机制，实现法院和其他政务部门跨部门、跨区域业务协同，促进协同业务高效办理，提高政务服务和监管能力。逐步与市场监管、产权登记和交易平台跨链协同，为权属认定和产权交易提供便利，服务营商环境建设。与金融机构跨链协同，支持对金融贷款合同、信用卡等审批、履行、违约过程信息的核验和智能合约处置，助力防范化解金融风险。助力企业破产重整，支持对债务人企业的营商信息和涉诉涉执信息互通共享。加强与长三角跨链协同，推动长三角区域一体化发展，实现数据一体化、信用一体化、市场一体化和司法一体化。加强司法链与民政链、社会治理链、知识产权链、招标生态链等行业链的跨链协作，为政务事项"线上办""一次办"以及产业的数字化转型保驾护航。加强与海关、物流、银行、贸易等单位跨链融合，将跨境贸易全流程上链，"链"出效率和信用，保障"数字丝路"健康安全发展。

---

① 孙福辉：《〈最高人民法院关于加强区块链司法应用的意见〉理解与适用》，载《中国应用法学》2022 年第 4 期。

（五）强化区块链配套保障

推进与互联网应用的衔接。为更好地满足互联网司法需求，逐步推进区块链与商业、金融、交通、社交、政务等社会生活相关的互联网应用系统对接，相关的证据可通过当事人"一键处理""一链通办"或者后台自动处理的方式完成上链存证。构建司法服务的便捷助手，在提高数据标准化程度的同时，可减少质证前的人工干预，从技术上提高证据信息的真实性、可用性和可信度，打造泛在化司法服务新模式，促进社会共治生态建设，助力矛盾纠纷源头防控，共建诚信社会。

加强区块链规则体系建设。如果代码是法律，那么对代码的控制就是权力，代码作者越来越多地成为立法者[1]，法律是区块链发展的必由之路[2]。区块链技术是一种新的信任手段，为增强这种信任，有必要考虑法律方面的因素，特别是在合同、知识产权、责任和合规方面[3]。针对区块链去中心化可能引发的法律问题，提前研判，探索建立规则，助推构建体系化、规范化的法律治理机制。加强区块链司法应用立法，出台统一的人民法院区块链标准体系，规范电子证据的自动取证和上链存证，明确电子证据的完整性、时效性和存储格式等相关要求，规范跨链融合规则，规范接口和系统兼容性等与区块链平台建设和运行密切相关的技术标准和管理规范[4]。明确智能合约的责任主体、管理权限，确保智能合约的有效性、安全性、可靠性，提高自动化执行能力。加强对区块链服务提供商的审查规范，明确相关各方的审查规范标准。波兰于2018年成立欧洲首个区块链仲裁法院（IGBNT），可以有效快速处理区块链相关纠纷，发挥行业监管的作用。美国积极探索区块链的

---

① 〔美〕劳伦斯·莱斯格著《代码2.0：网络空间中的法律》，李旭、沈伟伟译，清华大学出版社，2009，第89页。
② 〔美〕凯文·沃巴赫著《链之以法：区块链值得信任吗？》，林少伟译，上海人民出版社，2019，第13页。
③ 张海斌主编《人工智能、区块链与法治：国别区域科技与法律动态》，法律出版社，2020，第228页。
④ 李小恺：《区块链司法应用的发展路径》，《人民法院报》2022年8月4日。

立法监管，作为区块链监管的《区块链创新法》和《数字分类法》提案逐步提上日程。

防范区块链异化风险。区块链需要批判性规则①，区块链应用不应一味追求技术上的纯粹而泡沫化②，而应彰显其技术价值使之成为司法效能提升的加速器，实践中要注意"用真链""真用链"，发挥区块链"不信之信"（trustless trust）③ 的应用价值。针对区块链去中心化特性可能引发的法律问题，加强探索，助推建立规范化和体系化的法律治理机制。从法律层面看，要建立相关责任认定机制和平台准入机制，使之满足区块链技术发展需求。建立技术审查机制，完善对智能合约等区块链程序设计和运行过程的监督、管理共识机制，确保机器和算法受到正当司法程序的制约，秉持科技向善理念，防止算法歧视。加强区块链安全机制建设，切实防范网络和数据安全风险。

加强区块链理论研究和人才培养。随着区块链技术的发展，Web3.0时代即将到来④。需要不断加强对密码学、分布式系统、共识机制、博弈论等区块链基础理论的研究，探索与隐私计算、边缘计算、数字孪生、物联网、数联网、元宇宙等新兴技术的有机融合，提升创新能力，集中力量攻关突破，为区块链在司法领域的深度应用提供理论支撑，构建司法领域数据可信环境。重视法律与信息化复合型人才的培养，紧盯区块链发展前沿问题，加强国际交流与合作，为区块链健康发展创造良好的条件。

区块链只是一种技术手段，将区块链应用于司法领域目的在于运用其不可篡改的特性赋能审判执行业务高质量发展。未来，依托主体信用和算法信用，实现电子证据在审判执行各环节的全流程记录、全链路可信、全节点见

---

① 〔英〕罗伯特·赫里安著《批判区块链》，王延川、郭明龙译，上海人民出版社，2019，第190页。

② 埃森哲：《展望：区块链+》，上海交通大学出版，2016，第43页。

③ Kevin Werbach, Trust, But Verify: Why the Blockchain Needs the Law, see http://doi.org/10.15779/Z38H41JM9N.

④ 〔日〕森川梦佑斗著《区块链》，刘晓慧、刘星译，中国工人出版社，2021，第28页。

证。通过建立信息交互和数据共享常态机制，有效打破数据壁垒，避免形成"数据孤岛"。通过推动跨链协同和智能合约在司法领域的深度应用，不断推动网络信用体系升级，加速助力数字经济和数字政府高质量发展，实现更高水平的数字正义。

智慧法院建设实践

Construction Practice of Intelligent Courts

B.7
以无纸化为抓手探索数字法院建设
路径的实践

贵州省高级人民法院调研课题组*

摘　要： 近年来，贵州法院依托贵州国家大数据综合试验区发展优势，在系统"实用、管用、好用、想用"基础上，以无纸化为抓手推进贵州法院从信息化向数字化转型。目前，全省99家法院均具备无纸化办公办案条件，实现了绿色、低碳发展，无纸化工作成效明显，得到最高人民法院充分肯定。本文将结合实际研究分析人民法院数字化转型的重大意义，立足贵州法院无纸化工作实践探讨数字法院建设路径。

关键词： 无纸化　数字法院　智慧法院

---

* 课题组负责人：赵传灵，贵州省高级人民法院党组成员、副院长。课题组成员：李丹，贵州省高级人民法院二级巡视员；陈昌恒，贵州省高级人民法院信息技术处处长；程少芬，贵州省高级人民法院信息技术处副处长、三级调研员；王会波，贵州省高级人民法院信息技术处二级主任科员；执笔人：王会波。

一　法院数字化转型发展的价值意义

人民法院数字化转型是人民法院推进法治中国、平安中国、数字中国建设的题中应有之义，发挥科技创新驱动作用，推动现代科技与司法工作深度融合，实施数字化转型战略，对推进人民法院现代化建设具有重大价值意义。

（一）数字化转型是法院创新发展的重要引擎

新一代信息技术是新一轮科技革命中创新最活跃、交叉最密集、渗透最强大的领域，正在引发系统性、革命性、创新性、广泛性的技术突破，为法院提高生产效率提供了方法和工具；大数据成为新的生产要素，带动技术、人才、生产方式、资源配置的优化；人工智能加速向生产、管理、服务等环节渗透，推动法院智能化转型；软件技术实现知识和技术的模型化、算法化、定义化，支撑智慧法院建设向纵深发展。加快构建开放共赢的数据要素新模式，打造数据驱动、业务重构、软件定义、平台支撑、科技赋能的数字化法院工作模式势在必行。

1. 以数字化转型开发智慧法院建设新动能

"十三五"期间，贵州法院完成了以数据为中心的信息化 3.0 版建设，实现信息化"全面覆盖、移动互联、跨界融合、深度应用、透明便民、安全可控"目标。要实现全方位智能服务，必须完成以知识为中心的信息化 4.0 版建设，打造智能化、一体化、协同化、泛在化和自主化的支撑平台，按需为司法审判、诉讼服务和司法管理提供知识推送服务，加快数字化转型，将法院组织、建设、运行和管理模式从信息化向数字化和数据化推进，为法院智能化和智慧化奠定坚实基础。

2. 以数字化转型推进法院体制改革新实践

在案件数量不断上升、司法人员编制数量稳定的情况下，通过数字赋能对体制机制、组织架构、流程再造和生产工具进行系统化重塑，推进数字司法效率变革、质量变革、动力变革，全面构建"线上线下深度融合、内网外网共享协同、有线无线互联互通"的诉讼服务和案件办理改革新模式，深入推动技术运用向规则治理、体系重塑和制度建构发展，不断加强智慧法院系统化、标准化、规范化建设，立足"四智"（智慧服务、智慧审判、智慧执行和智慧管理）完善平台建设标准、数据技术标准、应用技术标准、服务管理标准，全面推进审判体系和审判能力现代化转型变革。

3. 以数字化转型开启法院创新发展新视野

数字法院建设的一项重要任务是推动过往杂乱、无用、静态的数据创新利用，实现数据生产全流程、全产业链、全生命周期的可获取、可分析、可执行、可共享、可推送。通过数字化解决"有数据"的问题、通过网络化解决"能流动"的问题、通过智能化解决"自动流动"的问题、通过智慧化解决"自动计算并流动"的问题，以"数据+算法"模式实现工作自我驱动、自我监督、自我管理、自我提升，从而把法院干警从繁重、重复的事务性工作中解放出来，开启法院创新发展新视野。

（二）数字化转型是推进法院现代化建设的战略举措

法院现代化理论研究具有较强的时代特征，新时代的法治中国建设离不开法院现代化。作为法院现代化的核心构成，审判体系和审判能力现代化建设亟须一套具有时代性、科学性、安全性和便捷性的司法大数据共享体系来助力法院现代化建设，而数字化转型无疑是推进法院现代化的必要环节。

1. 以数字化转型提升干警能力现代化水平

人工智能在审判执行中的应用为提升干警能力现代化水平提供了突破口，人民法院应加快推进数字化转型，充分发挥数字化这个最大变量的牵引作用，通过数字赋能推动整体结构全面重塑、办案流程全新再造，以审判工具的数字化带动干警能力的现代化，让干警在人民法院数字化转型中不断汲取数字养分、不断形成数字化思维、不断提升数字化适应能力。

2. 以数字化转型推进诉讼服务现代化

人民法院应坚持"以人民为中心"的发展理念，坚持以数字化转型推动现代化诉讼服务体系建设，统筹好线上与线下、精准与泛在、便捷与安全、通用和专业的关系，依托诉讼服务中心、电子诉讼服务平台、12368热线打造一体化、精准化、高效化的诉讼服务体系，不断满足人民群众对诉讼服务精准性、专业性、普惠性、易用性的新需求和新期待，让人民群众用得上、用得起、用得好，享受到更多的"数字红利"。

3. 以数字化转型助力审判执行现代化

实现法院工作数字化，能够推进司法数据互联互通、信息共享、高效流转、业务协同，形成全流程、全覆盖、全模式、全响应和全共用的司法数据生态体系，以数字化倒逼"重理论、轻实践""重建设、轻应用"实现转变，切实推动法院审判执行工作现代化发展。

（三）数字化转型是促进法院绿色发展的有效手段

习近平总书记强调："要紧紧抓住新一轮科技革命和产业变革的机遇，推动互联网、大数据、人工智能、第五代移动通信（5G）等新兴技术与绿色低碳产业深度融合，建设绿色制造体系和服务体系，提高绿色低碳产业在经济总量中的比重。"① 人民法院通过数字化转型让"数据流动代替干警跑路、代替群众跑腿"，提升工作效率，减少碳排放，促进法院绿色发展和经济效益提升。

在新的历史方位，人民法院面临新的需求、新的挑战，要突破发展瓶颈、提高工作效率、强化工作成效，必须借助数字化"东风"，正确认识数字化转型蕴含的发展机遇，立足新发展理念、结合发展现状、找准制约瓶颈、提出解决良方，以数字化为契机推动贵州法院工作实现高质量发展。

1. 以数字化转型促进绿色审判执行

通过数字联系构建起法院内部及法院外部纵向到底、横向到边、上下贯

---

① 习近平总书记在2022年1月24日中共中央政治局第三十六次集体学习时的讲话。

通的一体化、跨部门协同办案机制，让电子阅卷、电子换押、网络查控成为法官办案习惯，减少法官办案跑腿、减少法院打印纸质材料，实现绿色低碳审判执行。

2. 以数字化转型促进绿色诉讼服务

以数字化转型建设全时空、泛在化的诉讼服务体系，推动线上线下深度融合、内网外网共享协同、有线无线互联互通，让网上立案、跨域立案、网上开庭、电子送达、网上缴退费、网上阅卷等成为人民群众参与诉讼各环节的第一选择，真正让"数据跑路代替群众跑腿"，减少群众诉累，实现绿色低碳诉讼。

3. 以数字化转型促进绿色司法管理

通过"数据+模型+算力+算法"辅助法官提升审判执行工作和法院管理效率，推进法院从人为管理向数据管理、主观管理向客观管理、线下文件管理向线上系统管理转变，构建绿色司法管理保障模式。

二　深度实践无纸化，构建工作新模式

习近平总书记强调："要深化诉讼制度改革，推进案件繁简分流、轻重分离、快慢分道，推动大数据、人工智能等科技创新成果同司法工作深度融合。"① 2020 年 12 月 3 日，最高人民法院召开全国法院第七次网络安全和信息化工作会议，对无纸化办公办案作出重大部署，强调"要推进电子卷宗随案同步生成和全流程无纸化网上办公办案，坚持科技驱动，促进审判质效不断提升"，为无纸化办公办案工作提供了遵循，指明了发展方向。

（一）应发展之势，明确无纸化发展新路径

近年来，贵州法院依托贵州省作为国家大数据综合试验区的发展优势，打造了架构统一、版本统一、标准统一的审判流程管理系统、电子卷宗随案

---

① 习近平总书记在 2019 年 1 月 15 日至 16 日中央政法工作会议上的讲话。

同步生成和深度应用等系统，打通了立案、审理、结案等全流程网上办理通道，各类系统应用日趋成熟，具备了支持开展无纸化工作的思想基础、硬件基础、软件基础和应用基础。贵州高院于2021年开始在全省法院推进无纸化工作，以科技创新为引领推进法院工作高质量发展，奋力为贵州经济社会高质量发展提供优质的司法服务保障。

（二）集创新之智，注入无纸化工作新动力

1. 聚焦司法为民，构建"互联网+"诉讼服务体系

坚持"以人民为中心"的发展思想，通过服务群众"小切口"带动司法为民"大场景"，以互联网为载体建成以贵州移动微法院〔现已更名为"人民法院在线服务（贵州）"〕为总入口的电子诉讼服务体系，纵向贯通人民法院调解、送达、保全、鉴定等服务平台，横向联通网上缴费、网上开庭、互联网阅卷等系统，并打通了与内网办案系统的数据流转、业务交互通道，实现诉讼服务线上线下功能互补、有机结合；建设跨域立案平台，实现诉讼事项跨区域、跨层级远程联动办理；与贵州邮政合作建立"法院立案邮政便民服务中心"1683个，解决无网可用、无网络操作能力群体参与线上诉讼的难题，实现"让数据多跑路、让群众少跑腿"，让群众享受到"指尖诉讼"的便捷。

2. 聚焦司法质效，推动"智能化"诉讼流程再造

围绕"努力让人民群众在每一个司法案件中都感受到公平正义"目标，以审判流程重塑为基础实现全流程线上办案，推动"智能化"诉讼流程再造。把纸质卷宗扫描、管理、归档等司法辅助性事务从审判工作中剥离出来，通过购买社会服务建立卷宗管理中心，依托电子卷宗系统推进标准化、集约化电子卷宗制作，不断提升电子卷宗质量和可用性，让法官专注于审判核心事务；运用OCR技术把电子卷宗材料转化为可复制文字，并提供智能检索等功能，辅助法官高效、精准阅卷，并将电子卷宗系统与智慧庭审系统、合议系统、审委会系统精准对接，实现电子卷宗"一次生产、全程复用"，法官不用再翻阅大量纸质卷宗；运用大数据分析技术深挖电子卷宗价

值形成智能服务能力，为法官提供了案件信息自动回填、裁判文书智能生成、法律法规智能推送等智能辅助功能，助力法官提升审判质效、统一裁判尺度。

3. 聚焦公正司法，完善"数字化"司法责任体系

坚持以系统观念探索现代科技对深层次规则治理和制度构建的促进作用，推动人工监督向数字监督转变、主观监督向客观监督转变、事后监督向事前监督转变，打造数字时代司法责任新体系。强化流程治理，推进减刑、假释、暂予监外执行等案件线上办理，实现所有审判活动全程留痕、电子存档，让每个案件办理可跟踪、可溯源、可倒查；把"四类案件"监督、"三个规定"填报嵌入审判流程管理系统，建设党风廉政智慧监督管理平台，将人、案、物数据接入系统，自动对重点人员、案件节点、典型案件、重大问题开展全天候、静默化、嵌入式监督，扎牢不敢违的数字"铁笼"，压实司法责任，有效防范廉政风险，促进公正廉洁司法。

（三）强应用之功，发挥无纸化运行新效能

全省法院认真践行无纸化工作要求，全力推动无纸化办公办案成为新常态，充分发挥科技创新对人民法院工作高质量发展的驱动作用。2021年以来全省法院共无纸化立案62.38万件、无纸化办理53.55万件，贵州法院无纸化工作成效明显。服务群众，节约群众诉讼出行1.42亿余公里，节约出行成本9300余万元，节约打印纸张4657万余页，节约打印资金2328万余元；服务法官，全省法院2022年上诉案件平均移送时间39.95天，较上年同期减少23.67天；案件平均审理天数55.16天，较上年同期减少8.96天。

虽然贵州法院无纸化工作取得一定成效，但实践中仍然存在诉讼流程重构不够彻底、电子卷宗深度应用程度不够、数据价值尚未充分挖掘、网络和数据安全存在隐患等问题，与人民群众和干警的需求还有一定差距，需要在下一步的探索中逐步解决。无纸化工作实践给贵州法院建设数字法院带来了新认知和新思考，无纸化工作逐步向全域、向纵深推进，汇聚了大量结构化

数据，配套建设了相关制度机制，积累了无纸化工作经验，进一步引发了贵州法院对数字法院建设路径的新思索、新探索。

三　数字法院建设的路径探索

党的十八大以来，以习近平同志为核心的党中央着眼信息时代发展大势，高度重视、系统谋划、统筹推进数字中国建设，我国从网络大国向网络强国阔步迈进；党的十九大报告提出"建设网络强国、数字中国、智慧社会"的战略目标；党的二十大擘画了以中国式现代化全面推进中华民族伟大复兴的宏伟蓝图，对加快网络强国、数字中国作出重大部署，对严格公正司法、加快建设公正高效权威的社会主义司法制度提出明确要求。人民法院要抢抓新时代机遇，在新发展阶段、在更高起点上全面深化数字法院建设，不断探索数字技术与法院工作深度融合，深入推进法院数字化发展创新实践，构建富有活力的数字化线上服务保障体系，赋能法院工作高质量发展，为司法为民、公正司法提供有力的技术支撑，以数字正义实现更高水平的公平正义。

（一）高起点谋划发展路径与数据融合

数字法院建设要围绕"融合"路径，抓住"应用"主线，统筹推进系统与数据、技术与业务、机制与应用的有效融合，整合优化信息系统，推进司法数据中台和智慧大脑建设，支持数据一体化共享应用，面向各类用户提供精准数据分析和推送服务，面向各类应用提供智能辅助支撑和知识服务，实现技术与业务融合从无到有、从低到高、从被动到主动。

1. 总结实践经验，科学谋划未来发展路径

贵州法院充分利用贵州作为国家大数据综合试验区的发展优势，立足信息化建设实际，按照规划先行、试点推进、效果评估、全面推广、优化迭代路径，在全国法院中较早推进数字法院转型。一是抓好数字赋能。数字赋能

是数字化建设的初级阶段，也是必要阶段。只有干警在数字化建设中体验到便利，才能培育营造法院信息化氛围，提高干警对信息化、数字化的意识和信心，使信息化系统真正得到应用、发挥功能、体现活力，数字法院发展根基才能进一步夯实。二是统筹系统优化。在数字化转型的基础上利用数字化建模技术推动流程再造、功能优化。通过优化解决系统"好用"的问题，实现最优资源配置，达到缩短流程、减少人力、降低能耗、提升时效等效果。三是推动全面发展。数字化发展的关键是敢于"啃硬骨头"，通过具体功能点的数字化逐步联通全业务流程，让信息化应用横向到底、纵向到边，实现从"点"到"面"的发展。

2. 强化数据驱动，构建司法数据融合体系

通过数据赋能让群众和干警获得智能、自主和自动化、定制化的服务，构建以用户需求为导向的数字法院模式。一是整合内外部数据资源。数字法院的基础是数据梳理、汇聚，要区分数据来源，建立数据资源库。在基础设施层建设元数据汇聚库，接收全省法院所有生产库的源头数据；在数据治理层对接收的数据进行解耦、清洗、划分，供给数据资源层；在数据资源层创造性地建设数据中台，通过数据服务方式打破系统数据壁垒，支撑应用层流转；在应用层建设统一的电子签章、签名等服务系统，为业务生产系统和对外服务系统提供支撑。二是全方位提升治理数据质量。通过制定统一规范的数据标准，不断提升数据治理能力，建设多源多态数据融合库和大数据共享应用机制，逐步形成并完善数据分析、数据检索、指标计算等数据服务功能，实现数据的完整性、有效性、一致性、规范性管理，不断提高数据质量，为后续各应用系统的接入提供统一对外接口，形成更加开放、标准的数据管理体系。三是建立数据融合共享机制。充分汇聚内外部数据资源，驱动多源多态司法大数据资源关联融合，提升数据质量、挖掘数据价值、促进数据共享，真正实现数据实用、活用、好用；通过数据交换共享平台，畅通内外部各应用系统数据资源共享交换，实现跨层级、跨网系、跨部门的信息资源共享流通；通过知识图谱，建立大数据融合分析平台，实现数据综合应用。

3. 狠抓系统融合，以集约化模式推进发展

切实推动基础设施集成、应用集成、数据集成、知识集成和门户集成，解决信息系统长期存在的条块分割、"数据孤岛"等突出问题，有利于跨部门数据共享、系统深度融合、降低运维成本。一是建立一体化诉讼服务格局。以人民法院在线服务平台（原移动微法院）为统一入口，整合司法公开平台、诉讼服务平台，实现互联网端、移动端诉讼服务统一入口，逐步形成一体化的诉讼服务模式，为人民群众提供统一规范的诉讼渠道。二是建设统一工作桌面。实现业务应用系统的入口集成，将办案系统、办公系统及其他各类综合类业务系统整合在同一平台，实现单点登录、待办提醒，形成以统一工作桌面为统一入口的集成化办公办案体系。三是集成系统功能和数据。结合各类业务应用的流程节点，以及系统功能和数据资源，统筹规划、全面布局，整合业务和功能关联度较强的信息系统，化繁为简，建立综合类业务系统，逐步提升系统的易用性和体验感。

（二）高要求完善流程再造与智能辅助

技术融合、业务融合、数据融合是实现数字法院整体协同的基本方法，是"十三五"以来智慧法院建设的宝贵经验。既要将异构技术、新兴技术与存量技术融合，还要推进数据全生命周期治理，完善生产系统业务流程规则再造与智能辅助支撑，推动法院数字化、智能化运行，形成以"业务数据化、数据业务化"为特征的创新型审判执行工作新模式，从而提升法院诉讼服务保障水平、优化审判执行工作流程、加强数字法院制度建设、保障系统运行安全，推进审判体系和审判能力现代化。

1. 以数字化转型为契机，重塑办案业务流程

改变传统办案办公模式，对原来的业务流程、管理模式进行重塑再造，采用智能化、智慧化、无纸化方式摒弃传统办案办公模式，使业务流程更加高效、合理、有序。一是改变常规立案模式，实现立案方式规范化。立案人员采用无纸化立案方式，将纸质诉状材料集中快速扫描，使用立案回填功能，实现立案信息的快速自动回填，极大地节约了立案时间，减轻了立案人

员手动录入的工作量，立案效率显著提升。二是突破传统诉讼方式，实现在线诉讼常态化。当事人在互联网端或移动终端，完成网上立案、参与庭审、提交材料、查收文书等诉讼流程。在技术创新支撑下，当事人参与在线诉讼的行为发生了改变，各类诉讼服务方便快捷直达当事人，诉讼成本大幅降低，司法公开信息服务随时在线获取。三是规范司法辅助事务，实现司法管理集约化。通过建立卷宗管理中心，实现卷宗材料集中扫描，统一规范编目归目，提升卷宗制作质量；通过集中统一送达，打破传统单一、耗时耗力的送达模式，为人民群众提供优质、高效、快捷、精准的诉讼服务；通过网上保全，可以降低人民群众担保保全的成本，提高保全案件办理效率。

2. 以无纸化模式为牵引，强化系统有效应用

无纸化工作是以电子卷宗随案同步生成和深度应用为抓手，以办公办案信息系统为依托，实现立案、审理、结案、归档等全流程网上办理，公文办理、信息发布、签批流转等全流程网上办公，最大限度减少纸质材料使用，推动诉讼流程和规则重塑，构建数字时代审判执行工作新模式。

一是坚持目标导向，科学研判无纸化运行条件。法院系统要围绕审判体系建设中群众诉讼、法院立案、案件办理、案件合议、开庭审理、文书生成、结案归档和执行送达等环节，科学研判系统支撑能力、数据流转方式、数据质量校验、材料真实性核验、数据安全防护等，确保各业务环节产生的数字化资源真实可靠、互联互通、互信互用、互验互纠、互缺互补。二是坚持问题导向，全力补齐建设短板、解决制约因素。最高人民法院发布的《人民法院在线诉讼规则》《人民法院在线调解规则》《人民法院在线运行规则》，为无纸化工作和数字法院建设提供了基础规则保障。数字法院建设不仅面临制度机制问题，还面临业务需求繁杂以及如何通过信息技术来实现等问题，需要逐步探索，推进无纸化工作走深走实，促进数字法院建设转型升级。三是坚持效果导向，客观评估无纸化工作成效。首先是制订评估指标，设置系统支撑度、数据汇聚度、业务协同度、数据共享度、数据应用度、干警满意度等指标；其次是设定评估流程，从无纸化诉讼服务、立案、办案、庭审、合议、结案、归案、执行等环节对系统进行全面检验，科学评估时间成本、节能减排、产生效益等，助力找准数字法院发展路径。

3. 以系统一体化为目标，提升智能服务水平

在全面建设人民法院信息化 4.0 版进程中，按照"四智"（智慧服务、智慧审判、智慧执行和智慧管理）路径，以智能化、协同化、集约化、一体化、自主化为重点，以大数据、人工智能、区块链、物联网和 5G 等新兴技术为支撑，将智能辅助功能融合嵌入业务系统，整体提升信息化系统的智能化水平。一是强化电子卷宗智能辅助功能。加强电子卷宗系统与办案系统融合，持续推进电子卷宗系统的深度应用，从卷宗分类、信息回填、网上阅卷、卷宗调阅、文书生成、类案推送、卷宗归档等方面，为办案人员提供智能服务。二是优化办案环节智能辅助功能。完善电子签名捺印、电子签章等功能，实现与业务系统的无缝衔接，支持业务系统多节点自动生成电子卷宗，实现全流程无纸化办案模式。三是推进诉讼服务智能化建设。整合面向人民群众的各类业务系统，横向实现诉讼、调解、仲裁、行政裁决等多元解纷渠道全方位互联，纵向实现各级法院诉讼服务业务流程上下贯通，采用集约化服务方式，合理分配司法资源，达到一网通办要求。四是提升业务协同智能辅助水平。积极推进跨部门大数据办案平台应用，在实现与政法机关网络互联互通、信息资源共享、业务网上协同的基础上，加强刑事案件智能辅助办案系统的整合应用，提升刑事案件办理质效，助推以审判为中心的刑事诉讼制度改革。

（三）高标准健全配套机制与安全防护

审判体系和审判能力现代化是智慧法院建设的最终目标，信息化在服务人民群众、服务审判执行、服务司法管理、服务廉洁司法的过程中，要确保线上业务办理与线下传统模式具有同样法律效力、确保网上流转的数据真实有效，必然要求司法配套制度机制同步跟进，为数字法院全面建设和普及应用提供有力的制度保障。另外，随着数字法院建设的不断深化，数据量和数据形态发生了质的变化，依靠传统的安全分析经验和安全工具来感知网络安全状态已不适应发展需求。面对网络安全形势带来的挑战，借助新型网络安

全态势感知技术预测漏洞并作出及时有效的响应是发展的重要保障。

1. 创新办案模式，健全在线运行制度机制

一是推行在线运行规则。最高人民法院制定出台的《人民法院在线运行规则》，从司法制度层面支持人民群众参与在线诉讼和在线调解等活动；从司法规则指引和程序约束等方面推进审判体系和审判能力现代化，是深化落实《民事诉讼法》等相关法律规定的必要举措，同时也是全国智慧法院建设的经验，是智慧法院发展规划、标准和指导性意见等成果的总结升华，有利于通过制度规制约束人民法院系统建设、应用、保障和管理，更好地保障当事人的合法权利。二是创新审判管理体系。审判管理要以数字化转型为契机，充分发挥其在规范、促进、保障、服务审判执行工作中的职能作用，通过精准"繁简分流"、规范案件评查、强化案件监管、规范司法公开等，推进审判管理由"粗放式"向"精细化"转变，充分运用人工智能、大数据等技术，推动实现审判管理体系现代化，构建新时代的审判管理新格局，促进司法质量、效率和公信力全面提升。三是健全协同管理机制。通过政法机关跨部门大数据办案平台，刑事案件从公安侦查、检察院起诉到法院审判、司法执行等办案环节开展全流程网上协同办案，案件电子卷宗材料随案网上流转，实现全流程网上办理，信息共享、业务覆盖、全程监督，有效提升案件办理质效。而"单轨制"办案真正实现跨部门业务无纸化网上协同办理，纸质材料不再随案移送，这就需要建立健全协同管理机制，细化业务流转模式、使用规范、数据管理、安全保密等，确保政法跨部门业务协同应用全面有序推进。

2. 加强标准制订，建立规范发展管理机制

随着法院信息化建设规模不断扩增，信息化项目管理混乱、缺乏有效的制度规范体系问题明显，亟须健全信息化建设管理相关规章制度，涵盖数据管理、项目建设、应用推广、运维保障、安全防御、综合管理、风险防控等，明确信息化工作的根本遵循、纪律要求、工作规则、运行模式，强化各级法院信息化管理职责、技术人员岗位责任和工作协作关系，完善信息化工作机制，确保信息化工作体系高质量、合规、快速、规范、廉洁运行。一是健全数据标准体系。数据标准体系是数据治理架构的核心底层，是进行数据治理工作的基础；数据标准是数据资产管理的核心要素，主要体现在数据质量管理、主数据管理、元数据管理、数据模型管理和数据安全管理等方面。数据治理是一套管理体系的集合，包括组织、制度、流程、工具等，没有标准化就没有数据治理。因此，建立一套完整的数据标准体系，组建数据管理组织、制定数据管理制度、规范数据使用流程，加强数据质量的监管和治理，是数字法院建设的基础支撑。二是规范信息化项目建设。要严格按照项目申请立项、招标采购、合同签订、验收付款等主要流程开展；坚持统筹规划、合理建设原则，避免重复建设；要依托信息化项目管理系统或平台，用信息化手段管理信息化项目，提升信息化项目建设管理水平，强化项目全生命周期管理，确保项目建有所管、建有所用。三是健全信息化应用机制。一方面，要制定信息化应用管理办法，明确信息化应用责任分工，建立有效的应用推广机制；另一方面，要建立科学合理的成效评估体系，通过应用培训、调研督导、评估评价等，形成常态化应用推广机制，实现系统"实用、管用、好用、想用"。

3. 强化安全防护，构建信息安全保障体系

新时代的数字法院建设，要坚持总体国家安全观，充分发挥信息化支撑作用，全面构建信息安全保障体系，筑牢人民法院信息安全防线。一是建设网络安全管理中心。部署安全运营管理平台、态势感知平台、威胁分析系统、全流量分析取证系统、准入控制系统，加强网络安全隔离交换系统建设，持续完善边界访问控制策略，加快构建统一身份认证体系及多源身份认证机制，继续深入开展信息系统等级保护和分级保护测评，全面提升云安全防护和数据全生命周期安全防护能力，优化提升全网统一的安全管理能力，建立健全常态化渗透测试和攻防演练机制。二是健全用户信息保护机制。一方面，加强数据容灾备份，在数据误删的情况下，可以快速恢复系统，确保数据不丢失；另一方面，建立健全数据全流程安全管理制度，组织数据安全教育培训，采用相应的技术措施和管控方式，保障数据安全。同时，在数据共享和安全管控中遵循"安全、必要、最小范围"原则，保证诉讼参与人

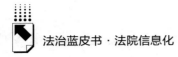

的个人信息等数据依法保密。三是构建信息安全保障体系。构建以网络安全管理中心为主体，符合等级保护和分级保护技术标准，隔离交换、边界管控、安全监测基础设备齐全，具备统一身份认证、权限管理、密码保障能力，跨网数据安全共享、运维保障能力强大的主动安全防御体系。建立体系化安全运营机制，确保安全运营统一调度、集中管理，构建全方位、立体化的信息安全防护屏障。

B.8
跨网系融合庭审互联网司法新模式探索

青海省高级人民法院智慧法庭建设调研课题组 *

摘　要： 为推进青海法院审判能力和审判体系现代化建设，满足人民群众对在线诉讼的多元司法需求，青海省高级人民法院将互联网技术与庭审规则深度融合，积极探索跨网系融合开庭技术探索与研究，着力构建符合青海特色的在线庭审体系。目前，青海法院已建成覆盖全省三级法院的在线庭审系统，全省法院 55 套互联网法庭系统和 73 套传统科技法庭系统完成升级改造，可为省内 55 家法院提供跨网系（互联网与法院专网）融合开庭服务。同时，青海法院在法院专网和电子政务外网各部署支持跨网系签名功能的电子签名系统，为全省各级法院提供庭审电子签名服务，努力打造全流程、一体化、高效率、低成本的在线庭审服务体系。

关键词： 跨网系　融合法庭　在线庭审　法院信息化

近年来，青海法院坚持以习近平新时代中国特色社会主义思想为指导，紧紧围绕"努力让人民群众在每一个司法案件中感受到公平正义"根本目标，积极贯彻网络强国战略，抢抓全面推进智慧法院建设的时代契机，加快推进现代科技在审判执行、审判管理、诉讼服务工作中的深度应用，不断推动审判体系和审判能力现代化，切实提升人民群众司法满意度

＊ 课题组成员：魏文超，青海高院党组副书记、副院长；朱明忠，青海高院审判管理和信息技术处处长；杜生涛，青海高院审判管理和信息技术处技术科科长；席春梅，青海高院审判管理和信息技术处四级法官助理。执笔人：席春梅。

和获得感。

内外网融合法庭作为近些年青海法院探索构建"互联网+"司法新模式的创新举措之一,其设计贯彻了"安全、实用、高效"的信息化建设理念,并积极融入了"一张网办公办案""各项工作网上运行""云庭审""跨网系融合"等工作要求和技术要素,法官在法院专网内即可实现与互联网侧当事人的"隔空"庭审,不仅保证了法院庭审规范化、便捷化和高效化进行,也充分保障了人民群众参与诉讼的权利。

一 建设背景及意义

(一)政策背景

没有信息化就没有现代化。习近平总书记指出:"要遵循司法规律,把深化司法体制改革和现代科技应用结合起来,不断完善和发展中国特色社会主义司法制度。"总书记的深刻论断,为人民法院迈向审判体系和审判能力现代化指出光明前景、提供强大思想武器。最高人民法院提出法院信息化的具体目标:全面深化智慧法院建设,着力建设以知识为中心、智慧法院大脑为内核、司法数据中台为驱动的人民法院信息化4.0版,推动人工智能和自动化深度应用,实现诉讼制度体系在信息化时代的跨越发展,构建中国特色互联网司法新模式,努力创造更高水平的数字正义。

2020年以来新冠疫情发生后,最高人民法院明确将民商事、行政案件纳入可以在线开庭范围,并要求各级人民法院积极推广和有序规范在线庭审,综合考虑技术条件、案件情况和当事人意愿等因素,确定是否采取在线庭审方式,通过推行在线诉讼为疫情防控提供有力的司法保障,确保在线诉讼活动规范有序进行。2021年,最高人民法院颁布《人民法院在线运行规则》,以司法解释的形式对在线诉讼适用案件范围需要考量的因素以及实施细则进行了规范和明确。

（二）现实背景

1. 地理环境之需

青海省幅员辽阔、多民族、多语言、人口稀少。对全省各级法院而言，办理案件的人力物力投入大，诉讼参与人参与诉讼成本高、不便捷等因素长期制约全省法院审判执行办案质效的提升。利用互联网技术大力发展在线诉讼，"让数据多跑路，让群众少跑腿"，更有意义，更符合青海实际。

2. 疫情防控之需

2020 年初，为切实做好新冠疫情防控工作，有效防止疫情传播，维护广大人民群众的身体健康和生命安全，青海省高级人民法院及时发布《抗击应对疫情　保障群众诉讼——青海法院网上诉讼指引》《青海法院疫情期间庭审、调解应急保障方案》，全面推进全省法院线上办案、隔空审案模式并逐渐成为常态，以往的互联网法庭、人民法院调解平台等系统开始从"备胎"转正，全面接受疫情的检验。

3. 实践基础之需

2018 年以来，青海省高级人民法院统一升级改造 55 套科技法庭系统，建成具备互联网庭审功能的科技法庭系统 55 套。但由于仍然采用分散建设和"大前端"模式，互联网法庭忙闲不均、操作复杂、维护难度大、资源无法共享等问题广受全省各级法院法官和书记员的诟病，加之传统科技法庭厂商担心经济利益受损，不愿意主动升级改造系统，导致以往依赖厂商主动更新升级系统以适应法院实际需求的局面难以为继。面对疫情等特殊需求，为方便法官和诉讼参与人，全省多数法院不得不通过临时租用或使用与法院专网完全物理隔离的互联网云庭审、云法庭等系统进行互联网庭审，随之而来的是法官需要依靠多个网络才能完成案件办理，数据安全、数据回传等问题突显，"云技术+传统科技法庭"的技术变革在全省各级法院信息技术人员的不断探索和实践中应运而生。

二 跨网系融合法庭的建设目标

（一）基本概念

跨网系融合法庭主要以"跨网系、多场景、云部署、智能化"为核心，为法院专网的智慧法庭赋予互联网庭审能力，无论当事人在远端，还是在法庭，还是在看守所监狱，均可为法官、当事人提供智能化、规范化、便捷化的庭审服务。它是一种可以实现法院专网与互联网实时在线，音视频、电子文档实时交互的新型法庭。当事人可以通过电脑、平板电脑或手机参与庭审，技术要求低、操作简单、使用方便。庭审时，法官和各当事人可以不在同一个网络环境，打破传统科技法庭开庭对时间和空间的限制，远在外地的当事人无须赶赴现场，通过 4G、5G、有线网络、WiFi 等互联网网络环境，就可以随时随地参与庭审、调解等活动。跨网系融合法庭不仅能有效落实疫情联防联控要求，为全省各级法院法官、法官助理、书记员通过法院专网"一张网"办案提供了可能，也凸显了科技助力审判执行办案的价值，进一步满足人民群众多元化的司法需求，在无情的疫情面前，切实让人民群众感受到了司法的温暖。

（二）建设思路

跨网系融合法庭设计贯彻青海省高级人民法院党组提出的"安全、实用、高效"信息化建设理念，积极融入"一张网办公办案""各项工作网上运行""云庭审""跨网系融合"等工作要求和技术要素，在认真研究最高人民法院网络和数据安全标准和规范基础上，结合全省法院科技法庭、互联网法庭建设实际，由青海省高级人民法院信息技术人员亲自牵头，明确梳理跨网系融合法庭建设思路、技术路线和应用场景，并从概念定义、建设模式和应用场景重新梳理了与传统科技法庭、互联网法庭建设的区别，为体系化构建青海法院庭审平台奠定基础。主要包括以下三个方面。

1. 内外网融合法庭

基于法院专网、互联网两个网络环境，借助云计算技术，构建法院专网和互联网的新型跨网系融合云庭审平台，使其具备法院专网与互联网跨网系融合开庭、电子文档管理、电子签名、庭审直播、语音识别功能，为全省各级法院跨网系融合开庭业务提供支撑，方便全省各级法院法官、法官助理、书记员通过法院专网"一张网"完成庭审所有工作，诉讼参与人通过 4G、5G、有线网络、WiFi 等互联网网络环境随时随地线上参与庭审。其适用于法官、书记员在法庭现场参加庭审，诉讼参与人一方或多方远程参加庭审的业务场景，最大的优点是不仅给全省各级法院线上参与庭审和调解的法官、法官助理、书记员、诉讼参与人创造了最大的便利，也保证了法官庭审的严肃性。

2. 互联网法庭

基于互联网环境，借助云计算技术，构建新型互联网庭审平台，使其支持 4G、5G、有线网络、WiFi 等互联网网络环境下台式电脑、笔记本电脑、平板电脑、手机接入功能，具备互联网庭审、电子文档管理、电子签名、语音识别功能，为高级人民法院法官、法官助理、书记员居家办案、移动办案、巡回庭审、调解业务提供支撑，并完成与法院专网审判办案、音视频管理平台系统的数据业务对接，庭审笔录、庭审音视频数据可及时回传至审判办案和音视频管理系统。其适用于疫情居家办案、巡回审判办案等业务场景，为全省各级法院线上参与庭审和调解的法官、法官助理、书记员全时空、泛在化参与庭审提供了条件。

3. 传统科技法庭

按照最高人民法院"每庭必录"和青海省高级人民法院"全流程网上办公办案""电子卷宗随案同步生成"的工作要求，基于法院专网环境，建设具备庭审录音录像、笔录记录、电子签名、语音识别等基础功能的科技法庭系统，为法官、法官助理、书记员、诉讼参与人均在法院审判法庭参与现场庭审、调解业务提供支撑。

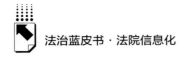

（三）建设原则

跨网系融合庭审系统建设从青海法院实际需求出发，严格贯彻落实"安全、实用、高效"的信息化建设理念，积极将"一张网办公办案""各项工作网上运行""电子卷宗随案同步生成""全时空、泛在化"等工作要求融入其中，有力促进了信息化与审判执行工作的深度融合，主要建设原则如下。

1.先进性原则

跨网系融合庭审系统设计一开始就引入当前主流的云计算技术，将庭审系统（主要包括庭审会议、电子签名、文档管理三大功能）部署于云平台，使得法官、法官助理、书记员以及诉讼参与人可以不受网络环境、场地等的限制，将科技法庭、台式电脑、笔记本电脑、平板电脑、手机等接入庭审系统。同时，庭审系统本身采用分层式、组件化和模块化系统构造方式，系统功能可根据业务需求快速、灵活调整，从而保证了良好的可扩展性。

2.实用性和易用性原则

对法官、法官助理、书记员而言，跨网系融合庭审系统保留了以往内网庭审系统的操作流程和界面，在不改变操作习惯的情况下即可轻松熟练掌握庭审系统；对诉讼参与人而言，跨网系融合庭审系统是与互联网庭审系统共用一套客户端软件，操作流程和操作界面均与互联网庭审系统一致，诉讼参与人只需下载一个客户端、熟悉一套系统操作即可完成所有线上庭审事项，大大提升了当事人线上参与庭审的体验。

3.可靠性和稳定性原则

跨网系融合开庭中的跨网系会议功能论证测试长达 1 年之久，融合电子签名、电子文档管理功能也历经了半年多的测试和论证，在全省法院应用推广前，其可靠性、稳定性均得到了充分保证。此外，跨网系融合庭审系统设计中保留了原有庭审系统的庭审主机控制、录音录像、庭审直播等功能模块，避免了系统相关功能模块因新建而带来的设备不兼容、协议不互通、运行异常等问题，具备较高的稳定性、可靠性和良好的容错性能，可以为全省各级法院提供全天 24 小时不间断的线上庭审支撑。

4. 松耦合和粗粒度集成原则

跨网系融合庭审系统在设计和研发过程中，与审判办案、音视频管理平台等不同应用系统的集成遵循了"高内聚、低耦合"原则，采用异步通信、面向服务架构（SOA）等技术手段，通过粗粒度服务可以实现一次调用就完成既定所有功能。在功能实现过程中，将服务使用者和服务提供者隔离开来，确保各业务应用系统集成能够在互不影响现有业务应用的情况下进行。

5. 可维护原则

跨网系融合庭审系统软件因采用面向服务架构（SOA）设计，使其独立于硬件平台、操作系统和编程语言提供功能服务。在运行维护中，此系统无须研发即可实现跨团队业务协作，不同专业人员只需在各自职责范围内完成运行维护，大大提升了工作效率。同时，其可扩展性能可以根据全省法院的实际需求进行软件内部功能快速开发、修改、部署和测试，功能更加灵活，极大改善了法院技术部门面对法院业务需求能力响应不足的被动局面。

6. 安全性原则

跨网系融合法庭严格按照《安全隔离与信息交换平台使用和管理要求》（FYB/T 59006-2020）和《科技法庭信息化建设规范》（FYB/T 54001-2021）标准和要求设计和研发，同时，系统功能按照不同人员权限进行了严格区分，并完整记录所有人员在系统中的操作行为，有效避免了系统运行带来的网络和数据安全问题。

三　跨网系融合庭审的基本架构

青海法院跨网系融合庭审软件主要架构以全省法院统建的"智慧庭审系统"为核心，以看守所、监狱科技法庭系统、互联网法庭、远程提讯系统、电子签名板等设备为补充，具备串案合并审理、远程开庭、预开庭、正式庭审、证据交换查看、查阅卷宗、电子签名、语音识别等功能，可随时随地为法官、法官助理、书记员、诉讼参与人提供在线庭审服务（见图 1）。

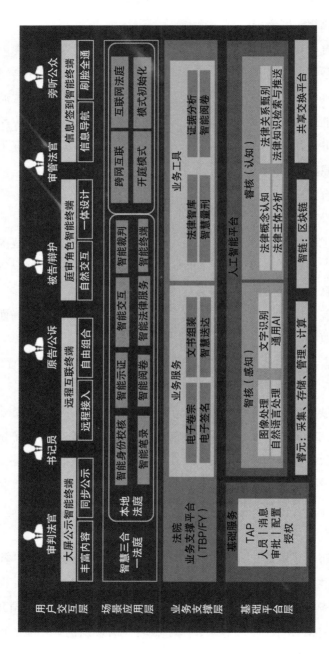

图 1 跨网系融合审的基本架构

（一）跨网系融合审判的核心技术

1. 跨网系融合云视频会议系统

在青海省高级人民法院专网和电子政务外网各部署一套云视频会议业务平台，为全省各级法院庭审、调解等业务提供云视频会议服务。

一是支持集群部署。融合云视频会议平台所有组件均支持集群部署，可与虚拟化等技术高效融合，能够有效避免单点故障、系统异常等问题。

二是兼容多种标准协议。融合云视频会议平台能够同时兼容多种音视频标准协议，可支持视频会议终端、远程提讯终端、庭审主机、安防监控摄像机等多种设备的会议接入。

三是标准化接口和能力输出。融合云视频会议系统平台统一使用标准API 接口及 SDK，为上层跨网系融合庭审、融合会议等业务应用提供跨网系的融合云视频会议能力输出。

四是适应不同的网络环境。为满足不同网络环境、不同带宽环境下音视频能力的适应性，融合云视频会议平台采用音视频柔性分层编码算法和智能纠错算法，具备超强的抗丢包能力，在不稳定网络环境下达到高清流畅视频效果，较传统视频更能满足业务开展的需求。

五是安全可控。跨网系融合云视频会议系统采用 SVC 分层编码架构，同时云 MCU 不做编解码只做智能路由转发，媒体及信令加密解密都只发生在终端侧，密钥经由终端动态协商产生，系统不存储密钥，实现端到端加密的架构级安全保障，能够有效防止业务数据、媒体数据、用户数据和视频文件被盗取、篡改、传播等问题。

2. 融合电子签名系统

在青海省高级人民法院专网局域网和电子政务外网各部署一套电子签名系统，为全省各级法院庭审、调解提供电子签名服务。其中信息服务层对外实现了面向法官、书记员和当事人的统一签名服务；平台层利用现有信息化建设成果，整合兼容了全省法院现有设备，通过平台化方式实现了多种签名场景的支撑；接口层通过统一接口对内部系统实现了数据统一访问。同时，签名完成后的文档采用了加密防篡改技术，完成签名后的材料不允许进行任何改动。系统通过插件式软件模式与各类业务应用系统相结合，可以将签名能力应用于法院庭审、立案、审委会、合议、送达等各个业务场景，支持多角色多用户同时进行身份认证及签名活动。

（二）跨网系融合庭审的具体功能及亮点

1. 具体功能

跨网系融合庭审系统除具备法院专网与互联网的融合云会议、融合电子签名功能以外，还支持预开庭、正式庭审、证据交换查看、笔录记录、实时录音录像、电子卷宗查看、语音识别等功能，为法官、书记员庭审、调解等业务工作提供了强有力的技术支撑。

2. 功能亮点

第一，建设方式集约高效。跨网系融合开庭方案设计严格贯彻"安全、实用、高效"的设计理念，从概念定义、系统功能实现、网络接入、应用场景等多方面入手，协调多方资源逐一进行技术攻关和方案论证，确保系统升级改造沿着法院指定的方向进行，最大限度节约了信息化建设成本，降低了信息化建设与实际需求不符的风险。根据初步统计，较以往建设方式，通过对两个信息系统升级改造，直接节省了全省法院55套科技法庭互联网电脑、交换机、庭审系统和73套科技法庭互联网电脑、交换机、庭审系统、视频会议终端、线路接入的建设投入，短期内直接节约的项目资金约为1000万元。

第二，技术驱动创新。从2020年开始，青海省高级人民法院信息技术人员组织进行跨网系视频会议功能测试，并不断学习和积累先进技术，申报了与之相关的专利，为跨网系融合开庭方案的确定奠定了基础。随着2021年最高人民法院《科技法庭信息化建设规范》（FYB/T-54001-2021）发布，青海省高级人民法院信息技术人员第一时间采取有效举措，果断采用跨网系融合开庭方案，全面推进全省法院跨网系融合法庭建设。同时，通过技术创新，完美解决了以往互联网法庭庭审中一方当事人现场参加、另一方当事人远程参加导致的笔录签名无法及时完成问题，有效促进了全省法院全流程无纸化办案工作的推进。在近 1 年的时间中，青海省高级人民法院信息技术人员主导完成技术论证性测试 12 项、申报专利 2 项（其中取得专利 1 项）、系统改造 3 项，为跨网系融合开庭、视频会议、执行指挥、提讯、信访奠定了技术基础。

第三，减轻书记员负担。跨网系融合法庭建设在最高人民法院《科技法庭信息化建设规范》（FYB/T-54001-2021）基础上，结合全省法院科技法庭建设实际，从底层技术实现、上层应用整合两方面对具备条件的科技法庭进行升级改造，实现传统法庭跨网系融合开庭功能，摆脱了以往书记员需要依赖两台电脑和两套庭审系统才可以实现案件庭审过程控制、记录、直播和签名的束缚，通过一台电脑一套系统即可完成所有庭审操作，书记员庭审操作负担明显下降。根据初步统计，通过信息系统升级改造，全省法院 55 套互联网法庭系统、73 套传统科技法庭系统具备跨网系融合开庭功能，且无缝兼容了庭审直播、电子手写签名等系统，通过 1 套庭审系统可以完成所有庭审操作，书记员庭审操作负担较之前直接减轻 50%。

第四，运行维护更加便捷。以往互联网法庭设计中往往会配置两台电脑、两套庭审系统、两台交换机、1 台庭审主机、1 台视频会议终端设备、1 条互联网接入、1 条法院专网接入，随着设备数量的增加，任何一套软件系统或设备出现故障都将影响庭审的正常进行，这也直接导致运维人员工作负担加重。形成鲜明对比的是，跨网系融合开庭软件系统和设备的数量较互联网法庭几乎减少一半，全省法院信息技术人员和驻场运维人员运行维护难度明显下降，运行维护工作变得更加轻松。同时，随着跨网系融合通信技术未来在视频会议、执行指挥、提讯、信访等多场景的应用，相关场所可以实现多用途应用。

此外，相较于普通互联网庭审，跨网系融合开庭需要法官、书记员在法院法庭内完成庭审工作，庭审庄严性得到保障，庭审画面和质量也符合最高人民法院相关要求，避免了普通互联网庭审带来的不庄严、不规范问题。

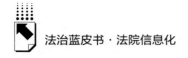

四 应用成效及推广价值

（一）应用成效

目前，青海省高级人民法院已完成全部 55 套互联网法庭和 73 套传统科技法庭系统的升级改造，可为全省 55 家法院提供跨网系（互联网与法院专网间）融合开庭服务。跨网系智慧法庭自 2022 年 1 月份上线以来，全省法院通过跨网系融合开庭系统完成开庭 991 件、直播 753 件、线上签名 4038 余人次。同时，其带来的操作负担降低、便利性提升也受到全省各级法院书记员的广泛好评。

（二）推广价值

1. 服务人民群众更加高效

近年来，青海各级法院案件总量不断攀升，2019 年共受理各类案件 120768 件，审结 110507 件，法官人均结案数 98 件/人；2020 年共受理各类案件 133109 件，审结 123429 件，法官人均结案数 116 件/人；2021 年共受理各类案件 165199 件，审结 144131 件，法官人均结案数 152.46 件/人，法官办案压力与日俱增，加之新冠疫情反复，导致案件经常需要延审或者扣审，不能及时开庭为当事人带来了不必要的麻烦和诉讼拖延。为维护当事人诉讼权利，跨网系融合法庭可提供除庭审以外的调解、庭前会议、执行听证、询问等多场景应用，降低了群众、律师等参加庭审的时间成本和经济成本，服务人民群众更加高效便捷。

2. 助力"一张网"办公办案

传统的互联网法庭与法院专网内的审判办案系统、音视频管理系统完全物理隔离，法官、法官助理、书记员需要在法院专网和互联网间重复电脑切换、数据导入等操作，跨网系融合法庭使得法官、法官助理、书记员在法院专网"一张网"内即可完成所有庭审活动，大大提升了庭审资料及时回传办案系统、音视频管理平台的效率，节约了大量的时间和人力物力成本。

3.电子卷宗材料生成更加及时

跨网系融合法庭支持现场和线上电子签名功能，对于庭审、调解过程中生成的笔录，无须书记员干预，庭审、调解等活动结束后笔录会及时自动回传至审判办案系统。同时，跨网系融合庭审系统支持庭审、调解笔录一键转换功能，可以直接自动上传至电子卷宗系统，避免了以往庭审、调解笔录打印、签名、扫描、上传等烦琐的操作，不仅保证了卷宗制作的及时性，也使得电子卷宗资料生成更加智能化。

4.更加符合法院信息化建设实际

跨网系融合庭审系统是在传统科技法庭基础上的升级改造，较以往的互联网法庭建设而言，此种模式充分利用了原有的庭审主机、音视频输入输出等设备，无须对原有设备进行大规模更新，较新建互联网法庭直接节省成本10万元/套以上。同时，融合庭审系统操作流程和界面与原有科技法庭操作流程和界面保持一致，无须再对书记员进行操作培训。

五 问题与对策

（一）存在的问题

跨网系融合庭审有力推动了技术运用与司法审判深度融合，为群众诉讼和法官办案带了便利。目前，青海法院已改造完成的73套跨网系融合庭审系统已全部投入使用，成为青海法院线上进行庭审活动的重要支撑，但仍存在以下三方面问题。

1.理念层面

青海地处偏远地区，在线庭审需要诉讼参与人的认同和接受，从原来"面对面"改为现在的"网对网"，当事人对法庭的亲历性降低，心理上难免产生不确定和不安全感。部分当事人的信息化应用能力也受地域、语言和文化程度的影响。系统在测试初期阶段出现的卡顿、掉线、登录异常和短信收发异常等不稳定因素，也让当事人和法官对应用存在抵触情绪。

2. 技术层面

当前，青海法院跨网系融合庭审仍存在一些问题有待突破。一是对诉讼参与人的保护不足。目前该系统未对证据信息、证人面貌等进行有效的技术管控（如马赛克、变声等），未能有效地保障他们的权利，导致经过该系统进行司法公开的案件存在风险。二是系统技术支撑能力有限。目前，该系统仅支持当事人为 8 人的视频路数，当事人或者诉讼代理人较多时庭审视频画面路数不足。三是各诉讼参与人的技术操作能力不足、网络不稳定等外在因素，对系统操作的简易性和稳定性提出了更高的要求。

3. 应用层面

一是推广和应用仍有待加强。因青海独特的地域和人文特点，多语种、多民族的现实条件对系统的推广应用造成了更多困难，很多法官、法官助理和书记员在向藏区同胞推广系统时，往往需要用多种语言和文字，间接加大了他们的工作量和沟通成本。二是服务保障有待加强。全省很多中基层法院尚未配备专业技术人员，都是由非专业人员兼职，在使用系统出现问题后往往不能快速有效解决，导致诉讼参与人对系统的体验较差。

（二）对策举措

1. 强化规范指引及宣传引导

根据跨网系庭审系统升级情况，及时编制印发操作指引；面向社会发布软件 App 并自动更新升级系统，向律师群体宣传系统使用，积极配合法院开展线上开庭工作。加强在庭审过程中的技术指导，广泛运用电子签名系统进行线上签名，提升法院干警和社会公众对在线庭审的认同度和接受度。

2. 持续加强技术保障和技能培训

一是依托《全省法院审判管理推进网络安全和信息化建设培训实施方案》，开展在线庭审和跨网系融合开庭系统培训 2 次，持续优化在线庭审效率，不断提升法官和书记员对系统的熟练度，减少人为产生的操作问题；二是持续更新系统功能，继续攻坚系统现存技术问题，积极探索当事人较多、系列案等案件的应用场景；三是配合"优秀庭审评比"活动，不断规范在线庭审礼仪，将使用跨网系融合开庭的案件视频纳入评比范围，并及时反馈存在的问题。

3. 优化信息技术人才发展环境

相较于当前社会和市场为信息技术人才提供的发展机遇，法院在优秀信息技术人才拴心留人方面没有太多优势，需要全省法院从智慧法院建设基础需求出发，重视信息技术人才发展和待遇问题，出台一些具体措施和办法，使信息技术人才真正留得住、用得好，为智慧法院长远发展奠定坚实的人才基础。加强互联网司法复合型人才培养，强化与高校、科研机构的沟通协作，培养一批精通法律和技术的复合型互联网法治人才。

（三）展望

目前，青海法院完成的 73 套科技法庭跨网系融合系统开庭功能还需升级改造，还远远不能满足疫情等特殊情况对在线庭审的需求。下一步，青海法院将在最高人民法院的信息化顶层设计与规划指引下，继续以满足人民群众的多元司法需求为目标，在深化智慧法院建设上持续发力，促进现代技术与法院工作深度融合，积极利用现代信息技术，不断推进审判能力和审判体系现代化。

B.9

建设"全面数字化+泛在在线化+耦合智能化"智慧绿色法院的实践探索

广西壮族自治区横州市人民法院课题组*

摘　要： 广西壮族自治区横州市人民法院推动法院工作和现代科技深度融合，紧扣电子卷宗随案同步生成和深度应用这一核心，依托桂法智能卷宗3.0系统新引擎，创新"一核、两中心、多线程、泛在线"服务模式，从"数字、集约、在线"三个维度，打造及时完整可信的电子卷宗、实施辅助事务集约化、升级现代化全域诉讼服务，为实现数字化办案提供智能辅助服务、为服务法官提供辅助事项集约化服务、为服务当事人提供全域诉讼服务，探索"全面数字化+泛在在线化+耦合智能化"智慧法院建设新实践，为推广建设"节能低碳、智能高效"的智慧法院提供"绿色方案"、贡献"横州样本"。

关键词： 无纸化办案　泛在在线化　数字化　耦合智能化

一　建设背景及意义

最高人民法院网络安全和信息化领导小组2022年第一次全体会议强调，

---

* 课题组负责人：许春桂，广西壮族自治区横州市人民法院党组书记、院长。课题组成员：郑明德，广西北投信创科技投资集团有限公司党委书记、董事长、总经理；张芳萍，广西壮族自治区横州市人民法院审判管理办公室（研究室）法官助理；杜慧俭，广西壮族自治区横州市人民法院综合办公室书记员。执笔人：张芳萍、杜慧俭。

要全面深化智慧法院建设，推进审判体系和审判能力现代化，推动司法数字化、智能化，更好地服务审判执行、服务人民群众、服务经济社会发展。加快信息化建设，是当前人民法院的一项重要任务和使命，而无纸化办案是人民法院在数字化时代实现信息化转型升级的重要"基石"。近年来，广西壮族自治区高级人民法院相继出台了《广西法院信息化建设五年发展规划（2021~2025）》《全区法院无纸化办案试点实施方案》，大力支持信息化建设，并将横州市人民法院（以下简称"横州法院"）列为无纸化办案试点法院之一，鼓励先行先试、积极探索，为推进"全面数字化+泛在在线化+耦合智能化"新实践提供了良好契机。

随着《民事诉讼法》的修改与《人民法院在线诉讼规则》《人民法院在线调解规则》《人民法院在线运行规则》的颁布，在线诉讼、在线调解、在线运行等诉讼规则体系更加完善和规范化。新冠疫情的常态化防控催生了大量在线诉讼需求，且互联网和智能手机在广大农村地区的普及，为基层法院零距离联通当事人提供了畅通渠道，造就了在线诉讼社会大环境。随着诉讼材料数字化增进了线上线下诉讼体验，加大诉讼服务在线化力度成为现实需求，特别是通过音视频方式在线化试点建设，以及电子送达方式的全面普及，法院与当事人通过泛在在线信息化手段轻松实现在线诉讼。内部在线化、集约化办案与外部在线化、电子化服务的"两个在线"，构建了泛在在线化诉讼新模式。

横州法院深入把握"十四五"规划对人民法院信息化建设提出的新任务、新要求，紧密围绕人民法院信息化建设4.0版目标任务，推进信息技术与审判工作深度融合，持续放大无纸化办案改革试点的撬动效应，让更多的人民群众共享司法"数字红利"，为推进审判体系和审判能力现代化贡献更多基层法院的智慧和力量。

为满足人民群众日益增长的多元司法需求，横州法院坚持以司法为民、公正司法工作主线，以办案现代化为导向，着重应用新技术改善数据可用性，着力推进贯穿立案、调解、审理、合议、裁判、执行、结案、归档等环节的全流程、全要素辅助办案新模式，深化全流程辅助办案运行工作机制创新，努力打造"全面数字化+泛在在线化+耦合智能化"智慧绿色法院新高地，进一步增强人民群众和办案人员的获得感。

二 建设目标及内容

无纸化办案改革打破传统模式，将办案转变为办事，通过"一核、两中心、多线程、泛在线"服务模式，从"数字、集约、在线"三个维度，推进电子卷宗随案同步生成及深度应用，为审判执行提供泛在在线的便捷服务。

（一）一核

推行无纸化办案，以辅助法官办案为核心，全部纸质卷宗进行数字化治理，打造及时、完整、可信的电子卷宗。通过剥离审判、执行辅助事务，使法官专注于"审、判、执"核心业务，通过系统管理"动态"掌握案件的实时进展，通过系统电子卷宗"静态"掌握案件的实体情况，实现案件立案、审理、裁判、执行、归档等全流程业务网上在线办理。

（二）两中心

建设数字化加工中心和集约化服务中心。依托完全外包的数字化加工中心，归口管理当事人从各渠道提交的诉讼材料，对材料进行数字化、要素化处理，实现诉讼材料的集中扫描、集中编目、集中保管，打造实时、完整、可信的电子卷宗，为后续深度应用电子卷宗、无纸化办案、全流程电子诉讼奠定基础。基于诉讼材料数字化处理成果，整合司法资源，实现辅助事务集约化管理，依当事人申请驱动办事、依法官职权驱动办事、依领导监督驱动办事。改变传统的审判执行辅助事务分散处理工作模式，将法官助理的部分非核心审判事务和书记员的事务剥离出来，辅助事务交由集约化服务中心统一管理，实现审判执行辅助事务智能化、集约化、专业化管理。

（三）多线程

从人员分类管理改革出发，以辅助事务集约化为抓手，将书记员与法官彻底分离，打破传统的"1 名法官+1 名法官助理+1 名书记员"办案团队模式，分离出来的书记员和部分法官助理在集约化服务中心组建多个团队，法院所有案件由法官负责，实现一位法官、多个事务、多个团队同步进行案件办理，将串联转化为并联多线程方式，从运行机制上提升工作效率。

（四）泛在线

"审执业务事项全部在线办理"，强调处理事项的闭环留痕与时效管控，推动审判管理方式变革，对监管产生积极影响；"诉讼服务事项可以在线办理"，强调将选择权交给当事人，服务事项便民便利与绿色高效，满足人民群众日益增长的司法服务需求。

三　实践路径与主要创新

（一）构建诉讼服务新模式

完善和整合诉讼资源，打造网站、电话、短信、微信、窗口"五位一体"诉讼服务中心，建成立体化诉讼服务渠道，由各专业团队提供导诉、调解、立案、分案移送、开庭排期、财产保全、委托鉴定等服务，实现除庭审以外的诉讼活动都可以在诉讼服务中心完成，做到"全方位、零距离、无障碍"，让人民群众获得更为便捷高效、低成本的司法服务。

优化线上服务内容，通过广西移动微法院、诉讼服务网等在线平台，在无纸化办案框架下，为当事人提供网上立案、网上缴费、网上申请保全等线上诉讼服务。依托乡镇人大代表联络站，安装"法官在线"平台，为当事人提供在线调解、在线司法确认等服务。优化线下服务方式，增设立案、送达自助服务终端以及移动"5G云箱"① 材料收转终端等设备，进一步满足人民群众的多元诉讼服务需求。

（二）依托外包打造及时完整可信的电子卷宗

引入完全外包数字化加工服务团队，设立卷宗中间库、数字加工中心，对当事人提交或法院产生的纸质材料进行数字化加工，确保电子卷宗及时、完整、可信，提升法官全流程无纸化办案体验。

第一，集中收转服务。在诉讼服务中心建立"归口收集"机制，对当事人现场提交或邮寄的诉讼材料进行收件登记，并集中扫描；针对当事人在庭审中新提交的诉讼材料建立"每庭必扫"机制，可通过移动"5G云箱"实现对补充材料的智能流转，流转过程全程可控，形成完整的材料流转档案，做到"日产日清"；将音视频类证据材料纳入管理范畴，提供统一上传入口，确保电子卷宗的完整性；接收的纸质材料经扫描后统一移交卷宗中间库暂存保管。

第二，集中扫描和编目。数据加工中心需要及时集中扫描各渠道提交的纸质材料；制定电子卷宗编目和归目规范，统一材料名称的编目标准；变分散编目为集中核验，经扫描后形成的电子材料或线上提交的电子材料自动推送智能编目引擎进行自动编目处理，统一提交数据加工中心集中编目岗位检查校对后自动归目入卷，为办案法官输出分类清晰、规范标准的电子卷宗。

第三，集中保管。设立专岗，通过智能中间柜集中保管纸质案卷材料，根据纸质卷宗线下流转的业务场景，实现纸质卷宗线下流转签收、入库、出库、借阅、归还等全流程跟踪管控。

第四，集中归档。数据加工中心通过纸质材料的及时、准确扫描形成电子卷宗，实现电子卷宗随案同步生成，集中在案件办理过程中同步进行电子档案整理，保证案件归档时一键转档（自动归目）的效率和质量。

---

① 5G云箱：搭载5G应用网络和智能化硬件设备，流转过程高度自动化、智能化，实现补充材料的安全高效流转。

（三）集约化服务中心剥离辅助事务

依托电子卷宗驱动审判执行辅助事务的发起与办理，设立辅助事务管理中心，全院辅助事务均由专门的辅助团队完成，实现集约化管理和服务，进一步缓解法官办案压力，提升办案质效。

在诉讼阶段，将诉讼全过程的不同环节拆解为送达、鉴定、开庭排期等9类事务，分段集约、统一管理，再造辅助事务全链条服务流程。对所有流程节点均设置办理时限和工作标准，促进辅助事务办理规范化，如当事人提起反诉后的事项处理流程见图1。

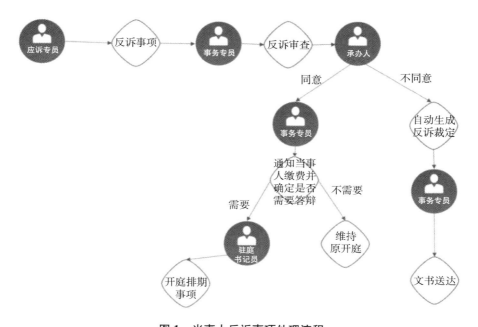

图1　当事人反诉事项处理流程

打破"1名法官+（1名法官助理）+1名书记员"办案团队模式，将书记员与法官彻底分离，重构一支独立于法官的审判执行辅助团队，形成"1名法官+1名法官助理+N名辅助事务专员"新模式。事务专员按照分工各司其职，实现业务流程"流水式"作业，业务处理更高效。例如，在传统办案模式下，案件的送达主要由各办案团队的法官助理或者书记员完成，现改由集约送达中心负责所有案件不同阶段的送达工作，并将送达结果通过系统实时向主办法官反馈，法官真正将精力集中于最核心的事实查明和法律适用。

（四）无纸化办案机制发挥支持效能

依托无纸化办案平台，发挥电子卷宗智能化应用效能。变革传统办案模式，从以流程为主转变为以电子卷宗为主，顺应法官办案习惯和需要，按法官阅卷习惯入卷、归目，提供材料跟踪、全文检索、阅卷笔记、庭审质证、文书生成、左看右写、电子签章等应用，进一步提升无纸化办案应用能力。

第一，案件跟踪。当事人提交材料扫描入卷，案件办理过程中产生的材料扫描入卷或者其他系统产生的材料随案生成后，有单独的材料跟踪功能分批次记录每次入卷的材料，法官可以根据每次入卷的材料动态跟踪案件办理进度。

第二，在线阅卷。基于现有阅卷功能，以及对电子卷宗要素的分析，建立电子卷宗与案件要素的关联关系，探索要素式争议点生成，为庭审准备等提供要素支持；支持对音视频关键证据时间点进行标记，并根据阅卷笔记或标记快速回溯关键证据材料或音视频时间点，便于梳理庭审思路，固定关键证据；支持合议、专业法官会议、审委会讨论等审判活动查阅电子卷宗。

第三，在线谈话。提供内外网互通的实时音视频交互、笔录文书在线签字等功能，法官可在内网（办公室）随时发起、当事人随地参与的远程谈话，实现在线"面对面"无障碍交流，完成问询、调解等诉讼活动。

第四，电子质证。革新传统庭审的举证和质证方式，依托电子卷宗实现庭审过程中文档、图像、音视频等电子证据材料的实时调取、同步显示和电子举证、质证，提升庭审效率。

第五，文书电子签名。需要诉讼参与人亲笔签名的文书，如送达地址确认书、诉讼费退费账户确认书、庭审笔录等，可通过手机或智能审验捺签终端方式进行电子签名后直接归入电子卷宗。

四 "全面数字化+泛在在线化+耦合智能化"模式的应用成效

横州法院在智慧法院建设过程中,将加快推进全流程无纸化办案作为全面推动审判体系和审判能力现代化的新引擎,紧紧围绕电子卷宗随案同步生成和深度应用工作主线,同步推进审判执行辅助事务集约化管理,激发信息化升级与集约化配套融合的"乘数效应",努力将智能和"智慧"转化为司法效能,实现智慧化效能提升、司法生产力倍增的目标。如今,横州法院信息化的深度应用已实现五个100%:全部案件(刑事、民商事、执行)可100%无纸化办理、简单法律文书可100%自动生成、电子卷宗可100%随案同步生成、庭审过程可100%同步录音录像并网络直播、办案过程可100%全程留痕。

(一)智慧审判推动工作释放"新动能"

司法效率的提升有赖于从程序到实体、从机制到体制一系列环节的改革与完善。推进全流程无纸化办案以来,横州法院以机制变革进一步激发了科技优势,以资源优化进一步提升了程序效能,"全面无纸化"在改变法官基于纸质卷宗办案传统方式的同时,案件办理从无纸化的审判流程系统+线下交互方式全面切换到线上"一核多线程"方式,实现了审判模式的根本性变革。自2022年实行全流程无纸化办案以来,共审理试点刑事、民商事、执行案件3010件,审结1785件,已审结的试点民商事案件平均审理周期55.03天,同比缩短32.15天,审判效率显著提高。

(二)智慧管理跑出提质增效"新速度"

为更好地适应全流程无纸化办案新型审判业态要求,横州法院依托桂法智能卷宗3.0系统,重塑审判管理流程,案件办理全程留痕可追溯,节点记录规范司法行为,推动审判管理从事后转为事前、从被动转向主动、从人工收集转为自动留痕的"三个转变",实现审判数据可视化、审判管理精准化、态势研判科学化,审判管理智能化有力促进了结案率、结收比、案件平均审理周期等审判效率指标稳步提升。2022年1月1日至11月30日,横州法院全部案件结案率为87.1%,其中诉讼案件结收比为99.32%,同比提高13.92%。除涉外、破产案件因送达等客观情况不能及时结案外,其余超12个月长期未结案件全部清零。自重塑审判管理流程以来,横州法院原由法官助理承担的事务性工作减少了50%;在未增加工作人员的情况下,2022年1月1日至11月30日,月均结案数同比上升39.12%,法官人均结案数同比增长44.25%。

(三)智慧诉讼服务助推线上服务"新升级"

为构建全流程无纸化办案新路径,落实人民法院信息化建设4.0版泛在化要求,横州法院大力推进智慧诉讼服务建设,积极回应新时期人民群众对"诉讼服务业务在线办理"的多元司法需求,实现了全时空、泛在化的在线诉讼服务。全时空、泛在化在线庭审为方便法官在线问询、调解搭建了云上平台,实现案件信息回填自动化、文书生成模块化、电子签章签名一体化等智能辅助支持,创建泛在化办案新模式。深度应用"云庭""云签名""云谈话""法官在线"等线上多元平台,全方位打破时空限制,提供"24小时不打烊"服务。当事人办理诉讼事务可以全流程"掌上办",实现从"最多跑一次"到"一次不用跑"的跨越,最大限度减轻人民群众诉累,节省了线下诉讼所需的人力资源和时间成本。2022年1月1日至11月30日,横州法院网上立案1864件,通过"云庭"审理案件369件次;"人民法院调解平台""云谈话"在线调解案件2563件,在线诉讼相比传统诉讼方式减少群众出行超过50%。

(四)智慧平台构建绿色审判"新模式"

横州法院坚持把绿色发展理念贯穿于智慧法院建设始终,以低碳循环为主要原则,通过全面无纸化办案践行绿色审判,促进节能减排降碳,助推绿色高质量发展。在探索实践中,横州法院通过推进"泛在在线化"运维,围绕网上立案、网上缴费、网上庭审、电子送达、案件查询等全流程环节进行智能化升级,实现了导诉、立案、缴退费、保全、庭审等诉讼事务可网上办、掌上办,提升审判工作效率的同时大幅减少纸质材料使用,节约纸张耗材超过50%,相当于减少树木砍伐;减少干警和群众出行超过50%,促进节约标准煤和减少碳排放。自实行无纸化办案以来,电子阅卷次数23895次,电子文书送达8530人次,电子签名确认1000余人次,在提升司法服务体验的同时,为助推生态文明建设、助力国家"双碳"战略实施贡献法院智慧和力量。

五　存在问题

(一)智慧赋能审判提速的效果有待提升

就当前司法实践而言,信息化建设普遍存在各自为政的情况,无纸化办案改革的推进实行的是先试点再全面铺开的发展路径,无纸化办案在系统性、整体性、协同性发展方面客观上仍然受限。虽然前期的无纸化办案改革探索中横州法院取得了阶段性的显著成效,但从总体看,无纸化办案模式仍处在"闭环式"阶段。例如,当前刑事案件无纸化仅限于在本院内流转,还未完全实现公检法三家互联互通的线上办案单轨制。其主要原因是法院与公安局、检察院等政法机关的统一案件流转平台仍处在统筹建设的探索阶段,未能实现以电子卷宗形式通过线上无障碍流转,在一定程度上削弱了无纸化办案推动整体审判效率提升的预期效果。

(二)利用大数据服务审判执行功能有待深化

当前,人民法院和相关部门之间、法院系统之间镶嵌的条块管理机制体制,导致信息系统长期存在条块分割、"块状孤岛"等突出问题。一方面,法院内部数据关联共享不足。无论是纵向的自治区、市、县(区)三级法院层级之间，还是横向的同级法院之间，法院内部各应用系统的兼容性、协同性不足，业务数据资源相对独立，数据隔离依然存在。另一方面，法院与外部相关部门信息联动不足。例如，市场监管、税务、银信、保险等部门的系统信息，由于数据产权保护、数据整合缺乏统一平台等，数据交换与共享成为最大限制，海量数据难以发挥关联价值。信息系统林立衔接不畅，数据资源汇集、互联互通存在多重壁垒，成为阻滞数据开放、数据融合、数据共享的界域藩篱。

（三）智能化系统建设有待进一步优化完善

从开发应用角度看，法官、辅助人员、当事人及律师是无纸化办案系统最终和最真实的用户端，因而是优化完善智能卷宗系统"产品经理"的最佳人选。然而，现实困难在于如何实现系统建设与司法需求的精准对接，提高匹配性和实用性，提升用户体验感。其一，系统建设在精简节点、优化流程上有待进一步完善升级。横州法院上线运行的桂法智能卷宗 3.0 系统实现了覆盖办案全流程的节点监督，并设置了提醒功能。但法官及辅助人员在实际操作过程中发现，细化分工后的节点设置偏多，存在重复操作流程的问题，增加了案件流转时间，一定程度上削弱了法官对案件程序运行的掌控力。其二，支撑无纸化办案的各类系统用户体验有待提升。在推进无纸化办案试点过程中，无论当事人是通过网上立案还是到诉讼服务中心线下立案，都需要提交纸质版的诉讼材料，尚未打通上传或提交电子诉讼材料的途径。因此，在立案事项上，人民群众对无纸化办案带来便利性的体验还不足。

（四）推进电子卷宗安全性建设有待加强

在推进无纸化办案过程中，智能卷宗系统内实时汇聚了大量当事人身份信息、案件信息、内部管理数据，甚至是商业机密、国家秘密等重要数据和敏感信息，这些数据是司法审判数据资源库的核心资产、是国家战略资源的重要组成部分。电子卷宗相对纸质卷宗在存储和调取等方面有显著优势，但不可避免面临较大的电子数据被篡改或丢失的潜在风险，建立全方位无漏洞、安全性能极高的数据信息保障系统尤为重要。虽然横州法院在推进无纸化办案试点过程中同步开展了数据安全基础建设，但在数据分类分级标签、加密、脱敏、审计、备份、恢复等数据安全和数据自主保障能力方面仍相对薄弱，深度利用区块链技术进行存证的建设保障水平亟待完善提高。

六　无纸化办案实践的未来展望

（一）拓展无纸化办案应用的深度和广度

全面铺开对刑事、民商事、执行案件进行无纸化试点改革后，坚持"一盘棋"理念，进一步优化全院资源配置，优化审执系统信息衔接，促进审判执行质效进一步提升。加强宣传培训引导，确保干警真正理解、接受无纸化办案方式，使无纸化办案理念进一步深入人心，促进信息技术与审判执行深度融合。

在各乡镇、村委的人大代表联络站、法官工作室安装"云谈话"系统等在线诉讼服务设备，使人民群众足不出村就能享受在线调解、在线立案等在线服务，打通诉讼服务"最后一公里"，助力基层社会治理。

（二）加强法院系统内外部协同

法院信息化建设是一项系统性、全局性工程，只有实现数据共享、业务协同，才能实现资源利用效率最大化、系统应用效能最大化。一是坚持在最高人民法院的统一部署和引领下，结合基层法院工作特点，因地制宜进行以无纸化办案为重要内容的信息化建设。二是加强上下级法院、不同地区法院之间的应用系统整合，对各系统、平台进行充分协作连接，从而节约成本，减少重复建设和资源浪费。三是积极推进与公安局、检察院、司法局等政法机关建立数据共享平台，实现系统对接、跨部门电子卷宗流转，避免卷宗材料重复录入的同时提高电子卷宗利用率；与不动产、税务、金融等部门进行信息共享，减少信息盲区，提升工作效率。

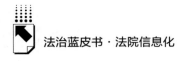

（三）重视法院技术人才培养

在信息化建设过程中，前期的软硬件投入和后期的运维均主要依赖于外部科技公司，一线办案人员未能充分参与无纸化办案系统建设，部分司法需求未能转化为应用系统功能。这就要求法院构建起自身的人才和技术支撑，为信息化建设提供更有力的支持。一是在干警招录时，既要坚持法学专业背景要求，也要兼顾实际需求，对信息技术专业背景有所侧重，选拔出适应智慧法院建设需求的技术型复合型人才。二是善于发现对相关技术应用具有一定灵敏性或专长的干警，对干警进行多渠道培养，使法院干警能够更加充分地参与信息化建设，进而使信息化建设更加贴合司法规律和法院工作特点。三是健全人才激励机制，对具有技术专长的干警给予适当的晋升空间、立功奖励、工资待遇等方面的政策倾斜。

（四）加强司法数据保护

司法数据安全是信息化建设的基础，相较于纸质材料，电子数据的存储和管理虽然更方便，但遗失、泄露和被篡改的风险也相应加大，须加以重视和防范。一是强化司法数据保护意识，完善数据安全基础设施建设，持续提升干警对数据认知、使用、保护的意识和能力。二是明确不同系统的人员权限范围，加强外包团队的监督管理，优化系统权限管理，统一进入系统的方式并进行有效身份识别。三是做好数据的存储和备份，加强电子卷宗管理，确保电子卷宗的完整性和安全性。

下一步，横州法院将牢牢抓住智慧法院建设机遇，致力做优做强"一核、两中心、多线程、泛在线"服务模式，为司法审判工作插上信息化"双翼"，有效满足人民群众、社会治理、经济社会发展的多元司法需求，推动法院工作高质量发展。

"龙城e诉中心"助力更高水平
数字正义调研报告

江苏省常州市中级人民法院调研课题组 *

摘　要： 为满足人民群众日益增长的在线诉讼需求，近年来，江苏省常州市中级人民法院加快现代科技与审判融合，推动建设"龙城e诉中心"，打通诉讼服务"最后一公里"，通过延伸司法服务，助力实现更高水平的数字正义。"龙城e诉中心"利用网络公司区位优势，依托人民法院律师服务平台与江苏诉讼服务网，围绕司法为民、公正司法，以高度信息化方式支持司法审判、诉讼服务和司法管理，为诉讼当事人提供"一站式智能化诉讼服务"，实现全业务网上办理、全流程依法公开、全方位智能服务。

关键词： 在线诉讼　智慧法院　一站式诉讼服务

近年来，信息化发展带来司法活动方式的巨大变革。对当事人而言，在线智慧诉讼服务逐步成为人民法院诉讼服务的重要样态。因此，为满足人民群众的多元化司法需求，延伸司法服务职能，在深入调研、广泛征求意见的基础上，江苏省常州市中级人民法院（以下简称"常州中院"）与网络公司合作分批建设一站式诉讼服务网点——"龙城e诉中心"。该中心直接对接法院审判执行系统、电子卷宗系统、语音转写系统、庭审直播系统、缴费

＊ 课题组负责人：曹忠明，江苏省常州市中级人民法院党组书记、院长。课题组成员：高玉华，江苏省常州市中级人民法院副院长；谢周鹏，江苏省常州市中级人民法院信息技术处处长；耿旭洋，博士，常州大学史良法学院讲师。执笔人：耿旭洋、谢周鹏。

系统，支持各种诉讼活动方式，极大丰富了司法服务场景，构建起多层次、立体化、全覆盖的便民诉讼服务和网上庭审系统。

一 "龙城e诉中心"建设背景

（一）政策背景

"没有信息化就没有现代化"的深刻战略论断[①]，为人民法院迈向审判体系和审判能力现代化指出光明前景。党的十八大以来，人民法院深入贯彻习近平总书记关于网络强国的重要思想，牢牢把握司法体制改革和智慧法院建设的"一体两翼"发展模式，构建中国特色的互联网司法模式，有力促进社会公平正义，为人民群众提供了极大便利。2019年12月28日，十三届全国人大常委会第十五次会议审议通过了《关于授权最高人民法院在部分地区开展民事诉讼程序繁简分流改革试点工作的决定》，将电子诉讼作为繁简分流改革的重要内容之一，并授权最高人民法院就"健全电子诉讼规则"等内容开展改革试点工作。2020年1月15日最高人民法院发布的《民事诉讼程序繁简分流改革试点实施办法》第1条明确规定，"探索推行电子诉讼和在线审理机制"。2021年6月最高人民法院颁布的《人民法院在线诉讼规则》，内容涵盖了在线诉讼法律效力、基本原则、适用条件、适用范围，以及从立案到执行等主要诉讼环节的在线程序规则。作为最高人民法院颁布的首部指导全国法院开展在线诉讼工作的司法解释，《人民法院在线诉讼规则》的出台意味着在线诉讼已经成为一种常规诉讼模式。此外，2022年1月1日正式施行的修改后的《民事诉讼法》亦明确，在线诉讼活动与线下诉讼活动具有同等法律效力。这些法律法规的出台无疑昭示着在线诉讼模式适用将成为不可逆转之势。

---

① 习近平总书记在中央网络安全和信息化领导小组第一次会议上明确指出，信息化和网络安全是"事关国家安全和国家发展、事关广大人民群众工作生活的重大战略问题"，并强调"没有网络安全就没有国家安全，没有信息化就没有现代化"。

（二）现实背景

1. 数字数据技术的发展

数字数据技术的发展极大改变了人们的生活和工作方式，无论是生活购物、社交娱乐等日常活动还是工作学习，都可以通过网络在线方式进行，人们也通过网络在线方式开展诉讼活动，由此产生了新的诉讼形态和方式——在线诉讼。由于在线诉讼突破了空间和时间的桎梏，极大便利了当事人参与诉讼，并降低诉讼的成本与时间，从而引发诉讼信息化潮流。中共中央印发的《法治社会建设实施纲要（2020～2025 年）》亦明确提出，"推动大数据、人工智能等科技创新成果同司法工作深度融合，完善'互联网+诉讼'模式，加强诉讼服务设施建设，全面建设集约高效、多元解纷、便民利民、智慧精准、开放互动、交融共享的现代化诉讼服务体系"。

2. 疫情防控的时代需求

2020 年初发生的新冠疫情对人类社会发展产生了巨大影响，司法活动亦无法置身事外，为同时满足司法活动亲历性的要求和最大程度降低疫情扩散，缓解案件数量剧增引发的"诉讼爆炸"与司法资源供给增长缓慢加剧的人案矛盾，满足人民群众对公平正义的需求，在线诉讼成为疫情期间传统诉讼方式的最佳替代方案[①]。2020 年 2 月 18 日，最高人民法院发布了《关于新冠肺炎疫情防控期间加强和规范在线诉讼工作的通知》，要求深入推进在线诉讼，积极依托中国移动微法院、诉讼服务网、12368 诉讼服务热线等在线诉讼平台，全面开展网上立案、调解、证据交换、庭审、宣判、送达等在线诉讼活动，有效满足疫情防控期间人民群众的司法需求，确保人民法院审判工作平稳有序运行。

3. 庭审云系统奠定基础

常州中院此前已为全市两级法院打造了一套"全面覆盖、移动互联、跨界融合、深度应用、透明便民、安全可控"的全场景庭审云系统。全场

---

① 左卫民：《后疫情时代的在线诉讼：路向何方》，《现代法学》2021 年第 6 期，第 35 页。

景庭审云系统对传统庭审模式进行变革，改变以往单一模式下庭审活动的参与方式，可实现科技法庭、互联网、看守所等全场景互通互联，方便诉讼参与人及律师参与诉讼，提高法院立案、庭审、结案效率。该平台已在常州中院以及五家基层法院共计55个法庭完成软硬件的改造升级，并在本次疫情中为保障庭审顺利进行发挥了巨大作用，自系统上线以来已成功开庭1240余次。鉴于全景庭审云系统的成功经验，为进一步打造"四智融合"智慧法院，统筹全市智慧法院建设，保障"532"发展战略，全面落地"让数据多跑路，让群众少跑腿"的便民诉求，在线上庭审得到保障的基础上，有效解决部分特殊群体参与诉讼不便的问题，常州中院进一步提出建设"龙城 e 诉中心"计划。

二 "龙城 e 诉中心"建设理念

龙城是常州的别称，"龙城 e 诉中心"是常州市中级人民法院充分利用先进信息技术，为支持龙城法院全业务网上办理、全流程依法公开、全方位智能服务，实现司法为民、公正司法目标，而打造的智慧诉讼服务体系。"龙城 e 诉中心"建设始终坚持以业务为牵引、以技术为驱动、以规划为纲领、以成效为根本的建设理念。

（一）以业务为牵引

以业务为牵引，提升信息化应用与业务的融合度。"龙城 e 诉中心"建设的服务对象是人民群众，人民群众满意是智慧法院建设的生命力。

人民群众的需求在于公平与效率，"龙城 e 诉中心"的建设需求来源于人民群众，系统建设成果服务于人民群众，系统建设评价以人民群众的评价作为重要依据。"龙城 e 诉中心"建设者需要更多地倾听人民群众的诉求，准确把握信息化应用中的堵点、痛点。这需要智慧法院建设者站在业务的角度，强化信息化应用与业务的融合度，提高技术服务业务水平并将业务需求作为信息化建设的牵引。

（二）以技术为驱动

以技术为驱动，实现"龙城 e 诉中心"建设从解决问题到推动发展的转变。在数字时代大潮下，"龙城 e 诉中心"建设者只有掌握驾驭新兴技术的能力，才能更好地推动"龙城 e 诉中心"法院建设。考虑到实践中 WiFi 信号差、网络中断、平台运行速度慢等往往会导致网上庭审突然被迫中断，硬件设备、软件系统及网络运行速度等在线诉讼的技术支撑条件，均存在进一步完善和提升的空间。"龙城 e 诉中心"需要利用好人工智能、大数据、区块链、5G 等新一轮科技推动力量，注重专业技术学习，并积极拓展技术与业务融合的场景，提升应用信息化手段解决业务问题的能力。对此，常州市中级人民法院也一直为营造尊重技术的研发氛围而努力，为"龙城 e 诉中心"建设的技术积累与更新提供平台，实现"龙城 e 诉中心"建设从解决问题到推动发展的转变，从而更好地发挥技术的驱动性作用。

（三）以规划为纲领

以规划为纲领，统筹技术需求、业务需求与发展目标实现一体化。"龙城 e 诉中心"以最高人民法院制定出台的《人民法院信息化建设五年发展规划（2019~2023）》为纲领，根据上级法院的发展要求，常州中院明确职能定位，形成发展思路和实施路径，制定符合自身实际的发展规划。随着"龙城 e 诉中心"建设的深入，做好"龙城 e 诉中心"建设规划的意义凸显，它决定了"龙城 e 诉中心"建设能否科学有序开展，决定了能否打造具备"实效与时效"双重功能的实用性平台，常州中院将继续在充分认识现有资源、现有业务需求的基础上，将技术需求、业务需求与发展目标有机结合起来，制定"龙城 e 诉中心"的发展规划。

（四）以成效为根本

以成效为根本，树立新型智慧法院建设绩效观。"龙城 e 诉中心"旨在帮助人民群众、方便诉讼参与人，应当站稳群众立场，坚持问题导向，着力于现有系统的深度优化，以深度优化推动发展，将建设的重点落在案件处理效果更"好"上，在好的基础上进一步实现"又多又好"。"龙城e诉中心"使司法服务触手可及。一方面，以成效为根本要求，"龙城e诉中心"促使审判工作变得更为方便快捷，实现电子卷宗前端录入，极大程度方便法官，提高办案效率，彰显司法工作的人文关怀。另一方面，以成效为根本，还要求"龙城e诉中心"坚持以人民群众评价为重要的成效量尺，建立科学有序的评价体系，确保平台的服务功能得到切实发挥。

三 "龙城e诉中心"建设现状

自2022年6月21日常州首个"龙城e诉中心"建成以来，截至2022年10月，已在6个偏远乡镇电信营业厅、2个法律服务中心、5个律所设点，提供各类在线诉讼服务1000多人次。

（一）总体目标要求

1. "两端"——面向诉讼需求群体两端

"两端"是指线下办理法院业务不便且智能设备操作能力较弱的当事人端以及案件代理数量较多有大量在线诉讼需求的律师端，这两类人群涉及的案件在法院案件总量中占比最高，也是在线诉讼服务延伸到最极致的两端。他们或不具备独立完成参加在线诉讼的相关操作能力，或因案件繁多不愿使用现有入口众多、操作烦琐的在线诉讼平台。"龙城e诉中心"利用电信营业网点遍布城乡的区位优势，依托电信营业厅，由电信工作人员担任导诉员，指导当事人开展在线诉讼活动，有效解决偏远地区群众和部分特殊困难群体参与诉讼不便的难题，彻底扫除诉讼服务的覆盖盲区，全面落实"让数据多跑路，让群众少跑腿"的便民诉求。另外，针对参与诉讼活动比重最高的律师群体，他们代理案件数量多，有大量的在线诉讼需求，但因上传电子诉讼材料标准不统一、在线庭审不规范，对诉讼流程的推进造成了阻滞。常州中院指导律所参与建设"龙城e诉中心"，通过对硬件设施的规范要求，如使用扫描仪、高拍仪等协助律师上传符合法院电子卷宗要求的材料，避免因材料不规范被退回，不仅减少了法院的重复工作，亦降低了律师的工作量，为其节约了时间成本与交通成本，从而极大便利了律师集中参加在线诉讼。

2. "三全"——覆盖全部诉讼活动

常州法院现有的各诉讼平台应用成熟度参差不齐，相互之间数据流转不畅，各基层法院在线庭审系统平台不统一。当事人与律师参与线上诉讼往往需要注册多个诉讼服务或庭审平台，且跨区县递交诉讼材料不便，耗时费力。"龙城 e 诉中心"通过制度规范和软硬件配套规则，依托人民法院律师服务平台与江苏诉讼服务网，实现在线立案、案件查询、网上缴费、网上申请、跨域诉讼、异步诉讼、线上庭审等各项诉讼服务功能，确保"全时空、全流程、全场景"的诉讼服务活动全覆盖。

3. "四个一"——深度优化用户体验

常州中院通过对多类诉讼主体开展多轮调研后，总结在线诉讼平台亟待优化的问题，并适时进行再优化与再开发。比如，为给当事人与律师提供"一网通办、一键直达、一次办好、一站多能"的优质司法体验，针对"龙城 e 诉中心"诉讼服务平台登录后 UI 设计不够友好及多级目录查找功能不便等缺点，常州中院及时对应用平台进行二次开发，重新设计平台登录界面、疏通业务办理入口、调整法院受理流程，整合多项司法功能。另外，在空间布局上，"龙城 e 诉中心"被划分为诉讼服务区和视讯服务区，诉讼服务区的功能相当于全市任意一家法院的诉讼服务中心，视讯服务区的功能则相当于全市法院任何一个科技法庭。且"龙城 e 诉中心"使用的终端设备均为最常见的电脑、显示屏、打印机、高拍仪等，极大地降低了建设成本，可复制，可行性高，有效防止便民项目"盆景化"。

（二）空间布局架构

"龙城 e 诉中心"空间布局分为诉讼服务区和视讯服务区两个区域，其中在诉讼服务区提供网上立案、联系法官、信息查询、网上阅卷、文书打印等功能，视讯服务区提供网上调解、网上开庭功能。由常州中院负责制定建设标准并提供相应的技术支撑、人员培训，建设地所在单位、公司为具体承建方，提供相应的软硬件环境、设备和导诉人员配备，所有硬件、装修所有权归承建方所有。

1. 详细功能

①身份验证：通过证件核验、手机核验和人脸识别等方式核验用户真实身份，并对用户资料以及流程进度加密保存，方便用户二次编辑、增删诉讼材料等。②诉讼服务：现阶段依托人民法院律师服务平台与江苏诉讼服务网，实现用户网上立案、联系法官、流程信息查询、文书查询、网上阅卷、网上缴费等功能，下阶段将对诉讼服务平台功能进行升级，整合各类诉讼服务，并实现全流程非同步诉讼。③视讯服务：实现网上调解、网上庭审、网上信访等音视频交互需求。

2. 设备要求

诉讼服务区配套可连接互联网的电脑、显示器、摄像头、打印复印扫描一体机、办公桌椅等。视讯服务区配备连接互联网的电脑、大屏幕显示器（或电视机）、音视频摄像套件、高拍仪、办公桌椅等。

3. 内部布置

承建方需要划分出不小于 12 平方米的场地供"龙城 e 诉中心"使用，并划分为诉讼服务和视讯服务两个区域，且区域之间可视具体情况进行物理分隔，以保护使用者的个人隐私。

4. 墙面宣传

在营业厅墙面上张贴"龙城 e 诉中心"Logo 以及使用方法、步骤讲解、制度规则等内容，方便用户在使用前进行了解和学习，同时在入口处放置立式广告牌进行宣传引导。此外，在无人使用平台期间，大屏可播放法治宣传内容，充分利用场所硬件资源。

5. 拓展功能

依托大数据管理局"我的常州"App，规划建设覆盖全市的诉讼服务平台，实现从诉讼到审判、执行的全流程统一平台服务，并对案件当事人

（包括有代理人的案件当事人）全面推送审判执行流程信息。未来诉讼服务平台数据视情况接入政务云，为市委谋划决策部署提供司法数据支持。

（三）分类操作程序

1. 当事人操作流程

"龙城 e 诉中心"诉讼服务平台当事人版分为六个板块，包括注册登录、网上立案、提交材料、联系法官、案件查询以及网上信访。其中"联系法官"功能主要是当事人选择自己的案件进行联系法官申请，填写相关申请事项内容并上传相关材料后点击提交，可选择是否需约见法官以及需要约见法官的时间，促进了当事人与法官直接有效的沟通。而"网上信访"功能则能够加强对法院工作的监督管理、维护当事人的合法权益、确保司法公正和数字正义。

2. 法官操作流程

针对网上立案，需要法官在"司法辅助"—"诉讼服务网"进行审核，点击"审查"进行审核，根据流水号找到对应的网上立案信息，选择审查结果并填写审查意见，点击"审查通过"后需再次确认是否符合立案条件。而案件在审核通过后记录的状态变为"符"，法官随后可进入"网上立案接受"，对"符"状态的案件进行收案，确认后转入审判系统收案页面。当事人在平台提交材料后，由法官填写材料审核情况并选择"接收"或"退回"。倘若当事人联系法官，则由法官在"预约法官"一栏中找到"待回复"的记录，并选择答复结果，针对答复内容给出回复。倘若当事人申请约见法官，法官还需在系统内安排约见时间。

3. 律师操作流程

律师服务平台操作流程涵盖网上立案、调查收集证据事项办理、律师阅卷申请、退费申请、延长举证申请、撤诉申请、回避申请、办结查询以及开庭排期自动避让，并由相应审核人员通过全域诉讼服务系统中的"律师服务办理"功能进入申请信息审核页面，选择需要审核的信息进入办理，填写处理意见并保存后，相关记录自动跳转到已处理流程，并反馈给律师服务平台。

4.书记员操作流程

书记员主要使用"全场景庭审云"（法官端）系统，登录后可通过"今日庭审"查看当天的庭审，在"我的今日庭审"中可进一步选择需要开庭的排期，点击"加入庭审"后即可开始庭审。庭审过程中，由书记员操作系统选择参与人、播报庭审纪律、进行庭审录像，对于扰乱法庭纪律的当事人，可使用庭审控制的禁言等操作。庭审最后，书记员需要导入笔录，并查看当事人签名状态，确认无误后再导出笔录。另外，系统内还提供了两类结束庭审的程序，一种是"退出庭审"即临时退出，不闭庭，随后仍可由庭审列表重新进入庭审，另一种则是"关闭庭审"即闭庭。在庭审结束后，书记员还需在"庭审管理"中找到需要回传的排期信息。

四 "龙城 e 诉中心"应用优势

（一）依托电信区位优势进一步突破诉讼的空间局限

从长远来看，单纯依靠法院系统需求和资金支持无法维系智慧法院的长效建设，充分依托社会各方力量的实质参与，才能打造多方协作、共同建设智慧法院的良好生态。"龙城 e 诉中心"正是有效借助他方力量，在法院实体诉讼服务中心功能的基础上，依托互联网技术，将诉讼服务辐射至时间、空间、受众等多个维度，以满足非同步诉讼形式，在人民法院、基层人民法庭无法覆盖的区域，利用电信营业网点遍布城乡的优势，由电信工作人员担任导诉员，"手把手"帮助诉讼当事人现场参与庭审，涵盖网上立案、线上材料递交、联系法官、案件流程信息查询、文书查询、网上阅卷、参与网上调解、网上庭审等多种诉讼服务，以一站式诉讼服务模式打通诉讼服务的"最后一公里"，进一步突破诉讼在物理空间上的局限性。

（二）更低的建设成本提高了平台的可复制性与可推广度

"龙城 e 诉中心"的显著特点与优势在于充分利用了电信营业网点遍布城乡的优势，在人民法院和基层人民法庭无法覆盖的区域，分批建设驿站式诉讼服务网点，故而无须另行建设线下平台及专线网络。很多法院都积极响应"推进司法信息化、智慧法院、在线诉讼建设"的号召，并尝试推出适应自身状况的电子诉讼系统平台，但在这一过程中，难免存在较为严重的系统重复开发、司法资源浪费等问题，而"龙城 e 诉中心"依托全国律师服务平台和江苏省平台，无须另行搭建相关服务平台，杜绝了浪费社会资源重复建设的情况，极大削减了建设成本。培训电信工作人员作为导诉员"手把手"引导当事人使用在线诉讼平台，能够有效缓解法院人手紧张问题，在节省人力成本的同时提高了法院工作的整体效率。此外，电信公司基于自身技术优势，能够持续加强新型网络基础设施建设、构建云网融合的数字化平台，为"龙城 e 诉中心"建设提供源源不断的技术支持与动力，削减了平台系统开发与运行维护需支出的技术成本。

（三）优化功能设计，对上级法院的诉讼服务平台进行良性补充

为进一步优化人民法院在线服务，最高人民法院研发推出了人民法院在线服务平台和人民法院律师服务平台，提供包括在线立案、开庭、送达等在内的一站式服务，力求做到诉讼服务全天候。平台上线后取得了不错的效果，当事人参与诉讼往返法院的时间大幅减少，诉讼成本显著降低。2021年全国法院网上立案 1143.9 万件，仅网上立案就帮助诉讼参与人节约近 4.5 亿元。但是，相关平台在应用率、专业水平和实际效果等方面仍有较大提升空间，尤其是平台自身的功能设计亦亟待优化。例如，"人民法院在线服务"目前仅在微信小程序上线，当事人上传诉讼材料往往是通过手机直接拍摄上传，难免出现模糊、歪斜、光线过暗等问题，但这类材料经上传后法院无法直接导入电子卷宗使用，而平台内只提供了"退回"选项，没有"补充材料"功能，因此法院只能要求当事人重新递交纸质材料，背离了在

线诉讼高效便民的初衷。"龙城e诉中心"依托电信营业网点，配备了扫描仪、高拍仪等高科技硬件设施，且培训电信工作人员作为专门的导诉员协助当事人和律师群体使用在线诉讼程序，他们可在导诉员的指导下准确无误地上传诉讼材料，能够有效避免因拍摄问题导致的材料不符合要求情况，从而极大提高了网络立案的成功率，真正做到便民利民。

（四）扩大平台适用范围，倒逼法院提高自身工作水平

各地法院并未统一适用同一诉讼服务平台，如江苏省内的南京、无锡、徐州、苏州和南通法院等均建立了面向本地的线上诉讼服务平台，并未直接依托江苏诉讼服务网，导致当事人和律师必须注册不同的平台系统，原本旨在便捷诉讼的在线诉讼平台实际便民利民程度不足。加之部分法院担心在线诉讼的高便捷度会致使收案数量无法把控，大大增加法官的工作量，并未广泛对外宣传在线诉讼服务平台。而"龙城e诉中心"依托人民法院律师服务平台和江苏诉讼服务网，适用面相对更广，可预期其对诉讼当事人和律师群体的接受度和普及度会更高，因此在一定程度上对法院提出了更高要求，倒逼法院提高自身工作水平，以更好地应对线上平台增加的案件数量。

五 "龙城e诉中心"问题与展望

（一）"龙城e诉中心"的问题与功能反思

"龙城e诉中心"在建设过程中不可避免地会遭遇诸多问题。例如，在线诉讼不同于线下诉讼在一个肃穆的独立空间开展，且对参与和回避的人员有严格规范，通常情况下在线诉讼会比较随意，尤其体现在在线诉讼的地点不固定，诉讼主体可能在餐厅、商场等公共场所参与线上诉讼活动。此外，随着手机和电脑等设备录屏功能的发展与广泛应用，在线诉讼往往不能如传统线下诉讼确保法庭内禁止私自录音录像。上述情形无疑对维护司法严谨性和信息保护提出了挑战，因此，"龙城e诉中心"将进一步加强对在线

庭审的秩序规范与纪律保障，通过信息技术对现实的虚拟为当事人营造司法仪式感。

考虑到"龙城 e 诉中心"建设推进过程中必然需要技术人员参与，如依托电信网点提供设备以及培训电信工作人员作为导诉员等，而此类技术人员对司法运作及其系统的认知存在一定局限性，因此，作为用户的法院需要尽可能通过信息化满足自身需求，确保"龙城 e 诉中心"的设计符合实际的司法需求。

在线诉讼不仅是疫情防控背景下的时代需求，亦是司法活动现代化的必然趋势。"龙城 e 诉中心"在提升司法效率、减轻法官负担、深化司法公开、促进司法规范的同时，亦面临"网络+法院"这一新生事物与原生司法制度磨合引致的阵痛，需要实践与理论的进一步探索与释疑，技术更新与制度建设缺一不可。

（二）"龙城 e 诉中心"的未来规划与展望

1. 由"最多跑一次"到"一次不用跑"

"为老百姓提供用得上、用得起、用得好的信息服务，让亿万人民在共享互联网发展成果上有更多获得感。"① 人民群众的期待就是"龙城 e 诉中心"不断完善、升级、发展的方向，常州中院将围绕龙城人民的需求构建更公正、公平、智能化的在线诉讼服务体系。打造"龙城 e 诉中心"，是司法为民扎实推进的一步。为满足群众的多元司法需求、解决群众的急难愁盼，常州中院把"龙城 e 诉中心"确定为创建"为群众办实事示范法院"的重要内容，作为"民心工程"全力推进，努力做到"群众的需求在哪里，法院的诉讼服务就延伸到哪里"；打造"龙城 e 诉中心"，是诉讼服务转型优化的一步。

---

① 2016 年 4 月 19 日，习近平总书记在网络安全和信息化工作座谈会上发表重要讲话，为推进网络强国建设指明了方向。讲话中强调，"网信事业要发展，必须贯彻以人民为中心的发展思想。要适应人民期待和需求，加快信息化服务普及，降低应用成本，为老百姓提供用得上、用得起、用得好的信息服务，让亿万人民在共享互联网发展成果上有更多获得感"。

常州中院把"龙城e诉中心"打造成家门口的"微法院",走进中心就可以办理从立案到调解到开庭到执行到信访的全流程诉讼服务,真正实现"一网通办、一键直达、一次办好、一站多能"。打造"龙城e诉中心",是智慧法院提档升级的进一步探索。"龙城e诉中心"安排专人提供导诉服务,"手把手"帮助诉讼当事人现场参与庭审,为其解决诉讼活动中遇到的问题,努力为人民群众提供方便快捷、智慧精准、低成本、多样化、一站式的诉讼服务。接下来,常州中院将逐步实现"龙城e诉中心"对偏远地区和司法服务站、律所的全覆盖,打造一张智慧法院"亮眼名片",切实做到让人民群众从"最多跑一次"到"一次不用跑"。

2. 由单一资源运用到综合资源整合

在"智审、智执、智服、智管"的智慧法院体系基本建成后,最高人民法院又提出了"大力建设人民法院信息化4.0版"的宏伟目标。最高人民法院院长曾多次指出,要引领更高水平的数字正义的未来发展方向,即应当以司法数据中台、智慧法院大脑为牵引,突破技术瓶颈,推进人民法院信息化4.0版建设向纵深发展。要围绕智慧审判、智慧执行、智慧服务、智慧管理,充分挖掘利用司法大数据资源,不断提升智慧法院建设智能化水平。

"龙城e诉中心"还将与大数据管理局"我的常州"App进行对接,规划建设覆盖全市的诉讼服务平台,实现从诉讼到审判、执行的全流程统一平台服务,并对案件当事人(包括有代理人的案件当事人)全面推送审判执行流程信息。未来诉讼服务平台数据还将根据实际情况接入政务云,为市委谋划决策部署提供司法数据支持,进一步推动司法数据一体化融合治理,构建相关技术应用与规范要求的综合衔接机制。另外,由于线上诉讼具有信息全共享、电子全覆盖、网络全联通的特点,不可避免面临数据安全与信息安全的问题,"龙城e诉中心"还将加强诉讼各环节的人格保护与信息保护,包括但不限于电子材料的提交与送达、电子案卷的审查与判定、电子准备程序与审判程序等,对诉讼中个人信息的收集、处理、使用制订明确的合规指南,并结合各类安全和加密等技术保障措施支撑数据安全。"龙城e诉中心"力求推动从传统司法服务单点突破、各自为战转向顶层规划、整体推进，应用宽度从单一领域向全方位拓展，变革内容从数字化向网络化、智能化升级。

3. 由特定场景适用到多维一体覆盖

"龙城 e 诉中心"作为上级法院诉讼服务平台与传统线下诉讼服务中心的良性补充，旨在在常州范围内形成空间维度覆盖全市区域、时间维度涵盖司法流程、受众维度满足多类群体的"三维一体"在线诉讼服务网络大格局，成为功能浓缩齐全的微法院、线上线下融合的智能法院、老百姓家门口的人民法院。"龙城 e 诉中心"采用常州中院为全市两级法院打造的全场景庭审云系统，实现了对传统单一庭审模式的变革，串联起科技法庭、互联网、看守所等全场景，确保了在线庭审的仪式感、现场感以及流畅性，通过多方参与的可视互动确保当事人始终处于庭审应有的庄重与严肃氛围，在为诉讼参与人及律师提供极大便利的同时，亦便于法院对当事人参加庭审的行为进行监督、指挥、协调和调度，防止当事人以技术或其他理由干扰在线庭审的进行，提高了法院开庭庭审结案的效率。

智慧审判

Intelligent Trial

B.11
"企业破产'一件事'"数字化
改革调研报告

浙江省绍兴市中级人民法院课题组*

摘　要： 法官在办理破产案件过程中需要协调大量的行政事务，但是，传统破产案件办理数字化程度低，线下机制不成熟。将破产案件线下办理机制搬到线上，并促进机制重塑是破产审判领域创新的必由之路。浙江法院于2021年开始推进破产案件审判数字化改革试点。"企业破产'一件事'"应用是由绍兴市中级人民法院在浙江省高级人民法院指导下牵头四家试点法院，聚焦传统模式下破产案件审理周期长、涉及人员多、信访压力大、资产处置难等痛点，以"府院联动"为抓手，打造的多跨协同全流程数字化破产办案模式。"企业破产'一件事'"改革优化了破产案件审理环节，规范了协调事务办理流程，完善了对破产管理人的履职

* 课题组负责人：姚海涛，浙江省绍兴市中级人民法院党组书记、院长。课题组成员：周剑敏、张凯、秦善奎、余廉、茹赵鑫、金林涛。执笔人：秦善奎，浙江省绍兴市中级人民法院金融审判庭庭长；金林涛，浙江省绍兴市中级人民法院金融审判庭法官助理。

保障和有效监管，有利于深化"府院联动"权限配置研究，为《企业破产法》的修订提供支撑。

关键词： 破产审判　数字化改革　"府院联动"　智慧法院 "一件事"改革

　　企业破产涉及诸多社会问题。例如，破产企业职工的安置，就需要政府的政策支持与配合，特殊的司法需求决定了"府院联动"机制在企业破产案件处置中极为重要。在目前的司法实践中，已有地方法院与政府探索单向破产"府院联动"机制，即强调政府以履行好自身行政职责的形式配合法院破产案件的处置，表现为各地出台的破产"府院联动"机制试行办法[①]。通过"府院联动"机制一案一策解决企业破产难题。然而，这种"府院联动"地域性强，可推广性不足，亟须需探索"府院联动"的新路径。

　　数字化改革是当下的高频热门词，全社会、各领域都在探索利用数字技术实现工作的转型升级[②]。浙江法院于 2021 年开始在杭州市富阳区、诸暨市、瑞安市、嘉兴市南湖区开展破产审判数字化改革试点。在改革进程中，杭州市富阳区人民法院、诸暨市人民法院、瑞安市人民法院、嘉兴市南湖区人民法院立足本地破产案件办理实际情况，开发了各具特色的破产数字化应用，用数字化手段优化了企业破产案件办理流程[③]。在浙江省高级人民法院的统一部署下，绍兴市中级人民法院（以下简称"绍兴中院"）整合四家

[①] 例如，浙江省温州市中级人民法院出台了《企业金融风险处置工作府院联席会议纪要》，该纪要体现的是以政府为主导的府院联动机制；浙江省杭州市出台了《关于建立杭州市企业涉险与破产司法处置府院联动机制的通知》，建立了以法院为主导的府院联动机制。

[②] 兰建平、杨玉玲：《从"开放式改革"到"数字化改革"的逻辑与原则》，《浙江工业大学学报》（社会科学版）2022 年第 2 期，第 151 页。

[③] 杭州市富阳区开发了"办理破产一件事"融破智联应用，打通了不同部门破产相关事项线上查询的渠道；诸暨市开发了"府院智破"应用，优化了破产府院联动机制；瑞安市开发了"破产智审"应用，打造了 6 个高频协同事项子模块，提高了破产案件办理效率；嘉兴市南湖区开发了"企业风险智治"应用，建立了联席会议工作机制。

试点法院的改革经验和开发应用，牵头研发了"企业破产'一件事'"应用，并于 2022 年 9 月向全省推广。

绍兴市中级人民法院通过"企业破产'一件事'"数字化改革，出台了首个以府院双向联动机制为特点的《府院联动推进企业预重整规程》，为企业破产事务协同难、案件办理周期长、风险预警不及时等重大问题的解决提供了绍兴经验。

一 建设背景：破产审判在数字化时代的必然要求

（一）解决破产实践难题的需要

企业破产案件审判是一项复杂的系统工程，其中职工安置、涉税处理、工商注销、资产处置等事务都需要政府部门的配合协助，但《企业破产法》对此并未作相应规定。破产办理面临三方面的问题。一是沟通协同难。法院需要逐案、逐事、逐部门反复对接协调，且行政部门协同未形成模块化的规范机制，在事务协调过程中容易出现受理标准与办理流程不统一的弊端。二是对破产管理人履职保障和有效监管难。破产管理人的身份还没有被广泛认同，造成管理人履职障碍。同时，法院对管理人开展点对点监督力量不足，且没有客观统一的监督标准，导致管理人履职缺乏监管。三是程序推进难。破产企业债权债务和资产情况复杂，处置资产需要协调的事务繁杂，破产案件审理时间短则一两年，长则四五年，法官约 70% 的精力用于协调各种事务。破产审判靠传统方法提升效率的空间很有限，只有借助数字化改革，探索新的破产办理机制，数字赋能破产，才能助力破产审判实现突破性发展。

（二）优化法治化营商环境的需要

国家发展和改革委员会等《关于推动和保障管理人在破产程序中依法履职 进一步优化营商环境的意见》要求，加强相关部门、金融机构与人民法院、管理人的信息沟通，推动破产程序中的数据共享、业务协同。浙江作为市场经济强省，不断完善市场主体退出机制，有力提升市场活力，打造一流法治化营商环境是发展所需、基层所盼、民心所向。绍兴是民营经济大市，源远流长的绍兴文化孕育了勤劳务实的绍兴人民，铸就了开放包容、量大活跃的民营经济。《企业破产法》实施以来，绍兴法院审结企业破产案件1090件，审结案件申报债权2585亿元，其中申报金融债权1285亿元，经民事诉讼追收破产财产33.6亿元，清偿债权额336.3亿元；通过企业破产审判，补偿安置职工22406人，盘活土地23293亩、房屋1054万平方米，并释放出排污权、知识产权等大量无形资产。破产已经成为危困企业拯救、失败企业退市的重要制度安排，对优化产业结构、改善营商环境、推动"两个先行"具有重大意义。破产数字化改革成功与否也成为能否持续提升营商环境的关键因素。

（三）助力共同富裕的需要

共同富裕是社会主义的本质要求。数字化改革通过数字普惠、数字公正等特性成为实现共同富裕的重要工具[1]。破产案件中存在大量的小额债权人、职工债权人，如其利益不能得到有效维护，将会极大地降低其生活水平，甚至导致弱势群体返贫。同时破产案件存在许多风险难点，如对破产财产的分配不当容易引起债权人不满，从而引发信访等问题，维稳压力巨大。通过数字化改革提高破产案件办理效率，能够挽救陷入困境的企业，最大程度确保破产企业生产不停、职工不散，前端化处置矛盾和风险点。因此，开展数字化改革是助力共同富裕、维护和谐稳定社会环境的现实需求。

（四）推动"府院联动"机制进入破产立法视野的需要

"府院联动"在本质上是行政权与司法权的协调与配合。破产案件办理是一项多方协调、整体推进的系统工作，这是建构"府院联动"助力破产

---

[1] 汤临佳、周晓燕：《数字化改革对共同富裕建设的影响研究》，《浙江工业大学学报》（社会科学版）2022年第2期，第159页。

审判的现实基础。一方面，《企业破产法》是一部外部性极强的实践性法律，不仅具有使市场主体退出（重生）的司法功能，还具备外部社会功能。例如，加快"僵尸企业"退出、深化供给侧改革、调整产业结构、促进经济高质量发展、化解重大社会风险、助力共同富裕等。这些外部社会功能的实现都需要行政权的配合和介入，从而调配社会资源、处理公共事务、维护社会秩序、增进公共利益。另一方面，就破产案件审理而言，不仅需要法院处理破产案件中多元的法律关系，平衡债权人、债务人、债务人员工等多方利益，而且会衍生很多社会问题，包括工商、税务、财政等各种错综复杂的行政管理关系。破产审判程序的推进呈现办案与办事相结合、开庭与开会相结合、裁判与谈判相结合的特征[①]。例如，破产重整案件就需要政府运用行政资源，协调引入投资人，推动破产重整的顺利进行。

就司法权和行政权的自身属性来说，司法权由于其被动性和谦抑性，无法主动介入尚未进入法律程序的高危风险企业，引导其降低破产风险。就进入破产程序的企业而言，司法权由于不具备整合社会资源、解决破产衍生问题的功能，单靠法院处理破产企业事务，破产案件的办理效果也会大打折扣。而行政权具有主动性，具备社会管理和协调能力，可以整合其内属部门，以效率为先，优先处理税务、产权、职工安置、风险管控等衍生问题，解决法院、管理人无法处理的社会问题，提升破产案件的社会效果。但是，行政权也需要限定合理边界，需要尊重司法的专业化判断。对于无法存续下去的"僵尸企业"不能因为涉及地方经济发展和就业问题，强制其进入重整程序。另外，行政权不能过多地干预司法，甚至主导司法，对于哪些企业需要破产、可以破产、破产财产分配等专业事项要通过司法权的判断解决。

"府院联动"由于破产审判的现实需要，已有法院和政府在实践中摸索出了具有地方特色的"府院联动"机制并出台了相关地方性文件，但截至目前还未形成全国层面的破产"府院联动"法律文件。十三届全国人大常委会已将《企业破产法》（修改）列入立法计划，国内王欣新等著名专家学

---

① 王欣新等主编《破产法论坛》（第8辑），法律出版社，2013，第444页。

者均明确提出将破产"府院联动"机制上升至立法层面，汤维建等人大代表亦在全国两会期间就破产"府院联动"建设提交议案。

绍兴破产审判也在实践中摸索出了具有地方特色的破产"府院联动"机制，出台了《关于加快推进"僵尸企业"处置的实施意见》《府院联动推进企业破产便利化工作意见》《府院联动推进企业预重整规程》等十余件规范性文件，丰富了"府院联动"机制，填补了大量规则空白，形成了政府和法院在企业破产程序一启动就同时列席、共同参与、双向互动、协调配合的机制。运用数字化手段，收集企业破产预警信息，破产前的风险预警由法院推送给政府前端处置；打通数据壁垒，企业破产中的程序在政府配合下由法院主导线上推进；企业破产后的善后处置由法院和政府协调化解纠纷，救助弱势群体，保障社会稳定。形成了数字化破产流程全链条"府院联动"处置机制。在"府院联动"实践的基础上，总结出府院破产审判数字化联动机制的共性、特性，实现理论与实践的有机融合，有助于推动《企业破产法》中"府院联动"内容的完善。

二 建设路径："企业破产'一件事'"应用

（一）应用平台构架

"企业破产'一件事'"应用平台分为以下几个体系。一是基础设施体系。平台建设所需的存储、计算、网络带宽等基础资源由绍兴市政务云提供和保障。二是数据资源体系。由浙江省一体化智能化公共数据平台以及绍兴市一体化智能化平台提供底层数据支持。三是应用支撑体系。依托统一身份认证、电子签章等通用组件，为开发业务应用提供基础支撑。四是业务应用体系。通过案件接入、企业联审、破产接管、资产处置变价等模块向展示层提供业务应用能力。互通体系系统完成与浙政钉的系统互通，支持法院、税务、市场监管等相关部门工作人员通过浙政钉进入系统，破产管理人可以通过法院办案系统的管理端进入法院与政府部门的管理端。

根据破产审判工作规律，企业破产"一件事"应用面向不同用户构建"一舱三端六场景"的整体框架（见图1），"一舱"为全景驾驶舱：以法院用户为核心，实现破产案件从申请到办结的全过程闭环，建立多层次、广范围的绍兴市破产处置领域统一平台体系。通过平台智能分析整合后提供可视化的破产审判工作画像，为党政领导科学决策、提前介入企业风险化解提供参考。"三端"，一是面向法院的"司法端"，发起案件后，法院对管理人履职情况进行全程指导和监管；二是面向行政职能部门的"协同端"，破除"信息茧房"，全流程留痕，保障高效落实；三是面向管理人的"履职端"，将管理人履职的事务标准化，做到履职时"材料格式统一、申请流程一致、动作整齐划一"。

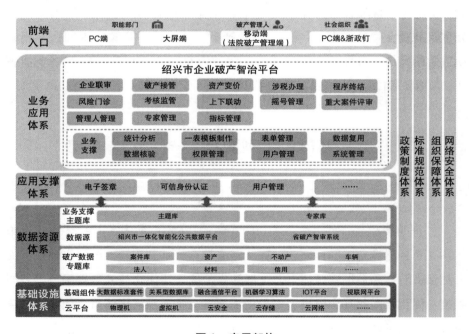

图1　应用架构

（二）应用场景构建

"企业破产'一件事'"系统按照V字模型梳理三级任务，设置6个子场景，实现协同事项全流程"平台流转，线上办理"。具体场景如下。

1. 风险预警场景

针对企业破产风险识别滞后、破产企业信息不全、诉讼前处理纠纷方法不多的实际困难，"企业破产'一件事'"应用传承发扬"枫桥经验"，探索"网上枫桥经验"模式。一是企业破产前风险预警。破产程序启动前，收集涉诉涉执、工商、财务、经营等12类企业风险数据，通过模型算法智能生成红、橙、黄、蓝四色预警等级，生成预警企业风险防范精准"画像"。对具有挽救价值的企业，制定止损策略，保护市场主体。同时将预警信息报送党委政府，由党委政府及时制订相关处置方案，提前防范风险。例如，绍兴市越城区人民法院针对新冠疫情和"双减"政策影响中小微企业和培训机构破产骤增的现状，通过系统研判，最终对确有发展前景的暂时危困企业裁定不予受理破产申请5件，协调撤回破产申请20件，通过预警机制挽救一批企业。二是案件受理前进行庭外预重整。借助该应用，联通镇、乡、街道以及金融机构，发挥基层组织感知社会风险的"神经末梢"作用，将纠纷化解从诉中延伸至诉前。例如，诸暨市越美商贸城陷入债务危机后，在正式进入司法程序之前，启动预重整程序，多方线上沟通，使得14亿元债务危机得以化解，400余户债权人利益得到保障，减少诉讼、执行案件600余件。三是破产案件办理中风险预防。破产程序启动后，以一体化智能化公共数据平台为依托，集成企业财产状况、股权变更、企业年报等31项基础数据，绘制企业生产经营和资产"社会画像"，形成"资不抵债"数据，一键反馈至法院和破产管理人，为其管控企业风险提供参考依据。例如，绍兴市柯桥区人民法院审理的中厦破产案，法院受理后第一时间掌握大量涉诉纠纷和11个在建工程停工风险信息，通过引入投资人的清算转重整方案，最终实现无一起工程烂尾、无一起欠薪纠纷、无一起群体信访的社会效果。四是裁判作出前风险预估。绍兴市上虞区人民法院在全国首创"重大案件判前社会效果评估机制"，邀请专家、学者、社会代表和债权人代表对破产强制批准事项和潜在信访隐患发表意见，提出建议，并线上征求反对债权人意见，将外部意见引入裁判形成过程，最终作出契合各方利益的裁判。绍兴法院多起强制裁定重整案件均未发生信访和舆情问题。例如，在审理上百亿债权的五洋案件中，通过线上线下联动、判前风险评估，稳住了800余户债券投资人群体信访苗头，让企业转危为安，保住了建筑企业特级资质。

2. 破产接管场景

为综合判定企业是否满足破产条件及为管理人履职提供参考，"企业破产'一件事'"应用以一体化公共智能数字平台为数据前端库，梳理22个常见破产管理人协助请求事项，集成各部门涉企业信息，协同系统主动从连接端口处获取高精度、多维度的企业信息，一键反馈至法院或管理人，自动绘制企业生产经营"社会画像"，并帮助协同部门智能生成反馈文书，及时提醒完成协同事项。同时，为便利管理人及时高效完成对破产企业的全面接管，法院受理企业破产申请后，管理人及人民法院可以在协同系统发起《企业破产法》规定的企业接管事项，包括企业登记事项、不动产登记、车辆登记信息、职工社保信息查询等，向各商业银行发起银行存款查询、冻结等。

3. 资产变价场景

该应用打通"司法拍卖'一件事'"平台。破产管理人可在变价处置破产财产前向税务、自然资源和规划、综合行政执法等部门发起"一门联审"，确保有禁拍情形不挂拍、有瑕疵情形慎挂拍；拍卖成交后，破产管理人发起"一窗办结"，一次性办理过户手续，最大程度降低破产财产变价处置中的拍卖瑕疵率，压缩办证过户时间，实现拍卖价值最大化。例如，绍兴市柯桥区人民法院审理的中厦破产案，中厦建筑特级资质在重整中作价9000万元，是目前省内建筑企业资质变现的最高价。

4. 涉税办理场景

为进一步推进企业破产涉税事项办理便利化、规范化，同时保障国家税费依法征缴，应用打造了涉税办理子场景，与税务部门协同合作，将企业破产涉税事项归集到线上处理。一方面，管理人可在协同系统或者电子税务局发起税管员查询、纳税申报、发票申领、税务注销、信用修复等24个涉税事项，一次不用跑即可完成企业破产涉税的所有事项。另一方面，市税务局可在平台向管理人进行税收债权申报，实现税收征缴的便利化。通过一个子场景的构建同时便利了管理人和税务部门。

5. 程序终结场景

为促进资源盘活利用、高效办理企业破产综合事项，"企业破产'一件事'"应用通过府院共享破产审查企业名单、破产案件审理进程、资产变价及投资人招募等破产信息，便于主管部门、县（市、区）、镇乡（街道）及时化解社会矛盾，盘活资源"蓄水池"。通过线上协作办理企业注销、履职档案存档等破产综合事务，解决审批程序烦琐、手续要求不统一等问题，实现了管理人涉行政职能部门履职工作"一次不用跑"。企业破产主要事项办理完毕后，债权人与债务人达成破产重整与和解的，破产管理人向税务部门、人民银行发起信用修复申请，帮助企业回归正常经营状态；无法达成破产重整与和解的清算案件，破产管理人向市场监管部门申请注销企业，帮助破产企业退出市场。

6. 履职监管场景

破产程序终结后，系统根据协同事项发起次数、办理时限、催办情况、债权人会议组织方案和结果、重整方案通过率、债务清偿率等数据，智能生成管理人履职分数，帮助法院立体掌握破产管理人的履职情况，实现对破产管理人的有效监督和业绩考核。对于履职尽责的破产管理人嘉奖评优，履职不规范或不当的相应处以通报、罚款直至从破产管理人名册中除名等处罚。同时，针对政府部门的协同情况，生成履职报告表，定期向同级党委领导报告。

（三）应用成效

"企业破产'一件事'"应用实效显著。自 2021 年 8 月在诸暨试点使用至 2022 年 9 月，全省在线破产案件 6305 件，27 个行政部门和 46 个金融机构入驻协同，628 家管理人在线履职，涉案金额 5088 亿元。核销金融债权 6200712.88 万元，盘活土地 203.75 万平方米，安置职工 4513 人，处置房屋 161.37 万平方米，成功挽救企业 83 家，保障了职工的收入来源，成功释放了大量生产要素，促进了经济结构的有效调整。通过该项应用的数字赋能，绍兴法院破产案件平均结案时间同比下降 55 天，上虞、新昌等地法院实现三年以上长期未结破产案件清零，有力化解了社会风险，为共同富裕的推进打造了一个和谐稳定的社会环境。绍兴"破产收回债务所需时间"优于世界银行"营商环境评估"的最优值，绍兴市城市法治环境受企业认可度居全国第二位。

三 机制重构：数字化重塑破产办理机制

（一）构建破产案件风险预警闭环管控机制

《企业破产法》并没有规定风险预警相关内容，但是破产案件的风险隐患多、波及范围广的特性又决定了风险预警的必要性。司法实践中，政府和法院介入破产企业时，企业大多已无挽救的可能性，资不抵债情况严重，大量职工、农民工等群体的债权得不到保障，维稳压力较大，易产生社会不稳定因素。"企业破产'一件事'"应用运用风险预警子场景，将有破产风险的高危企业主动推送给法院和党政机关，"府院联动"专项挽救企业，并开展定期回访和长期观察，总结行之有效的类案处理办法，"府院联动"形成一套"风险企业识别、预警等级生成、基层专项治理、成效评价反馈、类案风险报告"等涉企风险闭环管控机制。

（二）优化破产案件办理机制

通过业务协同和流程重塑，该应用将法官从烦琐的沟通协调和行政事务中解放出来，集中精力做好破产路径选择、分配方案拟定等核心审理业务。同时，智能生成的资产负债表、资产评估价、债务清偿率等各项核心数据为办案法官研判案情提供技术支撑，进一步提高法院处理破产风险的精细化和科学化水平。例如，新昌县人民法院审理的别克跃电动工具公司破产案，在债权人会议同意前提下，预先向职工发放 100 万元拖欠工资，成功解决了

180 名职工多次集体信访问题。在法院系统内部推进立案、审理、执行、破产一体化处理，打造"立、审、执、破"一体化办案机制，打通案件在这四个程序的流转环节，一揽子解决多个相关案件，推动审判权、执行权运行流程再造、制度重塑、质效提升、诉源治理。

（三）规范协同事项业务流程

"企业破产'一件事'"应用推动企业破产协同事务标准化，规范清单内业务办理的材料、流程、时限，做到只需按系统操作步骤，即可完成协同业务办理，破解部门办事规则不统一、办事效率不一、协同事务办理慢等问题。以企业注销为例，改革前，部分地方市场监管部门要求以税务注销为依据；改革后，全市统一破产企业注销规则，破产管理人凭法院终结破产程序裁定书即可在线申请注销，大大提高破产企业注销效率，避免"僵尸企业"带来的风险隐患。推动跨部门跨领域跨层级工作协同，联通四级政府、三级法院，27 个政府部门、46 个金融机构与法院跨业务、跨部门、跨层级、跨区域、跨系统就 109 类事项在线协同，有效破解破产办理中的难点堵点。

（四）完善破产管理人监督机制

该应用依据全过程履职情况和履职效果等数据自动生成履职分数，作为判定管理人是否尽职的标准。通过激励和惩戒措施，推动培育精干高效专业的破产管理人队伍，借助破产管理人力量提高破产企业的法治化规范化水平，促进"僵尸企业"及时退出市场。推动监督方式变革，构建 7 个管理人故意拖延、懈怠履职等监督模型，产生大量的有效监管信息，开辟了一条管理人履职异常及时发现和有效督导新渠道。

（五）制度出台推动破产法修订完善

绍兴在应用建设过程中，既注重实战实效，又注重制度建设，制定了《绍兴市企业破产领域全流程数字协同暨"破产一件事"改革实施意见》规范性文件，在绍兴市层面以"府院联动"为主要推进动力全面进行破产数字化改革。另外，出台了《府院联动推进企业预重整规程》，第一次以双向"府院联动"为视角构建企业破产预重整制度。通过这些改革制度成果，为《企业破产法》修订完善，建立"府院联动"的破产企业处理机制提供绍兴经验。

四　问题与展望

（一）建立数据共享新机制

"企业破产'一件事'"应用虽然进行了有益的探索并取得了一些突破，实现了大部分绍兴市层面的数据共享共通，但企业生产经营活动的数据遍布全国，只靠浙江法院对接打通各地的地方政府数据源并不现实，改革推进面临破产法律和数据交易双重制度供给不足的问题。要提高数据供给能力，必须依靠建立更高层级的"府院联动"机制，加大数据供给力度，争取形成更大规模、更深层次的数据共享，从而为数字化改革提供强有力的支持。

同时，作为公共资源，大数据是一种自发生成的信息数据。目前，浙江省 IRA 系统提供给法院的信息数据还远远不够。大数据要真正成为生产要素，需要根据其应用场景和应用规则对大数据进行加工处理，让其符合一定技术规范与标准。未来，"企业破产'一件事'"应用将不断探索促使大数据成为生产要素的各个场景，并按照信息数据利用的规则和标准去梳理完善信息数据生成的数据维度和数据标准，完成信息数据从公共资源到生产要素的转化。

（二）构建全省统一的"府院联动"规则

"企业破产'一件事'"应用的各项功能都是以"府院联动"机制为基础的。浙江省范围内的各个试点法院都出台了自己的"府院联动"文件，并据此开发了试点应用。各地"府院联动"规则不统一使得应用推广遇到障碍。例如，各地不同的风险判断标准会影响风险预警的功能，协同事项不同会影响企业接管的功能等。因此，有必要在全省乃至全国层面出台统一的破产"府院联动"办法，统一界定"府院联动"的适用范围、协同事项、时间节点、责任划分等事项，使全省各地市在统一的指引下开展"府院联动"，更好地发挥"企业破产'一件事'"应用的各项功能，有力服务浙江经济稳进提质和社会治理，为《企业破产法》修订引入"府院联动"机制贡献浙江智慧。

（三）深化数字化平台一体融合

目前，浙江全省各领域数字化改革浪潮如火如荼，各领域都在尝试数字化重塑，以数字化为切入点解决现实难题无可厚非，但这也会产生数字化项目同质化、碎片化的问题。对于关联性强、相似度高的数字化项目可以进行融合，一方面可以节省资源，避免数字化项目过多造成的重复和浪费；另一方面也可以强强联合，产生 1+1>2 的效果，一个应用集成多个领域，避免碎片化产生的副作用。"企业破产'一件事'"应用在未来的迭代升级中也将吸收试点法院以外其他地区的相关应用，如将天台法院的个人债务清理应用、临安法院的企业重整价值识别等应用纳入子场景，同时加大与"执行一件事等"平台的互联互通，深化应用层面的立审执破一体化进程，实现一个应用解决破产领域大部分事项。

B.12
建设"全流程网上办案系统"调研报告

重庆市高级人民法院课题组*

摘　要： 重庆法院推行全流程网上办案的初衷实质是通过大数据、人工智能、5G物联网等前沿技术应用，结合人力物力要素分配调整和制度规范创新，对人财物及制度规范等多维度要素的调整和创新，优化重庆市三级法院工作模式，对内解放生产力、对外提升公信力，进一步推动审判体系和审判能力现代化。建设"全流程网上办案系统"既是推行全流程网上办案的重要依托，建设过程融合也集中体现了探索具有重庆法院特色的全流程网上办案的全要素、全过程核心理念。本报告以"全流程网上办案系统"建设和应用为着眼点，总结重庆法院推进全流程网上办案探索、创新的成效，探讨推进过程中存在的问题和完善路径，促进全流程网上办案在服务重庆法院高质量发展中发挥更大作用。

关键词： 智慧法院　网上办案　司法生产力　司法公信力

在2022年5月26日数字经济法治论坛上，最高人民法院主要领导表示，中国法院认真贯彻落实中央有关精神，紧跟时代发展、遵循法治规律、

---

* 课题组负责人：戴军，重庆市高级人民法院原党组副书记、副院长，现任海南省高级人民法院党组书记、院长。课题组成员：张伟，重庆市高级人民法院信息技术管理处处长；田桔光，重庆市高级人民法院信息技术管理处副处长；刘志力，重庆市高级人民法院信息技术管理处专职党务干部；卿天星，重庆市高级人民法院信息技术管理处规划管理科科长。执笔人：卿天星。

强化制度创新，大力推进互联网司法和智慧法院建设，推动司法全方位变革，探索数字社会治理新模式，以更高水平的数字正义服务数字经济高质量发展①。2021年，重庆高院编制《重庆法院信息化建设与实施五年规划（2021~2025）》，全面启动"全渝数智法院"建设。建设全流程网上办案系统，推动办案数字化，既是"全渝数智法院"建设的核心任务，也是通过制度、技术、文化的深度融合，重构办案模式和审判生态，开启司法改革与智慧法院建设有机结合的创新尝试。

一　推行全流程网上办案的背景

近年来，互联网、大数据、云计算、人工智能、区块链等技术加速创新，日益融入经济社会发展各领域全过程②。党的十八大以来，中央明确提出实施网络强国战略、国家大数据战略，推动互联网、大数据、人工智能和经济社会发展深度融合，致力建设数字中国、智慧社会。党的二十大报告提出，加快实施创新驱动发展战略。在全面建设社会主义现代化强国、实现第二个百年奋斗目标、以中国式现代化全面推进中华民族伟大复兴的新征程上，人民法院依托现代科技实现审判体系和审判能力现代化迎来历史性机遇。

（一）时代背景

第一，新兴技术的飞速发展为推行全流程网上办案奠定了技术基础。近年来，机器学习、计算机视觉、自然语言处理、语音识别、数据挖掘、信息检索与推荐等人工智能前沿科技发展迅速，应用领域越来越广，一些代表性技术和产品日趋成熟。例如，几年前，OCR文字识别的应用主要集中在普通印刷体识别上，识别率也只是基本满足应用需要。现如今，已可以实现手

---

① 《周强在数字经济法治论坛作主旨发言表示　加强数字经济法治建设　服务数字经济高质量发展》，《人民法院报》2022年5月26日，第1版。
② 《习近平谈治国理政》第四卷，外文出版社，2022，第204页。

写体识别，平均识别率达到90%左右。又比如，通过机器学习和语音库训练，针对特定人、非特定人甚至多人的语音识别，在实验环境准确率可达99%以上。通过快速迭代，能够深度应用于司法业务的一些人工智能技术已经从能用逐步过渡到好用。

第二，全国法院的创新探索为推行全流程网上办案夯实了实践基础。浙江法院推行无纸化应用，鼓励、引导当事人网上立案，与政法单位、银行、律所等实现系统对接，从源头上减少纸质材料，并在案件全生命周期形成全流程、全要素、全覆盖的无纸化办案机制。上海高院推行电子档案单套制，实行"电子档案为主、纸质档案为辅"的卷宗归档改革；推行庭审录音录像替代庭审笔录改革，通过智能语音转换形成文字记录材料。山东高院建设并在全省法院推广应用的全流程网上办案系统融合软件多、系统功能全、覆盖所有审判执行流程，在审判实践中发挥了明显成效；等等。应当说，近年来各地法院在实践探索中形成的经验成果为重庆法院推行全流程网上办案改革提供了丰富的参考借鉴。

第三，重庆智慧法院建设实践为推行全流程网上办案创造了支撑条件。重庆法院历来将信息化视为推进司法改革、促进司法公正、实现科学管理的重要支撑力量。2017年以来，依托大数据、人工智能、机器学习等前沿科技，总体建成了"智能审判、智能监督、智能管理、智能研判"多位一体的智慧法院体系架构。2020年以来，重庆法院集中精力扎实推进关键设施设备和核心业务系统的替代改造，基本构建起可信、可靠的重庆法院信息化运行体系。通过近年来的智慧法院建设积累，重庆法院在硬件支撑、核心系统建设、智能化技术应用、专业队伍素质等方面有了长足进步，具备了推行全流程网上办案的基础条件。

（二）现实需求

其一，深度解放司法生产力的需求。近年来，重庆法院受理案件数量持续增长，案多人少矛盾十分突出。2019~2021年，重庆法院员额法官人均结案数分别为350件、331件、422件，分别高出全国法院人均结案数

53.51%、47.11%和77.31%，分别居全国法院第2位、第3位、第1位。解决司法服务供需矛盾，推动工作可持续发展，已然成为重庆法院必须积极应对、切实加以解决的重大课题。一方面，需要抓好诉源治理，从源头上进一步控制增量。另一方面，要强化科技赋能，挖掘内部潜力消化存量。从这个意义上讲，强化科技应用，解放司法生产力，显然已不是做不做的问题，而是如何做、怎么做得更好的问题。

其二，持续提升司法公信力的需求。人民法院坚持以人民为中心的发展思想，就必须真正实现努力让人民群众在每一个司法案件中感受到公平正义的目标，其落脚点是坚持严格公正司法，实现路径是全流程公正、高效，保证程序、实体的全面公平公正公开，最终让人民群众真正得到实惠，感受到公平正义就在身边。重庆市连续数年组织开展第三方民意测评，调查结果显示，2021年全市群众安全感、政法队伍满意度、司法公信力再创历史新高。重庆法院要在此基础上进一步赢得人民群众最为广泛的认可，继续提升司法公信力，迫切需要改变原有工作模式，重塑更加优质高效的重庆法院审判生态。

其三，全面激发队伍战斗力的需求。虽然案件裁判是由员额法官或合议庭独立完成，但办案全过程并不全由员额法官或合议庭完成，而是由人民法院各岗位直接、间接地予以支撑，是整个体系的顺畅高效运转来保障的。因此，高质量办案和高质量法院工作发展必须充分调动各个岗位的工作积极性。通过推行全流程网上办案，构建"以激励为主"的新型业绩评价机制，坚持正确的价值取向，让各个岗位的干警业绩得以客观呈现、公正评价和科学运用，营造风清气正、干事创业的浓郁氛围，让人民法院的司法产品生产线更加高质高效运行。

二 全流程网上办案系统的建设情况

全流程网上办案系统，是支撑全流程网上办案、实现传统审判模式变革创新、打造重庆法院全新审判生态的重要基础，是新时代实现重庆法院工作高质量发展的有力保障。

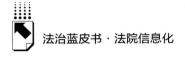

（一）建设思路

推行全流程网上办案，不是简单的系统升级和设备设施改善，而是制度、技术、文化融合的一项系统性工程。建设全流程网上办案系统，也不是单一系统的研发，而是根据全流程网上办案工作需要，对整个工作进行统筹规划。全流程网上办案要实现的目标具有多元多维度的特点，涉及电子卷宗随案同步生成、网上立案办案、电子档案"单套制"、审判辅助事务集约化办理等诸多工作。重庆法院围绕全流程网上办案，在三个方面明确了系统建设和运行思路。其一，全流程网上办案实行"以电子档案为主，纸质附件为辅"的"混合单套制"归档模式，必要纸质材料以电子档案的附件形式归档。卷宗整理检查方式也由纸质卷宗整理后再数字化转变为单纯整理检查电子卷宗。其二，推动审判核心事务与审判辅助事务的科学"分离"。推行卷宗材料的集约处理与各类审判辅助事务的集约办理：一方面，可以提升排期、送达、归档等事务办理质量与运转效率；另一方面，可以让法官集中精力办案，进而深度解放审判生产力。其三，推动技术在服务法官办案中发挥更大作用。依托现有基础，借鉴先进法院经验，融合已有的智能化办案辅助功能，实现一个平台操作，尽量在全流程网上办案系统中实现无感知操作。

（二）系统功能

重庆法院全流程网上办案系统功能全面、融合度高，主要功能可分为数字化网上办案、伴随式智能辅助、集约化事务中心三个部分。

1.数字化网上办案

数字化网上办案重点实现了以下功能。

审判办案管理：实现对审判、执行案件从收案、立案、办理到结案、归档等操作的全流程网上办理，包括案件信息录入、当事人及代理人信息录入、分案、排期、合议庭设置、卷宗材料流转、在线庭审管理、在线文书制作、结案信息录入、案件归档操作等等。

诉讼费管理：实现案件诉讼费信息的生成。该院通过与财政的对接获取缴费信息，支持 POS 刷卡缴费、银行柜台缴费、网上缴费、手机扫码缴费等渠道。法官可在案件中发起退费申请，审批通过后自动发送财政人员进行退费操作。

电子签章：实现文书签章、防伪打印，支持裁定书的 UKEY 手动签章和格式文书的后台自动签章，管理全市各法院的电子章及各法官 UKEY 的签章打印权限，每个 KEY 可绑定多个章，可签院章、骑缝章，核对无异章等。

司法统计：实现通过抽取案件系统的审判、执行案件数据，对数据进行二次清洗，每月定时生成最高人民法院要求的 150 余张司法统计报表的功能。

质效评估：根据考核要求，实现质效评估报表配置，根据不同报告期，计算并展示报表结果，使其能直观展示各考核对象的办案情况。

此外，传统功能还有全域立案、立案风险甄别、繁简分流、自动分案、案款管理、减刑假释协作、司法鉴定、司法送达、电子卷宗、法官和审委会会议、司法统计、节点管理、科技法庭集成、审判监督、案件评查等等。

2. 伴随式智能辅助

围绕开庭和文书制作这两个法官办案最关键的环节，推进伴随式智能辅助功能建设。

在庭审阶段，可将电子卷宗展示页面与信息、文书录入页面同时分设于显示屏幕左右两侧。法官、司法辅助人员可以通过网上批阅等方式，在电子卷宗里制作个性化的阅卷笔记；在查阅电子卷宗的同时，还可以查阅法律法规和相似案例。实现案件智能关联，一是前审后续，实现案件在全市三级法院从一审、二审、再审、执行、信访数据的全程展现和互通共享；二是案件关联，实现案件当事人等数据的智能关联。

在文书制作阶段，在实现左看右写功能的基础上，将电子卷宗展示页面与信息、文书录入页面同时分设于显示屏幕左右两侧，并允许法官、司法辅助人员在电子卷宗里实时制作个性化阅卷标注；在查阅电子卷宗的同时，还可以录入案件信息、撰写文书,全面支持法官网上办案。自动将所有已上传、可识别的电子卷宗内容结构化,为法官援引电子卷宗内容、撰写法律文书等提供便利。嵌入类案智推功能,提供法律法规推送、类案推送、关联案件推送等功能,为法官提供参阅信息。

3. 集约化事务中心

材料中心:实现纸质和电子材料接收、材料借阅、卷宗整理、上诉整理、附件归档以及查询统计等功能。支持线上线下材料的集中接收、集中处理,支持电子材料的集中、分散两种模式编目、审核,提供自动编目、自动归目的智能化支撑。支持纸质卷宗材料借阅的集中管理,支持上诉案件的卷宗材料集中整理、移送,支持电子卷宗加纸质件附件归档模式。

电话中心:用于实现电话号码查询、电话拨打、通话录音等功能。支持事务中心人员通过三大运营商、律师信息库、历史送达记录、市场监管部门提供的企业送达地址等集中查找受送达人电话号码。支持使用 12368 号码集中呼叫受送达人,确认电子送达方式和地址,并自动录音保存。

送达中心:支持全集约和半集约两种送达模式。支持事务中心人员集中制作文书、定稿签章并开展送达,制作的文书限定为过程性文书,送达动态信息提醒反馈到办案人员平台。支持法官、法官助理制作文书后推动至送达中心,由送达中心人员集中送达。

庭审中心:包含集中排期、批量排期、公告发布等功能。实现待排期案件集中展示、筛选,支持事务中心人员集中操作案件排期、编辑审判组织、管理开庭公告,并支持多个案件批量排期,支持跨法院多法庭排期。

事务分析:实现事务办理数据的统计分析,包括数量、时效等,便于掌握各法院事务中心运转情况。

(三)主要特点

1. 体系化

打造全流程网上办案系统过程中,重庆高院坚持体系化建设思维,充分利用原有的核心业务系统,统筹各个系统对应开展功能升级,系统间实现深度融合,共同形成全流程网上办案支撑体系。例如:原案件管理系统中的多数功能予以保留并整合形成新的底层框架,沿用原有的操作界面,新增集约化事务中心,升级了电子卷宗管理、智能文书制作、类案专审等功能。政务管理系统提供文件流转、邮件沟通、12368短信发送管理等功能。队伍管理系统提供人员基础信息,包含全市法院所有干警及其他聘用制人员、人民陪审员信息,并确保基础用户信息准确。移动办公办案系统提供公文传阅流转、审批事项管理、用车管理等移动服务。重庆法院数据安全交互平台提供数据安全跨网交互功能。重庆法院公众服务网、人民法院在线服务(重庆)、"易诉"平台、"易解"平台、重庆易法院App等提供高效便捷的司法服务。

2. 服务化

法院办案系统自诞生以来,一直以数据录入、流程管理、审判管理等为核心。重庆法院全流程网上办案系统建设着力实现从管理向服务转变。首先,办案辅助服务。近年来,重庆法院投入大量人力物力,建设了电子卷宗随案同步生成和深度应用、文书智能生成、法律法规库、案例检索、类案推送等智能化辅助功能。全流程网上办案系统建设的重点之一,就是将碎片化的智能化系统、功能深度融合后实现服务化集成。例如,升级后的智能化文书制作功能,实现了类案推送、案例检索、文书智能生成、文书纠错、电子签章等功能的深入融合,由原来独立的系统、单独跳转的平台等,集成为智能化服务底层,实现用户无感知操作。其次,庭审智能服务。法庭是法官办案最重要的场所,但很多法院案多庭少,抢法庭、周末开庭越来越常态化。重庆法院在推动全流程网上办案过程中,全力构建"云上共享法庭"新审理模式。"云上共享法庭"运用跨网数据交互、图文识别、语音识别等技术,提供异地开庭、笔录生成、文书生成等服务,提高庭审效率。最后,事务集约服务。建设集约化的事务中心,推行电子卷宗材料的集约处理和审判辅助事务的集约办理,提升送达、归档等事务办理质量与运转效率。实现法官审判核心事务与审判辅助事务的科学分离,让法官集中精力办案,进而深度解放审判生产力。

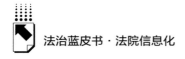

3.融合化

其一,与制度深度融合。为推进全流程网上办案,重庆高院出台《关于开展全流程网上办案试点工作的实施意见(试行)》等规范性文件。为确保制度与系统深度融合、相辅相成,信息技术部门和研发团队提前介入规范制定,共同研究制度的技术实现方式,并根据可行性、经济性等提出规则制定的意见和建议;规则制定人员参与系统需求会商,对界面布局、流程设置等系统研发工作提出要求。

其二,与科技深度融合。实现全流程网上办案系统重心由管理向服务转变,必须抓好前沿科技的融合。例如,升级后的电子卷宗管理模块,专门对电子卷宗自动编目归目功能进行了优化。依托历年来积累的数据,借助深度学习等前沿技术,对未能准确编目的样本进行特征分析,有效提升电子卷宗自动编目归目正确率,目前卷宗整体的归目准确率已达90%以上。

其三,与工作深度融合。全流程网上办案系统要发挥好支撑作用就必须符合重庆法院实际,与工作深度融合。例如,审判辅助事务集约化方面,各法院的人力资源、办案压力等现实条件差异很大,有些法院适合推行案件事务中心的集约化模式,有些法院则更适合事务集约、分散行使模式。为此,全流程网上办案系统研发中结合工作实际,同时支持两种模式,由各法院自行选择。

三　全流程网上办案系统的建设应用成效

2022年5月31日,全流程网上办案系统试点工作全面启动,重庆第一中级人民法院、江北区人民法院等法院积极推动全流程网上办案改革试点,持续优化审判资源配置、磨合运行机制、升级完善系统,在五个方面取得积极成效。

(一)打造了适合重庆法院的全流程网上办案系统

虽然有上海、山东等地法院的网上办案系统建设经验可供借鉴,但由于重庆法院自身的特殊性，无法全盘复制。重庆集大城市、大农村、大山区、大库区于一体，各区县法院的审判资源、案件数量、经费保障情况差异很大。因此，建设全流程网上办案系统始终兼顾各个法院实际情况，通过增加研发力量投入兼容各法院的运行模式，既保障了全流程网上办案的有序推进，也避免了影响办案的情况出现。

（二）构建了规范的全流程网上办案规则体系

改革创新需要制度规范的引领推动。推进全流程网上办案，打造具有重庆法院特色的司法审判新生态，是一项复杂、长期的系统工程，更需要一套贴合实际的规范体系支撑。因此，重庆高院结合全流程网上办案需要推行的"混合单套制"、集约化辅助事务办理等先后出台了《关于诉讼档案"混合单套制"归档试点工作的实施意见》《关于"混合单套制"电子诉讼卷宗立卷整理规范》等一系列规范性文件，明确了推行全流程网上办案的目标任务，细化了材料预审、材料收转、送达方式和送达地址确认以及立案、开庭、文书制作等各个节点、各项事务的操作流程、管理规范，确保系统运行有序。

（三）走通了以优质服务提升司法公信力的路径

推行全流程网上办案以来，重庆法院诉讼服务实现了整合、重塑，通过更加优质的司法服务进一步提升了司法公信力。根据《重庆法院网上立案工作实施细则》对自有诉服平台进行全面升级，实现界面布局人性化、标准化。在全流程网上办案系统中，整合人民法院在线服务（重庆）、"易诉"平台等诉讼服务平台的网上立案、网上缴退费、证据提交等事务处理平台，法官始终在一个系统平台操作。依托重庆法院数据安全交换平台，实现数据跨网交互标准化，业务请求响应时间普遍在 2 秒以内，实现法官、律师、当事人等用户群体的无感知操作。推进民商事案件网上立案无纸化办理，2022年重庆三级法院民商事案件网上立案率达 70% 以上。推进票据电子化，缴纳诉讼费后自动生成电子票据，当事人和诉讼代理人可以直接下载使用电子票据，不用再到法院打印纸质票据。2022 年 1~10 月，共生成电子票据557288 份。构建"云上共享法庭"庭审新模式，全流程网上办案系统支持跨三级法院案件排期，"云上共享法庭"支持卷宗调阅和文书智能生成，支持跨网络庭审，当事人可以自主选择出庭场所，在线上、出庭室参与庭审。截至 2022 年 10 月 28 日，重庆三级法院已通过"云上共享法庭"组织开庭 7304 次①。

（四）创造了进一步提升审判质效的条件

推行全流程网上办案，为重庆三级法院提升审判质效创造了有利条件。2022 年 1~9 月，重庆法院审判执行效率居全国前两位。法官人均结案244.7 件，比全国均值高 75.9 件，居全国第 1 位。案件结收比 101.1%，高于全国均值 8 个百分点，居全国第 2 位。审判案件质量和效果居全国第一方阵。一审案件改发率 1.8%。二审案件改发率 12.6%，生效案件改判发回重审率 1.1‰，三项质效指标均居全国前列。一审案件服判息诉率 90.9%，居全国第 2 位。生效案件服判息诉率 98.3%，居全国第 6 位。执行质效居全国中上游。四项执行核心指标均处于高位运行态势。18 项执行质效指标中，有 8 项指标居全国前 10 位。

（五）支撑了改革发展的重点工作

坚持司法责任制综合配套改革与全流程网上办案系统深度融合，把法官审判权力和责任清单、院庭长案件监督管理范围清单、专业法官会议、"四类案件"监督管理等管理制度融入全流程网上办案系统，实现流程化、规范化管理。推动民事、刑事、行政、执行案件随机分案，减少分案环节人为因素干扰。2022 年 1~10 月，累计随机分案 430951 件。在全流程网上办案系统中构建支撑四级法院审级职能定位改革的功能体系，实现试点情况和数据智能化监控、提取、分析，实现民事、行政案件自动反映试点前后同比变

---

① "云上共享法庭"于 2022 年 5 月启用。

化情况，实现"下交上"和上级法院提级管辖案件提请程序、审理程序全流程网上运行，实现汇聚展示案件管辖权转移和提级审理情况、与法官专业会议、审委会等程序衔接，有力保障了改革工作推进。

四 问题与展望

（一）存在的问题

在近一年的实践中，重庆法院克服了推行全流程网上办案中的诸多困难，全流程网上办案系统建设和应用取得了一定成效，但距离实现对内解放生产力、对外提供公信力的目标还有不小差距，系统建设和应用仍存在一些需要持续跟进解决的问题。

1. 建设方面

一是配套建设还需加快。推行全流程网上办案，除建设全流程网上办案系统，还涉及配套开展集约化案件事务中心建设、数字化审判法庭改造、办公设备更新等工作。目前，重庆三级法院普遍存在信息化建设资金不足的情况，加之个别试点法院思路不开阔，案件合议室、阅卷室建设等倾向做实体，不愿尝试线上开展，而房间、资金等条件短时间难以满足，因此推进缓慢。二是操作体验还需提升。受时间、资金和技术等因素影响，全流程网上办案系统研发沿用了原有技术团队和技术框架，原架构及技术团队中存在的偏重功能实现、精细化不足等问题延续到新系统，导致用户体验还不够好，因此在用户"爱用"方面还有进一步提升的空间。三是评价体系还需跟进。从办案角度看，可以通过业绩评价指标体系评价指引办案。从系统建设和应用角度看，目前还没有一套适用于评价全流程网上办案系统作用发挥的指标体系。全流程网上办案要走得深、走得远，有待建立一套科学的评价体系，以目标导向指引系统建设。

2. 应用方面

推行全流程网上办案，员额法官、法官助理和书记员是关键，这三类群体应该全面深入参与系统应用。但现实情况是，一些聘任制书记员抱着多一事不如少一事的心态，对可用可不用的功能不用、不影响案件流转的功能不用，没有设置检测校验的操作不做，系统应用被精确地"最简化"。个别法官、法官助理不参加培训、不熟悉功能、不及时操作，甚至在案件节点被冻结时推说系统有问题。还有个别法院的技术人员没有充分发挥技术支撑保障作用，既不在本院开展培训，也不积极到现场解决、回应、过滤问题，导致运维压力集中转移到高院。受以上多重因素影响，全流程网上办案系统应用尚不够充分、深入，在一定程度上影响了全流程网上办案改革效果。

（二）未来展望

下一步，重庆法院将结合前期的实践和问题，从以下方面着手，持续推动全流程网上办案系统的优化完善。

一是持续完善系统。根据管用、好用、爱用的标准持续完善全流程网上办案系统。充分发挥重庆法院核心系统统一运维研发模式的优势，持续进行迭代升级，优化系统功能、提升用户体验。坚持不刻意追求高新技术，立足实际推进智能技术落实、落地，建成用户认可、离不开的功能。继续做好对中基层法院的服务和支撑，坚持把智能化能力接口化、数据分发、系统多模式兼容等工作做实做细。强化各司其职、分工协同的工作机制，完善系统配套建设。

二是推进深度应用。依托干警业绩评价系统，将全流程网上办案及系统应用情况全面纳入评价，强化培训宣传、做好督促检查，推动系统的深度应用。推进集约化案件事务中心应用，进一步压缩卷宗整理、送达等审判事务性工作的办理时长。推进"云上共享法庭"应用，为诉讼参与人提供出庭场所的灵活选择。深化电子卷宗"自动归目"、智能文书生成、案例推送等功能应用，支撑法官网上阅卷、网上办案。

三是拓展参与主体。全流程网上办案实际并不是人民法院一家的事，要把上下游的参与者发动起来。在民事案件领域，持续强化与律师行业协作，进一步提高无纸化立案占比，从源头提升电子材料的规范化水平。在刑事案件领域，继续参与政法各家业务协同平台建设，统一数据标准、畅通交互渠道、构建协同机制，减少数据采集、纸质材料扫描等方面的重复劳动，压缩程序性事务办理时间。

四是构建评价指标体系。参考最高人民法院制定《智慧法院评价指标体系》的做法，以全流程网上办案系统在推进审判体系和审判能力现代化中应当发挥的作用为引领，从建设、应用、成效等多个维度探索建立一套科学、客观，数字化、可操作的评价指标体系。通过推行指标评价，促进系统建设和应用。

党的十八大以来，中央高度重视网络安全和信息化工作，并对网络强国、科技强国建设提出一系列新要求、新部署，为加强科技创新指明了方向。随着现代信息技术的发展演进，尤其是以深度学习、知识图谱、自然语言处理、人机交互等为代表的人工智能技术的日趋成熟，智慧法院建设将迎来重要战略机遇期，传统意义上的庭审、送达、质证、裁判等概念或将在现代科技视阈下被重新定义，加快实现审判体系和审判能力现代化。重庆法院将在这轮改革中奋力争先为人民群众带来更加优质、高效、便捷的智慧司法服务。

B.13
金融案件全链条要素式
审判调研报告

河南省高级人民法院课题组*

摘　要： 近年来，伴随着国家加快建设现代化经济体系，人民法院受理的
金融案件量也逐年攀升，给法院案件审理的公正、高效带来新的
挑战。同时，国家对金融机构不良资产管理要求不断提高，金融
机构亟须通过公正、公平、公开的司法手段解决大量金融纠纷，
实现债权的合法裁判。为破解金融案件审理难题，河南省高级人
民法院不断深化司法体制改革，合理配置司法人力资源，积极推
进案件繁简分流，探索智慧法院建设，通过研发"金融一体化
平台"，构建全流程要素式审判模式，智能辅助金融案件批量高
效办理，满足了当事人一站式金融诉讼需求，提升了金融案件专
门化审理能力。

关键词： 金融纠纷　速裁程序　全链条　要素式审判

一　"金融一体化平台"的建设背景

（一）法院信息化发展的要求

近年来，人民法院大力推进智慧法院建设，连续滚动印发《人民法院

---

* 课题组负责人：刘冠华，河南省高级人民法院党组成员、副院长。课题组成员：王晓东、杨
晓峰、郭琦。执笔人：郭琦，河南省高级人民法院信息处三级主任科员。

信息化建设五年发展规划》《人民法院应用研发和数据管理有关工作的通知》指导人民法院信息化建设。强调各级人民法院进一步加强电子卷宗深度应用能力，运用语音识别、自动检索、机器学习、数据科学、辅助决策等人工智能方法或产品，结合智慧法院大脑提供的数据和知识服务，面向案件审理全流程提供立案信息回填、立案风险甄别、虚假诉讼预警、繁简自动分流、均衡分案等立案辅助应用，争议焦点自动归纳、庭审提纲自动生成、笔录智能生成、全方位质证等庭审辅助应用，案情智能分析、证据智能关联、要素式审判等案情研判辅助应用。最高人民法院于 2022 年 3 月 30 日印发了《关于组织开展全链条要素式审判技术攻关和创新应用试点申报工作的通知》[法（信）明传〔2022〕7 号]，以特定案由实现裁判文书内容 100% 高准确率全自动生成为目标，向全国法院征集全流程要素式审判试点单位。

（二）司法改革的要求

随着司法体制改革不断深入，法官审判环境和模式产生了很多变化，法院收案数量持续大幅上升，人民法院的审判压力越来越大，案多人少矛盾更加突出；落实审判责任制，让审理者裁判，由裁判者负责，法官审判主体地位凸显；阳光司法确保审判权在阳光下运行，要求法官裁判标准统一、裁判理由公开，深化裁判文书的说理内容。最高人民法院印发《关于人民法院深化"分调裁审"机制改革的意见》（法发〔2020〕8 号），强调推行要素式审判和示范裁判。对金融借款合同纠纷、民间借贷纠纷、买卖合同纠纷、机动车交通事故责任纠纷、劳动争议、离婚纠纷、物业服务合同纠纷、信用卡纠纷、政府信息公开、商标授权确权行政纠纷等逐步推行要素式审判，即由当事人填写案件要素表，并围绕案件要素简化庭审程序，使用要素式裁判文书。

（三）改善营商环境的要求

《最高人民法院关于为改善营商环境提供司法保障的若干意见》强调，

妥善审理各类金融案件，为优化营商环境提供金融司法支持。依法审理金融借款、担保、票据、证券、期货、保险、信托、民间借贷等案件，保护合法交易，平衡各方利益。以服务实体经济为宗旨，引导和规范各类金融行为。慎重审查各类金融创新的交易模式、合同效力，加快研究出台相应的司法解释和司法政策。严厉打击各类金融违法犯罪行为，维护金融秩序。加强对金融消费者的保护，切实维护其合法权益。加强金融审判机构和队伍的专业化建设，持续提升金融审判专业化水平。

二 总体设计

（一）需求分析

从基层法院一线法官和各银行金融机构历史诉讼情况看，金融案件主要有五个方面特点。一是立案所需材料相对固定。以金融借款合同纠纷为例，基本材料包括当事人身份材料（营业执照、组织机构代码证、金融许可证）、借款材料（借款合同、贷款发放凭证）、抵押材料（抵押合同、抵押物凭证）、还款材料（还款明细、还款凭证）等。二是案件事实、争议焦点相对清楚。例如，金融借款案件中，主要审理原告诉讼请求是否合理，本金、利息、罚息是否应予以支付，已还数额、未还数额等。三是采用程序相对简易。金融案件标的额大多较小，适用简易程序的占90%以上。部分法院专门成立了金融法庭或团队，采用速裁模式审理。四是被告一方缺席判决相对较多。大部分案件找不到被告，即使找到，出庭应诉的较少。银行、金融机构通常不调解。这两方面原因导致法院办理这类案件调解、撤诉的比例小，缺席判决居多。五是金融纠纷存量较大，且增量呈上升态势。从试点银行调研情况看，每家银行目前均有金融纠纷存量，几百件到上万件不等。近年来受疫情影响，国家加大财政对市场的支持，银行放贷量会明显增加，而借款人的偿贷能力下降，金融纠纷案件量会进一步增加。

金融案件全链条要素式审理，需要以金融机构或代理律师为发起端，在互联网平台填写要素表、上传立案材料，向法院提交立案申请。法院端则应接收立案申请，并审核立案信息给予立案反馈。进入审理阶段，应满足法官对金融案件批量审理的需求，包括批量文书制作、排期开庭、事实认定、电子送达、移转执行案件立案等环节，实现金融案件的全流程要素式批量办理。

（二）难点分析

第一，立案烦琐。金融案件一般都是批量产生，立案人员录入工作量大，容易出错。网上立案材料扫描质量不高，很多时候要符合法院入卷标准，往往需要法院重新扫描。

第二，材料不全、时有缺漏。金融机构立案材料较多，立案时经常出现材料不齐等情况，造成无法通过立案，需要反复补充材料。

第三，证据材料庞杂。金融机构制定的借款合同往往篇幅过大，合同条款来回引用，法官需要耗费大量时间阅读。各家金融机构的金额计算标准不统一，法官需要根据案情重新计算、核准，过程烦琐容易出错。

第四，送达难。金融案件的最大难点在于送达，找不到借款人时大多被迫采用公告送达，导致审理周期延长。

（三）设计思路

全链条要素式审判，是以案件要素为核心，贯穿诉前、立案、庭前、庭审、裁判五大业务阶段。同时依托大数据、人工智能等技术手段，结合民事案件特征和审判规律，为法官及当事人提供审判全流程智能服务。支持法官对规范案件的审理事项及裁判标准，避免法官在同类案件审理过程中发生漏项、缺项，实现类案标准化审理，有效提高裁判质量，打造精品案件，同时能更好地保障当事人权益，取得良好的法律效果和社会效果。

1.形成知识图谱

案件要素提取是基于法律知识图谱，利用自然语言处理技术和机器学习模型，实现从半结构化的法律文书（诉状、诉讼材料等）中抽取、解析、识别案由的法律专业术语和法律要素信息，供上层应用输入。

法律知识图谱作为法律知识组织形式，是司法知识推理的基础。法律知识图谱的构建通过自顶向下和自底向上两种方法同步实现。自顶向下的方法是指，先为知识图谱定义数据模式（即为其定义实体），在定义实体的过程中，从最顶层的概念开始逐步进行细化，形成结构良好的分类学层次结构；在定义好数据模式后，再把实体一个个往概念中添加。自底向上的方法则刚好相反，先从实体开始，对实体进行归纳组织，形成底层的概念，然后逐步往上抽象，形成上层的概念。

（1）金融借款合同纠纷知识图谱

金融借款合同纠纷案件，是指在金融机构作为借款人与非金融机构签订的借款合同产生纠纷而引发的诉讼案件。金融借款合同纠纷往往以出借金融机构请求借款人归还借款本息为内容，其标的通常包括借款本金、利息、复利、逾期利息及其从属担保责任。司法实践中，金融借款合同最常见的诉讼请求问题是利息、复利、罚息的少计或者漏计、担保责任的遗漏、诉讼金额的打印差错等。

金融借款合同纠纷知识图谱包含合同约定事实、担保情况、合同履行事实、诉请主张四部分，其中合同约定事实包含合同基本信息、主债务约定、罚息约定、复利约定、违约金、其他违约责任约定、实现债权的费用约定7类具体情形，总计44个要素项；担保情况包含保证信息、抵押信息、质押信息3类具体情形，总计69个要素项；合同履行事实包含原告履行情况、被告履行情况2类具体情形，总计13个要素项；诉请主张包含欠付款项、实现债权的费用2类情形，总计19个要素项。

（2）信用卡纠纷知识图谱

信用卡纠纷案件，是指贷记卡持卡人透支消费或者透支提取现金，未能在规定的期限内还款，经发卡银行催收后持卡人仍然没有还款，发卡银行据此向法院提起诉讼的案件。随着信用卡的普及和同业竞争的加剧，信用卡市场出现了促销手段新颖化、纠纷类型复杂化、服务要求高端化等新的特点，反映在审判实践中，出现了大量涉及发卡行和持卡人拖欠借用合同款项的简单透支纠纷。信用卡纠纷中的简单透支纠纷，在司法实践中存在当事人证据材料一致、案件事实清晰、法律关系明确、法律适用无争议、被告未到庭等特点。法官针对此类案件一般会采取批量开庭处理的方式。

信用卡纠纷知识图谱包含持卡人信息、诉请相关、信用卡账户情况、信用卡申领情况、担保情况、信用卡欠款情况、实现债权的费用、原告主张费用总计八个部分，其中持卡人信息包含 1 个要素项；信用卡账户情况包含 2 个要素项；信用卡申请情况包含 33 个要素项；担保情况包含保证信息、抵押信息、质押信息 3 类具体情形，总计 69 个要素项；信用卡欠款情况包含透支情况、当前欠付情况 2 类具体情形，总计 24 个要素项；实现债权的费用包含 4 个要素项；原告主张费用总计包含 1 个要素项。

2. 系统设计

结合金融案件特点，系统设计考虑了如下几个方面。

一是立案材料标准化。由于各家金融机构系统不统一、数据字典不一致，提供的起诉状、诉讼材料也是五花八门，但内容上区别不大，法院立案所需材料相对固定。因此，应统一立案材料，包括设计通用立案要素表和电子证据清单，引导金融机构规范上传材料。

二是要素内容全面化。金融机构提供的材料往往存在"证据与事实关联性"欠缺，制定的借款合同通常篇幅过大，而且合同条款来回引用，法官需要耗费大量时间阅读和确认。针对这一问题，除了基本的原被告信息、借款合同信息、履行情况、担保抵押质押外，应在要素表中将各金融机构的合同进一步拆分，对各类利息计算方法和罚息、复利、违约金等违约责任均设置相应的算法，为后续判决自动生成准确金额奠定基础。

三是案件审理批量化。基层法院办理金融案件往往积累一批案件后，集中让金融机构来法院立案，一般一年可能立两三次，一次几十甚至上百件案件，这对法院来说短期内压力较大。立案人员需要一个一个录入，非常耗费精力，还容易出错。案件办理也需要一个一个处理。考虑到此类案件高度同

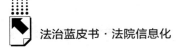

质化，应采取"金融端录入前置，法院端批量审核受理"模式，即由金融机构在立案时批量导入要素信息表，法官主要进行批量审核确认，实现批量立案、分案、送达、结案等批量化操作，提升办案质效。

四是裁判结果规范化。金融案件也是采取随机分案模式，虽说案件简单，也不能避免类案不同判问题。要素式审判的一大优势就是结果规范化，即根据预先设定好的要素式文书模板，对起诉状、要素表、法官认定情况等信息进行分析提取，自动生成裁判文书，为法官减少大量重复性劳动的同时，还能保障类案同判。

基于以上设计思路，应结合互联网平台，打造一个基于公开化法律规则的金融纠纷网上共治生态圈。诉讼材料以符合法院要求的形式提交给法院；固化案件审理规则，协助法官作出多个环节的自动化处理；沉淀形成违约人数据库，方便对该类人的贷款行为作出风险预判；汇聚全省大部分金融机构，将法律准绳延伸至诉源端；多渠道数据共享，实现当事人失联修复。

在互联网端，提供金融诉讼云服务，为金融机构提供网上立案、案件查询、文书送达、诉状自动生成等服务，并与金融机构业务系统和法院业务系统对接，实现业务协同。

在法院端，提供金融案件批量立案、批量办理、当事人失联修复、集约化送达、计算工具等服务。并基于人工智能技术，对金融借款案件和信用卡纠纷案件，提供智能办案辅助服务。

三　系统主要功能

"金融一体化平台"由互联网端的金融机构案件管理子系统和法院端的金融案件要素式审判子系统两部分组成。

（一）金融机构案件管理子系统

针对金融机构数量大、类型化、批量化的纠纷特点，为金融机构参与诉讼服务提供批量业务办理。该系统部署在各金融机构，实现数据精准提取、批量生成。

一是批量申请网上立案。针对金融借款合同纠纷、信用卡纠纷，为金融机构预置不同案由的立案要素表模板；金融机构工作人员下载标准模板后，填写立案所需的相关信息后上传，实现批量立案信息提交；针对不同案由、不同金融产品类型，金融机构可自定义配置所需要素项的立案表格模板，满足不同金融机构不同业务类型的配置需求。

二是批量上传材料。针对金融机构批量申请立案的案件，提供了批量文件上传的示例；金融机构可按照示例对诉讼材料进行批量打包上传，系统根据示例规则进行自动匹配、校验，对应到相关的案件。

三是金融机构信息维护。金融机构管理员可维护作为诉讼主体的基本信息、诉讼代理人信息。可在多次诉讼中反复利用，为金融机构节省案件基本信息的录入时间。

四是批量电子送达。金融机构可批量下载接收到的司法文书，批量完成文书签收。

五是案件进展查询。金融机构可批量查询案件的立案审核信息、审判组织成员信息、进展状态、审限信息等。

（二）金融案件要素式审判子系统

金融案件要素式审判系统，面向金融类案件审判团队提供两类服务：全流程批量业务办理服务、金融类案件专业赋能服务。该系统部署在法院，嵌入审判流程系统，满足全链条要素式审判需求。

一是批量受理案件。立案法官可通过专门的金融立案页签审核金融案件立案信息；针对同一金融机构同一批次的立案信息，法官可进行批量审核；审核通过后，法官可批量转调解；调解不成功的案件也可以批量转立案；针对批量立案审核通过的案件，系统可自动顺序生成该批次案件的案号；法官可批量生成受理通知书等相关文书，并进行批量签章、批量送达。批量完成立案后，系统根据分案策略规则，自动完成该批案件的批量分案。

二是批量审理。批量提交分案的案件，会流转到庭长或审判长办案平台，庭长或审判长可批量选择案件完成批量签收；承办法官可选择需要批量排期的案件范围，进行批量排期操作；通过可视化的排期日程清单，承办法官可随时查看已排期日程及未排期日程，并在日程表上选择日期、预订法庭；选择开庭日期及法庭后，承办法官可批量录入开庭信息，选择传票等程序文书批量生成，并进行批量签章、批量送达；批量登记财产保全信息，引导法官填写诉讼保全信息，包含保全信息、担保信息、裁定信息等；对于同一审判团队审理的批量案件，涉及审判团队人员变更的情况，可以进行批量添加、删除审判组织成员、变更承办人、变更合议庭成员、变更辅助成员；对于同一批审理的案件涉及审限变更的情况，可以批量延长审限、扣除审限、变更适用程序等。

三是批量文书编写。针对不同金融机构的金融产品类型，适配要素表、证据清单、要素式判决书模板等，实现裁判文书一键生成，为法官提供金融类案件的专业赋能服务。批量事实认定：针对金融借款合同纠纷、信用卡纠纷分别设计法官审理所需的事实要素表，采用表格直观的形式，辅助法官进行批量案件的事实认定；对于原告提交的要素数据，直接同步到事实认定表，法官根据庭审及证据审查结果进行认定或修改，避免二次录入；针对每批案件或各银行金融产品的具体情形差异，法官可配置本批次案件所需展示的事实要素项。批量生成庭审笔录初稿：选择同一原告、同一案由、同一情形批量开庭的案件。针对案由、审判程序、适用程序、适用频次，为法官推荐庭审笔录模板。庭审笔录模板支持一庭多案一份庭审笔录模式，也支持一庭一案多份庭审笔录模式。庭审笔录初稿自动生成该批次案件的案号、开庭时间、开庭地点、当事人信息、审判组织成员、诉讼请求等信息。批量要素式判决书生成：选择同一原告、同一案由、同一情形的案件。针对案由、审判程序、适用程序、适用频次，为法官推荐要素式判决书模板。根据文书模板及标签，自动生成该批次所有案件的要素式判决书。以案件列表导航，可以逐一核对每个案件的要素式判决书，提供左看右写模式，左侧为法官提供卷宗、原告要素表、事实认定等信息，供法官对文书进行核查。法官也可进行全屏沉浸式文书编写。法官可针对批量生成的文书申请批量文书流程，包含文书核稿、审批、签章等。文书模板自定义配置：法官可在系统已经提供的文书模板基础上进行文书模板自定义配置，包含文字固定表述+标签位置的配置；系统为法官提供了默认标签，包含法院信息标签、案由要素标签、当事人信息标签、通用信息标签、审判组织成员标签等，法官可根据文书编写需要选择标签及设置标签位置；法官自定义的文书模板可共享给本庭、本院使用。

四是批量送达。法官可选择需要批量送达的案件，勾选相应的送达对象及电子文书，系统自动同步已经制作的文书，点击发送，即可完成批量送达。

五是批量结案。法官可选择需要批量结案的案件，对该批次的结案信息进行批量赋值，完成结案；同时，系统支持从结案文书中提取信息，对结案信息进行自动回填；结案完成后，通过"一键归档"，完成案件批量归档。

四 创新成效

"金融一体化平台"一方面提升了法院办案质效——通过速转、速审、速判、速结、速归、速送的"六速"办案模式，实现简案快审，提升办案效率；通过身份认证、事实查明、文书生成等智能化办案辅助，提升办理质量。另一方面，降低了金融机构诉讼成本——实现单个法院批量接收金融机构案件，提高立案成功率及案件审判效率，降低金融机构诉讼成本。

（一）满足当事人一站式金融诉讼需求

当事人可通过互联网访问金融一体化平台，在线进行批量立案、批量提交电子要素表、批量签收送达文书、互联网开庭、查询案件进展信息，实现全流程在线办理金融诉讼业务。平台为金融机构提供法律知识普及、合同模板下载、诉状智能生成、诉讼风险智能评估等诉讼辅助服务，进一步加强面向金融机构的诉源治理。

（二）构建全流程要素式审判模式

金融机构在网上立案时，平台会引导当事人按照法院规定，提交案件的电子要素表，从而提升要素表的填写规范性；在开庭前，系统能够基于案件信息与要素表信息，辅助法官批量生成庭审笔录模板，从而提升庭前准备效率；在裁判阶段，系统可根据法官要素事实认定结果，结合法院文书模板，自动批量生成要素式裁判文书，提升法官文书编写效率。

（三）智能辅助金融案件批量高效办理

为支持金融案件专业化审判，金融一体化平台也为办案法官提供了一系列批量化、智能化的金融案件辅助工具，从而提升金融法官办案质效。针对金融案件数量多、集中性强的特点，平台基于电子卷宗的深度应用技术，为办案法官提供一系列业务的批量操作功能，包括批量信息提取、批量立案、批量分案、批量排期、批量简案转繁案、批量生成庭审笔录、批量生成文书、批量送达、批量结案等，有效提升审判团队工作效率。

（四）试点法院应用成效显著

金融一体化平台已在试点法院运行半年有余，共 16 家银行、金融机构参与试运行。适用案件类型包括金融借款合同纠纷案件和信用卡纠纷案件两类案件。截至 2022 年底，试点法院通过金融一体化平台批量立案 4837 件，审结 3734 件，案涉标的额约 14 亿元，满足了银行、金融机构的诉讼需求，极大地解决了当地金融纠纷压力。

金融一体化平台辅助法官实现了从立案申请到立案审批再到裁判结案，全流程批量办理，大幅提升审理效率，缩短了案件审理天数，减轻了法官工作量。在上线金融一体化平台之前，试点法院的金融借款合同纠纷案件平均审理时间为 40.43 天；平台上线后，金融借款合同纠纷案件平均审理时间为22.85 天。以往，信用卡纠纷案件平均审理时间为 50.81 天；平台上线后，信用卡纠纷案件平均审理时间为 15.71 天。

五　问题与展望

（一）存在问题

1. 银行端填写要素信息缺少统一标准

金融机构批量申请立案采用法院提供的要素表，银行按要求填写并批量上传的方式立案，虽然法院端减少了录入工作量，但银行端由于各系统不统一，数据字典不一致，填写内容存在差异，也难免会有粘贴错行的问题。有些银行还是采取委托律师填报要素表的形式参与。后续应联合多家基层法院，银行的科技部、合规部、法务部等部门，共同研究如何使金融纠纷、信用卡纠纷等案件办理标准化、规范化，实现体制机制配套完善。

2. 要素式审判的自动化执行能力有待提升

目前金融纠纷、信用卡纠纷全流程要素式审判已经实现，但与执行系统功能对接尚不完善，无法实现自动转执行立案。后续将积极推进审判流程和执行流程无缝衔接，实现此类案件自动进入执行流程，应用智慧执行员等辅助系统，提升银行间查控、扣划、解封等效率，提升此类案件办理质效，有效化解金融风险。

3. 要素式文书模板的易用性和适用性有待加强

要素式裁判文书是根据要素表及庭审情况等信息自动生成，模板内容和格式与基层法院各承办人以往的办案习惯会有所区别。还应持续收集承办人意见，不断打磨文书模板适用性，优化提升文书生成易用性、准确性，完善强化要素式文书模板准确度，提高文书编写质量。

（二）未来展望

1. 扩大系统适用范围

目前"金融一体化平台"支持金融借款合同纠纷、信用卡纠纷两类案由，后续会拓展研究更多金融类案由或其他民事案由，增加更多通用性案件知识图谱，更加全面地覆盖民事案件审判，提升多业务专业化审判能力，提高审判效率。

2.打造金融机构工作平台

为向金融机构提供更加优质的诉讼体验，带来更多易用的案件管理功能，通过与银行内部业务系统深度对接，实现违约人管理功能，对准备提起诉讼的违约人可以自动生成诉状，自动抽取立案所需数据和材料，一键提交法院立案，便于银行员工自己代理案件或减少所需的律师数量；对于已提交的案件，能随时查看本机构的案件办理状态；对于判决生效且违约人拒不履行的案件，可以进行一键申请执行立案。优化案件管理流程，提升处理诉讼工作事项体验。

3.探索要素式审判流程自动化

目前全链条金融案件要素式审判流程的批量立案、分案、送达、结案等批量化操作能够满足基本需求，但仍需要人工审核、流转。未来可以探索各流转环节的自动化，研究诉讼程序的自动触发机制，对满足触发条件的事项自动向后续流程执行，代替等待法官人为确认的步骤，进一步简化办案流程，提升系统处理自动化、智能化水平，助力法官投入更多精力研究案情，辅助实现公平裁判。

B.14
融合量子加密技术打造"5G+庭审"
线上诉讼新模式调研报告

安徽省合肥市中级人民法院课题组 *

摘 要： 近年来，5G 移动通信技术迅速发展并日臻成熟。5G 技术以其高速率、低时延和大连接等诸多优势，给人民法院的信息化建设提供了新的机遇。安徽省合肥市中级人民法院将 5G 与司法审判工作相结合，以提高庭审便捷性和安全性为切入点，融合量子加密技术，开发了"5G+庭审"线上诉讼新模式，保障多种复杂条件下庭审的顺利进行，各方诉讼当事人得以随时随地"隔空"参与庭审，大大提升了庭审的简易性和便捷性，为诉讼当事人带来优质高效便捷的司法服务体验，对 5G 环境下智慧法院建设作出积极探索。

关键词： 信息化建设 5G 应用 量子加密 数据安全

近年来，作为新基建的重要领域，中国 5G 网络建设发展如火如荼。工信部数据显示，截至 2022 年 9 月，全国 5G 基站总数达 222 万个，占全球 5G 基站的 60%以上，全国所有地级市的城区、县城城区和 96%的乡镇镇区基本实

---

* 课题主持人：王晓东，安徽省合肥市中级人民法院党组书记、院长。课题组负责人：翟纯，安徽省合肥市中级人民法院党组成员、副院长。课题组成员：田岚，安徽省合肥市中级人民法院二级高级法官；孟松，安徽省合肥市中级人民法院信息技术处处长；赵晨，安徽省合肥市中级人民法院研究室主任；张小春，安徽省合肥市中级人民法院审判管理办公室主任；胡睿，安徽省合肥市中级人民法院研究室法官助理。执笔人：赵晨、胡睿。

现 5G 网络覆盖，全国 5G 用户超过 5 亿。作为新一代移动通信技术，5G 具有高速率、低时延、大连接的特点。将 5G 技术与法院审判执行业务深度融合，助力审判执行工作提质增效，是加强智慧法院建设，实现审判体系和审判能力现代化，推进人民法院工作高质量发展的必然选择。安徽省合肥市中级人民法院（以下简称"合肥中院"）积极拥抱信息技术变革，加强 5G 专网建设，实现各方诉讼当事人随时随地"隔空"参与庭审，大大提升了庭审的简易性和便捷性，为诉讼当事人带来优质高效便捷的司法服务体验。该院探索将量子保密通信技术和储存传输技术相融合，为"5G+庭审"项目再添安全屏障，全方位保障法院庭审网络与数据安全，打造了线上庭审新模式。

一　建设背景：基于智慧法院发展和数据安全的需要

（一）最高人民法院部署指明了发展方向

最高人民法院对法院信息化建设一直都有明确部署，对于 5G 的发展也早有关注。《最高人民法院关于深化人民法院司法体制综合配套改革的意见——人民法院第五个五年改革纲要（2019~2023）》指出，"牢牢把握新一轮科技革命历史机遇，充分运用大数据、云计算、人工智能等现代科技手段破解改革难题，提升司法效能……"《人民法院信息化建设五年发展规划（2021~2025）》明确提出，要积极探索 5G 网络、无源光网络、嵌入式传感器、物联网、量子计算等新技术和新型基础设施在重要业务场所和法院应用场景的落地。最高人民法院的部署明确了人民法院信息化建设的发展方向，并对用好 5G 促进法院工作发展提出具体要求。因此，实现 5G 与司法审判工作的有效融合，助推人民法院信息化 4.0 版建设，是法院信息化建设必须面临的重要课题，也是重要的发展契机。

（二）有效解决复杂条件下庭审难以开展的问题

庭审作为审判程序的关键环节，对于查明案件事实有不可替代的关键作用，庭审情况往往决定了整个案件的走向，直接影响裁判结果。正是由于庭审的重要性，对庭审的程序要求十分严格，往往要求当事人亲自到法庭参与诉讼，特别是在刑事案件中，庭审备受各方重视。传统的刑事审判囿于技术条件限制，各方当事人必须到法庭现场开庭，一旦发生当事人有特殊情况无法到庭的情况，庭审往往就要推迟延期，进而拉长审理期限，影响审判质效。特别是新冠疫情发生以来，该类问题更加突出，由于各地看守所执行疫情防控措施的需要，提审犯罪嫌疑人和犯罪嫌疑人出庭都面临一些现实困难。虽然通过在看守所与法院之间架设专网，以互联网提审和开庭的方式有效缓解了这类问题，但有时也会出现网络卡顿、网速不佳、信号中断等情况，影响审判工作开展，亟须进行技术升级，寻求更强大的技术支撑。

（三）网络数据安全是人民法院信息化建设必须解决的现实问题

信息化建设在带来便捷的同时，也带来了新问题和前所未有的挑战，网络数据安全就是近年来越来越受关注的问题之一。随着信息化系统的复杂程度越来越高，系统的弱点和漏洞也越来越多，单凭一种安全技术已不能完全保障系统的安全性，近几年许多影响巨大的信息安全事故都充分说明了这一点。例如，中兴通讯的机密文件泄露引起美国制裁、CSDN 门户网站泄密超过 600 万用户信息被盗、华为电子邮件被曝一直被监控、联想电子邮件被国外黑客控制等事件，都造成了巨大的政治和经济影响。数据窃取事件频发，有现有技术和协议原因，传输和存储过程均是明文，极易被篡改或窃听。根据国家信息技术安全研究中心的研究，市场上部分芯片设备存在严重安全漏洞，如部分 Intel 芯片暗藏后门，某些进口芯片内置木马等。传统的网络安全技术已经不足以保证系统和系统内敏感数据的安全性，这就需要有新的技术来构建信息安全的最关键防线。

（四）量子计算的出现给数据保密工作带来新的挑战

现代密码体系以数学原理作为安全保障，量子计算的出现和发展，会威胁当前的公钥密码技术安全。量子计算的 Shor 算法可以破解大数分解问题和离散对数求解问题，严重威胁目前广泛使用的公钥算法（RSA、ECC、SM2）的安全根基，如果量子计算技术成熟，现在的密码基础设施基于非对称密钥的 PKI 公钥体制就确定不安全了。基于对称密钥的密码体制则至少需要把密钥长度翻倍，才能达到抗量子计算破解的目的，现有 AES128 等对称算法将会面临不能继续安全使用的可能性。虽然目前量子计算距离大规模商用还有很远的路要走，但由于量子计算在海量搜索、人工智能、药物设计、金融分析、气象预报等领域极具应用价值，IBM、微软、谷歌这些科技巨头企业近年来都在大力投入研发，谷歌已经实现了 54 个量子比特的量子计算机，在特定问题的计算上已经远远超过现代超级计算机，仅需 200 秒就可以完成超级计算机 Summit 需要 1 万年才能完成的计算，其对现代密码的威胁已经初现轮廓，必须未雨绸缪，建设新型的安全加密通信系统，对重要信息进行加密保护。

（五）5G 和量子加密技术为智慧法院建设提供了新的选择

5G 通信技术相较传统的网络技术，在资源的有效利用率、信号的传输效率、用户体验感方面都有很大提升。在 5G 网络中，基于网络切片、MEC、能力开放等技术，在无线、承载、核心网等网域通过逻辑隔离或物理隔离的方式，为行业用户构建专用网络或专用链路，可实现端到端的业务承载、高强度安全隔离以及资源管理。量子加密同样在快速发展，根据中国通信标准化协会 2018 年发布的《量子保密通信技术白皮书》介绍，量子保密通信技术自 1984 年提出以来，在 20 世纪末开始有实验实现，2005 年后，单量子光源不理想的瓶颈问题被克服，量子保密通信的安全距离大幅拓展，实验技术自此开始了快速发展，并逐步走向实用化、产业化。这些技术的发展给法院信息化建设提供了广阔的发展前景和现实可能性。

二 项目内容：打造5G量子安全网络，创新在线庭审模式

（一）建设概况

合肥中院认真贯彻落实《最高人民法院关于深化人民法院司法体制综合配套改革的意见——人民法院第五个五年改革纲要（2019~2023）》《人民法院信息化建设五年发展规划（2021~2025）》的部署要求，紧扣人民法院信息化建设4.0版目标，为全面提升线上庭审效率和加强法院大数据安全管理寻求强大技术支撑，充分利用5G网络服务低时延、高带宽、高隔离、高安全等特点，大力推进5G应用融入法院日常工作，成立5G实验室，探索5G在刑事诉讼、司法监督、信息公开、应急通信等多个场景中的应用。合肥中院为此成立专项工作领导小组，前往通信公司参观调研，深入了解5G在司法、警务等领域的创新应用，结合合肥中院基础设施建设情况和实际需求，打造"5G+庭审"特色项目，以切实解决常态化疫情防控背景下线上开庭增长需求以及发生不可抗力情况下应急通信系统的快速恢复难题。经专项小组多次沟通优化、模拟测试，2022年7月首先完成远程提讯系统改造，实现5G网络覆盖建设。"5G+庭审"项目在远程提讯系统中，分点视频数据经过信息通道传输到庭审现场，依托有线电路通道与5G无线通道的互备模式，实现了主备通道自主切换，实际使用中避免了通道临时堵塞等异常带来的延迟、中断等问题，能够为审判程序中的提审环节提供更稳定可靠的数据传输备用通道，最大限度保障网络的连通性和系统的稳定性。

合肥中院"5G+庭审"项目是安徽法院系统首家利用5G通道的试验单位。在5G专网覆盖建设完成的基础上，合肥中院首次将量子保密通信技术和储存传输技术相融合，全方位保障法院庭审网络与数据安全。通过5G DNN（Data Network Name）切片技术，结合量子加密设备建立高效、优质、安全、

可靠的5G+量子加密网，实现庭审线路冗余架构，保证有线线路即使有意外发生仍能继续流畅、安全地参与诉讼活动，利用"5G+量子"加密技术更好地保障了法院专网的网络与信息安全，增强数据安全性，强化关键信息基础设施防护，筑牢网络安全防线，最大程度、最大范围保障司法审判活动的顺利开展。

（二）建设目标

建设5G专线，实现远程视频庭审的时延、丢包率、抖动等网络指标能达到流畅视频互动庭审的效果，扩展网络带宽。

优化升级现有基础设施，梳理现有庭审网络架构，充分利用资源，实现5G专线与平台设备、应用支撑体系、移动终端、安全措施等兼容对接，避免重复建设。

架设量子设备，对5G专线网络传输的数据利用国密对称加密算法进行全部数据加密和解密，确保法院专网的网络和信息安全。

5G量子安全网络与现有有线线路形成冗余备份，有线线路为主用线路，5G线路为备份线路，能够实现自动切换，减少人员手动介入的时间，确保意外情况发生后提审工作依旧顺利进行。

（三）建设原则

第一，安全性原则。远程庭审对信号传输的安全性要求高，普通逻辑隔离无法满足需求，结合合肥中院现有设施实际情况，用5G专线（共享UPF）+量子加密的方式来提高数据通道安全性可以较好满足。采用5G+量子加密路由器5G CPE加密网关可实现对各节点网络传输线路的进一步加固，量子设备支持从量子密钥分发终端获取量子加密密钥，通过使用量子密钥加密，使用的加密密钥都不相同，能够最大限度保证5G网络内的数据真实性、机密性和完整性，同时配合SDWAN控制，实现整网设备统一管理、链路质量可视化、业务流量可视化、流量智能调度等功能，将数据被破解等安全隐患降低。

第二，实用性原则。进一步简化网络配置，在顶层设计、技术架构、保障措施等方面提供更可靠的支撑保障，主要结合现有网络，研究分析采用最适合庭审要求的接入链路、接入网络和接入模式，统一设计、统一部署，最大程度提高 5G 线路的实用性。在具体使用场景中，5G DNN 切片技术利用数字电路网络传输数据和公众业务网络分开，构建了一张高质量 5G 无线网络，保障提审环节流畅进行。同时 5G 量子路由器将流入和流出所有数据进行加密，提供二层通道，两端设备连接 5G 量子路由器后在同一个网段即可互访，无须进行路由配置，将庭审过程中电路中断的可能性降低，实现数据安全与网络流畅同步运行。

第三，系统性原则。将研发技术和强化管理相结合，配备完善的安全技术措施，配套相应的安全策略、管控措施和管理制度，建立与庭审工作相适应的安全风险管控机制和动态策略调整机制。5G 网络覆盖后，根据网络配置和基础设施建设对法院端机房进行统一管理和控制，实现 5G 量子设备单独隔离架设，配备专人进行调试维护。

（四）系统功能

2021 年 5 月 18 日，最高人民法院通过《人民法院在线诉讼规则》，对在线调解、在线立案、在线应诉、电子笔录、电子卷宗、在线执行、在线数据保护等作出系统规定，而在线庭审作为在线诉讼的核心环节，备受关注。合肥中院"5G+庭审"模式具备四大系统功能，提升了庭审环境的稳定性、规范性和安全性，进一步优化庭审效果，可为当事人提供更高效、畅通、便利的网络诉讼服务。

1.5G 远程提讯

针对线下提审工作费时费力、流程复杂这一现状，疫情期间主要通过建立视频提审来优化工作流程。有线线路因需要在地下部署光缆，时常受城市发展建设等各方面因素影响，一旦出现线路故障会严重影响提审的正常开展，大大影响案件审判效率。使用 5G 线路开庭，提升了远程提讯视频连线的流畅度。连线过程中人物微表情、微动作清晰可见，语音视频传输更加清

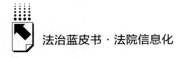
晰稳定，结合远程提讯系统的语音转写、电子质证、远程签名等功能，切实提高全流程线上办理效率，线上庭审的真实感得到显著提升。

2. 实现多方开庭

通过对现有庭审线路改造升级，5G 线路将线上庭审优势进一步提升，可实现多方开庭场景。主要应用在线上开庭、提审询问过程中，使用移动庭审设施即可于看守所、律师事务所、法律服务中心等处进行高质量音视频沟通和举证质证，解决了特殊时期开庭难提审难问题，缩短了案件庭审排期周期，提高了庭审效率。

3. 线路自动切换

基于原有网络建设的 5G 备用线路，通过在法院和看守所端部署自动切换器，当有线线路出现拥挤和断联情况，可实现主备线路的自动切换，无须人为介入操作，保障庭审有序进行，从技术上实现对整个链路的便捷化管理。

4. 量子加密

针对刑事案件，在线诉讼一般通过专用网络进行，以满足刑事案件审理的技术保障要求。根据案件难易程度、技术条件、实际审理需要等因素，综合确定适宜的审理模式，统筹平衡好案件审理的质量、效率和效果。量子技术在加密过程中可实现支持配合量子密钥服务获取 IPSEC、VPN 加密密钥，支持使用量子密钥通过国密算法对传输流量进行加密，支持量子密码周期性更新功能，确保量子加密的安全性。项目使用 5G 无线网络便捷高效的云上模式结合量子加密设备，通过量子加密路由器的加密措施实现刑事案件远程提讯安全性的提升，形成大数据安全传输的完美闭环，保障每一位诉讼参与人的隐私安全。

三 建设成效：兼顾庭审效率与网络信息安全

（一）保障线上庭审秩序

新冠疫情给司法审判活动造成了一定影响。安徽省高级人民法院作出

"五项重点工作"部署,提出以信息化建设为抓手,不断完善软硬件设施,有效推动法院工作的现代化进程。使用5G助推线上庭审建设,采用线上功能全面、运行稳定、用户体验好的设备和线路积极开展线上诉讼,对提升审判质效有积极意义。在前期已开发的远程无接触开庭模式基础上,合肥中院把5G引入庭审,实现互联网庭审的进一步技术升级。通过对现有庭审系统的改造,接入远程5G互联网终端,不影响有线线路的随时切换使用,通过5G远程音视频提讯模式,实现多方庭审参与人在线上庭审环境中流畅地进行音视频沟通和举证质证。

(二)提高审判工作质效

传统线下审理方式步骤烦琐、环节冗长,不利于缓解有限的司法资源与人民群众日益增长的多元司法需求的矛盾。在疫情期间,通过5G技术开展线上庭审,推动法院庭审工作的现代化进程,缩短案件审理周期,有助于处理好庭审有效性与在线便捷性、庭审严肃性与网络自由性的关系。自2022年1月至2022年10月,合肥中院共计远程线上开庭478余次,同比增长57.7%,远程线上开庭的案件数量和占比持续上升。自2022年7月至2022年10月,"5G+庭审"项目落地以来,合肥中院远程线上开庭共计216次,同比上升81.5%,充分发挥在线庭审远程无接触的优势,为当事人提供更高效、畅通、便利的网络诉讼服务,全面提升审判质效。

(三)升级网络基础设施

安徽省高级人民法院印发的《关于进一步加强全省法院信息化硬件基础设施建设和网络安全建设的通知》要求,持续完善现有网络环境设备,对现有网络及安全设备进行硬件升级和扩容。5G建设是基于网络切片、能力开放等先进技术,在无线、承载、核心网等网域通过逻辑隔离、物理隔离等方式,可以构建专用网络、专用链路,实现端到端的网络承载、高强度安全加密。合肥中院的"5G+庭审"项目,实现了网络基础设施升级,其充分利用现有资源的方案,也简化了网络配置,避免重复建设、非必要建设。严格按照按需建设模式，并持续根据使用场景做好优化研发的准备，为未来5G生态建设的持续深入推进打下了坚实的基础，体现完整性、可发展性、可优化性。

（四）增强网络安全管理

随着人民法院信息化建设不断深入，以智能化、大数据为主的新一代智慧法院成果也得到广泛运用，网络边界防护难度持续增加。5G技术作为新引入技术，是否符合人民法院大数据安全管理要求，在项目推进前期，成为重点突破难题。合肥中院"5G+庭审"项目落地，不仅是安徽省内首次利用5G通道辅助庭审工作的试点探索，也是安徽法院首次尝试将量子加密技术融入刑事案件远程提讯视频对传输信号加密。合肥作为量子技术飞速发展的城市，量子技术受各行业用户牵引，用户参与、主导应用开发并开展应用示范，逐步推动量子技术规模应用。该项目创新采用量子加密设备为5G建设加强网络安全提供了思路，量子设备的接入，有力解决了大数据安全的防护问题，加强网络边界防护能力。

（五）拓宽庭审网络通道

在"5G+庭审"模式正式运行前，合肥法院进行远程提讯或开庭都是共用一条线路，随着线上开庭需求增多，原有网络带宽负担加重，尤其在重大案件庭审保障期间，网络的通畅对线上开庭效果有重要影响。5G建设实施后，有效提升网络可靠性、抗干扰性和安全性。5G有专用频段传输信号，不会受其他频段的WiFi或热点的信号干扰。打造5G专线，数据对外不可见，可以保障数据在内部流转，有效缓解网络带宽不够的现状，流畅的音视频连线效果可以提升线上审理的真实感，有效保证举证质证的真实性，避免因卡顿影响多方连线效果。

四 前景展望：拓展5G与量子加密技术在诉讼领域的深度应用

当前，合肥中院"5G+庭审"模式主要应用于刑事审判领域的案件远程提讯和开庭，适用范围较窄。未来，合肥中院将积极探索5G与量子加密技术的深度应用，实现与司法审判工作在更高层次、更大范围、更广领域的融合，推出更多的5G司法应用创新案例，打造司法审判的5G生态系统。

（一）深化"5G+智慧庭审"

当前合肥中院5G应用主要着力于5G线路的覆盖建设，打造"5G+庭审"模式，实现远程视频提讯的稳定、流畅、高效运行，提供远程视频提讯的量子加密保障。后期建设中，将引入各项技术，将AI人脸情绪分析运用到庭审，捕捉微表情，识别情绪变化，进一步提高线上庭审真实感。实现纸屏同步，将纸质笔记材料进行电子化存档，远距离通过云服务将书写原笔迹上传至接收终端。运用5G安全专网技术，实现物理双系统的隔离，增强数据存储加密、移动安全通信的能力。合肥中院5G实验室将持续以"5G+庭审"项目为孵化器，促进后期规划过程中的创新技术和产品成果尽快落地应用，为合肥区域内5G+智慧法院建设提供宝贵经验，形成合肥法院5G应用的联动效应，助推审判体系和审判能力走向现代化。

（二）拓宽量子加密技术应用领域

积极探索拓宽使用场景，通过科技赋能让"5G+庭审"新模式全面铺开，保障审判工作，为多类型案件审理带来便利，提高线上审理质效。探索量子加密在法院日常数据传输中的应用，时刻关注量子加密技术在各领域的发展进步，及时掌握量子加密的最新运用趋势。结合法院工作场景，持续探索量子加密设备在智慧党建、智慧办公、智慧执行等多场景下加强数据安全的运用。在法院日常通信内容传输过程中，可通过量子加密设备利用量子密钥对办公过程中的通信、通话进行加密，增强数据传输安全性。每次使用的加密密钥都不相同，能够最大限度保证通话信息的真实性、机密性和完整性，便于预防法院办公办案过程中出现通话信息被窃取、被篡改的问题。通过多场景使用筑牢网络安全防护网，实现科学治网管网。

（三）提高技术应用率

坚持以实用为导向，避免"建而不用"情况，在5G应用持续建设过程中做好实践优化推广工作。开展5G应用培训，提升法官和司法辅助人员相关技术能力，根据建设发展定期安排学习，并通过邀请专业人员以授课、技术交流等形式进行相关技能培训。建立5G应用联动机制，在各层级法院之间形成应用联动机制，实现上下联通、左右联动，将5G庭审建设推广运用落实到位，对于建设和使用中所发现的不足和漏洞进行联动处理。不断优化技术，增强5G感知度和体验感，对5G应用从网络流畅度、系统可行性、操作便捷度、多场景运用等方面进行升级完善。

（四）方便群众参与诉讼

研发贴合使用场景的5G庭审系统，通过系统构建智慧使用画像，合理利用线上诉讼模式和智能化应用系统为当事人及诉讼参与人搭建一体化、一站式的全流程规范化诉讼服务平台，节约当事人及诉讼参与人的时间、经济成本，"让数据多跑路，让群众少跑腿"，让信息化建设成果充分体现在提升群众的司法获得感上。

B.15

审判资源跨域统筹——"行政智管"应用运行成效及完善路径

浙江省丽水市中级人民法院课题组*

摘　要： 浙江法院是行政案件管辖制度改革先行地。从 2007 年起，浙江丽水中院相继试点行政案件相对集中管辖、异地交叉管辖；2022年，探索以"当事人选择"为核心的跨域管辖制度。基于当事人选择管辖的数字化应用需求，"审判资源跨域统筹——行政智管"应用作为浙江省丽水市中级人民法院行政案件全域智治集成改革的核心项目，被浙江省高级人民法院纳入全省数字法治一级重点改革项目。一方面，该项应用以"行政智管"模块为核心，实现行政案件"一网受理"，突破性地将全市一审行政案件收案信息统一归集到中级法院审查并确定管辖法院。另一方面，法院开发"行政会商""行政争议化解"等配套应用功能，让案件当事人更好地体验全过程人民民主，着力提升人民群众司法公正感受度。

关键词： "行政智管"　跨域统筹　行政案件全域智治集成改革　行政管辖

---

* 课题组负责人：吴林雄，浙江省丽水市中级人民法院副院长。课题组成员：张庆华，浙江省丽水市中级人民法院行政庭庭长；卢雅，浙江省丽水市中级人民法院行政庭法官助理；黄玉香，浙江省丽水市莲都区人民法院院长；祁崇捷，浙江省丽水市莲都区人民法院办公室副主任；朱燕红，浙江省丽水市莲都区人民法院行政庭副庭长。执笔人：张庆华、祁崇捷、卢雅。

一 "行政智管"应用建设背景

（一）人民群众对行政解纷的新需求新期待

习近平总书记在党的二十大报告中指出："我们要实现好、维护好、发展好最广大人民的根本利益，紧紧抓住人民最关心最直接最现实的利益问题。"[①] 改革的内核和效果体现离不开人民群众的感受，行政审判作为处理"官民矛盾"的途径之一，通过实质性化解行政争议保障人民利益，并监督依法行政。进入新时代、新阶段，人民群众日益增长的美好生活需要，对人民法院预防和化解行政争议工作提出了更高要求。人民法院要充分发挥审判职能作用，积极回应人民群众诉求，大力推进行政审判工作高质量发展。

蓬勃兴起的数字革命、数字技术创设了全新基础规则和制度供给，为人民法院的司法服务提供了更直接、更有效的数字化载体。为有效回应群众需求，提升人民群众获得感，必须将人民群众的选择意愿与人民法院服务标准的迭代升级更好地衔接贯通起来。过去行政管辖制度改革主要从法院视角出发，忽略诉权保障，需要从诉权与整体管辖制度、诉权与行政审判的内在联系以及全过程人民民主视角考量，真正达到行政诉讼的救济性和预防性目标，实现保护行政相对人合法权益的功能价值。基于此，丽水法院运用数字化手段"共享"成果，以数字化思维和数字化技术持续推进全流程再造和一体化平台建设，强化预防和化解行政争议工作的数智赋能，最大限度提供优质便捷高效的诉讼服务，全力保障公民、法人和其他组织的合法权益。

---

① 习近平：《高举中国特色社会主义伟大旗帜 为全面建设社会主义现代化国家而团结奋斗——在中国共产党第二十次全国代表大会上的报告（2022年10月16日）》，《人民日报》2022年10月26日，第4版。

（二）加强监督依法行政的重要途径

随着中国民主法治建设与社会管理民主化的深入推进，人民群众的权利意识、法律意识、维权意识日益增强，对实现公平正义的要求越来越迫切。《行政诉讼法》实施以来，行政审判对监督公权依法行使、推进民主与法治进程起到了促进作用，但与之相对应的是难以消除的地方保护和行政干预，使行政审判的公正性遭受质疑。行政诉讼管辖改革作为提高行政审判公正性的突破口，不仅是为了确保行政诉讼程序顺利推进，更是为了保障司法公正、监督依法行政等实体价值实现。

从《行政诉讼法》《关于完善四级法院审级职能定位改革试点实施办法》等法律及制度文件可以看出，行政诉讼管辖改革指导理念不断更新迭代，更加强调行政争议的源头预防。只有确保人民法院依法独立公正行使审判权，有效监督行政机关依法行使职权，才能最大限度地源头预防行政争议。"以当事人选择"为核心的跨域管辖制度，使管辖与地域不再有明确的对应关系，最大限度排除地方干预，让行政审判回归本来面目。同时，通过数字化平台的应用，当事人的诉讼成本不再因距离而明显增加。当事人在行使行政诉讼权利时仅需考虑法院的审判质量等因素，不再有后顾之忧。

（三）优化司法资源配置共治共享的迫切需要

作为"绿水青山就是金山银山"理念的重要萌发地和先行实践地，丽水提出"奋力加快跨越式高质量发展，建设共同富裕美好社会山区样板"目标。人民法院始终胸怀"国之大者"，找准找实司法精准发力的切入点、结合点，着力为创建革命老区共同富裕先行示范区提供有力的法治保障。但囿于现行审级职能定位，各级法院行政诉讼案件呈倒金字塔型布局，基层法院行政审判力量相对薄弱、行政审判经验不足等情况普遍存在，一定程度上影响职能作用的发挥。因此，切实提高行政审判专业化水平、提升基层法院行政审判质量迫在眉睫。

丽水法院全面推进以审判资源跨域统筹为核心的行政案件全域智治集成改革，就是充分利用数字化手段，打破区域壁垒、信息资源壁垒，促进解纷资源、诉讼服务、裁判智慧全域共享，力求不断推动司法服务的高效、便捷和均质化。各基层法院均可作为选择对象审理一审行政案件，解决集中管辖或者交叉管辖模式下非管辖法院行政庭因受案量减少而造成的行政审判资源闲置及行政审判专业化能力水平下降等问题。借助数字化应用，有效实现"人、案、事"条线统管，统筹调配行政审判资源力量，一体化持续提升行政审判能力水平，促进裁判尺度统一。

（四）多类型改革探索积累的成熟经验

2021年10月起，最高人民法院开展四级法院审级职能定位改革，丽水法院作为试点之一，亟须在保证审判质效的前提下平稳下放四类行政案件的管辖权，行政审判面临制度变革的有利契机。

同时，从管辖制度创新层面来看，浙江省丽水市中级人民法院（以下简称"丽水中院"）早在2007年9月就开始尝试行政案件管辖试点工作，在所辖的9个县市（区）法院中试行"行政诉讼相对集中指定管辖制度"①，后于2019年试行"异地交叉管辖"，并于2022年探索实行"以当事人选择"为核心的行政案件跨域管辖制度，赋予当事人充分的管辖选择权②。2020年，丽水建立"一带三区"跨域府院联席会议机制，构建"司法资源同享、互助平台同建、风险隐患同防、突出问题同治、协调机制同立、工作举措同商"的工作格局，为应用的推进奠定了基础。

---

① 即依当事人申请或基层法院报请，由中院根据管辖区域范围内各定点法院受理行政案件情况，将行政案件的管辖权进行重新调整和合理配置，利用指定管辖方式，把某一区域的部分一审行政诉讼案件交由定点法院管辖。

② 2010年2月，丽水中院出台《关于完善行政诉讼相对集中指定管辖制度的意见》，当事人在起诉时提出异地管辖请求的，受案法院应将该案报请中院决定；当事人以有管辖权的法院不宜行使管辖权为由或受案法院不处理为由而直接向中院起诉的，市中院可以直接决定指定管辖。

二 "行政智管"应用的具体内容

（一）以"行政智管"应用为载体，实现行政案件"一网受理"

1. 拆解 V 字模型：从数据流到业务流

"行政智管"应用打通浙江法院办案办公平台、基层治理四平台等数据系统，确定全市法院行政办案数据、全市行政复议案件信息等十二大类数据需求，归集数据 579 项，拆解出行政案件跨域一审收案流程、行政审判跨域会商平台、智能办理系列案等 7 项一级任务，直至拆解出最小任务量。

2. 体系架构：在线流转高效管理

经浙江高院批复同意，丽水中院印发《关于实施行政诉讼跨域管辖制度的意见》，推行以"当事人选择"为核心的行政案件跨域管辖制度。按照"尊重意愿、选择管辖、随机为辅、特殊例外、全域统筹"原则，除最高人民法院《关于完善四级法院审级职能定位改革方案》规定的四类行政案件由市区的莲都法院统一管辖、个别特殊案件由丽水中院指定管辖外，当事人可选择在丽水 9 家基层法院中任何一家基层法院管辖。当事人不选择管辖法院的，由中院随机确定全市任一基层法院管辖。

丽水行政案件全域智治集成改革将管辖申请模式从原有的"一地受理"转变为全市行政诉讼案件"一网受理"。目前，浙江法院办案办公平台"行政智管"模块已上线运行，当事人通过网站提交的立案申请，均归集到"行政智管"模块由丽水中院行政庭审核分流（见图1）。

一是收案"一平台"。当事人可通过浙江法院网、"人民法院在线服务"或线下向全市任意一家法院提交一审行政诉讼案件立案申请，并按照管辖告知书的提示，选择管辖法院。丽水中院行政庭审核人员登录办案办公平台，进入"行政智管"模块，即可看到当事人提交的立案申请。

二是登记"一操作"。全市各法院均可接收全市范围内的行政一审诉讼

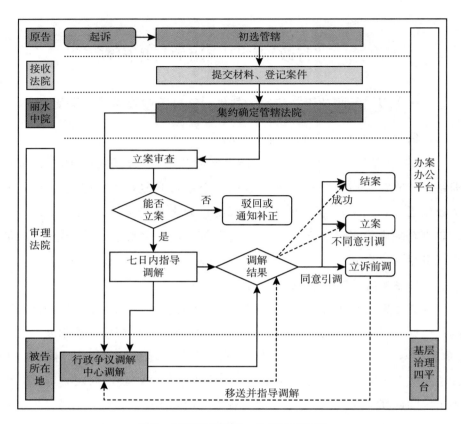

图1　行政案件跨域一体化管理流程

请求，并登记收案。信息同步到"行政智管"模块。"行政智管"模块指定
案件管辖法院后，将案件材料、信息同步发送给管辖法院和被告所在地的矛
调中心。矛调中心将协调化解结果反馈给管辖法院，管辖法院根据化解结果
确定案件处理方式和结果。

　　三是审核"一出口"。在管辖指定时，通过选择具体案件点击"审核"
功能，即可查看当事人提交的起诉材料及管辖法院选择等，再按照当事人的
选择意愿和管辖规则确定管辖法院，并将案件移送。管辖法院可同步收到案
件材料及信息。

　　四是立案"一步查"。丽水中院确定一审行政案件的受理法院后，受理

法院依据相关规定依法立案受理，同时，原收案登记法院向受理法院移送纸质案卷材料。收案时可进行自动查重和系列案标识，并随案同步生成电子卷宗。同时，"行政智管"模块设置了已审查案件的查询统计功能，便于对收案情况进行数据分析。

五是资源"一键达"。受理法院行政审判庭依据适用程序、系列案标识，进行分案处理。属系列案的，可并案审理。庭审可使用现有的数字法庭、云上法庭等设备、设施。

3. 平台建设：业务系统集成对接

"行政智管"模块展示各地法院立案登记的行政一审案件起诉信息，便于中院进行行政案件集中审查，主要包含如下功能。

一是全方位实现网上立案和在线审查。由于平台用户地域和案件类型情况多样，该模块列出全市各法院登记的待丽水中院审查的行政案件。列表主要包含收案案号、案由、诉讼请求、申请时间、申请人、被申请人、登记法院、受理法院等信息。提供卷宗浏览入口、案件信息展示入口，并能调用相应模块或功能展示详细信息。页面中还包含对具体案件的审核功能，支持批量设置受理法院和批量推进案件进展状态。

二是全流程交互式标准化审查。丽水中院集中查阅全市各法院收案登记的一审行政诉讼案件，进行收案审查，确定案件的受理法院，系统通过站内信息通知下级法院立案庭相关人员及时立案。中院对已审查确定管辖的行政案件进行跟踪，支持查看案件信息，便于后续类似案件管辖权的确认，同时按需要推进案件进展状态。案件信息主要包含案号、案由、诉讼请求、起诉时间、申请人、被申请人、登记法院、受理法院、审查时间、审查结果、移送时间等。

三是全自动化要素式办理。平台自动跟踪分析系列案特点，提供系列案的批量收案登记、批量分案、批量移送接收、批量排期、裁判文书批量复制生成，裁判文书批量提起送达等模块。另外，在登记审查案件时，系统根据申请人信息和案由要素对全市行政案件进行检索，确认是否存在重复起诉情形，减少程序空转。

4.提供功能：服务当事人"一件事"改革

以提升群众"诉讼体验"为导向，丽水法院积极推进行政审判领域"当事人一件事"集成改革，力争以最少的环节、最低的成本、最高的效率促进争议实质化解，并基于"行政智管"模块、人民法院在线服务等平台，开通行政案件服务当事人通道，提供以下服务。

前端主要提供收案服务，接收当事人在线提交的起诉材料。当事人基于线上平台或线下立案窗口，向人民法院递交行政案件立案申请。

中端当案件"一键流转"后，当事人通过平台开展诉讼活动，可在线提交举证应诉材料，为正式开庭做好庭前准备。平台为当事人提供线上送达服务，方便当事人快速获取行政案件法律文书。

后端主要是提供行政普法宣传服务，提供行政案例、行政违法分析，服务社会公众，提升社会法治水平。

（二）以"行政智管"为目标，跨域集合智慧资源，支持行政案件审判

1.人案共享：行政审判队伍跨域统筹

为解决基层法院受理一审行政诉讼案件分布不均等问题，"行政智管"在不改变法官与法院隶属关系的情况下实现人员跨域统管。

一是成立跨法院临时党支部。丽水法院将全市18名行政审判党员法官全部纳入行政审判临时党支部管理，实现"人、案、事"一条线跨域统管。此外，丽水中院还出台《行政审判临时党支部工作规则》，规范临时党支部建设工作，通过线上集中学习、廉政党课宣讲、专题业务培训等各种形式开展支部组织生活，促进行政条线业务全域统筹、智慧共享。

二是法官资源统一调配。"行政智管"聚合全市基层法院行政法官组成一支"共享司法智慧"审判队伍，针对行政诉讼案件数量分布不均的问题，利用行政改革打造锻炼平台，开展每期3~6个月的行政审判跟案轮训。每期组织2名基层法院法官或助理到丽水中院或案件数量较多的特定基层法院行政庭跟案轮训，培育高素质人才队伍。

2. 资源共享：司法智慧跨域共享

一是建立行政案件在线会商机制。丽水中院出台《关于建立基层法院行政案件在线会商机制的意见》，确定全市基层法院 18 名会商法官，组建由 10 名基层法官组成的行政跨域专业法官会议，对新类型、疑难、复杂，社会影响重大，合议庭评议有重大分歧，裁判规则、尺度不统一，法律适用不明确等五类案件通过行政案件在线会商或全域专业法官会议，形成意见供合议庭参考，如合议庭不采纳会商意见，需将待决案件提交审委会讨论。通过跨域在线会商机制，丽水法院搭建了全市行政审判交流合议平台（见图 2）。

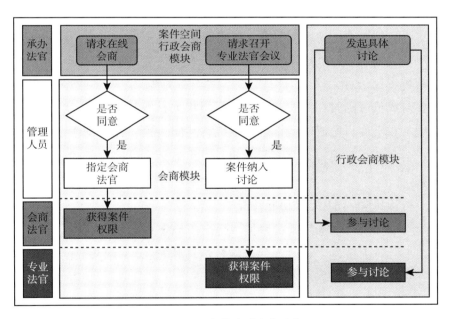

图 2　行政案件跨域会商流程

二是开发运用"行政会商"模块。丽水中院开发运用相应的浙江法院办案办公平台行政会商模块，解决在线会商、会商法官阅卷、异地异步合议等问题。会商事项包括案件、行政审判法律适用等，会商类型分跨域在线会商和跨域专业法官会议。

行政会商模块设置管理人员，负责会商议题审查和会商法官名单管理。模块提供会商申请、会商审查、会商历史查阅等功能，供管理人员、终端用户使用，并按用户身份显示相应范围的数据，或本人参与的会商，包括会商事项统计（提供时间段、案件/事项、事项类别、法院、案由等统计角度，统计会商事项情况）和参与情况统计（提供时段、案件/事项、事项类别、法院、案由等统计角度，统计会商事项的参与人参与情况）。

会商事项由各基层法院行政审判员额法官申请提交。申请人在提交会商申请时应说明会商事项的具体内容、必要性及说明材料，并初步预估会商讨论截止时间，自选意向会商法官。

申请人提交跨域在线会商或跨域专业法官会议申请后，中院管理人员进行审查，如审查同意开展会商，管理人员结合案件情况及申请人的需求指定申请会商法院以外的基层法院3名法官作为会商法官，如申请人选择召开跨域专业法官会议，则指定法官会议全体成员参加会商。讨论期间，会商参与成员可随时在线发表言论并引用相关材料补充观点，无须全程实时在线。在会商讨论时间截止后，系统将关闭讨论，并自动生成会商过程笔录；会商法官可编辑会商笔录内容，并将笔录文件回传至关联案件的案卷材料。

3. 智管共享：司法行政协同共管

丽水中院以行政审判流程数据、行政跨域智审数据为基础，在"基层治理四平台"上搭建"行政案件全域智治驾驶舱"，采用大数据分析手段，形成"一张屏"数据展示平台。

"驾驶舱"基于全市法院的审判案件管理系统信息，将全市法院行政办案数据采集汇总，并通过图表等可视化方式，实时展现行政办案的相关信息，如全市行政法官办案业绩、行政争议分布、行政机关败诉率等数据，从行政机关、人民法院、承办法官等角度，提供多维分析，形成行政审判和行政执法资源共享，为各地法院和行政机关提供决策参考。

"驾驶舱"还能够通过地图分地域展示全市法院发改瑕疵率、服判息诉率、调撤率、收结案、非诉审查等情况，为各法院提供质效指标参考；利用聚类分析，分时段展示各地行政机关发案量、全市一审行政案件领域分布、各地行政案件化解动态、败诉动态及行政机关负责人出庭应诉动态，提供决策风险预警。此外，"驾驶舱"中还包括"司法建议书和行政审判白皮书""行政审判临时党支部""典型案例""行政争议协同化解四支队伍"四个子链接，展示行政审判临时党支部党员活动、司法行政良性互动等相关情况，服务人民法院依法审判、行政机关依法行政。

4. 多元共享：构建行政争议实质化解新形态

一是成立行政争议跨域多元化解"四支队伍"。为应对多元化的行政矛盾和纠纷，满足人民群众多元化的利益诉求，最大限度促进行政争议实质性化解，丽水法院在行政审判中坚持协调化解优先原则，将协调化解贯穿诉讼全过程，探索多元化纠纷化解机制。

丽水中院联合市委依法治市办、市委政法委出台《行政争议多元化解工作办法》，建立 17 名法官组成的行政争议化解工作法官团队、32 名行政机关业务专家组成的专家团队、18 名行政争议专职调解员组成的调解员团队以及 27 名法院和司法局干警组成的联络员团队"四支队伍"，健全行政纠纷化解前置和诉调对接机制，进一步细化在线跨域协同化解工作流程和奖惩规则，将大量行政争议吸附在当地、化解在前端。

二是行政争议化解线上流转。丽水中院对接"基层治理四平台"，建立"行政争议化解"模块，实现行政争议诉前、诉中交办全流程线上办理，全过程留痕。经过充分协商，法院交办化解案件均由依法治市办线上逐级交办至各地依法治县办、行政争议调解中心和被诉行政机关，调解法官运用"共享法庭"线上指导调解，并会同依法治市办开展跟踪督办。

在模块流转上，法院在对案件进行管辖指定后，收案信息即同步到市依法治市办，市依法治市办可进入交办模块查看案件信息并将案件下派到相应的依法治县办。案件信息同步到行政争议化解中心，调解中心的调解员可查看案件详情，并在规定期限内对案件进行协调化解。化解完毕后，调解员将化解情况录入系统，办结信息同步回传到法院。

通过打通上述数据端口，全市行政争议化解实现区域资源集成和共享，为多元联动实质化解行政争议提供了基础。

三 "行政智管"应用的运行成效及价值

（一）功能成效

一是行政诉讼案件"一网受理"，加强诉权保障。"行政智管"的运用有效解决了各法院收案审查标准不一的问题，打消行政相对人对行政机关干预司法裁判的顾虑，切实减少当事人重复起诉、故意错列被告提高审级等现象。2022年，全市法院收到一审行政案件立案申请556件，其中选择管辖437件。行政相对人普遍更倾向于选择跨域管辖。

二是行政争议实质化解"一键流转"，形成行政争议诉源治理新渠道。丽水法院通过构建全链条解纷新机制，健全完善调解前置和诉调对接机制，配套建立行政法官"坐堂问诊"法律服务机制、完善诉中交办化解机制，让行政争议化解在当地、化解在诉前。2022年，全市新收一审行政诉讼案件413件，同比下降8.63%；引导当事人进入诉前化解程序333件，协调化解206件，诉前化解率61.86%；诉中化解一审行政诉讼案件130件，一审调撤率达33.77%。行政争议多元化解工作职责进一步理顺，行政争议调解中心实体化运作更加有效推动。

三是推进审判资源"一体共享"，智能支撑行政争议化解。丽水法院通过"行政会商"模块开展在线会商20余次，在坚持一、二审法定职能的同时，变各基层法院少数行政法官"单兵作战"为全市法院行政法官"集团作战"，整合共享全市司法资源，逐步实现优势互补，切实提高案件办理质量。全市行政诉讼案件上诉率48.85%，同比下降19.96个百分点；服判息诉率64.64%，同比上升14.64个百分点；行政一审判决案件改判发回瑕疵率为零，同比降低2.27个百分点。

四是助推法治政府建设"一站服务"，初步实现跨部门、跨层级、跨领域的数据共享和业务协同。"行政案件全域智治驾驶舱"逐步归集行政执法、行政复议和行政诉讼办案数据，有效深化府院良性互动，初步实现数据互联互通、资源共享共用，以数助决策助力丽水创成"全国法治政府建设示范市"。丽水法院在全市综合行政执法局设立"大综合一体化"行政执法改革"共享法庭"，共享法官裁判智慧、共享执法司法信息、共享优质诉讼服务，入选浙江省行政执法改革标志性成果 100 例。同时，丽水中院联合市委依法治市办出台《丽水市行政机关参加行政诉讼出庭应诉评价办法》，将行政机关举证、应诉、化解争议等情况纳入依法行政指数，逐案开展应诉评价赋分。在浙江高院行政改革整体框架下，丽水行政审判数字化改革与全省各地改革任务相互呼应、相互支撑，数字赋能的成效逐步展现。

（二）推广价值

一是赋予当事人更多管辖选择权。"行政智管"打破行政审判管辖与行政区划相对固定的对应关系，充分尊重当事人的管辖选择权，通过建立与区域内审判队伍和审判组织相适应的管辖规则，使区域内各基层法院人案相对均衡，对不同类型案件的审理更加专业化。这既可以增强人民群众的司法参与度，也有利于保障人民法院依法独立行使审判权，从而更好地监督行政机关依法行政。

二是跨域统筹行政争议化解力量。改革依托行政争议调解中心、"共享法庭"等平台，建立跨域行政纠纷调解前置和诉调对接机制，由行政争议发生地和案件管辖地的调解员、行政专家组建一体化调解队伍。优化重组行政审判力量，打破传统区域壁垒，实现行政法官在市域范围内跨行政区域参与案件审理、开展调解指导。

三是数字赋能融入市域整体智治。改革推动法院数字平台与矛盾调解中心（行政争议调解中心）、法治政府数字平台的数智协同建设，实现行政审判、行政复议及行政执法全流程数据贯通、全链路业务协同，完善"信息共通、问题共研、争议共调、滥权共管"机制，形成多跨协同、整体智治的行政诉讼与行政法治新生态。

四是资源跨域统筹全贯通驱动制度重塑。纵向上，所有应用场景均为市、县协同，并已经深度融入全省行政数智法治协同项目，作为全省多项试点实现了突破，尤其是驾驶舱建设，形成案件类型、趋势分析等多项可视化场景。横向上，"行政智管"贯通行政执法、行政复议、行政诉讼全生命周期，将法院、依法治市办、行政争议调解中心、各个乡镇（街道）和行政机关纳入一个平台，促进解纷资源、诉讼服务、裁判智慧全域共享，形成前后贯通、多跨协同、整体智治的市域行政争议多元化解新形态。

四　"行政智管"应用存在的问题

丽水中院深入推进行政全域智治集成改革，"行政智管"应用在实现资源跨域统筹、提升行政审判能力和水平等方面取得了一定成效，但在平台建设、数据融合等方面仍需加大力度。

一是存在数据壁垒，对共享智管作用发挥产生一定影响。数字智能整体性作用发挥依托的是数据的充分共享与利用，"行政智管"应用主要通过人民法院工作内网，而行政审判涉及的行政复议、行政机关等数据主要是在互联网或外网专网中，基于数据安全等因素考虑，内外网及不同部门间的数据交互和共享受到多方制约，对后续统一管理、统一应用产生影响。

二是应用开发程度仍有待加强，数字驾驶舱的作用发挥有限。目前，各相关平台应用场景均已完成，但各项应用功能主要集中在流程管理上，服务实体要素审判的平台功能还有待进一步开发，如驾驶舱目前主要实现的是数据统计与直观呈现、自动采集的应用，有待共享法官智慧、共享执法信息、决策风险预警等应用场景发展，需要进一步提升智能分析研判能力，有效发挥智能全域统筹管理作用，着力服务社会治理，助推法治政府建设。

三是办案人员的能力和水平仍需提升，对数字化应用与机制协同要求更高。就整体发展来看，当事人倾向选择经济水平高、交通便利地区的法院管辖，且更倾向委托中心城市的律师为其代理，如当事人往往更倾向选择市辖区莲都法院管辖。因此，还需深入分析如何配套"行政智管"应用，强化市域整体队伍的资源统筹，促进人案维度、审判制度与数字化应用的融合，避免出现审判力量不均衡现象。

五 "行政智管"应用完善的实现路径

"行政智管"应用将探索全面推进行政案件全域智治集成改革项目，以行政智服为目标，建立府院通道，打造行政案件智能化、专业化管理平台，进一步实现审判资源跨域统筹。

（一）推动现有模块应用迭代升级

在浙江高院行政法治数智协同项目整体框架下，丽水中院充实并完善原有行政智管、"行政案件全域智治驾驶舱"、行政争议化解、行政会商等模块功能，将实现数据自动获取、自动推送等功能，完成迭代升级。同时，完善"行政案件全域智治驾驶舱"数据智能分析和预警功能，推动驾驶舱向智慧"子脑"迭代升级。通过分块分层打通内外网数据，汇聚一体共享行政争议风险信息并实现智能分析，驾驶舱进一步预警重点地域、重点领域、重点部门苗头性、倾向性、普遍性问题，使应用更具有可复制性和可推广性。

（二）搭建府院一体化平台

改革将进一步依托"行政案件全域智治驾驶舱"，全面打通府院交互通道，充分融合各平台、端口，自动采集全市一审行政案件审判流程数据、行政案件一审收案数据、行政审判跨域会商平台数据、行政审判府院业务交互数据，并提供数据清洗功能；通过数据共享交换，将采集的数据按照大数据分析的目标、方法、要求，进行规范化加工转换，形成数据层次关系。府院一体化平台将案件基本信息、起诉信息和材料、应诉通知、开庭通知、裁判文书等数据推送到行政机关端，将行政机关应诉举证、司法建议反馈等材料推送至法院，切实增强司法与行政数字化良性互动。

（三）行政审判知识库建设

改革项目建设全市行政审判案件知识库，建立动态更新机制，提供行政案件跨域检索服务、类案推送服务，便于全市行政审判法官提高专业素养、统一裁判尺度。知识库汇集案件争议焦点、法律适用、事实认定、裁判规则、审判观点、审判经验等方面的知识，提供基于案件审判的行政审判知识服务，汇聚全市行政法官智慧，有效服务行政审判工作。同时，丽水中院对各法院管辖调整实施及工作落实情况进行量化考核，对案件移送管辖、争议实质化解、双向互动等情况进行通报，发挥考核指挥棒作用，将矛盾调解中心协调化解、案件会商等按照难易程度分别计算相应工作量，有力推动改革走深走实。

（四）行政案件跨域管辖制度改革

针对可能发生的区域案件不平衡、资源不均衡等问题，行政案件跨域管辖制度将改变原告只能选择一家基层法院管辖的做法，调整为原告选择两家基层法院管辖并由丽水中院统筹确定其中一家基层法院审理。要进一步完善会商形式，管辖法院发起会商后，由该院分管领导组织线上会商，切实提升在线会商实际效果。在出台行政诉讼跨域管辖制度基础上，丽水中院制定一些更具针对性的规范，促使数字化时代的特定标准和风险解决方案等形成制度，充分利用数字化改革"平台+大脑"核心能力，逐步推进行政案件全域智治改革数字化项目从信息化到智能化再到智慧化迭代，实现即时发现、监测评估、预测预警、快速响应、目标管理。

B.16
创新打造"新一代超融合法庭"
调研报告

吉林省珲春市人民法院课题组*

摘　要： 近年来，吉林省珲春市人民法院以需求导向为指引，不断巩固和拓展智慧法院建设成果，促进审判体系和审判能力现代化，打造"新一代超融合法庭"。"融合法庭"是一种全面融合"线上庭审""线下庭审""在线调解""司法鉴定摇号""远程提讯""异步审理"等多维度音视频场景的全流程在线诉讼新模式。融合法庭以"跨网系、多场景、云部署、智能化"为核心，根据法院现有互联网法庭建设状况和法官庭审习惯，为法院专网下的智慧法庭赋予互联网庭审能力，打造内外网实时在线、音视频实时交互的新型法庭。"新一代超融合法庭"同时具备异步庭审功能，能够充分利用碎片化时间办理诉讼业务，真正实现时间和空间的双自由庭审模式。

关键词： 超融合法庭　跨网系庭审　异步审理　智慧审判

　　近年来，吉林省珲春市人民法院始终以方便人民群众参与诉讼活动、方便法官执行办案为宗旨，不断推动现代科技与司法改革深度融合，持续拓展电子诉讼应用的深度与广度，形成了"多功能、全流程、一体化"的珲春

＊ 课题组负责人：刘铁峰，珲春市人民法院党组书记、院长。课题组成员：吴锡哲，珲春市人民法院党组成员、副院长；郎华，珲春市人民法院政治部（督察室）副主任；赵梦莹，珲春市人民法院审判管理办公室（研究室）科员。执笔人：郎华、赵梦莹。

"i-法院"电子诉讼体系。互联网法庭是珲春市人民法院实践电子诉讼模式的重要基地,随着"i-法院"体系的不断更新迭代,珲春市人民法院先后推出"云上法庭""5G 法庭"等多种网上开庭模式。在此基础上,珲春市人民法院积极落实上级法院关于加强信息化深度开发与应用的工作部署,根据最高人民法院发布的《科技法庭信息化建设规范》,坚持目标导向、问题导向、效果导向,充分利用融合云计算、4K 超高清、区块链、人工智能等前沿技术,创新研发打造"新一代超融合法庭"(以下简称"融合法庭"),实现多种应用模式融合,给审判人员、书记员、当事人提供全方位智能服务,更为全国法院提供可复制、可推广的新一代智慧法庭建设"珲春模式"。

一 融合法庭建设背景

(一)政策背景

2019 年 1 月 16 日,习近平总书记在中央政法工作会议上提出,人民法院"要深化诉讼制度改革,推进案件繁简分流、轻重分离、快慢分道,推动大数据、人工智能等科技创新成果同司法工作深度融合"[1]。2020 年 1 月新冠疫情发生后,全国法院在全力奋战抗疫的同时,也充分利用互联网技术开展审判执行工作。2021 年,全国法院线上开庭超过 127.5 万场,较上年同期增长 37.64%[2],确保了疫情期间审判执行"不停摆",公平正义"不止步"。

2022 年 3 月 1 日起,最高人民法院在三家互联网法院开展在线诉讼实践基础上,进一步完善在线诉讼规则机制,提升在线诉讼的应用质量和效

---

[1] 《习近平出席中央政法工作会议并发表重要讲话》,新华网,http://www.xinhuanet.com/politics/2019-01/16/c_ 1123999899.htm,最后访问日期:2022 年 10 月 31 日。

[2] 《〈法治蓝皮书·中国法院信息化发展报告(2022)〉在京发布》,中国法学网,http://iolaw.cssn.cn/xshy/202207/t20220701_ 5415154.shtml,最后访问日期:2022 年 10 月 31 日。

果。根据相关法律规定，结合智慧法院建设实际，发布了《人民法院在线诉讼规则》，为在线诉讼业务办理提供了法律依据。该规则首次构建了系统完备的在线诉讼规则体系，贯穿立案、调解、询问、证据交换、庭审、执行全流程的在线程序规则，是目前关于在线诉讼内容最全、适用面最广、效力层级最高的制度规范。同时，针对诉讼当事人无法在同一时空参与诉讼活动的情况，肯定了"异步审理"机制，"异步审理"中的"异"即"异时""异地"，"步"即"步调""步骤"，是指诉讼参与人在指定的时间内登录诉讼平台，以"非同步"方式完成庭审中的调解、证据交换、举证质证、法庭调查等诉讼活动。

国家统计局数据显示，截至 2021 年 12 月，中国互联网上网人数 10.32 亿人，其中手机上网人数 10.29 亿人，互联网普及率为 73.0%①。从数据看，信息技术高速发展也激发了当事人对在线诉讼的强烈需求。由于互联网具备实时性、高效性、跨地域等特征，推动司法诉讼流程与互联网技术充分融合，社会公众运用传统诉讼方式解决诉讼纠纷成本高、流程复杂的问题将会得到有效缓解。

（二）现实背景

1. 当事人的实际需求

在传统诉讼模式下，整个诉讼流程中诉讼参与人需要往返法院多次，身在外地的当事人还需到法院现场参与诉讼活动，参与诉讼的时间成本及经济成本很高。随着互联网技术的高速发展，当事人对远程在线开庭的需求日益增强。科技法庭系统建设已逐步完善，但仍存在法院内网系统和互联网的隔离障碍，无法完全满足现代化法院"快审、快执"的需求，亟待推进庭审业务的在线办理。

选择远程开庭的当事人，可使用电脑网页端开庭，或利用手机、平板下

---

① 《中华人民共和国 2021 年国民经济和社会发展统计公报》，国家统计局网站，http：//www.stats.gov.cn/tjsj/zxfb/202202/t20220227_ 1827960.html，最后访问日期：2022 年 10 月 31 日。

载 App 或小程序，庭审时当事人端调取终端的摄像头和话筒，实现和法官、其他诉讼参与人"面对面"的庭审效果，只要网络可达，即可轻松完成整个开庭过程。选择现场开庭的当事人，可登录法庭原被告席的当事人终端参与现场开庭。远程开庭以"低成本、快审理"的新型审理模式，不受物理时空限制，为诉讼参与人节省了时间成本和经济成本。

2. 利用互联网优势助力审判工作

新时期，人民法院结合信息化技术，着力打造全流程在线诉讼新模式。因此，要充分融合多业务场景，加强总体设计，统筹理顺在线起诉、立案、咨询、缴费、调解、证据交换、开庭、申请执行等各个信息系统的关系，打通"信息孤岛"和"数据壁垒"，实现系统集成、整合优化。

3. 异步审理创新新时代审判模式

作为全省唯一一家具有涉外民商事管辖权的基层人民法院，珲春市人民法院着力推进珲春海洋经济合作发展示范区和延边东北亚区域国际商事争端解决中心建设，积极推进涉外民商事案件电子诉讼实践。2021 年，建设珲春市国际示范区法庭，面向人群主要为身在外地、地处偏远农村、在国外务工存在时差等参与庭审困难的诉讼参与人。珲春市人民法院创新推出异步审理模式，不仅可以零在途、零差旅完成诉讼，而且能"化零为整"支持当事人利用碎片时间参与诉讼活动。

建设融合法庭异步审理平台，包含法官专网 PC 端、互联网移动端，以及当事人互联网 PC 端和移动端。通过异步审理平台实现将线下庭审线上化、碎片化，法官和当事人可充分利用碎片化时间参与庭审。在异步审理平台中嵌入 AI 法官异步助手智能辅助工具，可辅助法官主持异步审理流程，在审理各阶段向当事人作出引导说明，并针对案情自动对当事人提问。

二 融合法庭建设目标

建设融合法庭是推进公共法律服务体系建设、提升法治吉林建设水平的现实需要，在司法领域具有先行先试、开拓创新的重大意义。

融合法庭可实现与庭审终端、原科技法庭设备嵌入相融,结合多方视频交互、语音识别、人脸识别、大数据分析、人工智能、5G 通信等技术的深度运用,打造一体化、智能化、便捷化的开庭场景。

融合法庭打造全面融合庭审、调解、会议、监控、异步审理等多维度音视频场景的全流程在线诉讼新模式,以"跨网系、多场景、云部署、智能化"为核心,根据法院现有互联网法庭建设现状和法官庭审习惯,为法院专网下的智慧法庭赋予互联网庭审能力,打造内外网实时在线、音视频实时交互的新型法庭;同时加入异步庭审功能,使庭审时间碎片化,真正实现了时间和空间的双自由庭审模式。

融合法庭实现了让人民群众少跑腿、少花钱、少受累,使司法更加贴近人民群众,同时是人民法院积极参与"互联网+"益民服务行动的一项创新举措。融合法庭实现与其他庭审资源协同,利用移动应用、微信小程序、人脸识别等功能建立移动化、网络化庭审平台,进一步深化"互联网+"诉讼服务体系建设。

三 融合法庭建设内容

(一)融合法庭适用场景

1. 多场景融合

融合法庭支持现有科技法庭改造及新建两种模式,法庭硬件均可用现有设备,实现以下业务场景全覆盖。

场景一:全线上互联网庭审。法官、当事人通过互联网接入平台,所有参与人均可不在法庭现场,全部在线上完成庭审活动。

场景二:跨网系一体庭审。支持法官及部分诉讼参与人在法庭现场互联网环境接入,另一部分诉讼参与人在远端互联网开庭的模式。

场景三:传统本地专网开庭。支持法官、原被告当事人均在法庭现场的传统智慧庭审模式。

选择远程开庭的当事人，可使用电脑网页端开庭，或利用自己的手机、平板下载 App，在庭审时当事人端调取终端的摄像头和话筒，实现和法官、其他当事人如同"面对面"的庭审效果，只要网络可达，即可轻松完成整个开庭过程。选择现场开庭的当事人，可登录法庭原被告席的当事人终端参与现场开庭。庭审中，法官既可以通过专网智慧庭审系统浏览卷宗笔录，也可以与当事人通过互联网进行远程庭审，实时同步浏览笔录内容。

2. 多业务融合

除支持庭审功能外，融合法庭系统亦可支持司法鉴定云摇号、远程提讯等场景。

司法鉴定云摇号：利用融合法庭跨网系能力，通过融合法庭在线审理平台以在线摇号方式为执行案件选取司法评估机构。平台的投入使用，是对"非接触式"执行工作模式的积极探索。云摇号打通内外网壁垒，将摇号现场由"线下"转到"线上"，当事人实时观看内网桌面操作，在线摇号操作便捷，一网见证。实现执行员在标的物现场以视频方式帮助评估公司对标的物进行全方位了解，详细介绍标的物的各项细节，实现评估工作"隔空看样"，顺利保证了评估工作的进行，及时推动案件进入变卖程序，避免了主持人、当事人、监督人疫情期间当面选择鉴定机构的风险，在线摇号全流程公开直播，方便当事人的同时兼顾公平正义。同时，通过在线笔录方式记录各方当事人选择鉴定机构的意见，最后"隔空"签字完成选择鉴定机构的全过程。

看守所、监狱远程提讯：珲春市人民法院将互联网庭审与远程提讯相融合，庭审时，互联网端参与人与公诉人、辩护人、旁听人员进行远程连线，法院内专网与被告人所羁押的看守所进行远程连线，通过内外网融合，实现了审判人员、公诉人、辩护人、被告人及其他诉讼参与人异地同步参与开庭审理。庭审过程中，法官可实时查看电子卷宗，辩护人和公诉人可实时浏览笔录，在线举证质证，庭审进展顺利，取得了良好的社会效果。

同时，借助融合法庭系统内外网音视频中台能力（见图1），珲春市人民法院也在积极探索使用融合法庭满足在线调解、执行谈话、远程接访、音

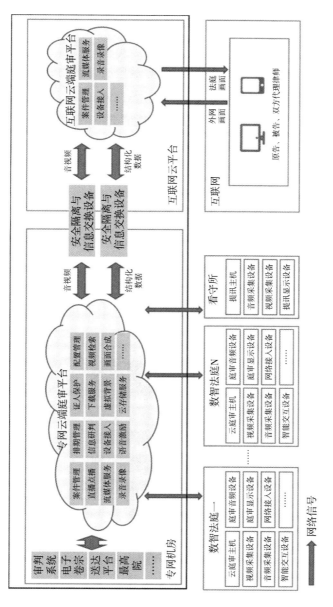

图 1　珲春市人民法院融合法庭平台架构

247

视频会议等场景需求。

3.同步异步融合

受新冠疫情常态化防控、国内外交通不便、存在时差等多方面因素制约，涉外案件审理进度受到严重影响，当事人权益难以得到保障。珲春市人民法院面对以上问题，拓宽思路，充分借鉴先进地区法院成功经验，结合信息化建设成果，实施案件多方参与人"异步审理"模式，利用传统审判方式实现不了的"时间差"，突破时空界限，实现庭审方式变革。

异步审理是指将案件举证质证以及陈述、辩论、判决的各审理环节集成在同一诉讼服务平台上，法官与原被告等诉讼参与人可非同步登录诉讼服务平台，以"留言问答式"完成开庭调解、举证质证等开庭环节，将参与诉讼的时间和诉讼环节"化零为整"。

（1）异步审理特点

作为一种新型在线诉讼模式，异步审理流程与传统诉讼截然不同（见图2），其便捷性、虚拟性特点符合新时代网络科技条件下诉讼模式的发展要求。

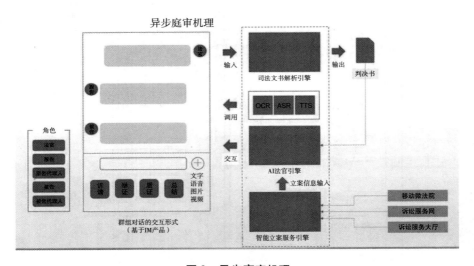

图2　异步庭审机理

一是实现了物理场域向虚拟场域的转换。异步审理将庭审活动各个环节"打碎"分散至诉讼平台，诉讼参与人通过在指定时间内登录平台完成各诉讼环节，开庭对时间、空间的选择范围扩大，庭审流程全部在虚拟空间完成，使得庭审空间得到几何级数拓展，助力人民法院解决开庭场所不足的困扰。

二是实现从同步向异步的转换。在传统庭审甚至普通的在线庭审模式下，庭审需要保证诉讼参与人同一时间在同一空间出现，而异步审理打破了规则，以"问答交互式"的方式完成法官与原被告之间的互动，实现庭审从声音、情态、实体证据到图文、虚拟要素的转换。

三是实现了人工向智能的转换。异步审理具有的 AI 辅助功能同样也是异步审理的创新点之一，通过 AI 辅助功能，诉讼参与人进入系统后，自动设置问题辅助推进庭审准备流程，通过智能分析，扫描遗漏细节，协助法官办案，提高审理效率。

四是通过技术优化实现了转型升级。在不改变工作流程的情况下，通过技术优化使司法服务更加高效便捷是传统的流程优化方法，而异步审理颠覆了传统的工作流程，同时衍生拓展了辅助用户理解、法官办案的工具与服务，使得人民法院智慧法院建设、在线审理模式实现了转型升级[①]。

（2）异步审理的意义

异步审理模式与传统民事诉讼的区别是异步审理不仅可以零在途、零差旅完成诉讼，而且能利用空余碎片时间参与诉讼活动，通过异步审理方式，整个诉讼流程可在 20 天内完成，比传统审判模式节约一半以上的时间，有效减轻了当事人的诉累。异步审理模式为法官提供更多信息化支持和智能化服务，让当事人享受到科技与司法融合带来的红利，为跨时区、跨地域的涉外当事人提供了一套完整的线上审理方案。

对法官来说，以信息化手段，对审判环节的主要流程、关键环节进行标准化设置，每个环节均有平台、短信提示，在保证庭审质量的前提下，可"多线程"并发审理多件案件，提升审判效率。对当事人来说，在规定期限

---

① 参见周彦中《互联网法院异步审理方式下庭审公开的困境与出路》，《知与行》2022 年第 3 期。

内，可以精心准备每一个提问、周密思考每一个答复，全面充分行使诉讼权利，及时有效履行诉讼义务，避免由于信息及诉讼能力不对称导致在诉讼中处于不利地位。对书记员来说，异步审理是庭审记录改革的一项创新尝试，整个庭审过程记录由诉讼参与人自行完成，最终法官一键汇总庭审笔录，稍加整理即可提交签字，书记员可不参与庭审，减轻了书记员工作负担。

（二）融合法庭主要功能

1.同步审理功能

融合法庭基于跨网系数智法庭应用系统，可复用科技法庭固有设备，结合多方视频交互、语音识别、人脸识别、大数据分析、人工智能、5G 通信等技术的深度运用，实现线上线下一体化智能开庭，无论当事人在远端、在法庭或部分在法庭，均可顺利开庭，为法官、当事人提供智能、高效、便捷的庭审服务。

（1）创新多端登录方式，最大程度便利诉讼参与人

诉讼参与人无须到场，可自由选择 PC 端、App 移动端参与庭审。当事人参与庭审操作简单，无须注册，只需在客户端输入庭审码，庭审码自动通过手机短信发送到当事人手机，当事人通过短信提示登录页面，输入庭审码即可登录系统参与庭审。此外，系统通过人脸识别技术，将公安部人脸信息库的照片与当事人人脸信息进行比对，实现在线身份认证。在庭审注册、视频庭审、笔录确认、裁判文书确认等多个环节均可发起在线实名认证，让身份认证具备时效性、真实性和便捷性。

（2）实现远程证据交互，支持电子证据在线展示

各方庭审参与人可在庭前、庭中，在专网或互联网上传电子证据文件或从电子卷宗系统导入电子文件。专网、互联网客户端互联互通，电子文件根据上传角色、上传时段自动分类，各方参与人可随时查阅已上传的所有电子文件。开庭辩论环节，法官或书记员可发起电子文件在线共享，专网、互联网参与人画面同步展示电子文件。同时，法官及诉讼参与人可在线对电子材料进行圈画与标注，实现多方跨网同步电子质证。

（3）优化在线庭审业务流程，保障庭审过程权威性

融合法庭支持庭前测试功能，可对摄像头、麦克风、扬声器、耳机设备进行测试，便于使用者及时发现设备问题，避免开庭前因设备故障造成庭审延误。庭前测试完成后，法官可看到各方当事人的设备测试结果。

在开庭过程中支持法官在专网对各方当事人禁屏禁言、音视频隔离等控制操作。通过音视频控制操作，可控制参与人客户端音频和视频的输入和输出，确保线上开庭有序进行。系统可接收多方语音输入，将专网与互联网音频流实时、分角色完成语音转写。书记员可在笔录编辑器"双光标"模式边转写、边手动修改笔录，有效提升书记员记录效率。同时，书记员编写完成的笔录可向庭审参与人实时同步，专网端的法官、当事人以及互联网端的诉讼参与人，均可同步查看书记员实时编写的笔录内容。书记员发起笔录电子签名后，当事人可同步接收到电子签名请求，多方参与人可同时对同一份笔录进行签字，大大提升了笔录签名效率。除笔录外，融合法庭支持调解书、告知书以及证据文件等除笔录外的电子文件的跨网电子签名。

（4）打造音视频交换平台，实时数据交互安全流畅

通过建设音视频安全交换平台，可以实现法院专网和互联网的音视频业务实时安全隔离与交换，并且确保传输链路的单向性，有效防止远程控制协议通过数据交换链路侵入，大大加强了网间隔离程度。此外，庭审期间系统自动对各方参与人所使用的终端设备进行网速及硬件性能评估，自动调节法官客户端的画面质量，确保庭审过程沟通流畅不卡顿，清晰度最高可支持4K分辨率。

2. 异步审理功能

异步审理以信息化、标准化手段，对审判环节的主要流程、关键环节进行异步设置，每个环节均有提示，确保异步审理效果。

（1）借助诉讼流程创新，提升审判效率

法官在确认各方当事人异步审理意愿后，可通过短信、邮件、外呼三种方式向各方当事人发起异步审理通知。开庭前法官可告知当事人案件审理过程中的权利义务，法官可选择双方当事人的问题回复时限。此外，根据标准

251

开庭流程，通过 AI 异步审理机器人辅助法官向各方当事人提问，并主持开庭流程，提高庭审效率。

法官在发表答辩意见、法庭调查、异步质证等环节结束后可编辑庭审小结并自动生成异步审理笔录，编辑无误后发送给当事人在线签字确认，法官可随时查看签名情况。如有需要，法官可随时转换至同步庭审模式，此时仅需针对异步沟通时归纳的无争议事实进行确认即可完成同步开庭，避免了复杂、冗长、重复的庭审过程。

（2）平衡当事人诉讼能力，保障诉讼权益

在异步审理发表辩论意见环节，以法官发问、当事人回答的方式完成交互。法官通过编辑提问文本，同时上传图片、文档、音视频等电子材料向当事人发问并选择当事人回复问题时限，当事人需在设定时限内完成回答。在设定期限内，当事人可以通过系统提供的智能推送功能查看相似案例，可以通过咨询专家、律师获得专业答复，在设定时间内可以精心准备每一个提问、周密思考每一个回答，全面充分行使诉讼权利，及时有效履行诉讼义务，避免由于信息及诉讼能力不对称在诉讼中处于不利地位。

（3）节约当事人诉讼成本，缩短案件周期

异步庭审参与方式灵活，当事人在接收到异步庭审消息时，可选择是否同意此案件进行异步庭审，若同意可正常进入异步庭审环节，充分尊重当事人程序选择权。异步审理可以使法官与当事人在线完成证据交换、在线质证、无争议事实归纳、争议焦点归纳与论证。对当事人而言，能利用空余碎片时间参与诉讼活动，有效节省了时间和经济成本。

四　建设成效

"新一代超融合法庭"的应用进一步深化了珲春"i-法院"电子诉讼服务体系，经过探索与积累，取得了实实在在的成效。

自 2022 年 1 月"新一代超融合法庭"上线以来，珲春市人民法院使用融合法庭同步开庭案件数达到 836 件，累计庭审时长 443 小时，通过异步开庭审理案件 245 件[①]，速裁法官办案效率大幅提高，速裁案件平均审理天数缩短至 15 天。在融合法庭加持下，自 2022 年初至 11 月 30 日，珲春市人民法院各项审判质效指标未产生较大波动，持续保持高位运行，全口径结案率达到 96.55%，人均结案 328.8 件，位列全省第 2 名，诉讼案件平均审理天数 22.4 天[②]。依托"新一代超融合法庭"，在疫情期间拓展的三个应用场景也同时助推审理效率稳步提升。一是法官在法庭连线看守所、监狱，同时连线互联网端辩护律师，实现疫情期间"线上+线下"模式的远程提讯，刑事案件实现在线审理；二是利用专网与互联网的融合功能，实现执行内网系统进行鉴定摇号的互联网端远程见证；三是基于"新一代超融合法庭"办案平台，可对所有 PDF 材料进行在线签字，实现疫情期间上诉案件线上流转。珲春市人民法院创新推出的异步审理模式为跨时区、跨地域的涉外当事人提供了一套完整的线上审理方案，为法官提供更多信息化支持和智能化服务，让当事人享受到科技与司法融合带来的红利。珲春市人民法院"新一代超融合法庭"也将成为推进东北亚商事争议解决中心建设的生动实践，为涉外案件审判的信息化、便利化提供"珲春智慧"与蓝本。

五　问题与展望

（一）存在的不足

目前，融合法庭已广泛应用于珲春市人民法院审判实践，成为开展庭审活动的重要工具，但仍面临三方面问题。

1. 思想方面

部分当事人对在线庭审的思想认识有待提升。一是有的当事人对在线庭审和异步庭审的效力和效果持怀疑态度，认为其缺少线下法庭审理的庄严性

---

① 数据取自"新一代超融合法庭"审理平台。
② 数据取自人民法院数字法院业务系统。

和严肃性，担心自己的诉讼权益受损。二是有的当事人虽接受在线庭审模式，但在庭审中不尊重法庭、言语随意、进退随意，造成在线庭审效果和庄严性大打折扣。

2. 应用方面

经过法院内部组织的统一培训及日常实践，法官和书记员已经能够熟练运用融合法庭各项功能，但一些当事人是第一次参加诉讼，部分当事人年纪较大或文化水平不高，首次尝试在线庭审时，在下载、安装、登录、使用等环节均需要审判辅助人员指导，而实践中书记员承担了指导当事人应用的任务，增加了书记员工作量，同时增加了与当事人的庭前沟通成本。

3. 制度规范方面

由于在线诉讼模式目前仍处于探索发展阶段，珲春市人民法院在应用在线诉讼模式的同时严格依照《人民法院在线诉讼规则》规范审判流程，也出台了符合自身特色的《珲春市人民法院在线诉讼审理规程》，但司法实践中仍然存在证人出庭率不高、异步审理流程节奏松散无序、异步审理流程缺乏外部监督等问题，需要结合实践进一步规范流程、完善机制。

（二）未来展望

当下，对于在线庭审的理论研究与探索实践不断深入，在流程再造、规则重构方面已经取得了一定成效，但对于在线庭审的体系化建设及流程优化仍有探索的空间。随着信息技术的不断更新迭代，在线庭审势必会形成推广趋势，下一步，"新一代超融合法庭"建设应当从以下几方面展开。

1. 推进制度完善，持续优化在线诉讼体系

在现有基础上持续优化融合法庭应用，结合实际不断完善制度，优化体系，将信息技术与诉讼程序有机结合。例如，针对证人出庭率低的问题，要提高法院技术投入及适用效率，设置具有"融合"功能的"在线作证室"，通过设置专门场所，达到空间隔离与信号隔离的效果，如果没有设置"在线作证室"的条件，可以将普通法庭设置为临时在线作证室，对于无法到法院现场的证人，引入 3D 技术可查看证人周围物理环境，确保证人出庭

效果。

2. 强化在线庭审宣传力度

加大"新一代超融合法庭"宣传力度，通过在诉讼服务大厅设置宣传栏、摆放宣传单、设置在线诉讼体验区等方式对当事人进行宣传，提高当事人对融合法庭的认识及接受度，不断完善系统功能体系，扩展应用场景，提升系统易用性，积极营造"听得清楚、看得明白、记录完整、快速便捷"的诉讼环境。

3. 着力提升在线庭审安全性

在推进"新一代超融合法庭"应用进程中不断完善安全机制，平台融入安全加密算法，并辅以定时扫描监测功能，全时段保障庭审过程中软硬件设备的安全性，对于在线传输的证据材料应当加注电子签名或加盖时间戳以保证数据安全①。建立在线庭审应急响应机制，分工到位，责任到人，确保能够第一时间将在线庭审恢复至正常运行状态，保障庭审顺利进行。

今后，珲春市人民法院将不断改革创新，努力为人民群众提供更加高效、便捷、多元的在线诉讼服务。同时，紧盯新形势下人民群众诉讼服务新需求，多维度、全领域深化智慧法院建设，使司法服务更人性化、司法过程更高效化。

---

① 参见陈锦波《在线庭审的实践检视与规则重塑》，《安徽大学学报》（哲学社会科学版）2021 年第 1 期。

智慧执行

Intelligent Execution

B.17
模块化分段智执系统建设
及应用成效调研报告

广州法院模块化分段智执系统研究课题组*

摘　要：　为落实执行机制改革要求，破解执行案件由一人负责到底的传统
模式带来的问题，广州法院推行执行案件分段集约改革，实现执
行案件管理集约化、办理分段化。同时，广州法院针对原执行系
统无法适应改革的实际，同步开发上线了模块化分段智执系统。
该系统能够实现案件发起查控、繁简分流、接力办理等全线上办
理、全自动流转，具有案件线上集约管理、案件任务自动分片、
标准文书自动生成、阶段办结事项自动提取、标的物图像信息标
准化采集、案款分配自动计算等功能。广州法院还定制科学量化
考核功能，激发办案活力，有效解决了执行案件一人"包案到

* 课题组负责人：杨正根，广州市中级人民法院院长，一级高级法官。课题组成员：吴翔、陈
汉森、黄健、李小明、饶田田、邹利纯、黄晓清、赵卓君、覃晓伟、成杰、胡文斌、郭昭
然。执笔人：胡文斌，广州市中级人民法院一级主任科员；郭昭然，广州市中级人民法院四
级法官助理。

底"带来的弊端，提高了执行办案效率。

关键词： 法院信息化　执行办案　分段集约　智慧执行

执行工作关系老百姓的切身利益，执行快不快，是当事人最为关心的问题。从执行工作机制入手，打破同一法官"包案到底"的传统执行机制，推行执行案件分段集约改革，对执行权进行分权制衡和监督，有利于化解因执行腐败而导致"执行难"的矛盾问题，使法院执行工作高效运转，是提升执行工作效率的有效突破口。为此，广州法院针对以往执行工作机制存在的矛盾问题，开展执行案件分段集约改革，实现执行案件管理全局统一化、办理分段集约化，并同步开发了模块化分段智执系统，实现执行业务分段办结，极大提高了执行办案效率。

一　实施背景

（一）分段集约改革是落实执行机制改革的重要环节

近年来，广州法院受理的执行案件数量连年上涨，办案压力不断增加。为提升案件办理质效，广州法院各级部门曾进行过不少工作机制改革探索，但由于案件管理、人员配置并未做到整合统一，改革深度上不够彻底，收效并不明显。

最高人民法院颁布的《关于进一步加强和规范执行工作的若干意见》明确指出，各级法院要实行科学的执行案件流程管理，打破一个人负责到底的传统执行模式，积极探索建立分段集约执行工作机制。指定专人负责统一调查、控制和处分被执行财产，以提高执行效率。要实施以节点控制为特征的流程管理制度，充分发挥合议庭和审判长（执行长）联席会议在审查、评议并提出执行方案方面的作用。2011年，最高人民法院出台的《关于执行权合理配置和科学运行的若干意见》进一步指出，执行实施权的范围主要是财产调查、控制、处分、交付和分配以及罚款、拘留等事项。人民法院可以将执行实施程序分为财产查控、财产处置、款物发放等不同阶段并明确时限要求，由不同的执行人员集中办理，互相监督，分权制衡，提高执行工作质量和效率。执行局的综合管理部门应当对分段执行实行节点控制和流程管理。

2020年3月12日，广东省高级人民法院印发了《关于全面推行执行事务集约、繁简分流、团队办案机制的指导意见》，在广东省各级法院强力推行执行事务集约、繁简分流和团队办案的"三项机制"。其核心内容如下：一是将执行程序中的财产查控、文书制作和送达等事务性较强的工作，统一交由专门团队集约化处理；二是将执行案件划分为简易案件、普通案件和疑难案件，分流至不同团队办理，以实现"简案快办、繁案精办"；三是实行以法官为主导的"法官+法官助理（执行员）+法警+书记员"团队办案模式，完善"人员分类、事务集约、权责清晰、配合顺畅"的执行权运行模式。

根据最高人民法院以及广东省高级人民法院的上述意见，为健全完善执行工作长效机制，提高执行办案质效水平，广州法院将执行案件进行统一管理，分段集约办理，将执行案件以财产查控、财产处置、款物发放、结案归档为时间节点进行分段，细化执行案件办理流程，实现执行工作科学化、集约化、精细化、自动化管理，提高执行案件办理质效，解决目前执行案件数量高位运行、案件结案率和执行到位率低等问题。

（二）分段改革需要开发新执行系统

鉴于广州法院案多人少的工作现状，总结基本解决执行难以来分段执行的相关经验，以及考察其他法院分段集约方式之后，广州法院确立了以分段集约为核心的执行信息化改革作为突破点的工作思路。彻底改变原有"一人包案到底无须流转"的旧模式，再造执行流程，系统性分解执行案件网上办理流程，构建财产查控、财产处置、款物发放、结案归档等相对独立的子系统，为确保分段集约的顺利运行，各个节点之间高效流转、密切配合，新的执行系统需要实现以下功能。

第一，节点审限管理功能。原有执行系统审限管理对所有执行案件采用总体审限管理方式，即按照相关法律不同案件法律期限显示剩余天数，并在超过审限后进行系统变色提醒，这种在产生不良后果后才开始提示的方式类似"事后诸葛亮"，无法有效推进案件节点，对于执行审限管理工作帮助不大。在分段集约工作改革后，要为财产查控、财产处置、款项分配、结案归档配置相应的时间节点并自动提醒该段经办法官，确保整体期限内执行案件不同阶段时间的把控，从而促进案件在法定期限内办结。

第二，结案反查和执行节点监督功能。原有系统中执行法官操作占据主导，在结案归档环节未设置结案反查功能，执行局领导审批易流于形式，在案件数量高企的背景下，通过人工进行逐案逐文书审查不切实际。在"只结不查"模式下，执行法官容易放松案件细节要求，追求速度而忽略质量，易出现文书缺失、文字错误、带财终本等问题，致使执行案件质量难以经受历史的检验和当事人的质疑。原有系统中，院、局、庭领导无法清楚知道案件进展到哪个阶段，以及各个阶段用时情况，并对超期案件进行催办。

第三，符合实际的工作考核系统。原有执行系统只能提供执行法官结案时间和结案数量的总体统计，实际工作中，无须处置其他财产、有其他财产需处置但无须拍卖和有其他财产需要拍卖等不同执行案件背后的工作量区别很大，仅通过结案时间和结案数量片面考核，会产生对执行法官"放难案、做易案"的不良引导，应当通过各阶段的工作量折算得分，从而保障考核公平。同时，以超时不得分以及提前流转可额外加分的奖惩结合方式，激励各阶段经办人提高办案效率，尽快将案件流转至下一阶段，有效缩短案件办理时限。实现自动计算各阶段经办人的办案得分功能，有效减轻审判管理工作压力，为法官考核、评优评先提供细致到个案情况的依据。

针对以上情况，广州法院自2022年4月起推行执行案件分段集约改革，并同步开发上线模块化分段智执系统，将执行案件在全局范围内进行统一管理，分段集约办理，按照财产查控、财产处置、款物发放、结案归档四个办案步骤，对一个案件实行分段流转、接力办理。具体而言，即财产查控、执行通知书、报告财产令等文书制作和送达等事务性较强的工作，统一交财产查控团队集约化处理。在案件繁简分流后，分流至不同的办案团队，对于普通执行案件，分为四个阶段由不同的办案团队接力办理，实现"简案快办，繁案精办"。同时系统集成了科学量化考核功能，对办案团队完成事项任务情况进行量化考核，激发人员办案活力。

二　实施理念

以《人民法院信息化建设五年发展规划（2021～2025）》为指导，遵循"执行过程流转的自动化、执行惩戒措施的精准化、执行款物管理的精细化、执行事务办理的智能化"理念，紧贴广州法院执行案件分段集约改革实际，以改革出现的新问题为导向，坚持需求牵引，以破解以往执行法官系统操作遇到的难点、痛点、堵点为突破口，着眼提高执行办案效率，围绕"简案快办、繁案精办"原则，力求任务分工智能化、分段流转自动化、文书签章模块化、信息采集标准化、案款计算程序化，人机交互简便化，尽最大可能减少办案人员人工操作环节，使复杂问题简单化，为执行办案提速。

第一，需求主导。从执行办案需求出发，结合执行案件分段集约办案制度流程、分段流转、文书送达、文书审批、结案归档等实际操作需求，对系统进行开发设计，以提高执行效率为目的，将系统设计贴合实际需求，能在线上办的全在线上办，做到线上办理、网上留痕、全程监管。

第二，智慧执行。遵循广州法院 AOL 全业务线上办理体系建设标准，最大限度减少人为操作环节，以自动为主、人工为辅。一件事情能在一个页面办的尽量在一个页面办，任务分工自动分片，业务办理流程全程弹窗提示，所需文书根据办案事项和条件自动生成、一键签章、一键送达，分段流转自动进行，流转材料自动生成、自动移交，执行现场数据采集接口标准化设计，无须专门业务培训即可采集标准数据，案款利息、案款分配输入条件即可自动计算。

第三，操作友好。系统软件界面布局应简洁、清晰，用户可以便捷得到每个页面的核心信息。每个页面的外观、风格、操作逻辑应保持一致。导航功能直观，页面提示信息准确。应具有良好的扩展性，保证执行业务在制度、流程发生变化时，功能页面可以快速调整适应。能够提供前瞻性的 API 接口，保证在条件允许时供公检法司新业务系统调用。系统应具有良好的兼容性和容错性。

三　系统架构及功能

（一）整体概况

系统由执行流程管理系统、分段智执系统、微信小程序等部分组成，能够实现财产查控、财产处置、案款发放、结案归档、事项任务自动分片、标的物图像采集等功能。执行流程管理系统和分段智执系统在法院内网使用，主要通过法院内网连接至法院服务器，执行办案人员在办公电脑或其他办公终端通过浏览网页使用，完成财产查控、财产处置、案款发放、结案归档等任务；微信小程序主要在移动终端上使用，通过微信小程序连接互联网，再经由光闸连接至法院内网服务器，供外勤办案人员线下使用，完成标的物图像采集任务。

系统将发起查控、繁简分流、常规文书套印等指定动作内化为系统全自动流程，能由系统自动完成的一律由系统自动完成，所有流程审批、文书签章实现全线上办理、全程留痕，同时增加文书审批层级的挂角标识，方便经办人员明晰审批权限及审批流向（见图1）。

（二）功能模块介绍

系统根据执行案件分段集约改革的财产查控、财产处置、案款发放、结案归档等由不同执行团队办理的四大分段业务，将分段执行业务划归为财产查控、财产处置、案款发放、结案归档四大业务模块，并在系统上进

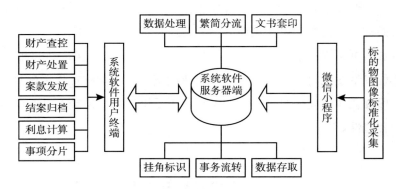

图1　广州法院模块化分段集约智执系统架构

行了归口管理，方便案件办理、查询。四大业务模块中还包含分段执行量化考核、标准文书生成两大通用模块。同时，为方便业务人员操作，系统还定制了分段执行事项自动流转、案款自动计算、移动端标准化登记等特色功能。

1. 特色功能

（1）分段执行事项自动流转

阶段事项办理完成后，支持单个或者批量流转事项到下一个环节进行处理。通过点击流转，打开事项流转页面，系统自动计算事项完成情况及评分，根据每个事项配置的文书模板检索当前事项是否生成对应的文书，如具备相应的文书则识别为事项已完成，并支持查看每个事项的处置情况，系统对未完成的事项限制流转并给出具体的提示说明。针对查控的财产支持生成财产清单，并入卷。阶段办结事项自动填入阶段事项信息登记表，并形成该阶段的电子卷宗，下一阶段办案团队接收案件时系统会自动弹出前一阶段办案信息，接收团队必须阅读并确认，系统才能允许其接收办理。业务流转还具备信息提示功能，当某阶段办案团队完成阶段任务时，系统会自动提醒办案人员下阶段任务由哪个办案团队办理，经办人姓名及联系电话，当办案团队完成流转操作后，可通过系统发送手机短信提醒下阶段办案团队经办人受领任务。

（2）案款自动计算

系统内嵌了案款分配自动计算功能，将不同时期银行利息编入计算程序，可用于案款利息计算和案款自动分配。操作人员只需输入本金，以及利息起算时间、截止时间，系统可自动计算出利息数额；在案款分配方面，根据申请参与分配的案款类别、法定优先顺序、申请标的额及退款总额等因素，自动计算申请参与分配相关债权人的可分配数额。

（3）移动端标准化登记

为优化办案人员的使用体验，系统在"微法院"微信小程序上开发了移动端标准化登记功能，供执行外勤人员使用。小程序根据房屋、车辆等标的物图像标准化录入要求，预设标的物不同拍照部位、拍照角度、内容项目，外勤人员只需按照小程序提示便可完成标的物图像标准化采集。

2. 业务模块

（1）财产查控

主要用于制作、送达案件执行通知书、报告财产令等文书，发起网络财产查询和控制，依法对被执行人采取限制消费和纳入失信等强制措施，办理快执案件、终本案件恢复执行的审查等工作。查控文书页面可浏览编辑相应阶段所生成的所有文书，对文书可一键签章、一键送达，送达时可对案件当事人送达地址进行编辑。支持新增线上处置措施，如查封、冻结、扣押，并实现信息的在线登记。

①财产查控列表。财产查控列表功能展示财产查控阶段的案件信息，如案件状态、事项期限、事项分值、加减分、事项得分、届满日期、案号、案由、执行主体、案件特征、立案日期、申请标的、承办部门、承办人、书记员等信息，并可通过案号、执行主体、当前用户在案件中的角色、立案日期等进行检索。

②期限变更。针对财产查控期限可发起期限变更流程，变更类型可以选择延长、扣除、暂缓。

③案件办理。通过点击案号，可直接打开案件办理页面，完成案件相关节点的工作。

④案件浏览。通过财产查控事项中的案号，可直接打开案件浏览页面，支持查看案件的执行主体信息、案件流程节点信息、办案日志、关联案件情况、财产清单、卷宗等信息。

⑤快捷办理。系统设置快捷办理功能，用于提醒法官需要办理的事务，展示具体事务名称。办案人员可设置任务完成时限，时间短的优先展示。点击事务名称，可打开配置的流程节点处理地址，便于法官直接进行事务的处理。

⑥事项浏览。通过事项浏览功能，办案人员在执行事项集约办理平台系统中执行事项主页面列表中通过点击浏览图标，打开案件的执行事项浏览页面，点击时间轴中的事项名称可查看事项的办理情况，系统提供时间轴视图、列表视图两种展示模式，并支持浏览事项的办理详细信息及完成情况。

⑦案件查询。根据角色、年度、代字、序号、执行主体、立案日期、案由等条件查询财产查控阶段的案件信息，并支持导出案件信息。

⑧查控文书。在查控文书主页面点击标签页，可打开不同标签页面文书，文书可浏览和编辑，对选中的文书可一键签章、一键送达，送达时可对案件当事人送达地址进行编辑。支持新增线上措施、线下措施、强制措施等。线上措施：对财产查控阶段有线上财产的可直接作出处置措施，包括告知、查封、冻结、扣押等。线下措施：财产查控阶段线下措施包括调查、传唤、搜查、悬赏执行、司法鉴定、查封、冻结、扣押、委托调查等。强制措施：包括限消失信、拘传、罚款、拘留、限制出境等。其他事项：包括回避、移送异议、移送监督检查、提交专业法官会议、移送拒执罪等。

⑨事项任务分片。主要用于执行案件集约管理、案件执行任务自动分片。办案人员可以将询价评估、司法拍卖、事项委托、银行临柜、纳入失信被执行人、限制高消费等，通过事项分给相应的集约事项组集约化办理，事项交办过程中可直接指定事项处理人，也可不指定事项处理人，而由集约事项组的负责人手工分配处理人员。事项交办可以直接在执行流程系统的个案功能中完成。办案人员可根据地理位置通过发起事项区域增加配置页面将辖区划分为若干个片区，利用事项交办打开的事项确认页面，根据事项地址关

键字，自动回填事项所属区域，并指定外勤人员。事项交办人收到事项处理人已反馈的事项，可以审核办理结果，如果对办理结果无异议，确认并对处理人的完成情况进行评价，评价后事项办理完毕；如果对办理结果有异议，可将事项退回处理人重新办理。事项办理完毕后，事项办理的结果回填对应节点，电子材料信息可以回传到电子卷宗。

（2）财产处置

主要用于待处置财产评估拍卖，提取保险现金价值、公积金等工作，支持对处置节点的文书浏览编辑，对选中的文书可一键签章、一键送达。

①拍前调查。以案件拍前财产调查数据为维度进行展示，左侧展示案件拍前财产调查信息，右侧展示相关文书信息。文书信息按照本院文书、申请人文书、被执行人文书、案外人或协助执行单位文书分组展示，同时展示每一份文书相应的审批级别。

②评估。以案件财产评估数据为维度进行展示，左侧展示案件财产评估信息，右侧展示相关文书信息。文书信息按照本院文书、申请人文书、被执行人文书、案外人或协助执行单位文书分组展示，同时展示每一份文书相应的审批级别。

③一拍（含无保留价拍卖）。以案件财产拍卖数据为维度进行展示，左侧展示案件财产拍卖信息，右侧展示一拍阶段生成的相关文书信息。文书信息按照本院文书、申请人文书、被执行人文书、案外人或协助执行单位文书分组展示，同时展示每一份文书相应的审批级别。

④二拍。以案件财产二拍数据为维度进行展示，左侧展示案件财产二拍信息，右侧展示二拍阶段生成的相关文书信息。文书信息按照本院文书、申请人文书、被执行人文书、案外人或协助执行单位文书分组展示，同时展示每一份文书相应的审批级别。

⑤变卖。以案件财产变卖数据为维度进行展示，左侧展示案件财产变卖信息，右侧展示变卖节点生成的相关文书信息。文书信息按照本院文书、申请人文书、被执行人文书、案外人或协助执行单位文书分组展示，同时展示每一份文书相应的审批级别。

⑥成交。以案件财产成交数据为维度进行展示，左侧展示案件财产拍卖或者变卖成交信息，右侧展示拍卖或变卖成交确认节点生成的相关文书信息。文书信息按照本院文书、申请人文书、被执行人文书、案外人或协助执行单位文书分组展示，同时展示每一份文书相应的审批级别。

⑦以物抵债。以案件财产以物抵债数据为维度进行展示，左侧展示案件以物抵债节点信息，右侧展示以物抵债节点生成的相关文书信息。文书信息按照本院文书、申请人文书、被执行人文书、案外人或协助执行单位文书分组展示，同时展示每一份文书相应的审批级别。

⑧重启拍卖程序。以案件财产重启拍卖数据为维度进行展示，左侧展示案件重启拍卖信息，右侧展示重启拍卖程序生成的相关文书信息。文书信息按照本院文书、申请人文书、被执行人文书、案外人或协助执行单位文书分组展示，同时展示每一份文书相应的审批级别。

⑨其他财产处置。以案件财产处置信息为维度进行展示，左侧展示案件以物抵债节点信息，右侧展示以物抵债节点生成的相关文书信息。文书信息按照本院文书、申请人文书、被执行人文书、案外人或协助执行单位文书分组展示，同时展示每一份文书相应的审批级别。

（3）案款发放

对已处置财产的款项进行案款发放等工作。

①案款分配。展示当前案件的历史案款分配记录以及分配方案关联历史发放明细，同步支持案款分配过程中文书信息预览；支持个性化制订案款分配方案，手工选择参与分配人、确定参与分配人债权优先级以及发放顺序，系统自动根据此次拟分配金额一键试算每个参与分配人的分配结果，保存无异议结果，同时生成文书信息；分配方案制订成功后，案款发放可直接引入分配方案，依据分配明细进行案款发放操作。

②中止分配。展示当前案件的历史延期记录详情，主要包含延期到账票据号码、延期天数、延期开始时间、延期结束时间、延期原因、申请人、申请时间等信息，同步支持案款延期文书信息预览；支持新增延期申请，根据到账票据号选取具体延期到账信息，选择延期天数以及延期原因，同时支持

上传或引入案款延期佐证材料。

③终结分配。展示当前案件的历史终结分配记录，主要包含状态、终结原因、申请人、申请日期等信息。

④案款移交。展示当前案件的历史案款转移记录详情，主要包含转移日期、转移金额、发起案款、申请人、申请时间等信息，同步支持案款转移文书信息预览和新增案款转移申请，选择需转移案款对应的票据号码，手工添加转移案号、转移金额，选择转移金额完成转移申请提交。

（4）结案归档

主要用于完成全部执行案件的结案报告、结案文书，以及全部案件的归档工作。左侧展示案件及信息，右侧展示结案节点生成的相应文书信息，文书信息按照本院文书、申请人文书、被执行人文书、案外人或协助执行单位文书分组展示，同时展示每一份文书相应的审批级别。

3. 通用模块

（1）标准化文书生成

根据办案业务需要，系统在每个分段执行业务模块中定制了标准文书生成功能模块。标准格式文书模板集中管理，针对不同办案阶段个性化配置不同的文书模板，共设置了 7 类 45 个标签页，每个标签页中都预设了该业务所涉及的文书，办案人员只需点击标签页便可获得相应文书。同时办案人员可根据办理事项的条件，批量选用文书，并支持文书一键签章送达。

（2）分段执行量化考核

系统在每一个分段执行业务模块都定制了分段执行量化考核功能模块，对每个事项配置了标准分值，每一个事项的办理按照一定的计算规则进行加减分，再计算出该事项的实时事项得分，并在分段执行事项中展示。通过加减分、事项得分可以清晰反映每一个事项的办理时间，通过事项得分督促承办法官及时办理反馈事项。若当前案件某事项的加减分为非 0 值，则直接显示。若当前案件某事项的加减分为 0 或空，则根据案件事项办理期限，进行动态计算并展示，保留小数点后 2 位，计算规则为：①当（当前日期−交办日期）≤（事项配置的期限/2），展示加分＝1/3×事项分值；②当事项配置的期限>（当前日期-交办日期）>（事项配置的期限/2），展示减分＝（当前日期-交办日期-事务配置的期限/2）×事项分值/（事项配置的期限/2），该项目用负分的形式显示；③当（当前日期-交办日期）≥事项配置的期限，展示该事项分值的负值，该项目用负分的形式显示。

四 系统优势及成效

（一）集约案件自动分片，省时省力

对集约案件进行分片，如果采取人工方式，需要工作人员对标的物地址进行人工识别、标注、分工，费时费力。分段集约系统开发了集约案件自动分片功能，可将查控事务按照标的物地址自动判别东南西北四个片区，并流转至对应包干片区的经办人员，方便任务分派及集约办结，节省了人工查询、分配、流转用时，大大提高了工作效率。

（二）内置标准文书自动生成，提高效率

办案人员可根据办案业务需要，点击业务标签页直接使用相关文书，同时办案人员可以批量选用文书并一键签章送达，使执行办案更加智能化、简便化，极大缩减了办案人员在文书制作、签章送达上耗费的时间，同时方便办案人员迅速掌握每个办案流程及所需文书，使执行办案上手更加简单，操作更加简便，可有效避免办案人员因业务不熟导致文书漏填、漏签的问题。

（三）阶段办结事项自动提取，清晰移交

针对案件分阶段办理易出现移交事项交代不清楚、移交资料不齐全等问题，系统内置了每个办案阶段所需完成的任务清单，在阶段事项办结时，自动提取本阶段所完成的事项内容及文书，自动填入阶段事项信息登记表，并形成该阶段的电子卷宗，下一阶段办案人员接手案件时必须阅知前一阶段事

务信息，系统方允许其接收办理，同时具备业务操作提示和手机短信受领任务提示功能，使办案移交由人工手动操作转为系统自动流转，节省办案时间，减少移交过程出现错漏的可能，提高了移交效率，并使移交事项、内容和文书更加清晰。

（四）紧贴办案实际定制个性化功能，优化体验

移动端标准化登记使查控人员在现场能够通过"微法院"小程序，根据系统提示，对标的物进行标准化拍照登记，有效实现标的物"查得清、记得全"，为后续评估拍卖提供准确、标准、完整的第一手资料，同时标准化拍照提示可有效解决执行人员因业务不熟导致的错拍、漏拍等问题，提高办案效率；案款分配自动计算功能，方便办案人员计算案款利息数额，避免了人工查询不同时期利息以及计算耗时，同时在案款分配阶段，系统根据申请参与分配的案款类别、法定优先顺序、申请标的额及退款总额等因素，自动计算申请参与分配相关债权人的可分配数额，大大减轻办案人员计算负担，提高利息计算和退款工作效率及准确度。

（五）定制科学量化考核，激化潜能

为进一步激发办案活力，系统提供工作绩效量化考核功能，各办案阶段设置相应的基础分，各办案团队均需在规定时间内完成相应工作，并及时将案件流转至下一阶段，如果超时流转，系统将自动亮起红灯预警，绩效考核的基础分将自动扣减直至归零；提前完成本阶段工作的，则可获得奖励加分，最终考核分将作为干部任用、评优评先的重要依据，极大激发办案人员干劲。

广州法院模块化分段智执系统已正式运行半年，建设成效显著，各办案环节日益清晰、责任分明、流转通畅，已逐渐形成良性循环。同时，由于各环节紧密相扣、相互制约监督，且有奖励竞争机制，执行办案质效明显提升，有效避免了办案不清、处置拖拉、长期未结的情况发生。2022 年 4~10月，广州中院新收执行案件并流转 5024 件，发起自动查询超过 6.43 万次，

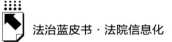

自动生成文书 24.5 万份；整体办案效率日益提高，办结案件数同比增加 6.8%，其中财产查控阶段平均用时 45 天，比标准用时 60 天提速 25%。

从细分案件类型办理情况来看，对案件进行繁简分流后，案件以难易程度细分为快执案件、无拍普执案件以及有拍普执案件，并根据案件办理难易程度，在系统设置不同的办理期限，其中快执案件办理期限 2 个月，无拍卖普通执行案件办理期限 6 个月，有拍卖普通执行案件办理期限原则上 10 个月。

2022 年 1~10 月，广州中院执行局共办结案件（不含"执恢""执保"）6996 件，同比上升 19.61%，共办结案件（含"执恢""执保"）8105 件，同比上升 23.91%。终本案件合格率为 100%，实际执行到位率同比上升 1.09%，事项受托平均用时同比大幅下降，比上年同期缩短 4.06 天，网络查控措施期限内发起率同比上升 3.37%，信息录入差错率由上年的 2.32‰下降为 0，实现"零差错"，案拍比同比上升 4.67%，事项受托期限内办结率实现同比上升。

模块化分段智执系统的上线，有效提高了执行法官的工作效率，进一步提升了执行法官的专业化水平。例如，执行管理工作实现科学细化，有效保障执行权顺利运转，避免廉政风险，减轻了执行辅助人员事务性工作压力，降低过去不同环节跳跃性工作带来的时间成本，并有效减少法律文书错误情况。总之，模块化分阶智执系统提升了结案效率，进一步强化了广州法院兑现当事人胜诉利益的能力，为切实解决执行难迈出坚实一步。

五　不足与展望

广州法院模块化分段智执系统将执行案件线上集约化管理，分段事务自动化流转，解决了长期困扰案件执行过程中一人"包案到底"传统模式带来的弊端问题，极大提高了执行办案效率，为司法为民打通"最后一公里"提供有效助力。但也存在数据融合度不高、线下手段不足等问题，未来将从以下几个方面进行努力。

第一，提升系统"协同化"程度。根据法院信息化发展规划和要求，进一步推进系统数据融合和互联互通建设，有效提升系统服务的广度和深度。纵向接入最高人民法院司法数据中台，实时获取司法数据中台的数据支持，从司法数据中台获取更多办案相关信息，供办案人员参考和使用，为办案人员进行办案预测、作出办案决策提供可靠依据，从而提高办案精准度。横向与公检法司、银行等系统对接，共享执行信息数据，并申请相关部门协助办案，增强内外协同执行能力。同时推进与网络查控、评估拍卖、信用惩戒、执行委托等辅助系统的系统融合，进一步提高办案效率。

第二，提升系统"前沿化"程度。利用现代高科技手段，不断加强线上与线下执行有效对接，加强人工智能、5G、北斗网络、GIS、VR 等技术在线下执行工作中的深度应用，不断提升执行手段的智能化水平和数据采集的精准化水平；完善执行风险自动预警、违规操作自动拦截等智能化功能，确保执行程序关键节点信息真实全面准确，防止执行程序关键节点信息随意填报、随意改动；充分运用大数据分析技术，通过手机 App 获取被执行人的相关信息，通过数据分析为办案预测、指挥与决策等提供辅助，提高办案效率。

第三，提升系统"智慧化"程度。执行案件"繁简分流"设定的分案标准涉及案件类型、标的数额、财产类别、财产数额等多个维度，不同维度标准可能导致分案结果存在差异，目前系统识别和分案功能尚不够完整和准确，在分辨快执案件和普执案件时仍存在偏差，需要人工介入和校正。系统将进一步科学设定上述分案标准的排序顺位，全面识别案件类型、财产情况及数额等，提高案件"繁简分流"的精准度，减少分案中的人工干预成分。

第四，提升系统"人性化"程度。执行法官面临巨大的办案压力，操作界面需要更加人性化便捷化，尽量减少办案人员操作系统所需动作，提升用户满意度。系统将实现和完善以下功能：①一键查询财产，将总对总系统、省不动产、市天平网三级财产查控系统操作界面深度融合，对涉及的银行存款、网络资金、房产、车辆、股票、股权、保险等各项财产实现一键查询；②一键生成文书，自动抓取执行依据中的相关数据、执行过程采取的各

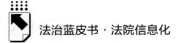

项执行措施和强制措施、查询财产反馈情况等，在此基础上自动生成查控文书、限消令、失信决定书、案件报告、结案文书等书面材料；③一键电子归档，系统自动收集和整理办案过程中生成的各种文档，并自动转化格式、排序编页、生成目录和提交电子归档。

可以预见，未来广州法院模块化分段智执系统将在智慧执行方面发挥更大的作用，更好地保障人民群众的合法权益，有效提升司法公信力。

B.18
数智赋能"四位一体"
执行改革调研报告

四川省德阳市中级人民法院课题组*

摘　要： 四川德阳法院深入贯彻"切实解决执行难"工作要求，以执行工作"数据为中心""两级一体""知识管理"三大理念为遵循，以两级法院同部署、同推进、同落实的数智执行为路径，推动构建层级分明、上下联动的"四位一体"现代化执行工作体系，将各类系统整合升级为智行集约办案、智引集中监管、智识辅助支撑三大应用平台，有效提升了德阳地区执行工作能力水平，为全面深化执行改革、构建解决执行难长效机制打下了坚实基础。

关键词： 数智执行　数据为中心　两级一体　知识管理

2019年以来，人民法院执行工作由"基本解决执行难"向"切实解决执行难"转化升级①。最高人民法院、四川省高级人民法院先后对此阶段执行工作进行了宏观、中观的安排部署。对中基层法院而言，要切实将顶层决策逐一落实到基层实务中，不仅需要从根本上转变工作思路，更需要有针对

---

　*　课题组负责人：徐文昌，四川省德阳市中级人民法院党组书记、院长。课题组成员：蒋萍、吴治全、卢义军、周懿、何相霖、杨婧乎、唐晓琴。执笔人：周懿，四川省德阳市中级人民法院执行局法官助理；何相霖，四川省德阳市中级人民法院执行局法官助理。

①　《最高人民法院关于深化执行改革　健全解决执行难长效机制的意见——人民法院执行工作纲要（2019~2023）》中指出："巩固'基本解决执行难'成果，建立健全执行工作长效机制，进一步提升执行工作水平，奋力向'切实解决执行难'的目标迈进。"

性的方法举措。为此，德阳法院准确把握"切实解决执行难"工作要求，以两级法院同部署、同推进、同落实的数智执行为路径，推动构建层级分明、上下联动的"四位一体"现代化执行工作体系，为全面深化执行改革、构建解决执行难长效机制打下坚实基础。

一 改革动因与建设目标

（一）为执行管理赋能

2020 年以来，四川省高级人民法院先后出台执行指挥中心实质化运行、市（州）以下法院执行管理体制机制改革、全省三级法院执行职能定位相关规范文件，要求各中基层法院逐步完善执行指挥中心建设，按照"高级法院主指导、中级法院主管理、基层法院主办案"的总体思路，健全"上级监督下级、层层落实管理"的监督管理体系，实现执行管理现代化、执行质效高标准运行常态化。

对此，德阳法院近年来不断强化执行指挥中心建设，但从四川省高级人民法院每年对各中级法院执行工作的考核结果看，德阳法院近三年出现较大起伏[1]，与常态化高标准运行有明显差距。究其原因，很大程度上在于两级法院执行管理存在"能力短板"。

一方面，中级法院欠缺与制度配套的管理工具。常用的全国法院执行指挥平台侧重于宏观管理，其提供的数据适用于分析某省或某地区的整体执行工作态势，在应用层面无法支撑对个案个人的微观分析和风险预警，难以满足中级法院对辖区案件、人员的精细化管理需求。而执行办案系统中的管理模块，则普遍"重查询轻分析"。管理人员需要从不同的模块中导出查询到的数据，再通过 Excel 等工具进行筛选分析得出结果。管理体系对人工的过度依赖，使中级法院对问题和风险缺乏预见性，在层级管理上长期处于被

---

[1] 2019 年排名全省第 3 位，2020 年排名全省第 11 位，2021 年排名全省第 4 位。

动。面对已经暴露的突出问题，还能"头痛医头、脚痛医脚"，组织各基层法院开展专项行动予以整治，但对于那些潜藏深处的工作隐患或不受重视的"小毛病"，往往只能"静观其变"、消极应对。

另一方面，基层法院管理能力存在的问题更为复杂。首先是"谁来管"的问题。执行管理需要既熟悉业务工作，又具备统计分析、决策建议能力的复合型人才。此类人才能力要求高、培养周期长，在各基层法院属于"稀缺资源"。基层法院执行局作为业务部门，将优质的人力资源集中到办案一线是普遍做法，管理岗位多以兼任为主，使基层法院在管理思路上趋于消极，偏重对个案或个人已发生问题的事后纠正，而忽视常态化的事前管理和事中监督。其次是"怎么管"的问题。自"基本解决执行难"以来，德阳法院开始逐步推行员额法官主导下的"三分"① 办案机制，以取代"一人包案到底"的传统办案机制。诸如网络查控、查人找物等事务性工作从法官团队剥离，由专岗专人集约化办理。随着分工愈发精细化、集约化、专业化，如何科学管理、量化考核不同工种人员，成为基层执行局的棘手难题。例如，对法官团队的考核以案件质效指标为主要依据，对执行辅助人员的考核则以部门领导主观评价为主要依据，虽做到了人员分类考核，但内部横向比较的公平性、人为主观评价的合理性也饱受质疑。综上，如何为执行管理赋能，化解中基层法院执行管理难题，将"中级法院主管理、基层法院主办案"的顶层设计思路转化为切实可行的方法路径，是数智执行的改革目标之一。

（二）系统防范廉政风险

根据中纪委网站信息，2021 年，全国法院系统处理违纪违法执行干警2000余人，具体问题包括"执行不廉、作风不正"等六大类 22 项顽瘴痼疾② 。德阳

---

① 指"分权制衡、繁简分流、分段集约"。《四川省高级人民法院关于实施员额法官主导下分权、分流、分段执行办案机制的指导意见（试行）》（川高法〔2019〕73 号）对此作出明确要求。

② 中央纪委国家监委网站《驻最高法纪检监察组推动整治执行领域突出问题 2000 余执行干警受处理》，2021 年 11 月 27 日。

法院在政法队伍教育整顿中，也曾出现过极少数人员不同程度的违法违纪现象。此类问题屡禁不止，一个重要原因在于基层执行办案机制本身存在"信息不透明"的结构性廉政风险。基层实践中，一线办案人员仍习惯于"线上线下两张皮"的"潜规则"，延迟录入数据、选择性录入数据是工作中的常态。以德阳法院为例，数智执行运行前的1年内，全市法院14265件执行案件，结案前电子卷宗同步扫描率仅为5.31%，超九成案件在结案后才补完数据材料；系统内涉案财物登记数量为9768件，平均每案不足1件。究其原因，很大程度上在于系统限制。

一方面，原有的执行案件信息管理系统功能基于"一人包案到底"的逻辑设计，在实际办案中，法官助理、书记员、执行辅助人员需要操作法官账号才能完成本职工作，不易管理且无法通过操作记录倒查责任。因此，多数法院对执行办案全流程无纸化并未作硬性要求。另一方面，由于执行工作的特点与审判不同，许多事务需外出办理。而智慧执行App、四川微法院等移动端系统并不支持在线阅卷、移动文书制作、远程签章打印等功能①。因此，相对于审判人员，执行人员在主观上对纸质卷宗依赖性更高，对电子卷宗的认可度、接受度、使用度普遍偏低。

综上，由于执行办案"线上线下两张皮"的现状，办案系统、监管系统、公开系统内的数据无法及时、准确地反映案件办理的真实情况，通过信息披露与数据监管构建起的防控体系难以发挥应有作用，执行案款发放不及时、对已查控财产未及时启动处置程序等顽瘴痼疾层出不穷。如何通过系统优化，推行线上线下全流程并轨的无纸化办案，推动执行风险防控体系发挥应用作用，是数智执行的改革目标之二。

（三）精准对接群众需求

党的十八大以来，新时代人民法院执行工作坚持以习近平法治思想为指

---

① 2021年前，四川法院所使用的智慧执行App、四川微法院相应版本，无法在线查看、操作执行案件节点，无法在线阅卷，无法在线制作执行类文书及电子签章。

引，坚持党对执行工作的绝对领导，坚持以人民为中心的发展思想。习近平总书记指出："法治的根基在人民。"以实际行动增强人民群众对执行工作的获得感和满意度，是法院执行条线贯彻落实党的群众路线的直接体现。

但是，执行工作客观上存在"以结果论成败"的特殊性，双方当事人之间又必然存在利益对立，工作中的任何细节没有做好，都可能影响人民群众对执行工作的理解和认可。例如，改革前，人大代表、政协委员对德阳法院执行工作提出的各类意见中，执行申请人在登记立案后，因缺乏与执行法官及时有效的沟通途径，而产生"执行案件难立、执行法官难找"的负面印象，是被多次提及的问题。产生这类问题的原因在于，传统工作体系下执行局位于业务后端，普遍存在"重业务轻服务"现象，在事项咨询、接待接访等事务上，与立案庭（诉讼服务中心）职能划分不清，工作交接低效。由于业务划分不同，诉讼服务中心在宣传"执行不能"、审查恢复执行案件方面存在天然不足。此外，不同部门的话语体系和工作尺度差异，也容易让当事人对执行工作产生不信任感。对此，如何从人民群众的立场出发，改进工作方法、提升执行服务水平，是数智执行的改革目标之三。

二　改革路径与体系构建

（一）优化组织架构，完善工作机制

围绕执行指挥中心"三统三分、三区六化"① 实质化运行要求，结合中基层法院工作实际，分三步构建数智执行 "1+3" 执行指挥中心运行机制。

第一步，调整人员结构。按照执行核心事务与执行辅助事务区分，明确

---

① "坚持对执行工作统一管理、统一指挥、统一协调。""坚持深入推进员额法官主导下的分权、分流、分段办案机制改革。""全省各级人民法院执行指挥中心应当设置执行指挥、执行事务、执行管理三个功能区，职能分区模块化运行。""全省各级人民法院执行指挥中心应当明确各项事务的工作流程和标准体系，实现执行指挥中心实体化办公、执行行动的高效化指挥、执行事务的集约化办理、执行工作的系统化监管、执行质效的精准化考核、服务保障的信息化支撑。"《四川省高级人民法院关于执行指挥中心实质化运行的实施意见》。

法官团队只负责处理执行核心事务，分离出的执行辅助事务由指挥中心集约完成。办案团队只保留法官、法官助理，其他人员全部进入执行指挥中心接受统一管理。

第二步，重组内部机构。强化执行指挥中心"三区"功能划分，一是明确执行指挥区负责全面协调指挥，实时调度执行团队人力、物力，最大限度发挥协同办案优势。二是明确执行管理区履行终本案件管理、质效管理、信访管理、案款管理四项管理职责，确保各环节工作规范高效。三是在执行事务区内新设执行服务中心、执行事务中心、执行数据中心。其中，执行服务中心负责集中办理登记立案、接待接访、材料收转、事项咨询等对外事务。执行事务中心负责辅助办案团队完成查人找物、资产处置等事务性工作。执行数据中心负责对案件卷宗材料的数据化加工及统一保管。

第三步，上下深度集约。按照中级法院主管理、基层法院主办案思路，充分发挥中级法院层级优势，明确中级法院执行指挥中心统一监管全市法院案件质效、事务节点、人员绩效；集约完成全市法院网络查控、资产处置等事务；做好对全市法院执行工作的集中服务保障。基层法院执行指挥中心以服从中院统一管理、全力推动案件实结为主要任务。

通过对团队与中心的重新构建，横向上，德阳两级法院建成"1+3"执行指挥中心运行机制。实现了对外一站式执行服务，切实解决"执行案件难立、执行法官难找、执行材料难交"等人民群众反映强烈的问题。实现了对内执行辅助事务一体化集约完成，有效解决执行辅助事务办理不规范、标准不统一等影响"三分"办案机制实际落实的问题。实现了电子卷宗随案同步生成，真正解决卷宗难管理、办案不留痕、信息不透明等长期制约执行监督管理的顽疾。纵向上，形成统分结合、权责清晰的执行指挥中心上下联动机制，做到了对全市法院执行资源的最大化利用，为两级法院执行一体化管理铺平道路。

（二）建立三大平台，强化系统支撑

为切实解决系统中存在的问题，德阳法院将建设思路从供给导向转为需求导向。2021 年 4 月，德阳法院与执行系统开发商签订战略合作协议，联合开发数智执行软件系统。针对现有执行系统中存在的功能短板，开发上线执行材料集中管理等 22 项创新应用；针对系统操作中的缺陷不足，提出350 余项优化建议。2021 年 6 月，四川省高级人民法院决定在德阳开展执行工作信息化试点，并多次现场指导、协调相关技术公司予以配合。在上级法院的全力支持下，德阳法院得以转变传统"堆砌式"的建设思路，将各类系统整合升级为智行集约办案、智引集中监管、智识辅助支撑三大应用平台。

智行集约办案平台，是按照员额法官主导下的"分段集约、分权制衡、繁简分流"三分办案要求，结合两级法院职能定位构建的一体化办案平台。首先，从立案到归档的各系统节点，依次按照执行核心事务、执行辅助事务区分，为执行法官和各类辅助人员提供对应的功能模块及操作权限，并将制度性、规范性要求逐一固化到操作节点，做到系统功能与工作机制相互统一。其次，在业务层面打通法院间的数据壁垒，对外提供异地立案、执行事务异地办理等功能，推动执行服务提档升级；对内提供在线调案、全域事务委派等功能，实现全市案件、事务的在线统一调度。最后，智行集约办案平台整合电子卷宗深度应用、"执转破"数据推送等功能模块，在各环节为办案人员提供智能便捷的辅助工具。

智引集中监管平台，是结合三级法院执行职能定位，汇聚执行系统、审判系统、财务系统、指挥平台等系统数据构建的一站式管理平台。通过案件办理、一体化考核、案款发放、集约事务、人员信息、五大可视化模块，赋能中级法院对两级法院案、事、人的集中监管。通过与 12368 短信平台、微信服务号、内网邮件的功能对接，实现对 15 个案件节点、8 个辅助事务节点的自动预警。对接案件在线评查功能模块，为推动内外双向制约监督提供有力抓手。

智识辅助支撑平台，是结合现代知识管理理念，以构建执行工作"第二大脑"为目标建立的知识服务平台。通过对现有制度文件、工作规范、经验总结的收集整理，分别建立制度文件库、软件工具库等六大专题知识库。基于岗位分工生成结构化知识图谱，实现对岗位职责、工作流程等信息的可视化展示和实时更新。通过主动搜索、线上问答等辅助学习功能，帮助执行人员快速适应并融入新的工作体系。

通过上述机制建设、系统支撑的同步配套，德阳法院数智执行搭建起了数字化办案、智能化管理的执行工作框架。

数字化办案体系，核心是转变过去以卷宗为中心的办案理念，塑造以数据为中心的集约化办案模式。在立案接待环节，通过审执数据衔接，可直接查询、关联全省范围内的审判案件，一键检测案件生效信息，不再要求当事人提交裁判文书生效证明。初次接待人员可通过标准化电子模板完成对当事人的信息核对、线索登记、事项告知，以统一的尺度与当事人一次性沟通到位。在集约事务环节，执行通知、网络查控、线下调查等工作由执行事务中心批量完成，并根据完成结果同步生成被执行人数据画像、财产清单，为智能繁简分流提供数据支撑。法官接收案件后，可根据需要向全市任意法院执行事务中心发起财产调查等事项交办，并通过可视化节点、办案日志查看办理进度。事项办结后，系统自动向法官发送消息提醒。在结案前，终本智能核查功能可自动识别材料内容，抽取相应数据进行实质性审查。当案件需要提级执行、交叉执行时，可由中院执行指挥中心通过全市调案平台直接发起。若案件需要进入破产程序，可使用"执转破"功能在线移送案件。

在以数据为中心的办案模式下，所有纸质材料由执行数据中心集中加工、统一保管。数据中心在收到材料后20分钟内即可将其制作成标准的电子档案。每一份进入数据中心的材料，都会由系统自动生成二维码标签。扫描二维码标签可查看材料信息，做到每一页材料可追溯、可定位。

智能化管理体系。核心是转变传统以"人治"为依托的管理理念，塑造以"数治"为支撑的智能化管理模式。一是"自动预警+层级督办"全域案件监管。通过数据自动分析、消息智能通知等系统功能，中级法院执行指挥中心可直接对全市法院年均15000件案件、43.5万余个案件节点进行全覆盖实时预警。预警后相关责任人仍未按要求完成工作的,由中院执行指挥中心通过执行指挥平台直接督办相关执行局负责人。二是"纵向评估+横向评比"的人员绩效管理。在纵向上,区分整体考核与个体考核的差异,将执行一体化考核指标按照工作量、效率、效果、规范性四个维度,分解到不同工作岗位,实现对人员绩效的分类评估。在横向上,针对细化分工后执行局内部人员考核缺乏参照的实际矛盾,由中院执行指挥中心按照办案类型、岗位区分,对全市法院执行人员的工作绩效进行统一排名,为基层法院内部考核提供客观依据。三是"定制分析+精准投放"的指标数据通报。由中院执行指挥中心根据不同工作需要,建立各类数据分析体系。两级法院执行管理人员可使用系统直接查看实时指标数据、实时省市排名,并通过反查功能,将数据指标层层定位到案、定位到人。同时也可使用自定义通报功能,按照预定模板自动提取数据、生成工作通报,向指定部门、指定人员定时自动发布。

三 数智执行改革的特点

数智执行相较于其他同类案例,主要区别有以下三点。

一是两级法院一体化的改革思路。数智执行准确把握四级法院执行职能定位改革及四川省市(州)以下法院执行管理体制机制改革契机,在方案制订与工作推动中不再把每家法院当成单独的个体,而是将中基层法院作为整体进行打造。首先是案件办理上的两级法院深度集约。全市的执行事务被放在一个平台集中处置,能够集约完成的,如网络查控,就自动流转到中院集约完成;需要辖区法院配合完成的,就通过事务交办在系统内直接发起,从而做到对执行资源的最合理分配和最大化利用,并实现不同法院执行办案的流程一致、尺度一致、标准一致。其次是在执行管理上的统筹一体。中级法院依托监管平台赋能,以数据为抓手,做到对全市执行工作人、案、事的扁平化实时管理。基层法院不再重复相关数据分析工作,只需依据中院发布的预警信息、通报数据,以人员管理为抓手,作出具体应对。新的层级管理在分工上充分体现了中基层法院职能定位，真正落实了"中级法院主管理、基层法院主办案"的顶层设计。最后是在运维保障统筹建设。针对基层法院执行局普遍缺乏专业技术人员的现状，中院执行指挥中心将技术保障职责延伸至基层法院，在全市范围内做到运行故障集中报修、文书模板集中维护、系统问题集中答复、人员权限统一管理。采取平台式运维，将故障处置、系统维护用时纳入节点监管范围，并作为技术保障人员个人绩效考核依据。数智执行以中级法院执行指挥中心为枢纽，在全市层面构建"大中心、小团队"的执行工作架构，做到了人案监管"一竿子到底"、执行事务"一盘棋调度"、系统运维"一揽子服务"。

二是以数据为中心的体系构建。通过系统优化，构建了从立案到结案、从办公端到移动端、从审判到执行的全场景功能应用。以此为基础，推行执行案件纸质卷宗集中扫描统一保管，实现执行办案全流程无纸化，"线上线下两张皮"的问题得以解决。在以数据为中心的工作模式下，每一个工作岗位都能通过系统权限获取数据、分析数据、使用数据。数据不再仅仅是对已完成工作的简单记录，而真正成为驱动办案的助力。同时，依托数据，可以做到对执行办案微观层面的实时监管，选择性执行、消极执行不再有空可钻。

三是专用的知识管理平台。数智执行作为一项涉及人员机制改革、办案流程优化、管理体系构建、信息化创新应用的综合性系统工程，在一环扣一环的协同办公场景下，以"智识"系统为核心的知识管理平台，作为传统文件下发、会议传达方式的补充，能够将新的工作机制和对应的软硬件系统快速普及到参与相关工作的每一个人，使信息保存和传递不再受时间、空间限制，为改革工作落实落地提供了有力保障。

以数据为中心是执行办案的重大变革，两级一体是执行管理的重大变革，知识管理是执行工作保障的重大变革。正是三者的相互促进、深度融合，重塑了组织、个人、系统之间的关系。通过全覆盖的信息传导，最大程度限制了执行办案中长期存在的人为可操作空间，从而推动执行工作刀刃向内的自我革命。

四 改革成效分析

一是管理质效明显提升。"数智执行"启动运行一年后，除首执案件实际到位率同比下降 2.11 个百分点外，其他指标均有提升（见图 1）。其中，首执案件法定审限内结案率同比上升 1.03 个百分点。首执案件、执恢案件平均结案用时同比下降 10.1 天、5.4 天。执恢案件实际到位率同比上升 4.12 个百分点。执行完毕率同比上升 1.92 个百分点。执行完毕平均用时同比下降 2.3 天。从指标数据变化趋势看，"数智执行"对办案流程的重构、优化，有助于提升案件办理效率，各类案件结案平均用时均有明显下降。同时，更加精细化的终本案件管理，也体现为执行恢复案件相关指标的实际提升。但不可忽视的是，首执案件实际到位率下降，在一定程度上暴露了"数智执行"模式在加强外部联动、提升查人找物实际效果方面仍有不足。自 2021 年第二季度起，德阳法院执行一体化考核整体排名已经从全省第 14 名跃升至第四名，并持续保持高位运行。

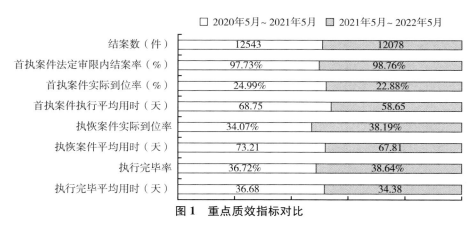

图 1　重点质效指标对比

资料来源：执行指挥平台。

值得注意的是，"数智执行"运行前，德阳两级法院中，仅有部分法院对部分案件标识繁简，案件标识繁简比例仅为 4.68%。"数智执行"运行后，得益于查控阶段涉案财产数据的及时录入，繁简分流准确率提升，案件标识繁简比例提升至 61.68%。与此同时，简案、繁案结案平均用时同比下降 31.86 天、21.37 天，实际执结率同比上升 16.61、11.94 个百分点。由此可见，"数智执行"以"数据"为中心的办案模式，极大提升了繁简案件识别的准确度，对繁简分流机制发挥作用、取得实效有显著推动效果。

二是有效防范了廉政风险。"数智执行"运行前一年，德阳两级法院执行案件结案前的电子卷宗同步扫描率仅为 5.31%，超九成案件在结案后才补完数据材料；14265 件新收案件仅登记涉案财物 9768 个，平均每案 0.68 个。"数智执行"运行一年后，德阳两级法院执行数据中心共计集中扫描案件材料 64.18 万页，电子卷宗同步扫描率上升至 94.93%（见表 1），新收14373 件案件共登记涉案财物 42628 个，平均每案 2.97 个（见表 2）。与此同时，案拍比由 4.47% 上升至 12.91%，反映了更多的涉案财物得到积极处置。

表 1   执行案件电子卷宗同步扫描情况数据对比

	2020 年 5 月至 2021 年 5 月				2021 年 5 月至 2022 年 5 月			
	新收案件数（件）	同步扫描数（件）	同步扫描率（%）	扫描页数（页）	新收案件数（件）	同步扫描数（件）	同步扫描率（%）	扫描页数（页）
中院	940	27	2.87	1185	486	507	104.32	30990
旌阳	4675	288	6.16	10464	3774	3276	86.8	157380
广汉	1948	84	4.31	5118	1858	1816	97.74	80119
绵竹	1707	117	6.85	3266	1752	2393	136.59	129336
什邡	1344	85	6.32	3028	1602	1671	104.31	176279
罗江	1109	29	5.04	434	2517	1568	62.3	24491
中江	2542	128	5.04	3328	2384	2413	101.22	43220
合计	14265	758	5.31	26823	14373	13644	94.93	641815

资料来源：案件材料收发管理系统。

表2　系统涉案财物登记情况对比

收案数（件）		系统内登记财产数目(个)						案拍比（%）
		货币、存款	不动产	动产	机器设备、原材料	股票、股权、债权	其他财产	
2020.5~2021.5	14265	4013	3459	1029	117	242	908	4.47
2021.5~2022.5	14373	26982	4772	2934	123	357	7460	12.91

资料来源：财物精细化管理系统、执行指挥平台。

三是推进事务集约，加强资源整合成效显著。"数智执行"运行一年后，德阳两级法院共集约完成执行辅助事务60430件，较运行前同比上涨246%（见表3）。

表3　集约事务完成情况

单位：件

法院	中院	旌阳	广汉	绵竹	什邡	中江	罗江
2020.05~2021.05	120	1238	397	7946	6699	545	499
2021.05~2022.05	2501	12858	9264	6776	8008	9832	11191

资料来源：执行实体化、事务交办系统。

五　问题与展望

（一）目前存在的问题

一是新的执行工作体系对执行队伍建设提出了更高要求。数智执行的根本价值追求是最大化实现执行工作的规范、高效、透明。因此，在体系构建过程中，对制度合理性的严苛要求在一定程度上已经超出了此前各级法院落实能力的边界。这些超出的部分需要通过更强大的信息化工具和更专业的人员配备来补足。目前，德阳法院的各类信息化工具已基本完善，但是在人员专业化培养上还有一定短板。

二是新的执行工作体系对法院软硬件系统的稳定性提出了更高要求。数字化办案、智能化管理虽然能够极大提升工作效率，但也极度依赖信息化系统的稳定性。目前，各级法院关键信息系统的容灾容错、冗余备份仍处于建设阶段，与真正完善相比还有一定差距。

三是新的执行工作体系对后勤运维保障提出了更高要求。在数智执行体系下，大量事务性工作已经脱离法院一般干警熟悉的业务属性，转为纯粹的技术性工作。这些工作的顺利开展极其依赖技术运维人员。例如：格式化执行文书的优劣，不再取决于办案人员的个人能力，而在于运维人员的模板制作及文书变量修正能力。案件材料是否条理有序，也不再取决于办案人员的个人习惯，而在于扫描编目系统的准确性，以及对结构化数据的维护能力。因此，在实际操作层面，运维保障能力的高低已实际决定了执行办案的成效。但由于执行局归属业务条线，各级法院在人员编制上均以保障办案力量为主，专业技术人员仍属于稀缺资源。

（二）展望

科技发展日新月异，最高人民法院高度重视信息化工作，将信息化与司法改革比作人民法院工作发展的"车之两轮，鸟之双翼"。在互联网、大数据、人工智能等信息化发展完善的当下，借助信息化技术推进"切实解决执行难"是历史机遇，更是大势所趋。未来，随着信息化的进一步发展，信息共创共享时代的到来，数智执行将步入人工智能与数智执行深度融合的新阶段。在海量信息的基础上，机器通过深度学习，将实现模拟执行工作人员的决策路径，至此，执行工作的智能化将不再是某一工作节点的一键式操作，而是能够将执行人员从烦琐的手动操作中完全解脱出来的全新智能化执行体系。

B.19
执行全流程无纸化"365"运行体系
建设成效与展望

江苏省南通市中级人民法院课题组*

摘　要： 近年来，江苏省南通市中级人民法院以"智慧执行"建设作为推动"切实解决执行难"的重要支撑，深入推进人民法院信息化4.0版建设，促进执行工作与大数据、云计算、人工智能等现代技术深度融合，以信息化、智能化为出发和依归培育执行工作发展新动能，努力推动执行工作模式实现迭代升级。南通中院对执行办案系统进行总体规划、远景设计，以电子卷宗随案同步生成和深度运用为基础，以执行全流程无纸化办案流程为指引，在原有执行案件办理系统之上，构建起节点互通、数据共享、智能辅助、精准管控的全流程执行无纸化办案系统。

关键词： "365"运行体系　无纸化办案系统　智慧执行

人民法院执行工作是维护人民群众合法权益、实现社会公平正义的关键环节，直接关涉胜诉人的权利能否兑现，法律权威及司法公信力能否树立等

* 课题主持人：刘坤，江苏省南通市中级人民法院党组书记、院长。课题组负责人：周东瑞，江苏省南通市中级人民法院党组副书记、副院长。课题组成员：杜开林，江苏省南通市中级人民法院执行局负责人；周峰，江苏省南通市中级人民法院科信处处长；万海峰，江苏省南通市中级人民法院执行指挥中心副主任；刘晓健，江苏省南通市中级人民法院执行局法官助理。执笔人：万海峰。

问题①。"执行难"严重影响司法效率和质量，通过信息科技手段解决司法生产力已迫在眉睫。2021年4月12日，经最高人民法院同意，江苏省南通市中级人民法院（以下简称"南通中院"）依托智慧法院（南通）实验室进行执行全流程无纸化办案系统试点建设，围绕"执行全流程无纸化办案"的智能化标准进行系统应用研发，在现有执行信息化成果基础上，充分依托原有江苏高院"854模式"执行办案系统②，经过一年的研发、论证和试点运行，已经形成执行全流程无纸化"365"运行体系，并在全市两级法院推广使用，实现了"执行业务全流程网上办理、执行节点全方位智能监管、执行事务跨区域协同联动"的功能效果。

一 "365"运行体系的具体内容

一是以"三个中心"实现结构化数据同步生成。南通中院不断完善集中扫描中心、案件材料中间库和数据处理中心"三个中心"建设。目前，全市两级法院已经形成了"10+10+1"建设格局，即全市两级法院基本建成了集中扫描中心、案件材料中间库，对案件材料及时扫描入库，并通过市中院建立的数据处理中心对全市两级法院电子卷宗材料进行数据校对和智能编目，实现数据化材料精准挂接入卷，提升非结构化卷宗材料转换为结构化数据的精准性，为电子卷宗的全方位运用打牢扎实的数据基础。

二是以"六个批量"实现事务性工作集中操作。市中院针对事务性工作可以集中操作等特点，通过反复试验和深入研发，逐步建立"批量制作执行通知书、批量制作线下查控文书、批量回传线下查控结果、批量进行线上查控、批量制作谈话通知和批量送达"等功能，实现"8类事务性工作"

---

① 《关于印发〈关于加强综合治理 从源头切实解决执行难问题的意见〉的通知》（中法委〔2019〕1号）。

② 854模式：具体包括集中办理执行当事人初次接待、制发法律文书、线上线下查控、办理委托执行事项、录入强制措施信息、网络拍卖辅助、接待执行来访、接处举报电话等8类事务性工作，提供视频会商、执行过程记录、执行公开、舆情监测、决策分析等5类技术服务，承担繁简分流、案件质效、执行案款、终本案件等4项管理职责。

制发法律文书、线上线下查控、录入强制措施信息等事项多个案件批量操作，原先需数日完成的工作量，现在通过轻点几次鼠标即可自动完成。目前已实现包括执行通知、财产报告令、查封裁定等119种制式文书的自动生成和签章，对如终本裁定等需要说理的执行文书可以自动生成85%以上的内容。同时，对非法院生效判决、裁定为执行依据的，如民事调解书、公证债权文书、仲裁裁决等，在立案时统一批量转换为执行裁定书，为后续打击拒执违法犯罪完善法律构成要件。2021年，全市法院判决拒执犯罪90件104人，同比上升250%。其中，自诉有罪判决13件14人，判决总量约占全省的二分之一。2022年，全市打击拒执犯罪持续保持高压态势，与上年同期数据基本持平，全市法院判决拒执犯罪91件101人，判处实刑30人，占比29.7%，执结案件56件，追回执行款1463.27万元。

三是以"五个智能"实现管理、辅助服务自动运行。通过执行全流程无纸化办案系统建设，形成了"案款管理智能化、财产分析智能化、繁简分流智能化、终本巡查智能化和执行公开智能化"等五个模块，实现五项技术服务和四类管理职责通过智能化、数字化方式运行。例如，繁简分流智能化是指系统会根据案件标的大小、有无财产可供执行、关联案件情况分析等自动识别繁简，并将识别的简易案件自动分案至简易执行组。同时，对关联案件显示被执行人有5件及以上执行案件的，进行"执转破"可行性提示。2021年，全市法院受理"执转破"案件222件，涉及执行案件4626件，约占受理案件总数的十分之一。2022年，全市法院共移送破产企业572家，受理破产案件571件，消减终本案件4459件，占终本库案件的4.36%。"执转破"案件平均审理用时120天，较上年同期缩短36%。再如，终本巡查智能化系通过对执行节点和文书生成、引入情况进行双轨核验，自动筛选不符合终本实质要件的事项，并将此作为终本的前置必要条件，对终本结案进行严格把关，逐步改变过去院局长翻阅纸质卷宗批签终本结案，为依托系统生成的终本核查表审批结案的习惯。在2022年江苏高院对全省各市中院单独执行考核中，南通中院终本案件抽查合格率位居全省第一。

二 体系建设的痛难点分析

为贯彻落实《人民法院信息化建设五年发展规划（2021~2025）》的部署要求，南通中院按照江苏高院关于"854模式"迭代升级要求，自主研发执行全流程无纸化办案系统，该系统在现有信息化基础上，精准把握人工智能在司法领域智能化应用的功能定位，大力推进智能化与人民法院执行业务的深度融合，主要解决执行办案过程中存在的以下难点、堵点。

第一，文书自动生成不规范、生成率不高。因执行办案系统流程节点信息录入项少，录入信息质量不高，难以生成可直接使用的文书；尽管最高人民法院下发了文书模板，但各家法院根据工作经验习惯形成的文书样式不尽相同，无法做到模式统一。

第二，要素信息无法有效提取利用。执行信息化的基础在于案件要素信息是否精准、健全，当前，执行办案系统内的要素信息全部依靠手工录入，尽管执行指挥中心设有专人集中录入强制措施信息，但效率和精准度难以适应执行工作的需要。

第三，未形成信息的交互，"信息孤岛"依然存在。当前的执行办案系统和周围辅助系统没有完全形成信息的互联互通，如"总对总"查控数据无法自动回传、人民法院网络拍卖平台无法同步办案系统内的上拍信息，无法有效加工利用各种途径获取的信息。

第四，卷宗材料难以快速数字化。当前全国大部分法院已经开始电子卷宗随案同步生成和深度应用工作，要求将卷宗材料扫描入卷，但入卷的仅是图像文本，既不能提取案件要素信息，也无法作任何形式的处理，且入卷顺序杂乱无章，在办案过程中几乎无任何利用价值，执行人员查找不便、阅读体验感差，甚至内心排斥电子卷宗的使用。有些地区做了更深一步的工作，成立了电子卷宗编目中心，对入卷材料进行名称命名，但也无法将所有的纸质材料精准地转化为结构化的要素信息进行提取、存储、调用。

第五，网络查控的查询结果无法有效自动过滤、查控措施无法实现批量发起。原有的网络查询、控制、财产筛选均采用人工逐条筛选模式，查询结果无法及时有效地反馈给执行人员，系统操作烦琐，控制措施无法快速精准实施，会出现部分财产因未及时控制而被转移的现象。

第六，结案不规范，仍需人工核查。执行案件办理是否规范，不能通过系统内嵌规则进行自动核查，执行指挥中心专门设立案件质量管理专员对案件是否规范办理进行人工核查，人工核查实现的难度大且效率不高，并且容易造成人为放宽终本案件过关，波动性大，尤其是年底结案考核压力增加时，临时仓促终本等情形难以避免。

三 体系建设的具体功能模块应用

执行全流程无纸化办案系统在充分依托现有的执行办案系统基础上，深入推进人民法院信息化4.0版建设，促进执行工作与大数据、云计算、人工智能等现代技术深度融合，以信息化、智能化为杠杆培育执行工作发展新动能，努力推动执行工作模式实现迭代升级。作为最高人民法院执行全流程无纸化办案系统试点法院，南通中院结合执行指挥中心"854"模式实体化运行各项要求，对执行办案系统进行总体规划、远景设计，以电子卷宗随案同步生成和深度运用为基础，兼以软硬件配套同步推进，以执行全流程无纸化办案流程为指引，在原有执行案件办理系统之上，构建起节点互通、数据共享、智能辅助、精准管控的全流程执行无纸化办案系统。

通过提升执行流程管理系统对非结构化数据的信息采集与数字化处理、全案信息智能回填、全案文书自动生成等能力，实现网络查控结果智能过滤和控制自动发起、传统查控信息自动回填、关联线索自动推送、被执行人履行能力智能分析、执行案件繁简智能识别、执行事项集约化办理、执行卷宗信息自动归目、终本案件卷宗信息智能核查、移动执行辅助办案等场景的智能化无纸化应用。

（一）实现"三个中心"建设的应用能力

1. 全案信息智能回填

当前信息回填的主要做法是执行指挥中心专人将非结构化数据直接录入执行办案系统。南通中院在实践中归纳整理出执行办案的 37 个流程节点、73 项业务信息、1941 个信息项。这些信息难以凭借人力快速准确录入系统。基于此，南通中院构建了执行案件要素库：一方面通过系统对接、数据下行的方式，从审判系统、"总对总"查控系统、"点对点"查控系统、人民法院拍卖平台、移动微法院等关联案件系统获取案件结构化数据信息；另一方面，依托 OCR 识别技术，从立案申请材料、当事人提交的其他纸质材料中自动识别回填信息。

2. 多源信息比对

执行案件要素信息对非结构化材料提取的信息、原审案件结构化信息、执行过程中获取的结构化信息等多个信息源进行交叉比对；对于存在不同的信息项，支持展示相关的优先级选择规则，同时支持法官手动修改；以上信息经法官确认后回填至执行案件流程信息管理系统，完成立案信息自动回填。

3. 智能编目及阅卷

支持在内网办案系统以及移动办案终端浏览在办案件和关联案件电子卷宗，可查阅关联案件的电子卷宗，实现电子卷宗材料自动精准挂接目录、电子卷宗文字随意复制、大小按需缩放、目录内容定位、内容全文检索、卷宗灵活标记批注等功能。通过查看高清缩略图进行快速浏览，打开文件后，可以滚动鼠标进行不同文件间的切换，提供缩略图导航功能，可以动态显示文件页码，实现指定跳转页码。

（二）实现"六个批量"的应用能力

1. 全案文书自动生成

执行法律文书制作是法官办理案件的绝大部分工作，南通中院根据执行全流程业务场景梳理出如执行通知书、财产报告令、查封裁定等 119 种可实现自动生成和签章的制式文书。在主要的办案节点，均可提供成套的文书。所生成的文书均可实现一键批量生成、一键批量签章、一键批量打印、一键批量入卷。通过系统规范执行办案人员将办案文书全部实现线上生成。所生成的文书通过批量在线送达功能，可一键快速送达，送达记录实时自动回填入卷，实现批量文书制发的一键快速办理。

2. 集中传统查控

法官在传统查控准备阶段，可依据协执单位、被调查人、调查内容、财产类型等要素智能生成不同种类模板的协助执行通知书，支持单个案件以及批量案件的传查文书制作生成。待协执单位反馈查询结果后，利用电子卷宗生成系统的 OCR 识别和语义分析能力，智能识别提取反馈财产清单中的财产信息要素，并回填执行案件流程信息管理系统的传统查控节点。根据反馈的财产结果，一键批量生成需要线下采取强制控制措施的文书。

3. 智能网络查控

依据发起网络查控要求，自动筛选出符合批量查询的案件，通过对查询结果进行智能筛选，形成条目完备、结构清晰的财产清单，结合标的额符合度智能化筛查出有效财产，批量发起网络控制，回传批量控制回执信息和反馈材料，网络查控反馈表自动回传至电子卷宗系统；需要采取解冻、续冻网络控制措施的，亦可实现一键发起。相较于原有总对总查控功能冻结、解冻、续冻存款存在的无法一次性全部冻结以及查控文书需要逐份核对修改保存等问题，具备更高的便利性，尤其是针对开设了大量银行账户的被执行人来说，执行查控效率大幅提升。

4. 集中排期

法院在繁简分流二次分案、重新确定承办人后，就流转到"集中排期"事项，根据预设的法官谈话日期，系统可批量确定谈话日期、谈话地点，批量生成传票，生成后可实现批量打印、批量送达。为满足不同执行法官的集中谈话需求，程序采用了"7+N"的日期生成规则，即将 7 天后的星期几确定为执行法官的集中谈话日（自动跳过法定节假日），通过程序变量自动引

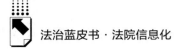

入对应的执行传票文书模板，实现案件执行传票的一键自动生成。

5.电子卷宗随案同步生成

执行案件电子卷宗随案同步生成是实现执行智能化的主要目标，在执行全案文书自动生成的基础上，依照卷宗归档标准，提供电子卷宗视图，通过智能编目、文书生成、在线合议、一键转档，在办案过程中将电子版办案文书、扫描上传的办案材料、音视频材料进行自动转化、自动编目，实现电子卷宗的随案同步生成、随案应用。

6.关联线索自动推送

以业务实体中的共有信息为纽带，挖掘、分析、构建执行案、人、物、行踪四类主要数据的融合联系，通过构建案—人—物多维度关联融合，分析本案与前置后续案件、本案当事人与他案当事人、本案财产与他案财产的关联关系以及预判行踪，为法官提供"慧眼"，辅助洞察潜在案件、人员及财产线索、行踪线索，促进多案同结。

（三）实现"五个智能"的应用能力

1.智能案款管理

南通法院在全面实行"一案一人一账号"的基础上，开发执行专用收款二维码自动对应，既有效避免当事人书写账号因数字错误出现的反复输入、汇错款现象，也有效避免、防范执行人员用自己的手机收转款、收受现金不入账等廉政风险，以及挪用、贪污执行款等违法违纪现象。在智能案款管理系统中，可实时查看案件项下全部未退案款，每笔案款发放进度可视化展现，超期未发案款自动提示，系统可在案款到账 20 日、30 日自动向执行办案人员发出信息提示发放案款或办理延期审批手续。案款专员根据系统提示，不间断进行案款清理工作，减少案款存量，确保最高人民法院要求的"具备发放条件的 15 个工作日内完成案款发放，严禁截留、挪用、超期发放"落实到位，提高人民群众的获得感、满意度。

2.财产分析智能化

南通法院依托"总对总""点对点"查控系统以及公安、不动产等相关数据信息，形成对被执行人的全面画像，自动分析履行能力，便于承办法官查阅、研判。对被执行人的资产情况进行关联分析，可以一键分析被执行人是否具有可执行能力，并量化其具体可执行资产总额。

3. 繁简分流智能化

南通法院依据系统中预先设置的案件繁简指标判断算法，根据执行案件案由、标的额、财产查控情况、是否有需要处置的财产、案件保全情况、执行难易程度等案件繁简判断要素，案件要素可从电子卷宗中提取，从而实现执行案件繁简自动预判。系统根据设置的分案算法，自动确定案件的承办法官，实现以随机分案为主、指定分案为辅的自动分案机制。在此模式下，如皋法院成立"副局长+法官助理+书记员"专业化快执团队，出台首执案件相关办案流程规范及实施方法，合理分案，明确思路。以实现"快速化"为办案目标，执行结案平均用时为 29 天，如皋法院执行结案平均用时较上年缩短了 20 天。

4. 终本智能巡查

南通法院以案件办理信息和电子卷宗信息为基础，构建结构化信息与卷宗材料双重校验规则：对终本案件办理的合规性实行双重核查，严格把牢终本结案的关口，实现终本案件办理标准化、规范化。

5. 执行公开智能化

南通法院按照"完成一个节点、公开一个节点"的要求，通过对接12368 诉讼服务平台，系统可自动推送相关信息，实现信息公开的主动性；将执行工作 37 个流程节点全部纳入公开范围，实现信息公开的全流程性；通过设置自定义短信模块将公开对象由当事人拓展至特定程序中的利害关系人，实现信息公开的全覆盖；通过设置当事人与执行人员的互动交流模块，实现信息公开的互动性。

四 "365"运行体系的应用成效

执行全流程无纸化办案系统依照执行流程管理信息系统的功能布局进行

智能化升级改造，相关数据通过接口调用、内外网数据交互、OCR 智能识别等多种途径实现数据的采集、交互和使用。

系统以电子卷宗随案同步生成与深度应用为核心，通过执行立案智能辅助、繁简分流自动识别、网络查控智能辅助、传统查控智能辅助、关联线索自动推送、终本案件智能巡查等智能辅助点在原有的办案系统上升级改造，建立模块与模块之间、功能与功能之间的数据交互网络，有效避免了孤岛问题，充分利用数据资源助推智能点的迭代升级。

一是集约管理模式迭代升级。依照对 8 类事务性工作、5 类技术服务、4 项管理职责的系统设计，通过智能辅助应用，对集中制发法律文书、线上线下查控、办理委托执行事项、录入强制措施信息、网络拍卖、繁简分流、终本结案等事务均可通过系统自动完成。例如，南通最先试点的海门法院已完全实现了文书制发、谈话排期、线上查控、线下集中传统查控等一键自动完成，执行指挥中心集约事务工作由简单的劳动力集约型向自动化集约发生转变，大量简单重复的执行工作通过程序得以一键处理，部分原需 1 天才能完成的工作，现在 10 分钟就能完成，使得集约事务处理能力和效率成倍提升，进一步促进执行指挥中心"854"模式实体化运行体系由机制运行向系统运行的升级转变。

二是实现线上线下无缝对接。执行指挥中心依托执行无纸化办案系统，运用事项集约办理模块，在线收办执行办案人员委托的银行临柜、查人找物、拍卖调查等反馈材料，实现执行事项线上流转交办。

三是强化案件全流程监督。依托数据采集中心，实现对案件全流程办理情况的实施监督，特别是审限分类预警提醒、超长期未结案的分类标记、控制措施届满预警提示、财产处置节点期限到期提醒，实现对重点案件重点事项的精准管理。

四是执行质效显著提升。自 2021 年 6 月系统上线以来，南通两级法院的各项指标均有显著提升。2021 年，全市法院共受理执行案件 44131 件，同比上升 11.51%；执结案件 39247 件，同比上升 15.88%；执行到位 91.8 亿元，同比上升 6%；全市法院办理保全案件 13573 件，同比上升 43.48%。

实际执结率、终本率、执行完毕率等多项质效考核指标处于全省前列,实现了全市法院执行质效指标的良性上升。随着系统的成熟,全市法院执行工作效率明显提升,2022年,南通法院执行案件结案用时、执行完毕案件结案平均用时,分别缩短了15.6天和14.8天。

五是人民群众满意度不断提高。将执行全流程无纸化办案系统与支云执行公开系统深度融合,充分利用数据的高速度、准确性,以"完成一个节点、公开一个节点"为要求,实现重要执行节点信息自动生成即时推送当事人,让当事人实时了解执行案件的具体办理情况,确保执行公开透明。2021年,支云执行公开系统发送短信数累计227960条,2022年,发送短信数累计366408条,有效保障了当事人的知情权,解决了当事人和法院信息不对称的难题,2022年全市法院涉执信访数量同比下降28.7%,人民群众满意度不断提升。

五　结语

智慧法院建设需要将网络化、智能化、规范化和公开化融为一体,但目前智慧执行板块的建设仍存在碎片化、缺乏系统性等问题。"365"运行体系从执行立案到结案管理均进行了功能设计与改造,有效避免了建设碎片化等问题,能够对智慧执行建设进行更为全面的掌控。在未来建设中,南通法院仍将坚持以执行业务为抓手、执行事务为本位,坚持法院整体原则,遵循问题导向、需求导向、改革导向,以有效满足执行需求为根本出发点,紧紧围绕"服务"做文章,靠改革破解难题、向科技要执行效率效果,不断加强执行工作体系和能力现代化建设。

B.20
智慧执行"保定模式"调研报告

河北省保定市中级人民法院课题组*

摘　要： 随着智慧法院建设的快速发展和执行模式改革的逐步深化，最高人民法院不断提高执行工作标准，原有工作机制已不能满足执行模式现代化要求和人民群众的多元化需求，各种问题日益凸显，如繁简分流缺少量标、执行公开力度不足、查人找物送达困难，违规终本及执行过程规范化缺乏有效监督手段等。为此，河北省保定市中级人民法院坚持以现代信息科技为支撑，将人工智能技术与法院执行工作深度融合，创新打造了"十个自动化"+"线下集约"+"政法协同"+"无纸化办案"的智慧执行"保定模式"，极大地为一线法官减负，大幅提高执行工作质效，全面提升执行公信力，推进执行工作体系和执行工作能力现代化。

关键词： 智慧执行　十个自动化　无纸化办案　人工智能

一　智慧执行"保定模式"的建设背景

（一）政策指导

党的十八届四中全会明确提出，要"切实解决执行难"，"依法保障胜

---

* 课题组负责人：李建立，河北省保定市中级人民法院党组书记、院长。课题组成员：肖伟，河北省保定市中级人民法院副院长；闫广宇，河北省高级人民法院审监三庭（信息化建设办公室）干部；周晶晶，河北省保定市中级人民法院法官管理处处长、大数据指挥中心负责人；贾伟，河北省保定市中级人民法院执行局综合管理处处长；张娣，河北省保定市中级人民法院信息化处处长；李锦，河北省保定市顺平县人民法院办公室副主任；莫一聪，河北省保定市博野县人民法院信息化处科员。执笔人：周晶晶。

诉当事人及时实现权益",这是党中央作出的重大决策部署,也是推进国家治理体系和治理能力现代化的重要组成部分,更是事关人民群众切身利益的重要领域。最高人民法院要求,确保以现代信息技术为支撑的执行工作模式常态化,进一步推进现代信息科技在执行领域的广泛应用、深度应用,全面提升执行信息化、智能化水平,实现执行管理监督模式、执行保障模式、执行查控模式、执行财产变现模式现代化,逐步形成成熟、稳定的中国特色执行制度、执行机制和执行模式①。

(二)技术撬动

整体而言,全球范围内在深度应用人工智能辅助司法精细化执行上面临诸多机遇和挑战,包括融合司法专家经验与机器智能的专家自动化司法辅助决策技术;针对司法执行业务数据共享有限、标准样本缺乏的小样本集泛化;这些都是法院执行大数据和人工智能技术得以更为广泛和进一步实际应用所需攻克的关键科学问题。近年来,美国、欧洲和日本等国家也不同程度借助大数据和机器学习辅助司法执行。人工智能技术在国内执行领域有诸多成功的探索应用,例如,在执行立案阶段,一般可通过 OCR 技术扫描识别案卷,对倾斜的纸张页面自动校正识别,并可转化为可编辑文档;通过机器深度自主学习技术,可自动提取当事人信息、诉讼请求信息,提高信息采集智能化水平;在执行环节,可以根据被执行人在网上的活动记录来寻找执行财产,提高了执行财产处置的效率。不过,对于司法执行决策等专业技术含量较高的重要应用领域,现阶段人工智能在执行工作中仍无法达到具有高度自主学习能力的人类智能。

(三)现实需求

随着最高人民法院建设的中国执行信息公开网、"总对总"网络化执行

---

① 《最高人民法院关于深化执行改革 健全解决执行难长效机制的意见——人民法院执行工作纲要 (2019~2023)》。

查控系统、失信惩戒系统、执行指挥中心综合管理平台等系统的深度应用，为高效开展执行工作奠定了信息化基础。执行模式改革已经取得了显著成效。但是，当前执行工作模式仍存在以下问题：一是办案信息采集主要靠人工采集，录入工作量大；二是执行通知、网络查控筛查财产等环节机械性、重复性操作过多；三是文书生成自动化、智能化程度不够，往往需要人工逐份撰写；四是执行案件繁简定性缺乏量化标准，繁简分流难以成为执行标准化流程之一；五是执行案件流程有效管控力度不足，特别是终本违规现象时有发生；六是核心事务与辅助事务未完全剥离，基层法院往来奔波问题较为突出；七是网络查控力度需进一步加强，查人找物难题未完全破解；八是查控、审批、签章、合议、送达等部分环节仍在线下流转纸质卷宗，工作效率低。面对这些"执行难"中的痛点、堵点、难点问题，亟须用信息化手段促进执行工作模式改革。

二 智慧执行"保定模式"的实践探索

保定中院推动执行工作与现代科技深度融合，围绕"减负、提效、智能、公开、精细、规范"核心关键词，重塑执行办案制度，再造执行业务流程，创新打造了"十个自动化"+"线下集约"+"政法协同"+"无纸化办案"的智慧执行"保定模式"。

（一）"十个自动化"

"十个自动化"是指全案文书自动生成、全案信息自动回填、执行措施自动发起、执行节点自动提醒、当事人自动关联、执行线索自动推送、执行过程自动公开、终本案件自动核查、执行风险自动预警、违规行为自动冻结。

1. 加强文书制作智能化，实现全案文书自动生成

在执行案件办理的各个环节，法官需要制作大量的执行文书，以往法官只能自己在文档中逐字撰写，费时费力易出错。保定中院创新研发执行集约

化智能辅助办案系统，加强文书生成自动化、智能化、规范化，提高文书制作效率。案件进入执行通知阶段后，系统能够按照当事人类型和数量，一键自动对应生成13类完整的执行通知阶段文书，文书内容完整准确，无须法官再行编辑，支持自动排版、自动加盖电子签章、批量打印、快递单套打，执行通知办理平均耗时从15分钟降低至5分钟，办理效率提升2倍。在执行办案过程中，执行法官只需在对应的办理节点选择需要办理的业务类型，系统自动关联生成所需的整套执行文书，无须法官逐一选择、逐一生成。目前系统自动生成的文书已覆盖32个执行办案节点，支持生成120类执行文书。

2. 围绕数据智能化采集，实现全案信息自动回填

执行案件办理过程中会产生海量信息，如何在不增加人工录入负担的前提下，又确保各类信息的准确性与完整性，是亟待解决的问题。保定中院优化立案操作流程，立案法官只需扫描上传起诉状等立案材料，系统后台可自动进行信息提取和集约校验，实现一键立案。支持文书与办案信息双向关联，法官只需完成相关文书制作，对应节点办案信息自动生成，文书制作的过程就是信息录入，解决了法官既要通过制作文书完成办案业务，又要重复录入办案信息的问题。对于当事人或协执单位提供的书面材料，法官可扫描上传至对应节点，系统可自动准确获取材料中对应的执行办理信息，通过一键回填功能将产生的节点办理信息回填至执行流程管理系统中，实现全案信息的自动生成，减轻法官重复录入工作量。目前已支持32个执行节点的数据回填，可回填案件信息266项，基本涵盖执行案件主要业务信息。

3. 通过执行流程自动化，实现执行措施自动发起

以往，法官需要逐个案件手动发起网络查询和网络控制操作，从系统反馈的大量财产信息中人工筛查有效财产。随着保定中院执行查控集约化办理模式的推进，首次网络查控操作烦琐、重复机械操作量大、效率低的问题日益突出。通过执行集约化智能辅助办案系统，法官通过一键授权，在确保系统安全认证、杜绝违规查控的前提下，系统可自动筛选首次网查案件，自动

批量完成网查发起操作、自动筛选有效财产信息、自动下载财产查询反馈表，同时还可辅助法官进行失信、限高登记等。

4. 提供全程伴随式服务，实现执行节点自动提醒

执行案件对于各流程节点的时限规范要求非常严格，以往法官只能靠人工记忆或不断刷新系统查看每个案件每个节点的剩余期限，难免发生超期。系统根据执行办案节点的启动条件、依赖关系等，按照当前正在办理的节点期限及条件规则，为法官提供当前办理节点的期限预警，自动提醒法官及时完成当前执行节点，并提供下一步需要办理节点的提醒以及启动期限要求，有效避免了超期情况和程序瑕疵，确保每个节点如期推进。

5. 推动关联案件信息共享，实现当事人自动关联

执行法官往往无法掌握被执行人是否还有其他涉诉涉执案件，在有限信息情况下，个案执行工作有时难以顺利开展。通过对接省级案件库，识别、筛选、分析被执行人的涉诉涉执信息，形成关联分析图谱，为执行法官智能推送可供执行的案款到账情况、他案可供执行财产情况、关联终本案件数量等，辅助法官更好地了解被执行人全部涉案情况和案件发展过程。

6. 依托大数据深度挖掘，实现执行线索自动推送

针对申请执行人提供的执行线索有限、法官缺少有效执行线索的问题，系统建立多维线索整合分析模型，基于被执行人活动轨迹融合分析的人员线索查找技术，通过深入挖掘分析被执行人涉诉执行财产、人员关系、送达地址、联系方式、历史行踪等各类信息，为法官查人找物、送达提供有效线索，推动跨地区的执行协调、联动执行、执转破工作，更好地整合执行资源。

7. 主动推送规范及信息，实现执行过程自动公开

拓展公开途径，优化公开方式。通过智慧执行 App，自动向当事人推送案件信息、流程进度、文书材料等。保定中院在中国执行信息公开网基础上，依托人民法院在线服务、诉讼服务网和互联网综合业务平台等，创新推进"执行规范、执行卷宗、执行日志、执行现场"公开。在申请执行人同意公开、要求公开的基础上，及时将执行工作规范公布给申请执行人，并将

执行办案系统的执行日志、执行卷宗以及外出执行现场的照片、直播、录像等推送给申请执行人，视情况邀请申请执行人现场见证执行。通过对执行案件办理情况和全过程信息的真实展现，实现了全程公开、全程可视、全程留痕、全程回溯，有效保障了当事人的知情权，倒逼法官及时、规范办案，以公开促公正，增强执行工作透明度，提升司法公信力。

8. 严格合规性双重审查，实现终本案件自动核查

实践中发现，大量的执行信访投诉都是针对终本案件，未执终本、带财终本等违规终本乱象广为诟病，但由于终本案件的人工核查工作量巨大，难以实现全量核查。为严格规范终本案件，维护当事人合法权益，保定中院上线了"终本案件智能核查系统"。一是首创"办案信息+电子卷宗"双重自动核查模式，在原有只校验办案信息的基础上，引入电子卷宗作为对比，通过系统合规性核查、办理期限核查、电子卷宗核查，自动生成终本智能核查表，从而确保每一项终本条件的达成都有卷宗证明，每一个案件卷宗都没有明显瑕疵。二是利用知识规则化技术，将终本业务规范翻译为机器校验规则，通过系统自动完成终本合规性识别和判断工作，变人工核查为机器核查，变少量抽查为全量核查，大大提高了发现违规终本案件的主动性和灵敏度。三是利用区块链技术，将执行案件的办理信息、卷宗材料自动上链存证固化防篡改，确保核查结果可信。系统上线后，当事人针对终本案件的信访投诉等情况大幅下降，提高了人民群众的满意度，通过对违规终本零容忍，倒逼执行规范化，确保当事人合法权益得到切实保障。

9. 强化系统巡查和督办，实现执行风险自动预警

当法官办案过程存在异常或不规范情形时，通过信息化手段进行全流程、宽领域、深维度的跟踪、管理、监督、考评，为上级法院对下执行监督提供"千里眼"和"显微镜"，消除上级法院监督的"强弩之末"效应[①]，有效整治不作为、慢作为、乱作为以及腐败等现象。保定中院充分发挥无纸化带来的全程留痕等优势，依托大数据分析，利用河北高院创新研发的"一

---

① 刘贵祥：《人民法院执行工作现状与分析》，《中国应用法学》2018 年第 1 期。

体化审判权监督制约平台"，对执行案件"扣款不发""长期未结""终本违规"等各类顽瘴痼疾进行自动提醒和智能督办，化被动为主动，变人力巡查、事后整改为系统巡查、事前预防，将执行权运行牢牢关进"数据铁笼"。

10. 加大规范性管控力度，实现违规行为自动冻结

以执行案件办理规范为准则，从办理期限、节点顺序、执行行为、必要文书、必备信息等方面，构建执行规范性识别规则库，对案件办理过程进行自动实时监控。一旦识别到违规操作，系统自动对该操作进行记录并冻结，提示主管领导介入监管，视情况采取惩戒手段，待领导审批通过后，下一办案流程节点才可启动。通过精准发现并及时管控消极执行、选择性执行及乱执行等违规行为，提升执行精细化管理水平。

（二）"线下集约"

支持执行工作全流程集约化、分段式办理，打破"一人一案一包到底"的传统执行模式，推行更为科学的执行工作机制。整合审前信息、执行案件信息、被执行人信息、财产信息等数据，构建面向基于执行复杂度评估的智能分流模型和人机协同的辅助决策模型，实现简案快办、繁案精办。按照执行裁决性与事务性工作分离原则，提供从立案到结案的全过程集约化办案模式，区分前置集约和后置集约，包括集约立案、集约通知、集约查控、执行事项任务分派等，合力构建一个高效规范的管理闭环。

在保定市政府的市民服务中心建设了功能齐备的"诉讼服务副中心"，并开设执行窗口，群众如有司法需求可在此一并办理，不用再单独跑法院。同时，将全市 22 个基层法院需要线下办理的涉及不动产、公积金、股权、出入境管理等传统查控工作，通过系统"协执任务区域办理"模块，统一线上发送至执行窗口进行在线集约办理。特别是对于偏远山区的基层法院，以前要想到市不动产中心查封一套房产，需要至少一辆警车、两名执行干警，往返需大半天时间，如今通过线下集约，17 分钟即可完成，彻底改变了每个基层法院都要派执行干警前往市级协查单位办案的传统模式，极大提高了执行办案效率。

（三）"政法协同"

加大与公安车管部门的协作力度，建立协作机制，保定两级法院所有车辆查询、查封、扣押、解封手续均足不出户，统一在公安平台进行线上办理。对于需要查封扣押的车辆、查找临控的人员，统一线上发送至公安交警情报中心协助采取强制措施，公安机关锁定目标车辆后先行实施扣押，中院指挥中心实时调度，由扣押车辆所在地法院第一时间对接公安机关先行接车接人，同时通知执行法院交接。通过"政法协同"有效解决了查人找物难题，许多恶意逃避债务的被执行人在车辆被扣押后第二天就主动到法院履行了全部案款，对被执行人起到了极大的震慑作用。

（四）"无纸化办案"

保定法院以执行办案流程高度信息化为基础，以电子卷宗随案同步生成和深度应用工作为抓手，实现立案、查控、文书制作、审批、合议、送达、归档等执行全流程智能化辅助、集约化办理、无纸化流转。系统依照卷宗归档标准，提供电子卷宗视图，综合应用文书生成、在线审签、电子签证、文档转化、智能编目等技术，在办案过程中将立案材料、办案文书、音视频材料，按照卷宗目录标准进行自动转化、自动编目，即时生成电子卷宗，为法官提供检索、批注等阅卷功能，实现电子卷宗的即时生成、即时应用，用数字化赋能执行全流程无纸化办案新模式。

三　智慧执行"保定模式"的改革成效

智慧执行"保定模式"极大地为一线法官减负，提高了保定市两级法院执行工作质效，人民群众及时实现胜诉权益的获得感不断提高，提升了法院的司法公信力，为"切实解决执行难"提供了有力的科技支撑。

（一）经济效益

1. 减负提效

智慧执行"保定模式"优化了司法资源配置，全面提升了保定市两级法院执行办案的智能化水平，大幅减少了办案人员的重复性、机械性工作量，执行工作效率大幅提升，将法官从繁重的事务性工作中解放出来，集中精力投入案情研判分析。自2020年7月落地应用以来，平均立案时间由15分钟/个缩短到5分钟/个，立案信息完整率从85%提升至100%；通过系统自动繁简分流和均衡分案，比过去手动分案效率提升80%；网络查询、网络控制和限制消费模块可实现批量自动发起，自动筛选有效财产信息，个案网查平均耗时缩短至10秒，网络控制平均耗时缩短至3分钟，网查网控操作耗时从平均15分钟减少至5分钟，效率提升2倍；电子卷宗自动生成的处理效率提升80%；基于案件信息和卷宗内容进行信息点的智能抽取与回填，智能生成完整的执行文书，单个文书制作时间从10分钟降低到5分钟，办案阶段法官文书制作工作效率提升50%；合议庭由过去的线下合议转变成现在的在线合议，通过网上阅卷、异步讨论、电子签名，合议效率提升70%。法官办理一个案件的系统累计点击操作量从105次降低至26次，下降75%；平均每个案件立案+执行通知+网络查控的累计办理用时从100分钟缩短至20分钟，缩短80%。

2. 节约成本

智慧执行"保定模式"大大降低了人力、车辆、出行时间、纸张耗材等各种办案成本。执行文书电子送达率达60%，减轻办案人员打印纸质文书、装袋、填写快递单等工作量，成本节约70%；通过系统集约任务办理，每家法院前置集约环节办理人员投入减少1人以上，执行通知、网络查控、繁简分流阶段的人员投入从5人以上减少至2人；通过"线下集约"和"政法协同"，全市基层法院减少了大量外勤差旅费用，累计降低油耗306219.2升，减少办案用油275.59728万元，减少二氧化碳排放量826.79184吨，有效践行绿色办案模式。

（二）社会效益

1. 推动科学技术进步

智慧执行"保定模式"促进了人工智能技术在法院执行领域的应用与发展，实现了基础研究成果向关键技术、进而向实际应用的转移，在执行案件复杂度量化评估和智能分流技术、执行案件财产自动处置流转技术、执行全流程规范性偏离预警和办案指引精准推送技术、融合电子卷宗的终本案件合规性双重核查技术等关键技术和创新理论方面取得了突破。

2. 提升智慧法院建设水平

智慧执行"保定模式"获得了最高人民法院主要领导的批示肯定和高度认可，并在全国范围内推广，为破解"执行难"提供有效的策略和方法，为"十四五"期间全国法院执行信息化转型升级提供了科技示范和应用模板。通过模式拆分与功能组合形成面向全法院的功能应用矩阵，提供全场景的智慧执行应用服务，横向拓宽了法院智慧执行办案辅助和监管辅助的覆盖面，纵向强化了现有法院执行业务的深度和专精度，丰富了智慧执行应用体系。

3. 提升执行工作质效

2022 年，全市法院通过"十个自动化"深度应用，结案平均用时缩短了65.68 天，执行完毕率上升了 14.94 个百分点，终本案件合格率 100%，结案数增加了 31232 件；辖区 12 个试点法院两个月内共公开执行规范 28 个，公开执行卷宗、执行日志、执行现场共 3161 件，2023 年在全市法院推广。

通过"线下集约"功能，全市法院查封房产 8106 套，解封房产 1836套，协助过户 533 套，公积金冻结、解冻、扣划 2158 件，股权查询、查封216 件，限制出入境 3 人次。

通过"政法协同"与公安积极协作，全市法院共检索车辆 23516 台，查封、解封 18522 台，查询车辆信息 713 台，申请扣押 1734 台，扣押车辆 265 台。

通过"无纸化办案"工作模式，保定中院共辅助执行立案 1560 件，网络查询 1916 件，文书制作 23711 份，文书回传 1691 件，网络控制 431 件，繁简分流 2012 件，案件办理阶段文书制作 15071 份；辖区基层法院共辅助执行立案 40030 件，网络查询 72515 件，文书制作 868788 份，网络控制 5422 件，繁简分流 29336 件，案件办理阶段文书制作 32712 份，推动"执行全流程无纸化办案"模式向纵深发展。

4. 提高人民群众满意度

2021 年，在全市 106 个单位参加的群众满意度测评中，保定中院排名第一，赢得了人民群众的高度认可，其中智慧执行"保定模式"的推进功不可没。通过执行工作模式改革，一是切实保障了申请执行人的合法权益，人民群众实现胜诉权益的获得感不断增强，提高了法院的司法公信力；二是提升了执行案件的质量，确保每一个案件都经得起检验；三是拓展了执行监管手段，增强了对各种违规行为发现的灵敏度，提升了执行管理的精细化、智能化水平；四是强化了对执行权运行的监督制约，有效整顿了消极执行、违规执行、滥用执行权等行为，确保执行权严格规范公正文明行使；五是推进了全社会诚信体系建设，有力敦促被执行人及时自觉履行义务，有效促使法院更好地发挥执行职能作用，维护交易安全和市场秩序，营造法治化营商环境。

四　问题与展望

在最高人民法院和河北省高级人民法院的有力监督指导下，智慧执行"保定模式"取得了阶段性成效，但对比上级要求和人民期盼仍有一定差距。

（一）存在问题

第一，智能化支撑水平有待提升。人工智能技术需进一步优化，无论是司法文书的一键自动生成，还是终本案件核查等执行流程的预警识别，其准确度和规范性仍需加强。

第二，数据共享协同有待拓展。虽然与公安机关、"点对点"查控协作单位等跨部门数据交互取得了一定效果，但与数字城市发展要求相比仍有很大的空间。

第三，执行指挥中心实体化运行能力有待提升。执行移动办案能力和指挥调度能力还不强，执行指挥中心对下督办考核的信息化程度需进一步提高，为领导辅助决策能力仍需加强。

（二）未来展望

智慧执行系统是支持解决"执行难"、实现公平正义"最后一公里"的决胜利器[①]。保定中院将进一步推动大数据、区块链和人工智能技术在执行工作中的深度应用，努力实现办案智能化、管理数据化、装备现代化、指挥可视化目标。

一是提升现代信息科技支撑能力。充分运用5G、人工智能、区块链等，加快技术攻关，构建蕴含复杂多元关系的知识图谱，提升执行工作智能化水平。进一步优化技术支持电子卷宗自动分类归目、文书辅助生成、查人找物、终本核查、执行公开等应用，拓宽现代科技司法应用场景。

二是提升被执行人大数据分析能力。依托数据中台和智慧法院大脑建设，构建更深层次的跨单位、跨部门数据共享机制，进一步挖掘被执行人日常出行特征信息、移动数据使用信息、银行网点交易平台数据、个人自助缴费信息、互联网金融身份信息等，勾勒出当事人的资金流转网络和财产变动方向，依托融合认知心理的被执行人行为机制建模和潜在意图预测技术，对被执行人行为轨迹及其财产进行精准画像[②]。

三是提升执行指挥中心实体化运行能力。进一步完善移动办案、指挥调度和应急管理能力，加强日常备勤值守和指挥实战演练，形成上下一体、内外联动、响应及时、保障有力的执行指挥调度工作新格局。充分发挥执行指挥中心在执行管理和考核中的中枢作用，提高精细化管理水平。依托大数据对执行工作进行全方位动态监管和分析研判，为领导科学决策提供辅助参考。充分运用信息化手段不断推进执行指挥中心实体化运行工作纵深发展，向"切实解决执行难"目标迈进。

---

① 许建峰、孙福辉、陈奇伟：《智慧法院体系工程概论》，人民法院出版社，2021。
② 姚颉靖、张志军：《法院智慧执行的制约及其纾解路径》，《上海交通大学学报》（哲学社会科学版）2020年第2期。

司法大数据应用

Judicial Big Data Application

B.21

治理现代化背景下浙江法院
数据共享模式构建调研报告

浙江省高级人民法院大数据处课题组[*]

摘　要：　中共中央、国务院指出，要运用大数据促进保障和改善民生，要运用大数据提升国家治理现代化水平，要推进政府数据开放共享。在此背景下，行政机关、政法机关等相关主体对法院司法数据共享需求日趋增多。但在实践中，司法数据的共享仍面临较多难题，如司法数据与一般政务数据如何区别治理、司法数据共享路径规制不充分、司法数据共享如何实现典型与非典型需求的智能给付、如何平衡数据共享在创新价值与守成价值的多元统一，如何实现数据共享的安全与有效监督等。浙江省高级人民法院基于司法大数据共享利用的现实问题，结合浙江现实背景和实践基

---

[*] 课题组负责人：李金铭，浙江省高级人民法院大数据处副处长。课题组成员：王家盛，浙江省龙泉市人民法院审判管理办公室（研究室）干警；施智慧，浙江省温州市中级人民法院审判管理办公室法官助理；梅文剑，台州市路桥区人民法院执行综合科副科长。执笔人：王家盛、施智慧。

础，探索构建"一体化复合型数据共享模式"，实现实践层面技术与制度的融合，推进司法大数据共享从"事"到"智""治"的转变；围绕社会治理现代化现实需求，构建针对性"数助决策"模型，探索法院司法大数据高效服务社会治理的有效路径，为党政机关国家治理、社会治理提供全面多维的司法数智服务。

关键词： 大数据　司法数据共享　数据治理　数据中台　社会治理

一　建设背景、现实需求与现实困难

（一）建设背景

2017 年 12 月，习近平总书记在主持中共中央政治局第二次集体学习时指出，"要运用大数据促进保障和改善民生"，"要运用大数据提升国家治理现代化水平"[①]。2019 年 1 月中央政法工作会议强调，要"推动大数据、人工智能等科技创新成果同司法工作深度融合"[②]。2021 年 1 月，中共中央印发的《法治中国建设规划（2020~2025 年）》明确提出，充分运用大数据、云计算、人工智能等现代科技手段，全面建设"智慧法治"，推进法治中国建设的数据化、网络化、智能化。2021 年 5 月，最高人民法院发布的《人民法院信息化建设五年发展规划（2021~2025）》进一步提出，要建设人民法院司法数据中台；支持数据资源共享和数据精准推送，实现知识产权等不同领域司法大数据的数据共享和深度应用；以法检司互联为

---

① 《习近平：审时度势　精心谋划　超前布局　力争主动　实施国家大数据战略　加快建设数字中国》，人民日报社网站，http://jhsjk.people.cn/article/29696484，最后访问日期：2022 年 10 月 20 日。
② 《习近平：全面深入做好新时代政法各项工作　促进社会公平正义　保障人民安居乐业》，人民日报社网站，http://jhsjk.people.cn/article/30560032，最后访问日期：2022 年 10 月 20 日。

切入点，全面推进与政法各部门的数据和知识共享与业务协同，并逐步覆盖其他政务部门及其协同业务场景，实现跨层级、跨地域、跨系统、跨部门、跨业务统一共享交换；稳步推进司法大数据部门共享应用，加强司法大数据与行政管理大数据的互联互通，支撑与行政机关、监管部门协同防范化解重大风险。

（二）现实需求

司法大数据是反映社会风貌的重要参照因素，涉及法治政府、国民经济、和谐民生、生态文明等关键领域，记录着矛盾纠纷产生、激化、化解、裁决等全程信息，具有规模庞大、覆盖广泛、类型丰富、真实敏感等特点。当前，高效挖掘和快速释放司法大数据价值已成为助力国家治理现代化的重要手段。

1. 推进社会治理现代化之需

"随着经济社会的快速发展，司法大数据作为国家实施大数据战略的重要内容，其建设不仅要从法院信息化、智能化的角度思考，而且应该从国家战略高度审视司法数据建设工作。"[①] 要将司法大数据与社会面数据、经济面数据等多源数据融合，形成覆盖全面、指向清晰、研判精准的经济社会运行评估体系，从而为党委政府科学决策提供支持，为辖区经济持续健康发展和社会大局稳定提供有力保障，切实成为面向法治、精治、共治的现代化治理新格局的重要组成部分。

2. 推进业务协同一体化之需

《人民法院信息化建设五年发展规划（2021～2025）》明确要求，"全面推进与政法各部门的数据和知识共享与业务协同，并逐步覆盖其他政务部门及其协同业务场景，实现跨层级、跨地域、跨系统、跨部门、跨业务统一共享交换"。当前，浙江法院上线"浙江省一体化数字资源系统""浙江政

---

① 中国社会科学院法学研究所法治指数创新工程项目组：《中国司法大数据：发展、困境与展望》，《中国法院信息化发展报告 No. 5（2021）》，社会科学文献出版社，2021，第 89 页。

法一体化业务协同平台"①，为实现行政机关公共数据共享和政法机关司法数据共享提供了通道基础，但在实践中，对行政机关非公共数据共享、政法机关非司法数据共享、党委政府决策治理类数据共享、特定情形的涉诉涉执涉保全等信息查询，以及企业、个人等社会主体提出的依法、依规、依政策的数据共享查询诉求仍然没有法定途径，亟待建设一个架构全面、管控智能、机制合理、行之有效的法院司法数据共享模式。

3. 推进数据共享规范化之需

以 2020 年为例，浙江法院在数据共享实践中面临以下问题。

一是安全管控责任主体不明确。例如，数据共享审批有的地方由业务庭室负责，有的地方由技术部门负责，有的地方没有明确责任主体。二是共享范围的裁量无依据。各地对数据安全与重要性的属性存在主观认识差异，哪些数据能共享、哪些数据不能共享没有统一依据。三是共享办法不统一。各地提供数据的方式混乱，如有的地方是纸质打印，有的地方是光盘刻录，有的地方是提供专网电脑供外部人员上门查询等，且没有制作共享台账。如何实现司法大数据安全、可靠、标准、规范地开放共享已成为亟待解决的关键问题。

（三）现实困难

1. 数据共享存在困难

浙江法院经过多年信息化建设，积累了海量的数据资源，这些数据分散在各个业务系统中，且部分数据以非结构化形式存在。一方面，数据异构现状导致数据无法有效解析、关联、融合、利用，数据价值处在低能状态；另一方面，由于各系统"烟囱式"架构弊端，自成一体的"数据孤岛"形成数据壁垒，有形成"数据沼泽"的倾向。数据资源的非集中统一管理，造成系统间数据兼容性差，数据对外共享在技术与实操上均存在困难。

2. 数据共享类别不明

现有规范中司法数据分类分级标准相对宽泛，标准与数据类型的对应关

---

① 详见：下文"二.（二）.4 共享通道层"部分。

系较为模糊。在实践中，哪些数据可以共享、哪些数据不能共享没有准确依据，无法支撑"安全、必要和最小范围"① 共享原则的具体实践。例如，半结构化数据 a 定义为共享数据，通过对 a 的解析产生结构化数据 b 和 c，而 b 和 c 结构化以后涉嫌侵犯个人隐私，是否还能作为共享数据存疑。

3. 数据价值利用不足

海量历史数据不断积压，动态新增数据不断增长，数据库仅解决了存储的问题，数据结构没有被充分解析、数据价值没有被充分激活，半结构化的案卷以非结构化数据形式保留，没有产生新的数据价值意义，也因此下游能够支持共享的数据规模有限、能够产生治理效能的数据支撑有限。

二 基本模式

（一）总体架构

浙江法院司法大数据共享模式构建，遵循"依法管理、全面管理、分级管理、统筹规划、集约建设、按需共享、高效利用、安全可控"的导向原则，由数据共享体系、标准规范体系、安全保障体系三个体系组成"四横二纵"的总体架构，形成以覆盖数据全生命周期管理的数据中台为运行载体，以健全制度标准体系来制约规范，创新建立"分对象—分类—分级—分结果—分通道"的特色数据共享机制一体化复合型数据共享模式，实现技术、制度、安全三元要素有机统一，全面服务法院司法数据共享实践。

"四横二纵"数据共享体系架构（见图 1）主要由数据治理层、数据管理层、共享应用层、共享通道层 4 个层级与标准规范体系、安全保障体系 2 个体系共同组成，包括数据采集、数据治理、资产管理、共享控制、共享监督、数据定性等内容。司法大数据共享体系流程（见图 2）主要分数据治理

---

① 《人民法院在线运行规则》第 35 条第 2 款规定：各级人民法院应当通过安全保障系统建立相关信息系统数据权限管理和数据安全风险信息获取、分析、研判和预警机制，遵循"安全、必要、最小范围"原则实现数据共享和安全管控。

端和共享应用端。数据治理端负责数据从采集到存储过程，为下游数据共享的场景应用准备要素资料；共享应用端，从依据申请发起到流程审批，审批通过后从数据治理端获取原数据进行相应加工与处理，最后通过数据通道输出数据。

"分对象—分类—分级—分结果—分通道"机制：按照申请主体不同，申请数据类型、级别不同，输出结果的数据形式和格式不同，主题任务服务差异、授权权限差异和共享通道区别，实现用一套共同体系以智能流程分配来差别化运行完成的创新数据共享机制。

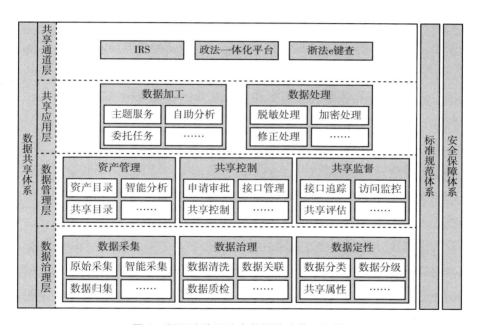

图1　浙江法院司法大数据共享体系架构

（二）数据共享体系

1. 数据治理层

（1）数据采集

将分散在法院内域及外域各类系统的异源异构数据采集到数据中心，根

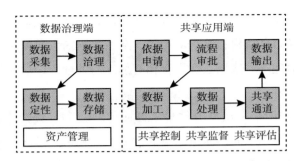

图 2　浙江法院司法大数据共享体系流程

据数据源情况,分别采用 ELT 采集、API 接口、数据库对接等多种形式,离线采集、实时采集、增量采集、全量采集、文件采集等多种方式进行数据采集,并储存到原始库中实现原始数据归集。同时,支持结构化数据(电子表单等)、半结构化数据(文书案卷等)及非结构化数据(PDF、图片、音视频等)采集。

(2)数据治理

数据治理是司法大数据共享体系的重要基础,对于利用司法数据直接反映社会面貌、预警潜在风险有重要且积极的意义。智能的本质是一种递归①。通过对数据清洗、转换、质检、关联等程序,保证数据的完整性、一致性、准确性。同时,通过智能关联将原本没有关联属性的数据以某种特定属性进行联系,如匹配关联、类比关联、协调关联、循环关联等,将数据递归纳入基础组合,并打上"标签",存入审判信息库、社会治理库、企业信息库等治理库。其目的是将解析出的大量片段式非结构化数据整理归纳成结构化数据,保障下游数据利用的分类分级等属性表征准确规范,产出对法院业务、社会治理有价值和意义的数据。

数据转换:将原始采集中的非结构化数据,根据实际情况采用 OCR(自动文字识别)、ASR(自动语音识别)以及 NLP(自然语义处理)智能

---

① 刘逸川:《智能的本质是递归》,https://zhuanlan.zhihu.com/p/138276540,最后访问日期:2022 年 10 月 20 日

分析采集，将非结构化数据集进行多维切片，分析提取人、案、事、由、时、地等多元特征，转换为结构数据存入治理库中。

数据解析：截至 2022 年 5 月，浙江法院共抽象出 9 项数据治理引擎：多模态卷宗解析引擎、司法业务规则引擎、裁判逻辑推理引擎、知识检索分析引擎、态势分析引擎、司法知识图谱创建引擎、司法知识图谱挖掘引擎、对话分析引擎、人机协同引擎。每类引擎又分为多个子引擎。例如，多模态卷宗解析引擎分为要素抽取引擎、表格理解引擎、多模态文档分类引擎、文书匹配引擎、内容摘要引擎、司法文书预训练引擎等。

（3）数据定性

"数据定性"是指以数据分类分级为数据赋值属性。明确分类分级是实现数据分类管理、保障数据共享安全的根本前提，是数据共享体系得以有效运行的重要保证。通过分类，定义数据领域、来源、性质等表征，实现对同类型数据归目、提取、加工、利用的管理控制和样本控制；通过分级，确定数据重要程度、敏感程度和数据开放原始属性，为共享数据的裁量提供依据。分类分级共同形成数据共享的参数维度，为数据共享从申请到审批到输出再到系统核验等一系列环节程序有效性提供参数。

2. 数据管理层

（1）资产管理

"资产管理"是数据全生命周期的管理端，也是司法大数据共享体系的管理端，为司法数据共享中台提供数据管理、存储管理、目录管理等系列管理，提供运营分析、价值评估分析等系列分析，提供数据目录、接口目录等系列清单目录的应用窗口，同时向数据需求方提供数据资源查看、数据资源申请、数据资源审批等内容。

"资产管理"包含但不限于：管理部分，IPDS 存储管理、数据资产管理、共享目录管理、共享组件管理、主题模型管理等；分析部分，数据运营分析、数据质量分析、数据价值分析、数据共享需求分析、共享行为评估等；目录部分，数据概览、资产目录、接口信息目录、共享目录等。

（2）共享控制

主要为共享权限的控制。在发起数据共享申请后，审批端将根据申请对象、客观情况、历史情况等作为参照依据设定共享权限和要素配置，包括有效时限、批量频次、API 接口数等。也通过该机制，对共享时限到期的，系统自动停止共享。同时，根据《浙江法院业务数据管理办法》第 31 条规定，"对三个月以上不使用或年访问量、访问频次极低的……"将通过系统暂停或终止数据共享。

（3）共享监督

为数据共享提供统一标准接口服务并对共享行为全程管控，实现数据共享情况可视化。主要功能包括数据存储监控、访问情况监控、共享情况实时监控等。还通过跟踪共享接口使用情况，综合评估共享数据的活性、质量、稀缺性、时效性等维度指标，纳入数据资产量化评价体系，为共享策略提供参考。

3. 共享应用层

（1）数据加工

"数据加工"是指数据通过主题库产生新数据。数据主题库是将不同数据需求转换为多种应用服务主题语义网模型，通过模型进行知识计算、加工处理的数据模型库。"数据加工"的核心职能，是对数据加工形成特定的资料，从而服务业务、服务治理，是服务数据共享应用场景的重要环节，对释放司法大数据社会治理效能有重要的积极意义。例如，多元解纷、立案服务、分调裁审、审判辅助、涉诉信访、司法服务等人、案、物数据关联保存的主题语义网模型。又如，通过对诉前调解案件数与民事行政一审案件数的比对关系形成诉前纠纷化解率，通过民事行政一审案件数综合计算出万人成讼率，通过信访案件数计算出信访投诉率等。

（2）数据处理

最高人民法院《人民法院数据安全管理办法》规定："在数据公开发布前应分析可能对国家安全、公共利益、个人隐私等方面产生的影响，履行审判程序、敏感数据或个人信息公开应采取脱敏处理。"

数据处理机制是数据共享输出的前置环节，是为数据开放共享服务的配套机制，服务于开放共享"分对象—分类—分级—分结果—分通道"的特色数据共享机制。

数据加密与脱敏处理：建立数据加密和脱敏机制，根据共享对象不同实施共享结果不同。在安全可靠的数据开发环境下，对非涉密但是涉及敏感信息的政府数据选择性提供脱敏、清洗、加密等处理，实现个人信息等核心敏感数据的安全存储和传输，防范处理和交换过程中的敏感数据泄露风险。

数据矫正与删除处理：建立数据矫正与删除机制，根据客观情况及时补充、修改、完善个体数据，以维护其数据真实性、完整性和全面性；对违反规定或约定收集、处理、使用的个体数据，依法、依规、依约进行删除。例如，反映个体失实的负面信息数据和违反国家法规政策要求的数据，以及针对未有效脱敏处理或者虽然进行脱敏处理但无法彻底脱敏的数据。

4. 共享通道层

共享通道是打通法院与外部单位等数据请求主体的连接方式。2021 年以来，浙江数字化改革快速发展，在此背景下，浙江省域已建成针对部分数据共享的专用通道，且文件要求"不得新建公共数据共享、开放通道"①。据此，浙江法院在通道建设上结合浙江实际，采用问题导向、目标导向、效果导向的解决思路，最终形成按照申请对象不同、申请需求差别、授权权限差异等要素采用结果不同、通道不同的数据共享实践方式，即"分对象—分类—分级—分结果—分通道"特色数据共享机制。

（1）公共数据共享通道：IRS

2022 年 1 月，浙江省人民代表大会通过《浙江省公共数据条例》，明确要求建设"一体化智能化公共数据平台"。同期，"浙江省一体化数字资源系统"（IRS）上线，是浙江省公共数据资源共享的唯一法定平台，也是浙

---

① 《浙江省公共数据条例》第 10 条第 2 款规定：公共管理和服务机构不得新建公共数据共享、开放通道。

江法院实现公共数据开放、共享的主要通道。

（2）政法机关共享通道：政法一体化平台

2021年11月，浙江省政法委联合公检法司发布《浙江省政法机关执法司法信息共享工作办法（试行）》。同期，"浙江政法一体化业务协同平台"上线，是浙江政法机关业务协同的唯一法定平台，也是浙江法院实现政法体系内部司法数据共享的唯一通道。

（3）非典型共享通道：浙法e键查

"浙法e键查"是浙江高院在司法大数据共享体系内自建的数据共享通道，在上述IRS的公共数据共享、政法一体化平台的司法数据共享请求以外，建立一种补充模式——对行政机关非公共数据共享、政法机关非司法数据共享、党委政府决策治理类数据共享、特定情形的涉诉涉执涉保全等信息查询，以及企业、个人等社会主体提出的依法、依规、依政策数据共享查询诉求提供规范化途径，为全省三级法院解决与党政机关、金融机构等跨部门、跨区域、跨系统的平台对接、数据共享、业务协同的非典型需求提供例外解决办法。

（三）标准规范体系

浙江省在实践中基于行政管理职能类公共数据共享形成《浙江省公共数据条例》，基于政法业务数据共享形成《浙江省政法机关执法司法信息共享工作办法（试行）》，在此基础上，浙江高院结合《人民法院数据安全管理办法》形成《浙江法院业务数据管理办法》（以下简下称《办法》）及其附录《浙江法院涉诉信息在线核查规则》。明确三级法院数据管理责任分工、确定数据管理责任部门、细化数据分类分级标准、列表数据资源目录，明确数据共享的审批流程、开放共享的方法与渠道等，系统构建"数据申请—职权审批—要素配置—责任制约"的数据共享制度规范体系。

1.明确分类分级基准

《办法》细化了分类分级的基准。一方面，以数据重要特征分类可以强化数据的高效管理，以数据敏感程度分级助益保障国家安全、社会秩序、公共利益；另一方面，科学分类分级有效促进数据开放，避免因为数据属性定义不明处于共享低能状态。浙江高院以"兼顾数据开放与数据安全"[①] 为原则，健全数据分级分类基准，建立数据共享目录清单，建立分类分级专业法官团队，并指导辖区各级法院数据动态更新归目。

《办法》规定，分类分级包括但不限于8个分类8个分级：业务领域维度——审判执行数据、业务管理数据、模型计算数据、客体信息数据、系统运行数据5类，数据来源维度——原生数据、输入数据、派生数据3类，数据安全维度——非敏感数据、低敏感数据、一般敏感数据、高敏感数据4级，共享权限维度——完全共享数据、受限共享数据、一般禁止数据、禁止数据4级。据此为每一个数据属性赋值、为开放方式定义，形成浙江法院业务数据分类分级的基准模式。

2. 规范共享审批流程

《办法》分别明确了数据开放共享的应循原则、实施办法、审批流程、输出通道，包括对完全共享数据、受限共享数据、一般禁止数据分别作出共享审批流程详解。

此外，在系统中提起数据共享审批时，系统还将根据共享类型提示相应审批流程节点及其时限。在审批端，展示该申请对象的历史共享申请记录及其历史共享情况，供审批端参考。

3. 划分各级各部责任

《办法》分别明确三级法院的业务数据管理责任和全面提升业务数据质量、提高业务数据应用能力的义务。明确三级法院责任清单。省高院负责组织指导、协调督促全省法院业务数据发展利用，负责全省法院数据规范制定和数据管理平台建设；中基层要明确本单位数据安全管理机构，负责数据安全管理和安全保障工作，组织落实《办法》的有关规定。明确三级法院审判执行业务部门、综合部门、审判管理部门、信息技术部门在业务数据管理职能中的各自职责。

---

① 《数据安全法》第1条规定：为了规范数据处理活动，保障数据安全，促进数据开发利用，保护个人、组织的合法权益，维护国家主权、安全和发展利益，制定本法。

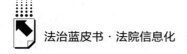

（四）安全保障体系

1. 制度方面

明确了三级法院在数据安全运营方面的应循原则、各自职责、安全防护技术标准与规范、数据安全常态化运营机制、保密责任、监督责任、数据专员制度和责任追究等，共计1章7条18款"业务数据安全"办法。一是健全安全防护体系。围绕数据全生命周期管理，提升安全防护评估能力和安全风险预警能力，推动数据安全管理可视化、可量化、可追溯、可评估，构筑安全可靠的数据全生命周期安全防护体系。二是强化组织保障体系。组织数据安全团队和数据分级分类专业法官团队，确定数据分类分级运行管理机制、数据访问权限运行管理机制、数据共享和开放安全运行管理机制、安全日志审计机制、安全事件应急响应机制等系列内容。

2. 技术方面

优化完善隔离交换和边界管控类基础设施，合理划分安全域，优化完善边界防护措施和安全策略，实现隔离交换合规性全面审查和安全域边界策略最小化。建设数据资产管理驾驶舱，包含IPDS数控、数字资产管理、数据运营分析、数据共享管理、数据调用全程监控等模块，实现数据资源运营、接入、存消、审批等情况一站全览。

三　建设成效

（一）形成一套复合型数据共享模式

浙江高院围绕建设"架构全面、管控智能、机制合理、行之有效"的现代化法院司法数据共享模式的现实目标，科学谋划、统筹规划、集约建设、对标智能，探索建设了一条基于"四横二纵"总体架构"分对象—分类—分级—分结果—分通道"机制运行的一体化复合型数据共享模式——浙江法院司法大数据共享模式。在实践层面实现了技术与制度的融合，实现司法大数据共享从"事"到"智""治"的转变。

1. 全量数据感知

实现全量数据感知，为日益增长的规模数据建设高效、智能的数字抓手，为各类数据有序进入数据全生命周期管理的"流水线"筑牢基座，实现原有数据全量转化、现有数据全量感知，从而为司法大数据上下对接、横向连通，以及与其他各领域数据的共融共享提供支撑。截至 2022 年 5 月，浙江法院融合多源多态司法大数据归集 3 大类 19 小类的核心业务数据表 2481 张，建成人、案件、实体材料、组织等 4 大主题 162 张数据表，汇聚司法数据 4P，沉淀能力组件 1759 项，月均被调用 3000 万次，为驱动司法大数据开放共享、服务社会治理提供了有力支撑。

2. 创新数字赋能

一是数据智能治理。打通数据结构壁垒、业务壁垒、部门壁垒、应用壁垒、行业壁垒等"服务孤岛"和"数据孤岛"，实现数据平台化、一体化结构利用；通过人工智能技术将法院司法数据全量纳入体系进行数据全生命周期管理；通过智能分析加工，推动要素结构化和案例并联形成知识图谱；通过模型算法加工，推动数据多模再造和潜能释放形成数助决策报告。实现智慧型数据价值挖掘机制，为数据共享应用提供上游生产要素支撑。

二是概念模式变革。通过共享开发，推动数据利用从各系统自成一体的"烟囱式架构"转变为面向数据服务（SOA）的"共享式架构"，提高数据应用创新赋能、提升数据利用价值赋能。通过机制创新，解决不同数据用统一通道的潜在风险问题，以程序智能自动分配要素，创新建设"浙法 e 键查"数据共享通道，实现以"分对象—分类—分级—分结果—分通道"机制疏通堵点。

3. 完善标准规范

建立健全制度保障和实施细则，推动法院司法大数据共享从不统一、不合理、不规范向机制健全、模式科学、管理有效、责任清晰转变，实质性解决制度标准问题、模式统一问题、责任划分问题、审批流程问题、非典型共享问题等现实问题，切实推进浙江法院司法大数据多跨共享的标准化、规范化建设，为省域三级法院开展数据共享利用的实践铺平道路。

（二）探索法院司法大数据服务社会治理实现路径

浙江高院聚焦一体推进平安浙江、法治浙江建设，构建了经济运行、法治政府、生态保护等社会治理类一级主题 7 个，计算模型 68 个，形成"多跨共享"与"数助决策"两大形态司法"数据富矿"的"炼金"模式，创新探索法院司法大数据高效服务社会治理的实现路径，为党政机关实施国家治理、社会治理提供全面多维的司法数智服务。

1. 提升治理效能

截至 2022 年 6 月，浙江法院通过主题服务模型与自助分析模型，生成"数助决策"报告 420 余份，形成提交《浙江经济社会运行情况评估报告》《浙江数字经济专题分析报告》等多类型专题报告。同年 7 月，"双减"政策出台后，浙江高院运用司法大数据研判功能，预警杭州可能出现纠纷 7 万多起，及时向省委省政府报告，将大部分纠纷化解在诉前。

2. 数据共建共享

截至 2022 年 8 月，浙江法院通过 IRS，共计开放数据目录 205 种，开放数据类型 2760 余种，调用 API 数据接口 28 个，累计数据调用量 93947827 次；通过政法一体化平台，99.65% 的刑事案件数据实现线上协同，累计一审公诉案件文书协同流转 230201 份，交付执行与社区矫正协同案件 160464 件；"浙法 e 键查"于 2022 年 9 月上线 1.0 版[①]，已累计向各类申请主体提供涉诉涉执涉保全信息批量查询 1076 条，信访案件、信访人信息查询 159 条。

---

① 该版本系内测版本，尚处于试点法院试运行阶段。

四　问题与不足

（一）数据权属与裁量规制

当前，数据确权立法滞后，导致数据共享实践中的数据所有权、使用权、限制处理权等方面的权属不清问题，而所有权是数据收集、加工、共享等处置行为的权利基础。立法的滞后、学术界认识不一[①]，基于不同权利属性又延伸出具体权属和权能的争议，无论是数据智能分析还是大数据多维开放共享，是否有权处置、如何裁量处置、用怎样的算法规制都是极为重要的问题，权属的不确定性为数据共享等处置行为带来不确定性。

（二）应用规则亟待定义与细化

一是共享判定不能。以目前全国各地公共数据共享条例为参照，普遍包含"以共享为原则，以不共享为例外""不共享数据需提供明确的法律法规"[②] 原则，而司法数据既涉及相关当事人的人格权、商业秘密等各种权利义务的平衡问题，也涉及司法审判工作秘密及信息安全问题。浙江法院虽然形成了一套"分对象—分结果"的数据共享机制，但对于该类敏感数据的共享，介于共享给出后的不可支配性，仍然有风险性担忧，存在敏感数据共享与否的判定不能。二是数据边界不清。现有制度没有厘清"司法数据"与"公共数据"的分野关系。"公共数据"在现实背景下存在广义的"公共数据"与狭义的"公共数据"差别[③]。以《浙江省公共数据条例》为例，"公共数据"的定义为"本省国家机关、法律法规规章授权的具有管理公共

[①] 目前学术界与实务界对数据权的权利属性认识不一，有财产权说（物权说、知识产权说）、新型财产权说、双重法律关系说等。权属争议不是本文重点，不作论述。

[②] 《政务信息资源共享管理暂行办法》第 5 条、《浙江省公共数据条例》第 22 条、《上海市数据条例》第 38 条、《贵州省政府数据共享开放条例》第 14 条等。

[③] 本文指的广义"公共数据"为人民代表大会制度下，包含"一委一府两院"在内的所有数据。该定义不是本文重点，不作论述。

事务职能的组织以及供水、供电、供气、公共交通等公共服务运营单位
（以下统称公共管理和服务机构）……收集、产生的数据"，行政公共服务
职能的指向特征明显，且不包括司法领域数据，该"公共数据"定义有一
定狭义倾向，以及法院作为审判机关是否属于"公共管理和服务机构"存
疑。因此，司法数据与"公共数据"的边界在哪里，司法大数据是否完全
适用公共数据管理条例，是否适用统一开放共享工具等问题尚待解决。

（三）共享数据"最后一公里"

数据具备易复制性、非独占性、非固定性等特征，数据共享后将不具备
可支配性和排他性，正是出于防止出现数据共享后的"结果不可控"以及
关键信息因涉权益机密被实施保护等，实践中许多稀缺数据多处于非共享状
态，导致数据作为一种生产要素处于低能。当前，浙江法院数据共享模式虽
然解决了数据从产生到输出——几乎涵盖了数据全生命周期的管理，但对于
共享数据给出后产生的支配脱离，如数据外流越权、享有权限超时、非法制
作副本等"结果不可控"情况仍然没有完全解决。

五　展望

（一）基于数据要素市场运营数据资产

随着数据要素市场的不断发展，让数据资源作为商品以市场机制运营成
为可能。借助市场化力量，能够加快推动解决数据的制度立法、边界定义、
权责确定等问题，促进大数据共享机制的逐步健全、推动大数据共享迈向成
熟。同时，数据要素市场的健全发展，将有力推动数据资产的营运、交易、
收益，从而反哺数据价值的更深层挖掘。

（二）在数据共享领域运用区块链智能合约

智能合约的运用构想，对标的是数据共享给出后支配脱离的问题，是数

据共享"最后一公里"的有效解决方案：在区块链上开展数据共享，双方通过签订数据共享协议——"智能合约"，以技术手段实现合约的智能验证、自动履约、自动执行，且可追踪、不可篡改。目前，浙江高院已经开展实现路径的探索研究。主要构想如下。

一是司法数据链上共享。以区块链技术作为数据传输的媒介，实现各业务主体之间数据更安全、更透明、可追溯共享。

二是数据共享合约制。探索数据共享以交易合约的形式进行，以区块链支撑多价值链协同数据共享的可信机制，依"智能合约"条款，通过分布账本、共识算法、加密技术等能力实现数据共享行为自动执行。例如，共享时限结束后，自动执行共享权消灭和共享数据消灭。

三是分布式账本。在服务层中，以区块为单位按时间顺序将数据及其共享信息以交易的形式进行链式存储，每条交易都包含时间戳和交易内容，支持实时验证与追溯，保证数据真实有效。

四是链上服务封装。可以将区块链服务封装成一系列数据接口，数据集成层、数据共享层和多价值链协同服务层可以调用这些接口实现服务和能力链上共享。

2022年12月2日发布的《中共中央、国务院关于构建数据基础制度更好发挥数据要素作用的意见》指出，要加快构建数据基础制度、充分实现数据要素价值。浙江高院围绕数据要素发展的现实需求，开展司法大数据共享创新模式的生动实践，建立符合浙江省情、具有浙江特色、发挥浙江优势的法院一体化复合型数据共享模式，为推进法院司法数据要素科学治理，促进数据要素市场发展，助力国家治理体系和治理能力现代化，全面推进中国式现代化发挥重要作用。

B.22
区块链助力政法机关在线
协同办案调研报告

江西法院"政法协同"课题组*

摘　要： 以提升执法司法质效为目标，充分利用区块链、大数据等新技术，推动打造政法机关跨部门大数据办案平台，是江西省政法各部门推进刑事审判规范化、智能化、一网协同化的重要举措。江西法院结合政法协同业务需求和法院审判工作特点，推动平台规划建设，经试点完善后在全省全面推广，成效显著。一是完成平台与现有办案系统对接，实现协同案件全流程闭环办理、全数字化线上流转，推动法院刑事办案向单轨制协同办案模式转变。二是引入区块链技术，实现协同案件和材料全息上链、全环节可信，建立政法单位互认互信新体系。三是利用图像识别、法律知识图谱、大数据等技术手段，为法官提供智能化、一体化、伴随式的审判服务，实现由数据服务到知识服务转变，辅助法官高质量、高效率地审理刑事案件。

关键词： 政法协同　无纸化办案　全息电子卷宗　区块链　在线协同　大数据

---

* 课题组负责人：柯军，江西省高级人民法院党组成员、副院长。课题组成员：匡华，江西省高级人民法院司法技术处处长；杨崇华，江西省高级人民法院司法技术处副处长。执笔人：吴顺华，江西省高级人民法院司法技术处四级调研员；李熹，江西省高级人民法院司法技术处一级主任科员。

"十四五"期间，人民法院信息化以全面促进审判体系和审判能力现代化为目标，综合运用互联网、大数据、云计算、人工智能、区块链、5G等先进信息技术，建设以知识为中心、以智慧法院大脑为内核、以司法数据中台为驱动的人民法院信息化4.0版，为群众诉讼和法官办案提供全新的智能化、一体化、协同化、泛在化和自主化智慧法院服务，创新审判模式，优化诉讼流程，助推司法改革。江西法院结合政法协同业务需求和法院刑事审判工作特点，根据江西省政法委跨部门大数据办案平台的建设思路，在法院端建设松耦合架构的法院端协同平台，打通与各部门数据链路，实现以电子卷宗为核心的全面线上办理模式，并创新利用区块链先进技术，探索在政法协同办案领域解决材料安全问题、防范篡改风险，为司法全面深化改革、建立新的法律互信体系和技术体系提供宝贵经验。

一　建设背景

（一）政策背景

2016年7月27日，中共中央办公厅、国务院办公厅印发的《国家信息化发展战略纲要》提出，要提高政府信息化水平，完善部门信息共享机制，建立大数据中心，加强数据交换共享、处理分析和监测预警，增强宏观调控和决策支持能力。2017年7月，全国司法体制改革推进会要求，加快推进跨部门大数据办案平台建设，在政法各单位现有办案平台基础上，构建共享共用的跨部门大数据办案平台，打通"信息孤岛"。《人民法院信息化建设五年发展规划（2021~2025）》提出：高级以上法院完善刑事案件跨部门网上办理功能，加强公诉抗诉、检察监督、线索移送、强制措施、刑罚执行、法律援助、委托调查等业务的协同联动。2019年10月29日，最高人民法院下发了《关于"司法链"建设情况及应用要求的通知》，指出各高级人民法院在推进司法链应用过程中，要不断研究、创新、拓展新的典型应用场景，切实发挥区块链技术在提高司法能力、提升司法效能和增强司法公信力等方面的价值。2022 年 5 月 25 日，《最高人民法院关于加强区块链司法应用的意见》发布，提出法院要构建与检察、公安、司法行政等各部门的跨链协同，提高案件在线流转效率、提升数据互信水平。

（二）现实需求

1. 业务层面

公安、检察院、法院、司法、政法委等政法机关各司其职，在履行各自职责的同时又与其他政法机关存在紧密的业务联系和监督职能。由于法院、检察院、公安、司法等部门之间没有统一的系统标准，办案人员在案件材料交互流转、犯罪嫌疑人提审交接等具体事务性工作中往往需要投入大量的时间和精力。随着法官员额制改革，法院案多人少趋势明显，一线办案人员工作压力增大，在办案工作流程中引入智能应用为办案人员赋能减压正当其时。

2. 信息化层面

中国司法体制改革推动了刑事领域司法制度的完善变革，促进了信息化建设应用在政法各部门的大力发展，大数据、人工智能等先进技术为政法领域业务工作提供了强有力的技术支撑。在江西法院，随着电子卷宗随案同步生成和深度应用的全面推进，卷宗功能不断实用化，材料自动分类、信息回填、网上阅卷、文书生成、类案推送、卷宗归档等智能化、信息化手段日益融入法院立案、庭审各个环节，全流程无纸化办案已成为不少法院推行的日常办案模式。但政法相关单位业务系统运行在各自的业务专网中，信息系统技术架构不同，同时由于业务的特殊性和数据的机密程度不同，各业务专网不能相互连通，各部门各自的内部业务系统分隔独立，数据共享循环仅局限在条线内部，部门之间的数据循环交互还是依赖传统方式，多部门整体办案效率低的现象凸显，这不仅增加司法成本，还对办案效率和办案质量产生巨大影响。

3. 标准规范层面

跨部门在线协同办案改变了传统办案习惯和模式，在带来高效、规范、便利的同时，也造成大家不见面不互信、材料真实性存疑的问题。传统的电子签章由于厂商不一，各家的核心校验算法无法共享，导致很难实现跨部门的签章核验。因此，解决材料互信问题，将是决定新型办案模式是否具备持久生命力、是否能实现"单轨制"办案的关键因素。

二　建设模式

（一）建设目标

1. 以无纸化办案为导向，实现刑事案件跨部门全流程闭环办理

变"车跑路、人跑腿"为"数据跑路、衔接流畅"。以政法跨部门办案协同建设为契机，法院刑事办案向单轨制协同办案模式转变，实现全数字化线上流转。同时利用图像识别、法律知识图谱、大数据等技术手段，在立案标准审查、证据审查、法律知识检索、量刑辅助等方面为法官提供智能化、一体化、伴随式的审判服务，辅助法官高质量、高效率审理刑事案件。

2. 以全息卷宗为目标，搭建法院协同办案新体系

以往电子卷宗主要记录案件涉及的卷宗材料，随着政法跨部门协同办案模式下案件全流程网上流转，涉及案件的协同节点信息、操作行为等均可以线上留痕。由此，电子卷宗由传统电子卷宗向全息卷宗转变，逐步建立案件全息卷宗中心，为法官在办案过程任意节点进行电子卷宗文件验证提供辅助。

3. 以安全互信为基准，建设政法区块链互认互信新体系

利用区块链先进技术特点，在不改变原有业务操作流程的基础上，解决案件材料在政法专网内流转过程中的安全性问题，确保案件信息及案件材料不被篡改；实现对案件真实性和完整性的验证，辨别案件数据的真伪，并对接收到的案件数据进行真实保存；对案件材料、用户操作行为等自动记录、全程留痕，实现办案过程的可追溯，通过区块链技术的应用，

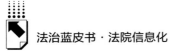

解决在线签等不互认互信的问题，重塑和打造新型政法单位协同办案的互认互信机制。

（二）建设模式

法院协同部分定位起"联通器"的作用，负责"搭桥铺路"，对法院各办案系统进行有效衔接，对不支持的能力进行补充，而不替代原办案系统，法院端结构见图1。

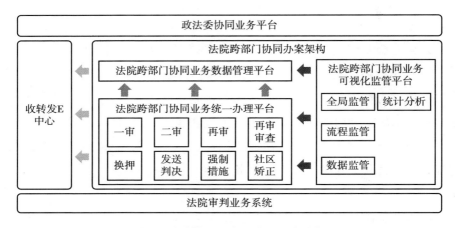

图1　政法协同平台法院端系统结构

在法院搭建统一的法院跨部门协同数据管理子平台，建立独立的法院与政法平台的端对端数据通道，减少数据传递中间环节，以一个平台实现全业务数据管理服务。建设法院协同业务办理子平台，实现法院协同业务聚合，通过与法院各办案系统互联，在不改变法院各办案系统的情况下，实现刑事各类案件跨单位线上流转、业务互通，有效提升案件流转效率，同时打造刑事办案智能辅助工具包，为法官办案提供智能化支持，提升刑事办案质效。建设区块链平台，实现跨部门协同办案过程中的案件材料防篡改、办案行为全程监管、证据固化验真等场景。

三 涉法院业务建设内容

（一）协同业务办理子平台

协同业务统一办理平台对接政法委协同平台，构建法院与公安、检察院司法等政法单位间的案件信息流转通路，实现案件信息在政法部门间一次录入、多次重复利用，减少机械性重复工作，以线上流程取代线下人工操作，打破部门分隔界限，切实提高办案质效，降低协调成本。

平台目前实现刑事一审、刑事二审抗诉和上诉、社区矫正、减刑假释、换押、强制措施等七大类全部刑事案件的全案件信息线上流转，实现刑事案件全业务、全流程闭环管理，实现案件全流程监控跟踪。平台为法官提供协同业务全景图，直观展示案件涉及的全部协同业务节点，自动标识完成情况，直观展示各个业务节点的节点名称、状态、触发时间等信息。

平台与法院办案系统及电子卷宗系统无缝衔接，实现全流程无纸化单轨制流转。平台在收到外部数据包完成业务解析和处理后，将数据推送收转发E平台进行材料入卷，全程无须打印和传递使用纸质材料，材料全流程线上流转，同时利用江西法院的图像识别、知识图谱等技术将材料OCR识别后智能编目并将必要信息回填到办案系统。对于需要发送其他政法单位的业务节点所需的材料和文书，平台直接调取卷宗材料，完成材料和文书获取，减少中间环节，提升办案质效。

建设刑事智能辅助办案平台，依托图像识别、法律知识图谱、大数据等技术，为法官提供智能化、一体化、伴随式的审判服务，辅助刑事审判庭法官公正、高效地审理刑事案件。在立案阶段基于协同移送的材料和案件信息进行识别后自动回填到法院办案系统，减轻法官录入工作。在审理阶段，通过协同实时获取真实数据，通过知识图谱和认知引擎技术，对起诉答辩材料进行自动识别分析、要素解构，为法官提供事实校核、刑事证据分析、刑事案情要素认定、智能阅卷、要素式案例推送检索、法条推送检索、量刑推荐、智能生成裁判文书等服务。通过平台提供的相关服务场景，一方面对法官的裁量过程进行完整的过程留痕；另一方面，提供法律法规、裁判规范、精准类案等智能化辅助参考，帮助法官有效规范地完成办案，保障办案质量，在保障裁判尺度统一、裁判行为规范的同时，进一步提高审判效率。

（二）协同数据管理子平台

公检法司业务系统的信息系统标准不统一，各自的信息代码分类都有差异，在协同过程中，信息系统的标准制定、信息代码的转换、数据标准的转换是很重要的一环。通过在法院端建设统一的协同数据管理子平台，建立独立的到政法协同平台的端对端数据通路，依托江西省政法委统一制定的业务和数据标准，对外依托政法协同平台实现与各部门业务数据对接，对内依托统一的平台对接多审判数据源，剥离审判依赖，实现业务归口，完成业务的线上流转，实现全业务数据管理服务，同时配合数据和流程监控溯源，彻底解决数据的完整性、有效性及可靠性问题。

1. 数据共享交换

提供面向服务的司法业务协同数据非侵入式访问技术，以创新的体系结构模型技术，自动抽取各类司法数据资源的数据模型，无须编码、非侵入地将业务协同数据资源封装为标准化的数据服务接口，支持以服务化集成调用方式实现司法数据访问，让多源异构司法数据在不同部门、不同层级、不同网系之间实时流动起来，实现基于服务体系的司法数据"物理分散、逻辑集中、按需获取"共享交换能力创新。同时提供多种接入方式，与发送方和接收方业务系统进行对接，把数据资源（数据包）从发送方指定路径接入协同平台指定路径。提供多种调用消息接口能力，支持 webservice 接口、http 接口等方式对接。支持对消息数据进行解析、保存、转发，消息载体支持字符串、文件。

2. 数据处理引擎

数据处理主要针对接入、接出的数据包进行处理，以满足各业务系统的数据要求，提供符合业务系统标准的数据。数据处理会随着协同业务种类的增加而形成更多的数据处理规则。平台数据处理能力包括数据包下载、数据包解析、数据标准转换、数据入库、数据打包等功能。

3. 数据校验服务

数据校验服务主要提供协同平台从发送方获取到数据包和消息后，根据一定的校验规则，校验数据包和消息的正确性和完整性，并将是否校验通过的结果告知发送方。

4. 数据上链验证

对于需要发送的协同数据包，数据管理平台支持统一的数据上链服务，便于后续业务的存证验真。对于收到的协同外部数据包，数据管理平台对接司法链，支持验真服务，进行数据溯源，保证数据包的真实、有效及完整。

5. 协同统计分析与态势展现

（1）全局可视化展示

平台中展示通过跨部门协同办案平台处理的案件数量、发送以及接收的数据包数量、任务异常数量以及系统链路状态。通过监管平台，可以查看本省各辖区协同办理的案件数量，对比每个月的协同案件数，还可以分业务类型对协同案件数进行统计。

（2）全流程可视化监管

通过协同发送异常的任务可以在异常任务监管页面中进行查看。监管页面按照时间展示异常处理的任务，管理人员和运维人员可以在每个任务详情中查看任务的发送时间、处理失败的节点、失败的原因，进而作出相应处理。

（三）区块链平台

以区块链技术作为政法跨部门办案协同平台的技术互信基础，公安、检察、法院、司法各部门分别建立区块链节点、政法委统筹管理，构建一体化协同体系。通过该平台体系实现批捕、公诉、减刑假释等跨部门案件数据、电子材料的全流程上链固证、流转留痕、验证利用，保障案件在各部门办理全流程的安全可信和防篡改。通过数据高透明度、安全可控的互信机制，减少数据流转人工成本，发挥数字化业务模式优势，提升协同办案效率。

1. 应用架构

应用架构设计主要分为四层，从下往上分别为基础平台、可信计算中台、可信业务中台和可信链上服务（见图2）。

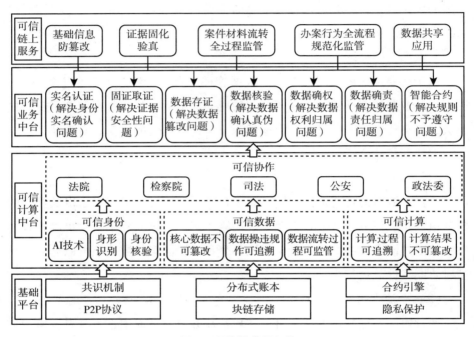

图2　区块链应用架构

基础平台：基于区块链节点提供底层区块、链条、节点网络基础服务。

可信计算中台：包括可信身份、可信数据、可信计算以及可信协作，可信身份是对用户的身份进行确认和识别，可信数据是对数据的操作及流转过程进行监管，可信计算是对计算过程和计算结果进行监管，可信协作是在可信身份、可信数据和可信计算基础上，实现公检法司等多部门之间的可信协作。

可信业务中台：是依托可信计算中台中的计算能力，提供组件化、服务化的业务应用能力，包括实名认证、固证取证、数据存证、数据核验等内容。

2. 区块链的政法协同应用场景

（1）案件材料防篡改

利用区块链技术，在案件材料产生的同时，第一时间将原始案件材料上链存证，同时也将当前用户的身份、操作时间等信息一同存证，存证信息全链同步；接收部门将接收的案件材料与链上已存信息进行比对验真，验证通过后将案件材料进行留存流转至下个办理环节，如果验证不一致，系统会预警提醒。通过案件材料防篡改，能够确保案件材料在流转过程中的真实性与可信性，实现案件材料的防篡改、防抵赖，提高办案质量和效率；同时也能促进办案部门依法履职，规范执法行为。

（2）案件材料流转全过程监管

刑事案件在办理过程中往往要经过提请逮捕、移送起诉、公诉、审判、执行等多个办理环节，案件材料需要在公安、检察院、法院、司法等多个政法单位之间跨部门流转，同一个案件材料在多部门流转过程中，往往会无法及时、准确掌握案件材料是否被篡改，无法全面、直观地了解同一案件材料流转的全过程。例如，涉案财物在各部门流转过程中，由于管理不规范，财物丢失、损害，与原物不符等情况时有发生，存在处理监管不当、职责划分不清等问题，损害了当事人的正当利益。

利用区块链技术对案件材料从产生到结束整个流转过程进行全记录，实时了解和掌握产生时间、发送时间、接收时间、是否被篡改等情况，实现案件材料全过程的监管。

通过对案件材料流转过程进行监管，能够确保案件材料流转过程中的完整性、真实性与可信性，实现案件材料的防篡改、防抵赖，避免不规范行为，同时，更加直观、全面地掌握案件材料流转的全过程，促进办案部门依法履职，维护当事人的正当利益。

（3）证据固化验真

证据是证明案件事实的唯一手段，也是防范冤假错案的可靠保障，在跨部门流转过程中，证据的真实性会被质疑。同时，也存在证据丢失、证据移送不全、证据完整性无法得到保障等问题。

利用区块链技术从源头进行证据取证固化，从公安提交证据开始，对证据流转过程进行全记录，接收单位将接收的证据材料与区块链中保存的证据材料信息进行比对，验证证据的完整性和真实性。

证据安全固化、便捷验真，保障了证据的真实、完整、可追溯，进一步促进规范执法行为，预防冤假错案发生，为人民群众在每一个案件中感受到公平正义提供了安全保障和技术支撑。

四 应用成效及特色创新

依托跨部门大数据办案平台，江西法院与省内其他政法部门实现了刑事协同办案主要流程的覆盖，打通了刑事一审、二审、减刑假释、社区矫正、换押、强制执行措施、检法决定逮捕等七大类业务网上全流程办理。通过政法办案协同平台体系，实现与公安、检察院、司法等部门主要业务的网上流转，以区块链为基础的在线跨部门协同办案模式初步形成，并逐步呈现应用成效。

（一）应用成效

江西法院政法协同自 2021 年开始试运行，逐步实现刑事一审、刑事二审抗诉和上诉、社区矫正、减刑假释、换押、强制措施等七大类全部刑事案件的全案件信息线上流转，建设智能化应用 6 项，制定数据交换、办案流程、区块链建设应用等 3 类相关标准规范。2022 年 1 月全省政法单位正式在平台流转办理刑事案件，截至 9 月底，全省政法单位在线办理逮捕、移诉、一审公诉案件、二审等共约 5 万件，在线传输交换法律文书 30 余万份，电子卷宗 15 万份，在线流转率超 90%。

通过平台的案件信息一次录入、多次重复利用，案件信息回填等功能大大减轻了法官录入的工作负担，缩短了立案时间。通过全流程线上流转，减少案件办理来回往复操作，大幅降低了线下跨部门沟通成本和人力成本，着力解决案多人少矛盾，降低案件流转的时间损耗，减轻工作负担，平均办案周期缩短明显，极大提升了案件流转效率。通过刑事智能辅助办案的应用，辅助查明案件事实、快速梳理案情，案情梳理时间节省 50%。基于要素式审判辅助，有效化解案多人少矛盾，解决争议焦点归纳问题，辅助提高庭审效率，庭审时间节省 50%。裁判文书智能编写效率大幅提升，文书编写时间节省 60%。同时，系统根据法官的操作行为和确认结果进行自主学习，持续进行知识更新和优化，不断优化提升刑事案件智能辅助能力。

（二）特色创新

1. 实现以全息卷宗材料为核心的全过程无纸化协同办案，提升司法效能、促进司法公正

法院端协同平台通过政法跨部门大数据协同办案平台与公安、检察、司法、监狱、戒毒等政法单位全打通，初步实现刑事案件协同业务流程覆盖，形成业务闭环，实现协同案件全信息录入、全业务协同、全数据流转、全过程监督。全部节点网上流转，提高司法效率，跨部门的信息一次录入多次重复利用，全信息网上流转，彻底解决了传统办案过程中人工方式往来奔波耗时费力的问题，大大提升法官工作效率；变革办案方式，通过线上材料全程流转，由过去纸质材料为主到电子卷宗为主，提升了办案数字化水平，为智能化打下坚实基础；促进司法公平公正，案件办理全程网上留痕，强化了规范执法和执法监督。

2. 实现以知识为中心的伴随式智能辅助服务，协助刑事法官提速提质，统一裁判尺度

基于协同数据资源，运用文本挖掘、自然语言分析、机器学习、知识图谱等相关技术，对办理案件的案件事实、争议焦点等关键信息进行要素识别提取，并根据法官认定的案情要素进行案件特征分析，构建案件特征模型精准推送匹配案例及对其他数据规律的分析支撑，为法官阅卷、研判、开庭、评议及文书编写等多个环节提供智能辅助服务，并随案件文书与信息的增多而不断提升准确度。最终，以辅助法官对案件的分析研判为核心，整合审判过程全流程相关服务，提供一套一体化、全流程的智能办案辅助服务体系。

3. 实现全链路可信、全节点见证、全过程留痕的协同模式，全面提升审判公信力

基于区块链的可信业务、可信数据、可信时间、可信身份、可信环境等可信计算环境，完成全环节可信，通过案件材料、业务数据全上链，信息流转过程全上链，操作行为全上链，全面保障业务协同全流程安全可信，实现对案件各个环节所使用的数据、使用的证据材料、所进行的操作全程留痕并固化，使案件审理更加透明，切实提升法院公信力。通过区块链的链上存证、链上验证，提升数据互认互信透明度，有效降低跨部门数据互信成本，切实减少线下确认沟通工作，提升案件流转效率。构建跨部门业务数据全过程追踪体系，做到数据篡改可发现、数据流转可追踪、数据操作历史可追溯，更加方便及时地发现案件办理过程中的不规范问题。

五　问题与展望

（一）存在不足

1. 案件协同范围及流程尚不全面

目前实现了刑事案件的核心流程，为满足单轨制办案需要，刑事案件的其他协同流程仍需进一步补充完善。此外，业务协同也需进一步拓展延伸，围绕深化司法责任制综合配套改革、以审判为中心的刑事诉讼制度改革和民事诉讼制度、行政诉讼制度、刑罚执行体制改革，深入推进司法权运行数字化转型，深化数字卷宗单轨制协同办案模式。

2. 基于区块链体系的数据资源共享查询有待进一步扩展

政法跨部门协同办案项目建设后，实现了刑事案件信息的跨部门流转和使用，但在实际案件办理过程中，除案件卷宗信息之外，对公检法司的其他

政法信息资源也是有相应办案需求的。尤其是随着数字政府建设的深化推进，在区块链的技术加持下，对政法单位数据共享、共用体系的需求越来越迫切，通过建立服务链上数据应用标准，实现"无链"行业应用对接数据共享，"有链"单位跨链互认、数据互通，实现全省范围内政法业务基本做到标准统一、整体联动、业务协同，在线业务模式全面推广，不断健全政法数据共享协同机制，完善数据资源开放标准和激励机制，从而实现服务数据资源利用水平显著提升。

（二）未来展望

1. 全息卷宗进一步为刑事办案数字化赋能，推动数据服务向知识服务转变

区块链的全程留痕记录、防篡改、可追溯等技术特征，有助于加强刑事案件司法流程的规范化。借助区块链特性，在传统电子卷宗材料存证的基础上，可以将刑事案件涉及材料、操作行为、业务信息等全上链形成全息电子卷宗，逐步形成刑事案件全息卷宗中心。通过对应用大数据进行数据建模分析，一方面为刑事案件分析、证据审查、证据链条建立等提供大数据服务；另一方面，促进刑事办案体系化、规范化，有利于对执法人员和执法行为进行全面、客观的检验和评价。另外，基于大数据分析及时督促各地提高案件办理效率和案件办理质量，发现关联关系和业务规律，及时发现刑事案件办理过程中普遍性、苗头性、倾向性的问题，及早预防。

2. 运用智能化手段推进业务协同向知识协同转变

《中共中央关于全面推进依法治国若干重大问题的决定》指出：推进以审判为中心的诉讼制度改革，确保侦查、审查起诉的案件事实证据经得起法律的检验。政法部门协同办案平台实现了刑事案件全流程线上办理，规范了电子卷宗、电子目录、数据传输交换、业务系统接口等标准，具备了数据基础，法院刑事智能办案辅助应用已初见成效。下一步，刑事协同建设由目前以流程为主，逐步向以"证据"为核心的全程智能感知监管协同应用扩展。完善协同消息提醒、结果反馈、智能辅助、数据应用等能力，构建全链条的

智能辅助办案系统，进一步推动智能感知、数据标签、基于知识图谱的知识推理、数据挖掘应用等关键技术发展突破。利用各单位的大量案件实例，将业务协同逐步提升为知识协同，为政法单位刑事干警共享证据智能审查、录音录像智能审查等方面的智能化服务，通过智能化工具辅助有效提升侦查、起诉、审判阶段的办案质量、审查时效及知识储备，有效解决因案件质量问题导致的退卷、退侦事件，解决实体办案审查过程中工作量大、能力要求高、容易疏漏的问题成为可能，确保司法公平正义，最终实现先进技术为司法执法服务，实现数字化办案的智能协同。

B.23
"焦作府院通"创新项目调研报告

河南省焦作市中级人民法院课题组*

摘　要： 近年来，河南省焦作市中级人民法院坚持把府院联动作为深化改革创新、推进市域社会治理现代化的重要途径，有序推进法治政府建设、多元矛盾纠纷预防化解、优化营商环境等工作。为进一步深化常态化府院联动，提供精准便捷的政务和司法衔接服务，焦作市中级人民法院充分运用互联网、大数据、数据加密传输等前沿技术，研发"焦作府院通"平台，平台涵盖破产案件管理系统、一站式府院钉互联系统、行政应诉系统、征信体系查询系统、多元化解纠纷系统等。平台充分发挥政府机关行政优势和法院的专业优势，明确职责分工，规范联动流程，将信息化成果融入府院联动工作，以"加法联动"实现"乘法效应"。

关键词： 府院联动　法治政府　智慧法院　营商环境

一　建设背景：常态化府院联动机制
与新时代发展的需要

　　河南省焦作市逐步构建起常态化府院联动机制，探索建立了法治化营商环境建设新模式。经过长期的实践提升和机制创新，将全面依法治国制度优势转化为现代化焦作治理效能，府院联动实现了由"单打独斗"向"协同

---

　　* 课题组负责人：王波，河南省焦作市中级人民法院党组书记、院长。课题组成员：朱战利、刘建章、李小源、汤艳飞。执笔人：刘建章，河南省焦作市中级人民法院研究室主任。

作战"转变,由局部协作向系统联动转变,由临时性应急处置向制度化常态化运行转变,在法治化营商环境、法治社会、法治政府建设等方面发挥了重要作用,取得了良好的经济和社会效益。但由于传统办案模式的局限性与案件剧增的现实难题,常态化府院联动机制远远满足不了新时代的发展需求,河南省焦作市中级人民法院联合焦作市人民政府研发了"焦作府院通"平台。

1.传统办案模式的局限性倒逼府院联动形式创新

2017 年 2 月,焦作市中级人民法院邀请焦作市委组织部、焦作市人民检察院、焦作市公安局等 28 家单位共同签署了《焦作市关于对失信被执行人联合惩戒的实施意见》,打破执行工作法院单一作战的格局。但在实际办案过程中,法院与各单位沟通交流均采用线下人工方式,各单位往往处在不同区域,办案人员需在各单位之间往返数次,依旧存在费时费力的问题。例如,法院执行局查人找物,需要法官出具相关法律文书,到相关部门登记、取号、排队等待查询,有时办理一个事项甚至需要往返数十趟。传统办案模式的局限性亟须借助信息化手段推进府院联动形式创新。

2.破产案件受理数量剧增为办理破产带来新挑战

受全球经济形势下行、新冠疫情等不利因素的影响,部分企业深陷资金链、担保链危机,破产案件受理数量大幅上升。人民法院破产审判工作面临新的挑战,案多人少矛盾尤为突出。同样,破产管理人也面临破产财产管理工作繁杂、债权人通知难、债权人会议召集难等困难。办理破产案件过程中,法律与非法律事务掺杂,耗费法院、破产管理人大量人力、物力,司法成本高、程序推进难等现实问题交织,有必要探索一条破产审判新路径。

3.各单位现有系统无法满足新时期案件办理需要

近年来,焦作市各单位相继开发了本单位的工作办案平台,有力促进了案件审判质效的提升,对服务供给侧结构性改革发挥了重要作用。但由于各单位平台未能实现互联互通,数据信息实为"孤岛"。例如,法院的网上办公办案业务等应用系统，未能与政府行政复议科的行政复议工作门户互联互通，案件数据较难同步，信息传递存在滞后，行政应诉、行政复议等工作存在一定困难。

二　平台设计："焦作府院通"平台的探索与实践

（一）设计理念

建设前期，焦作市中级人民法院研究室认真研究《焦作市人民政府关于建立常态化府院联动机制的意见》《焦作市建立常态化府院联动机制实施方案》《常态化府院联动联席会议制度》《府院联动日常化沟通联络工作制度》《府院联动长效化协调会商工作制度》等相关制度，并走访焦作市人民政府府院联动办公室、焦作市人民政府行政复议科、焦作市司法局、焦作市综治中心等单位部门，调研工作人员在办公办案过程中对部门协调处理的需求，梳理出详细的府院联动应用场景，将该清单细化成信息化系统建设内容，搭建"焦作府院通"平台，为府院联动工作提供有力支撑。

"焦作府院通"平台依托互联网、大数据、云计算、人工智能等先进技术，打通府院之间的沟通壁垒、协同壁垒、数据壁垒，实现府院多场景办公办案的高效联动。平台由破产案件管理系统、一站式府院钉互联系统等两大系统组成，包括行政应诉系统、征信体系查询系统、多元化解纠纷系统等多个子系统，其中涵盖府院联动有关的实时通讯、文件传输与共享、视频会议、行政机关负责人出庭应诉、司法建议、行政复议案件在审案件查询失信人查询、被执行人社会数据查询、司法调解、人民调解、行政调解等 12 种应用场景（见图1）。

（二）平台组成

1. 府院优化营商环境，建立破产案件管理系统
将破产案件办理工作流程化、数据化、信息化、可视化，通过提供智能

府院通平台						
应用层	破产案件管理系统	府院钉互联系统				
	案件监管	通用功能	普法学习	行政应诉系统	征信体系查询系统	多元化解纠纷系统
	资金监管					
	债权申报	实时通讯	日程管理 公告通知	法院出庭通知	失信人名单协查	司法调解
	债权人会议	消息提醒	工作台 知识库	行政复议科监督	执行联动查询	人民调解
	分析报表	新闻阅读	通讯录 快捷连接	应诉机关出庭	在审案件查询	行政调解
支撑层	接口对接	录音录像服务	消息管理	数据安全	数据汇集	实人认证
	文字识别	数据统计服务	语音识别	音视频服务	数据融合	质效分析
资源层	政府机构信息库	调解案件库	行政复议案件库	执行案件库	音视频库	数据标准库
基础层	SAAS服务	云资源	存储资源	数据库	中间件	多端设备

图1　"焦作府院通"平台架构

化服务支撑，实现多主体远程高效互联。为政府、法院、管理人、债权人等多角色提供多终端的协同化工作平台，实现大数据询价、资产线上监管、债权线上申报、网络一键拍卖等功能，解决破产企业接管难、管理人履职障碍大、破产财产处置难等尖锐问题。

2.府院沟通畅联，建立一站式府院钉互联系统

打破府院交流屏障，建立高效、统一的沟通平台，完善府院互动良性化、常态化、规范化机制；同时嵌入行政应诉和征信体系查询应用，畅通府院行政协作和府院协同互助，强化行政机关负责人出庭应诉，提供确认失信人、被执行人信息等查询服务，相关流程节点智能提醒，实现统一的协同办公入口。

3.府院行政协作，建立行政应诉系统

强化行政机关负责人出庭应诉，畅通行政诉讼与行政复议的有效衔接，实现各法院提交行政应诉出庭通知、行政复议科全程监督、应诉机关接口即

时接收信息等功能,从而实现行政复议工作效率的最大化。

4.府院协同互助,建立征信体系查询系统

基于府院内部大数据,通过互联网技术,服务于政府机构办案人员、法院执行局法官、法院行政庭法官,实现确认失信人、被执行人信息等查询服务,提供专业的结果反馈报告。

5.府院联合调解,建立多元化解纠纷系统

借助互联网建设高效的法院与调解机构衔接机制,实现法院与调解机构的连接,引入法院调解案件,将调解机构管理、司法效力确认、法院法律指导等业务有机衔接起来,为调解机构提供丰富的案件来源,同时通过各种智能化技术手段提升调解案件的效力、效率、效果,激发调解机构的积极性。

(三)实现路径

1.探索运用前沿技术,赋能破产案件办理

探索运用人工智能、大数据等高科技前沿技术对破产案件办理进行赋能,实现破产案件全流程信息共享、督促督办、破产账户资金监管等,构建破产案件管理系统,涵盖债权申报审核、债权人会议、管理人考核、管理人账户资金监管、破产财产处置五大功能模块。

2.依托云计算的高弹性扩展特性,搭建互联桥梁

依托云计算的高弹性扩展特性,及其稳定、安全、可灵活扩展等强大的技术优势,打通焦作市各单位的信息壁垒,搭建互联互通的双向桥梁,打造亿级客户端用户同时在线的沟通协同平台——一站式府院钉互联系统。系统部署于互联网云,包含PC端和移动端,由通用功能、府院协同、普法学习等模块组成。互联网端的应用打破环境的物理边界,府院办案人员不再受限于办公场所,实现随时随地高效办公;系统涵盖焦作市人民政府、焦作市中级人民法院、焦作市人民检察院等46家单位,实现府院组织在线信息互联互通协同共享的工作机制,形成在线化管理体系、高效化沟通联络、智能化信息联动、便捷化移动办理、数据化管理留痕、全程化跟踪监督的府院联动工作模式。

3. 打破府院壁垒，有效衔接行政诉讼与行政复议

打破行政机关与司法机关的数据壁垒，搭建数据互通、统一管理的行政应诉系统，实现行政争议案件的登记、移送、交办、催办、反馈、移送等功能，减少人民法院受理行政诉讼案件数，增加行政诉讼案件调解撤诉率，从根本上解决行政机关败诉率高的问题。系统包括出庭应诉、司法建议、在审案件协查、行政争议建议等功能。

4. 基于府院数据，形成共享共用的协同互助模式

基于府院内部数据，梳理跨单位协查场景，通过互联网和大数据技术，搭建征信体系查询系统，形成共享共用的协同互助模式。对具体的人员信息进行专项协查联动，主要针对涉及个人隐私数据或需要批量协查场景，在满足对数据信息进行备案留痕的制度流程基础上，设定协查门槛，在合规基础上进行高效联动。系统服务于政府机构办案人员、法院执行局法官、法院行政庭法官，实现确认失信人、被执行人信息等查询服务。

5. 借助互联网多元化解纠纷，构建四级调解网络

以多元纠纷化解为核心，利用互联网、云计算、大数据和人工智能等先进技术，搭建多元化解纠纷系统，涵盖焦作市司法、综治、法院以及知识产权协会、金融调解委员会、医疗调解委员会、乡村对接工作站等，构建四级调解网络，实现化解纠纷互联网化，打破地域限制，让当事人随时随地参与调解。推动基层矛盾纠纷化解多元化，打通人民调解、行政调解、行业调解与法院调解的业务流程，深入开展"诉调对接+司法确认"多元解纷处理机制。系统包括案件录入、案件分配调解组织、查询关联历史调解信息、案件在线调解、司法确认、数据同步等功能模块。

三 应用成效："焦作府院通"平台的创新与成效

（一）创新点

1. 形成具有焦作特色的常态化府院联动机制体系

依托焦作市健全完善府院常态化联动机制以及"焦作府院通"平台的

搭建使用，充分发挥行政机关的组织优势和司法机关的专业优势，以市场主体和人民群众需求为导向，坚持以行政、司法的有机"加法"形成政治经济社会成本最低化、效果最优化、效益最大化"乘法"效应。府院联动中，坚持以"联"为前提、以"动"为重点、以"畅"为关键、以"优"为核心，理清"内在机理"，明确联动主体、范围、定位、目标等，形成具有焦作特色的常态化府院联动机制体系。

2. 府院联动机制是"枫桥经验"式的焦作模式

统筹焦作两级府院联动机制建设布局，积极推进"焦作府院通"平台建设与优化，打造府院高效联动的特色亮点，创造更多可复制、可推广的府院联动"焦作经验"。建立府院联动机制，用好法院这块阵地，有序推进法治政府建设、多元矛盾化解、"基本解决执行难"和"僵尸企业"清理等工作，促进行政与司法良性互动，也能使法院工作更贴近和服务党委政府中心工作，促进提升审判工作质效，对于推进法治国家、法治政府、法治社会一体化建设具有重要意义①。

3. 利用信息化手段凝聚焦作府院强大合力

行政审判一头连着人民群众，一头连着行政机关，是党在司法领域密切联系人民群众、实现依法执政的重要方式，是推进社会主义法治国家、法治政府、法治社会一体建设的重要制度保证，更是依法保障人民群众合法权益、促进社会公平正义的重要法治途径②。实质性化解行政纠纷的最有效手段就是行政机关与人民法院同频共振、密切配合。焦作市中级人民法院从行政行为作出到复议、立案、诉讼、执行各个阶段协调化解行政争议的全链条着手，利用信息化手段开发行政应诉系统与多元化解纠纷系统，实现行政机关与司法机关的有效衔接，凝聚府院合力，推进官民和谐。

---

① 《打造新时代"枫桥经验"模式·"府院联动"一把手访谈》，《焦作日报》2021年5月12日，第A01版。
② 《架起官民沟通连心桥——河南法院行政审判工作纪实》，《人民法院报》2022年10月12日，第1版。

（二）运行成效

1. 构建"高效畅通"的法治化营商环境

线上"府院钉"，建立政府与法院互联互通的信息网络平台。2022 年 6 月 1 日，"焦作府院通"平台的一站式府院钉互联系统正式上线运行，在运行期间，逐步纳入焦作市人民政府、焦作市中级人民法院、焦作市检察院等 46 家单位，加入府院钉组织共计 226 人。线下建机制，健全常态化府院联动工作机制。从府院联席会议、府院沟通联络事项、府院协调会商等具体工作内容，制定日常化、长效化的工作制度。加强业务联办、力量联合、风险联控和社会联治，高效推进法治政府建设、多元矛盾纠纷预防化解、优化营商环境等工作。构建政府和法院"线上+线下"无障碍沟通的多维立体网络，推动府院联动良性化、常态化、规范化，确保上下联动、部门协同、整体协调，推动府院交流更加通畅便捷，全面提升府院联动效率[①]。

2. 构建"公开透明"的法治化营商环境

2021 年 12 月 10 日，"焦作府院通"平台的破产案件管理平台在焦作市中级人民法院调试上线试运行，通过三个月的试用，系统稳定运行，陆续向基层法院推广使用。截至 2022 年底，焦作两级法院共有 21 起破产申请审查案件，已受理 16 起，其中有 10 起破产案件通过平台实现在线审理，处置破产财产金额达 7.35 亿元，化解企业债务共 73.83 亿元。线上办案使各个流程简化，将原本几个月的办案周期缩短至几周，有效整合法院、银行、破产管理人资源，提升破产案件办理效率，降低成本，切实维护债权人合法权益。依托破产案件管理平台，破产案件可实现全流程信息共享，案件办理过程全透明，解决了法院、银行、债权人信息不对称以及破产管理人监管有障碍等难题，打造公开透明的法治化营商环境。

3. 构建"平安和谐"的法治化营商环境

依托焦作市现有的调解部门，通过多元化解纠纷系统，构建多维、互通

---

① 《河南首家"府院通"在焦启动》，《焦作日报》2022 年 6 月 13 日，第 A01 版。

的四级调解网络。将焦作市 10 个基层法院、44 个家事调解工作站、65 个行业部门诉调对接工作室、985 个乡村对接工作站纳入网上化解纠纷组织，形成市、县、乡、村四级化解纠纷架构，充分满足群众所需的乡贤调解、人民调解、行政调解、行业调解、律师调解，实现各类纠纷网上化解全流程全覆盖。提供"投诉+调解+裁决"一站式服务，为群众提供智慧精准、方便快捷的一站式多元解纷和诉讼服务，高效推动纠纷萌芽化解、案结事了，打造更高水平的平安焦作。截至 2022 年底，根据以往数据比对分析，焦作市 90%以上的医患纠纷、80%以上的交通事故纠纷、近 100%的旅游纠纷都能通过平台在诉前得到有效化解①。

4. 构建"智慧高效"的法治化营商环境

为强化行政机关负责人出庭应诉，畅通行政诉讼与行政复议的有效衔接，建立行政应诉系统，实现网上提交行政应诉出庭通知、行政复议科全程监督、应诉机关出庭应诉等功能。截至 2022 年底，425 件行政复议申请事项经过协调对接，不再进入复议程序和诉讼程序。行政机关负责人出庭应诉率提升 15.43%，促进行政机关负责人出庭应诉常态化，有力推进法治政府建设工作向前推进。协同妥善处理涉南水北调工程、城际铁路等案件，切实保障了重大工程实施和行政相对人合法权益，为重点项目建设保驾护航。

5. 构建"诚实守信"的法治化营商环境

数据共享也是府院联动的重要内容，由焦作市府院联动办公室牵头，协调自然资源和规划、公安、住房公积金等有关部门，整合各部门数据，形成数据共享、诚信共建体系，搭建征信体系查询系统，将失信被执行人信息对接征信体系查询系统，实现失信信息"自动比对、自动监督、自动拦截"，确保"一处失信、处处受限"。截至 2022 年底，向政府公共信用信息平台推送失信联合惩戒名单、失信联合惩戒案例等信息共计 21800 余条。基于府院内部大数据，通过互联网技术，为府院办公办案人员提供确认失信人、被

① 《河南首家"府院通"在焦启动》，《焦作日报》2022 年 6 月 13 日，第 A02 版。

执行人社会信息、在审案件等查询服务，打造政府、法院数据共享共用的协同互助模式。

（三）推广价值

1. 创新的常态化府院联动机制，推出河南首家"府院通"平台

焦作市常态化府院联动机制形成了"枫桥经验"的焦作模式，在实践过程中不断优化与完善，2021年进入河南省优化营商环境典型案例"红榜"。2022年6月，焦作市中级人民法院为落实创新的常态化府院联动机制，推动常态化府院联动机制向数字化、智慧化升级，在河南全省率先启动"焦作府院通"平台。2022年11月28日，中央全面依法治国委员会办公室印发《关于第二批全国法治政府建设示范地区和项目命名的决定》，焦作市常态化府院联动机制被命名为第二批全国法治政府建设示范项目。两年来，焦作市府院联动的落地项目为市场主体提供了更加精准便捷的政务和司法衔接服务，打造了一流法治化营商环境，对促进河南全省府院联动工作信息化发展以及基层治理能力现代化具有重要价值。

2. 实体化提升府院联动常态化机制，推动理念向实践转变

焦作市中级人民法院坚持清单化管理、项目化推进，确保"任务书""时间表""路线图""责任人"明晰化，分节点推动府院联动实践创新，循序渐进、持续发力、久久为功，切实推动理念创新转化为治理实效。将府院联动相关制度及"焦作府院通"平台建设理念结合，落地焦作特色的府院联动平台，推动理念向实践转变，常态化府院联动机制不再仅仅是一些文章和通知，而是办案人员日常办公办案的有力抓手。

3. 数字化连接府院联动工作，推动传统"部门治理"向现代"整体智治"转变

积极推进司法与政务信息系统的业务协同和数据共享，通过搭建"焦作府院通"平台，构建政府、法院无障碍沟通的多维度立体网络，打破府院交流屏障。建立府院征信体系查询系统，涵盖多维度个人全息信息与企业全息信息，在整合公安、人社局、市场监督局、工信局等政府各部门业务数据的基础上，构建个人全息视图，在线查看个人的身份信息、资产信息、资质荣誉、五险一金、涉事涉法等信息。真正通过信息化、数字化连接府院联动工作，推动传统"部门治理"向现代"整体智治"转变。

四 问题与建议："焦作府院通"平台落地过程中的经验总结

（一）实践中遇到的问题

1. 各家单位府院联动参与度参差不齐，难以形成统一战线

"焦作府院通"平台是一个多部门、多层级参与的重大项目，涉及政府、法院、检察院等多个单位部门，实践中的首要问题是各家单位对府院联动机制的理解程度不一，府院联动工作的参与度参差不齐，也存在个别单位个别领导有畏难情绪、抵触心理、观望态度等情况，府院联动工作难以形成统一战线，影响"焦作府院通"平台的调研和推动进度。对"焦作府院通"的认识需要进一步加强，特别是"关键少数"的主动推进意识。

2. 府院信息化供给能力差异化，不同用户群体的接受度不一致

在政府与法院信息化起步阶段，系统研发的供需矛盾主要体现在府院信息化供给能力存在差异，不同用户群体对信息化的接受程度也不一致，导致"焦作府院通"平台推进使用进度缓慢。

在"焦作府院通"平台需求调研阶段，与政府办案人员以及法院法官沟通过程中了解到，政府建设的系统与法院建设的系统信息化程度存在较大差别。各类分散的应用系统整合难度较大，以统一工作桌面为统一入口的集成化办公办案体系尚未实现。在系统实际应用过程中，无论是政府办案人员还是法院干警都在一定程度上排斥新生事物，加之一个案件多系统、流程繁杂的案件办理过程，也让办案人员十分抗拒，对"焦作府院通"平台的网上办案、网上诉讼、网上调解工作模式需要相当长的适应期。

（二）采取的解决措施

1. 提升联动效能，加大联动支持力度

为解决各家单位对府院联动机制的理解程度不一致、府院联动工作参与度参差不齐的问题，一方面，提升联动效能。由焦作市人民政府牵头，建立高规格的府院联动小组，以便全面协调"焦作府院通"调研、推进中的协同联动事项，协调完善配套制度，加强各单位、各部门之间的合作。切实建立政府各部门与法院"互联互通、信息共享、合力处置"的常态、长效联动工作机制。进一步执行府院联动任务清单，统一各单位对府院联动工作的认知，落实行政机关负责人出庭应诉制度，实现从象征性出庭到实质性应诉。加强信息通报，定期发布审判白皮书和典型案例，发挥司法建议促进依法行政、补齐管理短板的作用，助力政府依法决策。另一方面，加大联动支持力度。将多元矛盾纠纷预防化解工作情况、行政争议实质性化解工作情况、行政机关负责人出庭应诉情况等纳入行政机关和法治政府绩效考核体系，提升联动针对性。加强财政保障，将联动平台建设、人员配置、工作经费等列入同级财政预算，实行专款专用。积极建立社会基金，探索建立行业矛盾纠纷化解基金和公益性社会矛盾纠纷化解基金，鼓励社会各界为纠纷解决服务提供捐赠、资助。

2. 针对不同用户需求，提供个性化解决方案

为解决府院信息化供给能力差异、不同用户群体的接受度不一问题，一方面，焦作市人民政府与焦作市中级人民法院在构建"焦作府院通"平台初期，将建设理念定位为构建跨层级、跨地域、跨系统、跨部门、跨业务的一体化协同办公办案系统，形成府院业务协同和信息共享的标准化管理，服务于政府与法院的办案人员。聚焦案件、政务、人事，加强智慧管理建设，以"府院钉"为基础，建设统一工作桌面，整合各类应用，拓展移动泛在化工作模式。另一方面，社会发展对在线案件办理的需求与日俱增，选择更加便捷高效的线上办公办案是必然趋势。焦作市中级人民法院普及推广线上办公办案，采用宣传、培训、考核等方式；同时，加大对政府、法院一线办案人员的需求调研，切实找准办案人员需求点，对系统进行针对性的升级改造，如符合老年人思维逻辑和应用水平的适老化改造，充分考虑实际工作流程和现实需求，以便推进工作系统改造等。

五　未来展望：府院联动智能化发展探索

焦作市常态化府院联动机制建设，始终以市场主体和人民群众需求为导向，在行政与司法衔接、企业重整、纠纷化解、征信体系建设等领域收到显著效果。焦作市中级人民法院将不断深化府院联动机制，以"焦作府院通"平台为支点，不断拓宽联动领域。一是横向拓展，探索在更多领域建立常态化府院联动机制。吸纳有关政府职能部门参与府院联动，集成一张共建共治共享的市域社会治理联动网络。二是纵向延伸，延伸到乡（镇）村（街）一线。矛盾多产生在基层一线，更多地依靠基层解决，要积极吸纳各方力量参与社会治理。为焦作市打造一流法治化营商环境提供更有力的司法服务和法治保障。

（一）强化府院协作配合，助力法治政府建设

建立府院联动机制是建设法治政府的重要举措。当前，焦作市府院联动正处于深化提升的关键阶段。下一步，依托"焦作府院通"平台建设，以明确需求、依法有据、技术可行、安全可靠为原则，推动智慧法院和本地化需求的深度融合，挖掘更多府院联动应用场景，促进府院数据互通、信息共享、业务协同，提升政务司法"一网通办"工作水平。将府院联动工作纳入绩效考核体系和法治政府绩效考核体系，提升联动针对性，强化府院协作配合，确保府院联动各项工作任务真正落地见效。

（二）推动区块链创新应用，服务经济发展大局

府院联动机制关系到国家税收、金融债权、企业信用修复、职工安置等诸多领域，也涉及一些公共利益，有其自身价值导向。区块链具有

不易篡改、信息透明度高、共识机制等技术优势，其特点与破产案件管理、多元化解纠纷需求相吻合，可以解决案件办理透明度与可信度的难题。

一是积极创新，扩大应用场景。充分挖掘区块链技术在法院行业的深度应用，利用其特性，将多元化解纠纷系统、破产案件管理系统与区块链深度结合，案件的证据材料、在线调解/债权人会议的音视频材料进行上链存证，借助数据在司法区块链固证后不可篡改的特性，保证证据材料真实、有效。二是根据区块链连续性特点，提高办理流程透明度。充分利用区块链将业务流程的操作行为上链，法官、债权人、债务人、破产管理人的各项操作均留下不可变更的数据，让线上投票表决结果真实性具有保证，促进司法程序的公正公开。三是进一步促进业务协同，提升工作效率。基于区块链跨链互信，法院的信息上链存证，与协同单位进行数据共享时，可以进一步提高共享数据的公信力，协同单位对共享数据进行链上核验，确保数据的可靠性。

（三）探索业务智能化应用，参与前端社会治理

随着"焦作府院通"平台不断优化功能和拓展应用场景，平台累积了大量的业务数据，将相关数据收集整合，形成府院大数据中心的数据基础，并对汇集的原始数据开展基于数据管理视角和业务应用视角的治理及应用工作。构建数据资源目录和数据资产管理应用，达到数据资源的规范化和可视化。以标准先行理念为指导，以资源标准和平台标准为核心，制定形成服务于府院大数据中台的标准规范体系，深入促进多源异构数据的深度融合和共享应用，实现对府院协同、互联业务关注的各类人员、事件等关键对象的智能化感知、研判和处置。府院可视化数据中台的搭建，有助于"焦作府院通"平台从信息化到智能化的转型。

（四）不断扩大应用场景，构建司法协同新生态

在构建沟通、协作、联动的工作模式基础上，还需继续健全诉讼服务与公

共法律服务等领域的工作对接机制，拓宽与政府及其职能部门的对接途径①。推进焦作府院联动工作模式向纵深发展，逐步将投诉、公证、鉴定、仲裁、律师等司法生态参与者纳入"焦作府院通"平台，实现一起纠纷的所有参与者通过平台协作联动化解纠纷，提升人民群众对司法服务的获得感。充分发挥人民法院的业务指导作用，做好协同疏导化解工作，促进纠纷诉前解决。

在实现与政府法制部门、人民调解等部门的工作协同后，下一步"焦作府院通"平台将纳入更多的纠纷化解类型，深化提升纠纷化解能力。一是加深与政府行政投诉部门联动，依法调动各类纠纷解决资源，进一步完善衔接顺畅、协调有序的投诉化解机制，为行政投诉处置部门提供专业的法律支持、调解赋能、诉讼衔接等能力，提升政府机构投诉事项处理效率。二是贯彻落实将非诉纠纷解决机制挺在前面，加强调解从业者与法院诉讼业务的联系，发挥"焦作府院通"平台的沟通桥梁作用，将诉讼业务参与方逐步纳入"焦作府院通"组织架构，在立案、庭审、送达等环节发挥各参与方的职能，最大限度提升法院案件审判效率。

经过两年的实践提升和机制创新，焦作将全面依法治国制度优势转化为现代化焦作治理效能，府院联动实现了由"单打独斗"向"协同作战"转变，由局部协作向系统联动转变，对提升法治政府和法治焦作建设水平有重要意义。下一步，焦作市中级人民法院将认真贯彻中央部署和最高人民法院要求，紧紧抓住历史机遇，坚持问题和需求导向，用创新思维、科学理念、信息化手段实现法院工作现代化，为全面依法治国、推进国家治理体系和治理能力现代化提供坚实保障。

---

① 最高人民法院《关于进一步推进行政争议多元化解工作的意见》（法发〔2021〕36 号）。

2022年中国法院信息化大事记

一月

1月19日 最高人民法院领导在清华大学互联网司法研究院调研、参加座谈，并为清华大学互联网司法研究院揭牌。会议强调最高人民法院将进一步加强与高等院校、科研院校的交流合作，加强人才联合培养，共同推进理论研究和技术创新，推动互联网司法、智慧法院建设和网络空间治理不断实现新发展。

1月30日 最高人民法院发布《关于机关办公平台互联网手机App上线试运行的通知》，正式上线互联网移动办公App，为全院干警提供更加便捷的移动办公服务，提升干警通过信息化实现移动办公的获得感。

二月

2月22日 全国法院一站式建设工作推进会以视频方式召开。会议要求，要做实多元增效工程，优化在线多元调解平台功能，全面激活"总对总"在线诉调对接资源库，加强诉前调解规范化建设。要做实智慧诉讼服务工程，优化诉讼服务平台，扩大在线诉讼服务范围，拓展送达平台、保全平台和委托鉴定平台应用广度和深度，全面应用网上申诉信访平台，加强涉诉信访信息化建设。

2月10日 最高人民法院正式印发《人民法院在线运行规则》。《人民法院在线运行规则》基于智慧法院建设应用成果，涵盖人民法院在线运行的基本原则、适用范围，确定人民法院用以支持在线司法活动的信息系统建设、应用、运行和管理要求，进一步指导和规范信息系统建设、完善应用方式、加强运行管理，支持和推进在线诉讼、在线调解等司法活动，完善人民法院在线运行机制，方便当事人及其他参与人在线参与诉讼、调解等活动，提升审判执行工作质效。

三月

3月31日 最高人民法院完成网上办公系统四级法院联通工作，实现全国法院行政公文线上全贯通、全流转、全办理，内容涵盖四级法院电子公文的上传、下达、办理和动态跟踪，极大提升行政事务办理和跨网系协同办公效率，为降低行政成本、建设节约型机关提供坚实保障。

四月

4月20日 最高人民法院网络安全和信息化领导小组召开2022年第一次全体会议。会议强调，要坚持问题和需求导向，全面深化智慧法院建设，推进审判体系和审判能力现代化，推动司法数字化、智能化，更好地服务审判执行、服务人民群众、服务经济社会发展。特别指出，要着力提升智慧法院大脑的基础、应用、智能服务能力，加强在审判执行、诉讼服务等领域创新应用场景建设，为群众诉讼和法官办案提供更加智能化、一体化、协同化的智慧服务。要进一步提高数据主动推荐服务和深度挖掘应用能力，加强司法大数据分析，为党和政府决策提供高质量、有价值的参考，有力促进社会治理，服务党和国家工作大局。

4月22日 为迎接党的二十大，中共中央宣传部举行首场"中国这十年"系列主题新闻发布会，介绍党的十八大以来政法改革的举措与成效。公平正义不仅要实现，还要以更加便捷高效的方式实现。中国法院紧跟互联网时代发展的步伐，将现代科技手段和司法活动深度融合，立案、缴费、开庭、调查、送达以及各类诉讼服务都可以在网上进行，为网络时代的司法模式探索了一条新路子，为世界贡献了中国智慧和中国方案。

4月25日 中国海事审判网正式上线。中国海事审判网覆盖全国11家海事法院及其上诉审高级人民法院和最高人民法院的海事审判业务，面向海事法官提供辅助办案智慧支撑，面向中外当事人提供网上立案、线上庭审、云端执行等在线诉讼服务，面向社会公众和专家学者发布权威海事司法信息，是中国海事审判信息化建设的最新成果和向国际社会展示中国海事司法的重要窗口。

4月29日 最高人民法院出台《人民法院数据安全管理办法》。该办法指出数据分级分类原则，明确各级法院职责，确定数据分类维度，提出数据全生命周期安全管理要求和数据安全保障要求，将指导并规范人民法院数据处理活动，建立健全数据安全治理体系，提高人民法院数据安全保障能力，促进司法数据安全开发利用，保护个人、组织的合法权益，维护国家安全和发展利益。

五月

5月23日 最高人民法院印发《最高人民法院关于加强区块链司法应用的意见》，明确人民法院加强区块链司法应用总体要求及人民法院区块链平台建设要求，提出区块链技术在提升司法公信力、提高司法效率、增强司法协同能力、服务经济社会治理等四个典型场景应用方向。这是人民法院深入贯彻习近平法治思想、落实习近平总书记关于推动区块链技术创新发展重要指示精神的具体举措，进一步推进人民法院运用以区块链为代表的关键技术加速人民法院数字化变革、创造更高水平的数字正义，促进法治与科技深度融合发展、推动智慧法治建设迈向更高层次。

5月26日 由最高人民法院主办、浙江省高级人民法院承办的数字经济法治论坛开幕。论坛主题为"以法治创新推动数字经济规范发展"，与会各方围绕"数字技术在司法领域应用与规制""数字经济法律问题的司法回应""数字时代下诉讼模式的创新与变革"等议题开展深入研讨。最高人民法院领导出席开幕式并致辞。会议指出，中国法院积极回应数字经济发展需求，构建数字时代司法新模式，推动司法审判实现质量变革、效率变革、动力变革，促进审判体系和审判能力现代化。未来，中国法院将继续认真贯彻落实习近平主席重要指示精神，深入贯彻习近平外交思想和习近平法治思想，持续深化数字法治国际交流合作，积极分享推进数字法治建设、网络空间治理、信息技术司法应用、诉讼模式创新等方面经验。

六月

6月15日　最高人民法院印发《关于推进人民法院执行案件流程信息管理系统智能化升级及电子卷宗深度应用工作的通知》，要求以执行案件流程信息管理系统智能化升级为基础，实现执行案件电子卷宗随案同步生成和深度应用，全面提升执行办案智能化能力和水平。

七月

7月6日　《人民日报》刊发中共最高人民法院党组文章《在习近平法治思想指引下阔步向前》。文章指出，近些年智慧法院建设迭代升级。人民法院充分运用现代科技，把智慧法院建设作为推进审判体系和审判能力现代化的双轮驱动之一，坚持用科技手段赋能司法、保障权益、维护公正。人民法院在线诉讼、在线调解、在线运行三大规则和加强区块链司法应用意见相继出台，中国互联网司法从技术领先逐步迈向规则领先，为全球互联网法治发展提供了中国方案，努力为人民群众创造更高水平的数字正义。

7月12日　中共中央宣传部举行"中国这十年"系列主题发布会。最高人民法院相关领导在发布会上介绍了人民法院十年来的亮点工作，并回答了记者提问。十年来司法工作和数字科技不断融合，智慧法院和互联网司法模式"大显身手"，推动诉讼模式不断变革。人民法院把司法体制改革和智慧法院建设作为人民司法事业发展的"车之两轮、鸟之双翼"，建成全业务网上办理、全流程依法公开、全方位智能服务的智慧法院，构建中国特色的互联网司法模式，全面重塑了审判执行模式，有力促进了社会公平正义，为人民群众提供了极大便利。

7月29日 最高人民法院举行人民法院立案登记制改革成效新闻发布会，介绍党的十八大以来人民法院立案登记制改革成效并回答记者提问。发布会指出，四级法院100%应用"人民法院在线服务"小程序，手机"掌上立案"实现四级法院全覆盖、主要案件类型全覆盖。依托最高人民法院、高级人民法院、中级人民法院、基层人民法院及1万多个人民法庭连接起来的一张"立案协作网"，为群众提供"异地受理、无差别办理"的立案服务，跨域立案服务四级法院全覆盖。跨境网上立案系统为外国人、港澳台同胞、华人华侨跨境诉讼提供"不用跑"的立案服务。

八月

8月1日 《涉信息网络犯罪特点和趋势（2017.1-2021.12）司法大数据专题报告》发布，对近五年全国法院涉信息网络犯罪案件的趋势以及网络诈骗、网络赌博等案件特征进行深入分析，将对相关部门加强犯罪治理等发挥积极作用。

8月15日 科学技术部发布《关于支持建设新一代人工智能示范应用场景的通知》，公布首批十个人工智能示范应用场景。其中，智慧法院应用场景针对诉讼服务、审判执行、司法管理等法院业务领域，运用非结构化文本语义理解、裁判说理分析推理、风险智能识别等关键技术，加强庭审笔录自动生成、类案智能推送、全案由智能裁量辅助、裁判文书全自动生成、案件卷宗自适应巡查、自动化审判质效评价与监督等智能化场景的应用示范，有效化解案多人少矛盾，促进审判体系和审判能力现代化。

8月23日 最高人民法院举行推进构建中国特色"总对总"在线多元解纷新格局工作座谈会。会议强调，要坚持以人民为中心，健全诉讼服务大厅、在线服务平台、12368诉讼服务热线和巡回审判等立体化诉讼服务渠道，坚持共建共治共享，在线连接其他多元化解平台，畅通一站式多元纠纷解决供给链。要坚持制度变革与科技变革双轮驱动，推进司法改革成果有效衔接，与智慧法院建设深度融合，推动多元纠纷解决机制迈向更高水平。

8 月 29 日 2022 年中国网络文明大会网络法治建设论坛在天津举行。与会各方围绕全域数字法院改革、智慧法院建设发展、数字治理与网络文明等网络法治前沿理论和实践热点问题开展深入研讨。最高人民法院党组领导表示，人民法院坚持探索创新，成立互联网法院，深化大数据、云计算、区块链、人工智能等技术应用，出台人民法院在线诉讼、在线调解、在线运行三大规则和加强区块链司法应用意见，在世界范围内率先构建起互联网司法规则体系，建成全业务网上办理、全流程依法公开、全方位智能服务的智慧法院。最高人民法院相关领导在闭幕式总结讲话中表示，最高人民法院将以此次论坛举办为契机，同与会各方继续保持沟通协作、拓展合作领域，深入推进各项共识成果的吸收转化，不断深化智慧法院和互联网司法建设，努力为网络文明建设和数字经济健康发展提供更加有力的司法服务。

九月

9 月 22 日 最高人民法院举办 2022 年"人民法院大讲堂"专题辅导报告会，最高人民法院信息中心领导以"加强智慧法院建设——推进审判体系和审判能力现代化"为主题，为全国四级法院干警授课。

十月

10 月 13 日 最高人民法院举行新闻发布会，介绍人民法院智慧法院建设工作成效。全国法院认真贯彻落实习近平法治思想和习近平总书记关于网络强国的重要思想，围绕司法为民、公正司法，推动法院工作与现代科技深度融合，建成支持全国四级法院"全业务网上办理、全流程依法公开、全方位智能服务"的智慧法院信息系统，创新纠纷解决和诉讼服务模式，促进审判执行工作高质量发展，构建互联网司法新模式，有力推进了审判体系和审判能力现代化。

10月29日 最高人民法院党组相关领导在中央电视台《焦点访谈》栏目指出，人民法院要持续深化司法体制综合配套改革，要在全面准确落实司法责任制上下功夫，加快构建科学合理、规范有序、权责一致的司法权运行新机制，强化对司法活动的制约监督，深化智慧法院建设，全面推进审判体系和审判能力现代化。

十一月

11月4日 最高人民法院网络安全和信息化领导小组召开2022年第二次全体会议。会议强调，要深入贯彻习近平法治思想，全面深化智慧法院建设，加快完善中国特色互联网司法模式，更好地服务以中国式现代化全面推进中华民族伟大复兴。要把加强网络安全、数据安全和个人信息保护作为智慧法院建设的重要任务，不断提升网络和数据安全保护能力。要不断完善人民法院信息化4.0版，全面实现"智能化、协同化、泛在化"，着力破解智慧法院关键技术难题。要推进司法人工智能、区块链等技术应用，依托科研院所、企业与社会力量，推进人工智能与人民法院核心业务深度融合，建设具有规则引领和应用示范效应的司法人工智能理论和技术应用体系。

11月30日 全国法院第八次网络安全和信息化工作会议暨互联网司法工作推进会以视频方式举行。会议强调，要深入推进智慧法院建设和互联网司法工作，更好地促进审判体系和审判能力现代化，为中国式现代化提供有力的司法服务。

十二月

12月8日 最高人民法院印发《关于规范和加强人工智能司法应用的

意见》。该意见从人工智能为司法工作提供全方位智能辅助支持、显著减轻法官事务性工作负担、有效保障廉洁司法、提高司法管理水平、创新服务社会治理等角度，明确了人工智能司法应用的主要场景。要求加强人工智能应用顶层设计、加强司法数据中台和智慧法院大脑建设、加强司法人工智能应用系统建设等，为司法人工智能系统建设提供牵引和支撑。

12月13日 《人民日报》发表文章《全国智慧法院信息系统建成》。文章指出，近年来，人民法院将司法工作与现代科技深度融合，建成支持全国四级法院"全业务网上办理、全流程依法公开、全方位智能服务"的智慧法院信息系统，创新纠纷解决和诉讼服务模式，促进审判执行工作高质量发展，构建互联网司法新模式，有力推进审判体系和审判能力现代化。人民法院依托信息技术，积极稳妥推广在线审理机制，有效实现司法数据电子化、诉讼活动网络化、司法裁判初步智能化。

Abstract

The people's courts in China made a steady progress in the informatization construction in 2022. The intelligent applications contributed to more convenient litigation services, more efficient trial and execution work and more precise judicial management. The judicial big data played a more significant role in enhancing the social governance capability and level of Chinese courts and supported the continuous improvement in the litigation system of Internet judiciary. The construction of intelligent courts gradually extended from technology to application and from a single area to multiple dimensions. Over the last five years, Chinese intelligent courts have enjoyed some outstanding outcomes in serving trial and execution, elevating litigation service level and strengthening application of big data. This blue book evaluates the Chinese courts' progress in "intelligent trial", "intelligent litigation service", "intelligent execution" and "judicial big data" since 2018, reviews the achievements in the construction of "intelligent courts" during the past five years, and proposes some suggestions for the future development. While focusing on four aspects including the overall construction and practice of intelligent courts, intelligent trial, intelligent execution and judicial big data, the blue book conducts an analysis of the innovative construction attempts, progress and outcomes of China's intelligent courts in 2022.

Keywords: Intelligent Courts; AI Judicial Application; Judicial Big Data; Version 4.0 of the People's Court Informatization; Digital Rule of Law

Contents

I　General Report

Abstract：The year 2022 marks a milestone of implementing the requirements of *the 14ᵗʰ Five-Year Plan* and the specific requirements of the *Five-Year Development Plan of the Informatization Construction of the People's Courts* (2021−2025) and also represents an important period of making continued efforts to construct the "Version 4. 0 of the people's court informatization, with knowledge as the center, intelligent courts as the core and judicial data middle office as the engine". In 2022, the informatization construction of the Chinese courts made a steady progress in that the litigation services became more accessible to people, the trial and execution work got more efficient thanks to the intelligent applications, and the judicial management based on vast data and intelligent analysis were more precise. Judicial big data enhanced social governance capability and level in all aspects and litigation system achieved the leapfrog development in this era of informatization. In spite of the new breakthroughs and achievements, the informatization construction of Chinese courts is still confronted by some problems, including the contradiction between innovation and conservatism when all the costs are limited, the challenges faced by intelligent courts in addressing the people's differentiated interests, the prominent defects with data quality, data use and information security, and the diversity of value pursuit and effect evaluation criteria. In the informatization construction of Chinese courts, continued efforts will be made to adhere to the people-centric principle, follow the problem-oriented direction, respect the judicial laws, enhance the judicial data-based governance capability while more IT applications are put into use, reconcile business innovation with regional balanced development, and build a team of informatization talents who are adept at both business and technology.

Keywords: Informatization of Courts; Intelligent Courts; Internet Judiciary

Ⅱ Special Report

B.2 The Third-Party Assessment Report on the "Intelligent Trial" of Chinese Courts (2018–2022)

Project Group of Nationd Index of Law Research Centre,

Chinese Academy of Social Sciences / 019

Abstract: Rule of Law Index Innovation Project Group, Institute of Law, Chinese Academy of Social Sciences, was entrusted by the Supreme People's Court to conduct the third-party assessment of the construction of the intelligent trials of Chinese courts from 2018 to 2022. Over the last five years, the informatization construction of Chinese courts shifted from Version 3.0 which was data-centric to Version 4.0 with knowledge as the center, intelligent courts as the core and judicial data middle office as the engine. The intelligent trial ability of Chinese courts kept increasing. During the last five years, the intelligent trial of Chinese courts gradually transferred from the electronic tools, including technological courts, remote videos and electronic seal, to the information technology applications, including 5G, Internet trial, big data application, blockchain and AI-assisted trial. The trial and adjudication of Chinese courts became more convenient and showed such characteristics as being networked, electronic, automatic, intelligent and public. A judge's trial and adjudication increasingly depended on the latest results of intelligent trial. But the assessment work reveals that the intelligent trial system is less sufficiently integrated and not readily accessible, the data quality is not high enough, some judicial personnel are conservative and the talent cultivation mechanism of intelligent trial are yet to be established. Therefore, the construction of intelligent trial should continue to highlight organizational guarantee, embrace the cutting-edge technologies, promote innovation, develop more accessible applications little by little, and reinforce data integration on the platform.

Keywords: Intelligent Trial; Electronic Litigation; Paperless Case Handling; the Third-Party Assessment

B.3 The Third-Party Assessment Report on the "Intelligent Litigation Service" of Chinese Courts (2018-2022)

Project Group of Nationd Index of Law Research Centre,

Chinese Academy of Social Sciences / 039

Abstract: Over the last five years, intelligent litigation service gradually grew into the main form of litigation service in the people's courts and experienced the transformation from the online service (exploratory stage to mature stage) to the seamless convergence and integration of online and offline services. The "Internet+" litigation service never ceased its improvement in that the litigation service halls across the country completed their informatization renovation work, the "four-in-one" litigation service mode entailing "service hall, network, hotline and circuit service" achieved seamless connection, the one-stop diversified dispute solution mechanism and litigation service informatization framework system kept improving, and the dispute solution and litigation service model were innovated to provide the parties concerned, lawyers and the people with intensive and integrated judicial service that supported online integration. But there's still room for improvement in professionality, adaptability, accessibility and effectiveness of intelligent elements. In the future, informatization should be treated as a main resort to advance the incorporation of litigation service into each link and external environment of judicial activities, provide the parties, agents and the public with better-quality and more efficient litigation service, interpretation of judicial policies and reminding of legal risks, serve the whole situations better, support the guarantee of people's livelihood and optimization of business environment and elevate digital justice to a higher level.

Keywords: Intelligent Litigation Service; the Third-Party Assessment; Diversified Dispute Solution; Social Governance

B.4 The Third-Party Assessment Report on the "Intelligent Execution" of Chinese Courts (2018-2022)

Project Group of National Index of Law Research Centre,

Chinese Academy of Social Sciences / 062

Abstract: The informatization construction of Chinese courts from 2018 to 2022 experienced two stages, including "network execution" and "intelligent execution". The year 2018 is the last year of "basically solving execution difficulties". The Supreme People's Court established the unified case-handling platform, execution commanding system, network execution supervision and control system, credit punishment system and online judicial auction system in the four-level people's courts nationwide, thus creating a complete execution informatization system. Since 2019, the execution work of Chinese courts has marched towards the goal of "earnestly solving execution difficulties" after the results of "basically solving execution difficulties" were consolidated, and has transformed from single governance to comprehensive governance and from end-of-pipe governance to source governance. After the harsh test of the COVID-19 pandemic, it has convincingly evidenced that intelligent execution is an inevitable road to the modernization of execution. In the future, it's necessary to reconcile internal source governance with external source governance, create the system that is oriented towards the linkage of social members, the linkage of trial, execution and bankruptcy work and the linkage of execution work in higher and lower courts, strengthen the deep integration of information technology into execution business, and create the intelligent execution (Version 4.0) to achieve digital justice through digital execution.

Keywords: Network Execution; Intelligent Execution; Earnestly Solving Execution Difficulties; Digital Judiciary; Social Credit System

B.5 The Third-Party Assessment Report on the Judicial
"Big Data Application" of Chinese Courts (2018-2022)

Project Group of Nationd Index of Law Research Centre,

Chinese Academy of Social Sciences / 083

Abstract: China's judicial big data witness three development stages, including data platform construction stage, data aggregation and organization stage and big data application and promotion stage. These stages are mutually complementary. Specifically, the platform construction offers a basis for data aggregation, data aggregation serves as a precondition for big data application, and big data application fosters the new platforms. During the last five years, the judicial big data in China recorded outstanding achievements, including but not limited to building the trial support system and data sharing and exchange system based on big data intelligent service, optimizing the database of judicial trial information and extensively using big data analysis system of the courts at all levels.

In general, the development direction of judicial big data is governed by the top-down design, the judicial big data are initially developed to serve trial management and the top concern in the construction of judicial big data is people. In the future, as the judicial big data in China march forward, it's imperative to strengthen theoretical research, build big data mindset, stress the big data users' experience and elevate big data's service performance.

Keywords: Judicial Big Data; Intelligent Court; Court Informatization; Digital Rule of Law

B.6 Investigation and Research Report on the Judicial Application of Blockchain Technology in the Context of Digital Economy

Research Group of Jiangsu Provincial Higher People's Court / 101

Abstract: As the digital economy develops vigorously and the construction of digital government is continuously pushed forward, blockchain technology is witnessing more and more application scenarios in judicial area. Take Jiangsu Court for an instance. The judicial blockchain platform has enhanced the basic technological capability including data validation, trusted operation, intelligent contract and cross-chain collaboration and expanded the application area of blockchain technology. Currently, the application of blockchain technology in judicial practices is still faced with some problems such as weak underling capability, less diverse application scenarios, less effective data supervision, more research necessary for cross-chain integration, and absence of preventive measures against blockchain-related legal risks, so it's imperative to leverage the linkage role of legislation, judiciary and law enforcement, constantly extend the application of blockchain in evidence storage and authentication, promote the construction of intelligent contract application, strengthen the coordinated application of cross-chain business, reinforce the auxiliary guarantee of blockchain, tap into the application value of blockchain, thus elevating the digital justice to a higher level.

Ⅲ   Construction Practice of Intelligent Courts

Abstract: In recent years, the people's courts in Guizhou province have leveraged the development advantages of national comprehensive big data experimental area to promote their transformation from informatization to digitalization when the "pragmatic, workable, accessible and beneficial" intelligent court system is built. Now a total of 99 courts across the province have the conditions for paperless office work and case handling and achieve the green and low-carbon development, so their paperless work has reported noticeable results. This paper focuses on the practices of the people's courts in Guizhou province in paperless work, analyzes the significance of digital transformation in people's courts, explores the possibility of creating new paperless work model and probes into the construction path of digital courts, so as to offer a sample and set a direction for paperless office work and case handling.

Keywords: Paperless; Digital Courts; Intelligent Courts

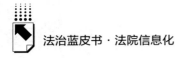

B.8　Exploration into the New Judicial Model of Cross-Network
Integrated Court Hearing

Investigation and Research Group of Qinghai Provincial Higher

People's Court on the Construction of Intelligent Courts / 129

Abstract: To advance the construction of trial ability and modernized trial system of the people's courts in Qinghai province and meet the people's diversified judicial demand for online litigation, Qinghai Provincial Higher People's Court tries to forge the in-depth integration between Internet technologies and court hearing rules, actively probes into the cross-network integrated court hearing technologies, in an effort to create the online court hearing system with the regional characteristics. Currently, the online court hearing system that covers the three-level courts of Qinghai province has been established. 55 sets of Internet courts and 73 sets of traditional technology courts have completed upgrading and transformation, and they can provide 55 courts in the province with the cross-network (between Internet and court intranet) integrated court hearing services. Meanwhile, the local courts have deployed the electronic signature systems that support the cross-network signature functions in their intranets and e-government websites, so as to provide the electronic signature service of court hearing for the courts at all levels and to create the whole-process, integrated, efficient and affordable online court hearing service system.

Keywords: Cross-Network; Integrated Court; Online Court Hearing; Court Informatization

B . 9   The Exploration Practice in Constructing the Green Intelligent Court Characterized by "Overall Digitalization+Ubiquitous Networking+Coupled Intelligence"

Research Group of Hengzhou Municipal People's Court,

Guangxi Zhuang Autonomous Region / 144

Abstract: Hengzhou Municipal People's Court of Guangxi Zhuang Autonomous Region advances deep integration between everyday work and modern technology, innovates the service model of "one core, two centers, multi-threading and ubiquitous network" while remaining committed to the core of synchronous generation and in-depth application of electronic dossiers and being driven by Guifa Intelligent Dossier System 3.0, builds timely, complete and credible electronic dossiers, implements intensive trial auxiliary affairs, upgrades modernized comprehensive litigation service on "digital, intensive and online" dimensions to offer intelligent auxiliary service for digitalized case handling and to provide intensive auxiliary affairs service for judges and comprehensive litigation service for the parties, and explores the new practice for the construction of intelligent courts featured by "overall digitalization, ubiquitous networking and coupled intelligence", thus presenting the "green plan" for and contributing "Hengzhou sample" to constructing the intelligent courts with "energy conservation, low carbon, intelligence and high efficiency".

Keywords: Paperless Case Handling; Ubiquitous Networking; Digitalization; Coupled Intelligence

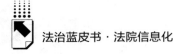

B . 10　Investigation and Research Report on "Longcheng *e*

Litigation Center" Supporting the Digital Justice

at a Higher Level

Research Group of Changzhou Municipal

Intermediate People's Court, *Jiangsu Province* / 157

Abstract: To meet the people's increasing demand for online litigation, Changzhou Municipal People's Court has accelerated the integration of modern technologies into trial work in recent years and promoted the construction of "Longcheng *e* Litigation Center" to solve the "last-mile" problem in litigation service and achieve the digital justice at a higher level by extending judicial service. By exploiting the regional advantages of network companies and depending on the lawyer service platform of the people's courts and Jiangsu litigation service network, "Longcheng *e* Litigation Center" pursues the principle of people-oriented judicial service and judicial fairness and supports judicial trial, litigation service and judicial management in a highly informatized manner to provide the parties with the "one-stop intelligent litigation service" and achieve all-business online handling, whole-process public trial according to law and the intelligent service in all aspects.

Keywords: Online Litigation; Intelligent Court; One-Stop Litigation Service

Ⅳ　Intelligent Trial

B . 11　Investigation and Research Report on the Digitalization

Reform of "Enterprise Bankruptcy 'One Incident'"

Research Group of Shaoxing Municipal Intermediate People's Court,

Zhejiang Province / 172

Abstract: Judges need to coordinate a large number of administrative matters in the process of handling bankruptcy cases. But the digital degree of traditional bankruptcy case handling is low and the offline mechanism is not mature. The only way to innovate in the field of bankruptcy trial is to move the offline handling mechanism of bankruptcy cases to online and to promote the restructuring of the mechanism. Zhejiang courts began to promote the trial of digital bankruptcy trial reform in 2021. The application of "Enterprise Bankruptcy 'One Thing'" is led by Shaoxing Intermediate People's Court under the guidance of Zhejiang Provincial High People's Court. Focusing on the pain points such as the long trial period of bankruptcy cases, the large number of people involved, considerable pressure of public complaints, and the difficulty of asset disposal under the traditional mode, the multi-span collaborative full-process digital bankruptcy case handling mode is created with the cooperation of the government and the court. As a multi-span coordinated whole-process digitalized bankruptcy case handling model, this application has optimized the trial of bankruptcy cases, regulated the coordination affairs handling process and improved the guarantee and supervision of the bankruptcy administrator's performance of obligation, which will further promote the research on the authority allotment of government-court linkage and provide the practical support for the revision of the Bankruptcy Law.

Keywords: Bankruptcy Trial; Digitalized Reform; Government-Court Linkage; Intelligent Court; "One Incident" Reform

B.12 Investigation and Research Report on the Construction of "Whole-Process Online Case Handling System"

Research Group of Chongqing Municipal Higher People's Court / 186

Abstract: Promoting the whole-process online case handling is the efforts made by Chongqing Municipal Higher People's Court to optimize the existing work model of three-level courts, liberate productive forces and enhance public credibility and further advance the modernization of trial system and ability through some cutting-edge technologies and applications such as big data, AI and 5G Internet of Things and by regulating and innovating the multi-dimensional factors including human resources, financial resources, material resources and rules and regulations. The construction of the "whole-process online case handling system" is an inseparable basis for promoting the whole-process online case handling, and it represents an effort to explore total factors and whole process of the whole-process online case handling with the characteristics of Chongqing courts. While focusing on the construction and application of the "whole-process online case handing system", this paper reviews the exploration and innovation results of Chongqing courts in their attempts to advance the whole-process online case handling, and probes into the existing problems and improvement paths so as to ensure a more important role of the whole-process online case handing in serving the high-quality development of Chongqing courts.

Keywords: Intelligent Courts; Online Case Handling; Judicial Productivity; Judicial Credibility

B.13　Investigation and Research Report on the Whole-Chain Elemental Trials of Financial Cases

Research Group of Henan Provincial Higher People's Court / 200

Abstract: As China redoubles its efforts to build modern economic system in recent years, the people's courts have accepted an increasing number of financial cases, which poses a new challenge for the fair and efficient trials of these cases. At the same time, the government has a higher demand for the financial institutions in their management of non-performing assets, so the financial institutions have to settle financial disputes in a just, fair and public manner to achieve the legitimate judgment of the creditor's right. To successfully handle the trial difficulty of financial cases, Henan Provincial Higher People's Court makes ceaseless efforts to deepen the reform of judicial system, rationally allocate judicial human resources, proactively boost the diversion of financial cases in terms of complexity and simplicity, explore the ways to build intelligent courts, create the whole-process element trial model through the R&D of the "integrated financial platform" to support the efficient handling of financial cases, meet the parties' demand for the one-party financial litigation service and enhance the specialized trial ability of financial cases.

Keywords: Financial Disputes; Rapid Trial Procedure; Whole Chain; Elemental Trial

B . 14 Investigation and Research Report on "5G+Court Hearing" New Online Litigation Model Created through Integrated Quantum Encryption Technology

Research Group of Hefei Municipal Intermediate People's
Court, Anhui Province / 213

Abstract: 5G mobile communication technology has developed rapidly and became mature in recent years. This technology has offered a new opportunity for the informatization construction of the people's courts by virtue of its high rate, low latency and big connection. Hefei Municipal Intermediate People's Court of Anhui province combines 5G with judicial trial work to develop "5G + court hearing" online litigation model by employing the integrated quantum encryption technology when increasing the accessibility and security of the court hearing is treated as the top concern. This new model ensures the success of court hearing in the complicated situations and makes it possible that all the parties concerned could "virtually" participate in the court hearing anytime and anywhere, thus enhancing the simplicity and convenience of court hearing and providing the litigation parties with high-quality, efficient and accessible judicial service. It represents an effort to build the intelligent courts in 5G environment.

Keywords: Informatization Construction; 5G Application; Quantum Encryption; Data Security

379

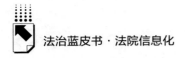
B.15　Research on the Application and Operation Effects
and Improvement Path of Cross-Regional Allocation
of Trial Resources— "Intelligent Administration"

Research Group of Lishui Municipal Intermediate People's Court,

Zhejiang Province / 225

Abstract：The people's courts of Zhejiang province are the pioneers in the reform of jurisdiction system of administrative cases. Since 2007, Lishui Municipal Intermediate People's Court has completed the pilot work of the centralized jurisdiction and cross-jurisdiction in different places. In 2022, this court explored the cross-regional administration system with the "selection of the parties" as the core. Considering the demand of digital application based on the jurisdiction of selection of the parties, the application of cross-regional allocation of trial resources— "intelligent administration" was treated as a central project in the court's integrated reform of intelligent governance of administrative cases in all places, and was included as the first-class key reform project of the provincial digital rule of law by Zhejiang Provincial Higher People's Court. On the one hand, this application makes possible the "one-network acceptance" of administrative cases when the module of "intelligent administration" is treated as a core, so that the case-acceptance information about all the administrative cases of the first instance can be collected by the intermediate court for review and then the jurisdiction court can be determined. On the other hand, the court has developed some supportive application functions such as "administrative consultation" and "settlement of administrative disputes", so the parties can have a better understanding of the whole-process people's democracy in China and a stronger feeling of judicial fairness.

Keywords："Intelligent Administration"; Cross-Regional Allocation; Integrated Reform of Intelligent Governance of Administrative Cases in All Places; Administrative Jurisdiction

Abstract: In recent years, Huichun Municipal People's Court of Jilin province has adopted the demand-oriented principle and made persistent efforts to cement and enrich the construction results of an intelligent court, promote the modernization of trial system and capability and create the "new-generation hyper-fusion court". The "integrated court" is a whole-process online litigation model that completely integrates the multi-dimensional audio-visual scenarios including "online court hearing", "offline court hearing", "online mediation", "judicial authentication lottery", "remote interrogation" and "asynchronous trial". With "cross-network, multiple scenarios, cloud deployment and intelligence" as the core, the integrated court endows the intelligent court operating on the court intranet with the ability to conduct Internet-based court hearing after the construction of the Internet court and the judges' court hearing practices are taken into consideration, thus developing the new court featuring real-time online trial and audio-visual interaction. The "new-generation hyper-fusion court" has the function of asynchronous court hearing and makes full use of fragmented time to handle the litigation business to achieve the court hearing model that is not restricted by time and place.

Keywords: Hyper-Fusion Court; Cross-Network Court Hearing; Asynchronous Trial; Intelligent Trial

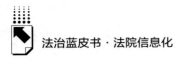

V　Intelligent Execution

B.17　Investigation and Research Report on the Construction
　　　and Application Effects of Modular Segmented Intelligent
　　　Execution System

Research Group of Modular Segmented Intelligent Execution
System of Guangzhou Courts / 256

Abstract: To implement the requirements of the execution mechanism reform and solve the problems related to the traditional mode in which a single person takes an overall responsibility for a case. The people's courts in Guangzhou promotes the segmented and intensive reform of case execution, realizes the intensive management of execution cases and handles the segmented execution. In the meantime, Guangzhou courts have developed and launched an online modular segmented intelligent execution system to tackle the problem that the old execution system can't measure up to the reality of the reform. The new system can enable the online operation and fully automatic circulation such as case initiation, review and control, diversion of cases in terms of complexity and simplicity, and relayed case handling. The system has such functions as intensive case management online, automatic division of case tasks, automatic generation of standard documents, automatic retrieval of settled items, standardized collection of subject matters, images and information, and automatic calculation of case money. Guangzhou courts have also introduced the scientific quantitative assessment function to fuel the case-handling passion and increase the case-handling efficiency and to solve the problem that a single person takes an overall responsibility for a case.

Keywords: Court Informatization; Execution Case Handling; Segmented and Intensive; Intelligent Execution

B. 18   Investigation and Research Report on the "Four-In-One"

Execution Reform Powered by Digital and Intelligent

Technologies

Abstract: Deyang Municipal Intermediate People's Court of Sichuan province carries out the requirements of "earnestly solving execution difficulties", constructs the "four-in-one" modernized execution work system with clear-cut hierarchy and vertical linkage, and integrates and upgrades all the systems into three application platforms of intensive case handling, centralized supervision and auxiliary support while adhering to the three philosophies including "data as center", "two grades and one body" and "knowledge management" and following the path of digital and intelligent execution featuring the synchronous deployment, promotion and implementation by the courts at two levels. The new system has enhanced the execution ability and level in Deyang, thus laying a solid basis for deepening the execution reform in all aspects and creating a long-term mechanism for solving the execution difficulties.

Keywords: Digital and Intelligent Execution; Data as the Center; Two Grades and One Body; Knowledge Management

B. 19   Construction Effects and Outlook of the Whole-Process

Paperless "365" Operation System for Execution Work

Abstract: In recent years, Nantong Municipal Intermediate People's Court of Jiangsu province used the construction of "intelligent execution" as an important approach to "earnestly solving execution difficulties", worked hard to foster the construction of Version 4. 0 of the people's court informatization, promoted the in-depth integration of modern technologies including big data, cloud computing and AI into the execution work, cultivated the new growth drivers of the execution work when informatization and intelligence are treated as the top concerns, in order to achieve the iteration and upgrading of execution work model. The court has completed overall planning and long-range design of the execution case-handling system, and created the whole-process execution paperless case-handling system featuring interconnected joints, data sharing, intelligent assistance and precise control when the synchronous generation and in-depth utilization of electronic dossiers serve as the basis and the whole-process paperless case-handling procedure for execution work serves as the guideline.

Keywords: "365" Operation System; Paperless Case-Handling System; Intelligent Execution

B. 20 Investigation and Research Report on the "Baoding Model" of Intelligent Execution

Research Group of Baoding Municipal Intermediate People's Court,

Hebei Province / 298

Abstract: With the rapid development of smart courts and the gradual deepening of reforms to enforcement methods and procedures, the Supreme People's Court of China has continuously raised the standards for enforcement work. The existing work mechanism can no longer meet the requirements of modernizing enforcement methods and catering to the diverse needs of the public. Problems such as the lack of uniform standards for the allocation of complicated and simple cases, insufficient transparency in enforcement proceedings, difficulties in locating individuals and serving documents, irregularities leading to the termination of cases, and inadequate means of supervising the standardization of enforcement procedures have become increasingly prominent. To address these challenges, the

Intermediate People's Court of Baoding City of Hebei Province has relied on modern information technology and integrated artificial intelligence (AI) with enforcement work. The court has innovatively developed the "Baoding Approach" of smart enforcement, which consists of "ten automated measures," "offline intensification," "coordination between political and legal departments," and "paperless case handling." This approach significantly alleviates the workload of frontline judges, improves the quality and efficiency of enforcement work, enhances the credibility of enforcement, and promotes the modernization of the enforcement work system and capability.

Keywords: Intelligent Execution; Ten Automations; Paperless Case Handling; AI

Ⅵ   Judicial Big Data Application

B.21   Investigation and Research Report on the Data Sharing
Model of Zhejiang Courts in the Content
of Governance Modernization

Research Group of Big Data Division
of Zhejiang Provincial Higher People's Court / 310

Abstract: The CPC Central Committee and the State Council state that big data should be used to guarantee and improve the people's livelihood, enhance the modernization level of national governance and promote the access and sharing of government data. Against this background, the administrative organs and the political-legal organs pose an increasing demand for accessing the courts' judicial data. But in practice, judicial data sharing still faces many difficulties. Considering the real problems with the sharing and utilization of judicial data, Zhejiang Provincial Higher People's Court has created the "integrated complicated data sharing model" to achieve the technology-system integration at the practical level and promote the transformation from "things" to "intelligence" and "governance" in the sharing of judicial data when the reality and practices in Zhejiang province have been taken into account. What's more, the well-targeted "data-supported decision" model is developed to address the demand from social governance modernization, and an effective path to the efficient use of judicial big data to serve the social governance is explored to provide all-around and multi-dimensional judicial digital and intelligent service for the national governance of the Party and administrative organs and the social governance.

Keywords: Big Data; Judicial Data Sharing; Data Governance; Data Middle Office; Social Governance

B . 22 Investigation and Research Report on the Online Collaborative Case Handling of the Political-Legal Organs with the Support of Blockchain

Research Group of "Political-Legal Collaboration"
of Jiangxi Provincial Higher People's Court / 328

Abstract: Enhancing the quality and effect of law enforcement and judiciary, making full use of new technologies including blockchain and big data and promoting the construction of the cross-departmental big data case-handling platform of political-legal departments are a significant measure taken by the political-legal departments of Jiangxi province to advance the standardized, intelligent and one-network collaborated trial of criminal cases. Having considered the demand of political-legal collaborated business and the characteristics of court hearing work, Jiangxi courts promote the platform planning and construction, and unfolds the platform across the province after its pilot and improvement. First, Jiangxi courts completed the docking between the platform and the existing case-handling system, achieved the whole-process close-loop handling of collaborative cases and wholly digitalized online circulation, and fostered the transformation in the courts' handling of criminal cases to the single-track collaborative case-handling model. Second, Jiangxi courts introduced the blockchain technology, achieved the holographic blockchain and whole-link credibility of collaborative cases and materials and built the new system for mutual recognition and trust of political-legal organs. Third, some technologies such as image recognition, legal knowledge graph and big data were used to provide intelligent, integrated and accompanied trial service for judges, so that data serve was changed to knowledge service and judges could handle the criminal cases in a high-quality and efficient manner.

Keywords: Political-Legal Collaboration; Paperless Case Handling; Holographic Electronic Dossiers; Blockchain; Online Collaboration; Big Data

B.23　Investigation and Research Report on the Innovation Project "Jiaozuo Government-Court Connect Platform"

Research Group of Jiaozuo Municipal Intermediate People's Court,

Henan Province / 343

Abstract: In recent years, Jiaozuo Municipal Intermediate People's Court of Henan province has always treated the government-court linkage as a crucial approach to deepening reform and innovation, furthering modernization of social government, promoting the construction of rule-of-law government, preventing and settling the diverse contradictions and disputes and optimizing business environment. To further strengthen the normalized government-court linkage and offer the precise and accessible government-court linkage service, Jiaozuo Court fully leverages the cutting-edge technologies including Internet, big data, encrypted data transmission and develops the "Jiaozuo Government-Court Connect Platform", which covers bankruptcy case management system, one-stop government-court linkage system, administrative appeal system, inquiry system of credit reporting and diversified dispute settlement system. The platform sufficiently exploits the administrative advantages of government organs and the professional advantages of courts, clarifies the division of responsibility, regulates linkage process and

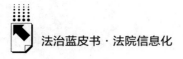
integrates informatization results into the government-court linkage work in order to achieve the "effect of multiplication" through the "linkage of addition".

　　Keywords：Government-Court Linkage；Rule-of-Law Government；Intelligent Courts；Business Environment

Chronicle of Events of Informatization of Chinese Courts
　　in 2022　　　　　　　　　　　　　　　　　　／ 358

权威报告·连续出版·独家资源

皮书数据库
ANNUAL REPORT(YEARBOOK)
DATABASE

分析解读当下中国发展变迁的高端智库平台

所获荣誉

- 2020年，入选全国新闻出版深度融合发展创新案例
- 2019年，入选国家新闻出版署数字出版精品遴选推荐计划
- 2016年，入选"十三五"国家重点电子出版物出版规划骨干工程
- 2013年，荣获"中国出版政府奖·网络出版物奖"提名奖
- 连续多年荣获中国数字出版博览会"数字出版·优秀品牌"奖

皮书数据库　　　"社科数托邦"
　　　　　　　　微信公众号

成为用户

　　登录网址www.pishu.com.cn访问皮书数据库网站或下载皮书数据库APP，通过手机号码验证或邮箱验证即可成为皮书数据库用户。

用户福利

- 已注册用户购书后可免费获赠100元皮书数据库充值卡。刮开充值卡涂层获取充值密码，登录并进入"会员中心"—"在线充值"—"充值卡充值"，充值成功即可购买和查看数据库内容。
- 用户福利最终解释权归社会科学文献出版社所有。

数据库服务热线：400-008-6695
数据库服务QQ：2475522410
数据库服务邮箱：database@ssap.cn
图书销售热线：010-59367070/7028
图书服务QQ：1265056568
图书服务邮箱：duzhe@ssap.cn

社会科学文献出版社　皮书系列
SOCIAL SCIENCES ACADEMIC PRESS (CHINA)
卡号：115544656676
密码：

S 基本子库
SUB DATABASE

中国社会发展数据库（下设 12 个专题子库）

紧扣人口、政治、外交、法律、教育、医疗卫生、资源环境等 12 个社会发展领域的前沿和热点，全面整合专业著作、智库报告、学术资讯、调研数据等类型资源，帮助用户追踪中国社会发展动态、研究社会发展战略与政策、了解社会热点问题、分析社会发展趋势。

中国经济发展数据库（下设 12 专题子库）

内容涵盖宏观经济、产业经济、工业经济、农业经济、财政金融、房地产经济、城市经济、商业贸易等 12 个重点经济领域，为把握经济运行态势、洞察经济发展规律、研判经济发展趋势、进行经济调控决策提供参考和依据。

中国行业发展数据库（下设 17 个专题子库）

以中国国民经济行业分类为依据，覆盖金融业、旅游业、交通运输业、能源矿产业、制造业等 100 多个行业，跟踪分析国民经济相关行业市场运行状况和政策导向，汇集行业发展前沿资讯，为投资、从业及各种经济决策提供理论支撑和实践指导。

中国区域发展数据库（下设 4 个专题子库）

对中国特定区域内的经济、社会、文化等领域现状与发展情况进行深度分析和预测，涉及省级行政区、城市群、城市、农村等不同维度，研究层级至县及县以下行政区，为学者研究地方经济社会宏观态势、经验模式、发展案例提供支撑，为地方政府决策提供参考。

中国文化传媒数据库（下设 18 个专题子库）

内容覆盖文化产业、新闻传播、电影娱乐、文学艺术、群众文化、图书情报等 18 个重点研究领域，聚焦文化传媒领域发展前沿、热点话题、行业实践，服务用户的教学科研、文化投资、企业规划等需要。

世界经济与国际关系数据库（下设 6 个专题子库）

整合世界经济、国际政治、世界文化与科技、全球性问题、国际组织与国际法、区域研究 6 大领域研究成果，对世界经济形势、国际形势进行连续性深度分析，对年度热点问题进行专题解读，为研判全球发展趋势提供事实和数据支持。

法律声明